主机监测与控制

主编　乔红宇

哈尔滨工程大学出版社

内容简介

本书从船舶轮机及电气管理的实际需求出发，对船舶主机的监测与控制系统进行了深入的论述。本书共两编。第一编为主机监测系统，分为第一、二、三章，主要介绍了自动控制的基本理论、主机运行参数的监测与控制以及主机运行工况的监测。第二编为主机遥控系统，分为第四、五、六、七、八、九章，主要介绍了船舶主机遥控基础、气动式主机遥控、电气混合式主机遥控、微机式主机遥控、PLC式主机遥控、轮机模拟器中主机遥控系统等相关知识。

本书可作为轮机管理和船舶电气高职专业的专业教材，也可供相关技术管理人员学习参考。

图书在版编目(CIP)数据

主机监测与控制/乔红宇主编.一哈尔滨：哈尔滨工程大学出版社，2011.7
ISBN 978-7-5661-0188-4

Ⅰ.①主… Ⅱ.①乔… Ⅲ.①舰船发动机-监测-高等职业教育-教材 ②舰船发动机-控制-高等职业教育-教材 Ⅳ.①U664.1

中国版本图书馆CIP数据核字(2011)第150853号

出版发行 哈尔滨工程大学出版社
社　　址 哈尔滨市南岗区东大直街124号
邮政编码 150001
发行电话 0451-82519328
传　　真 0451-82519699
经　　销 新华书店
印　　刷 黑龙江省地质测绘印制中心
开　　本 787mm×1 092mm 1/16
印　　张 19.25
字　　数 477千字
版　　次 2011年8月第1版
印　　次 2011年8月第1次印刷
定　　价 36.00元
http://press.hrbeu.edu.cn
E-mail:heupress@hrbeu.edu.cn

前　言

船舶主机的监测与控制是轮机自动化技术的重要体现。随着计算机技术的不断进步，船舶主机的监测与控制技术得到了长足的发展，体现为主机控制系统广泛采用微机（PC、单片机及PLC）控制及监测技术，同时也对船舶主机控制与管理提出了新的要求。本书作为船舶类高职院校的专业教材，论述力求深入浅出、言简意赅，着力反应主机监测与控制技术的主流技术和发展趋势。在本书编写时，注重体现技术的新颖性，对现阶段广泛使用的新型控制系统详加介绍（如第五代集装箱船上配置的单片机式中央冷却水温度控制系统、AUTOCHIEF－Ⅳ主机遥控系统、NK－100/PD－100主机工况监测与诊断系统等）。同时，注重理论联系实践，重点介绍主机管理时的工作要点，切合高职教育的实践技能培养要求。另外，本书还增加了监测与控制系统的电路分析，以满足船舶电气专业的技能培养要求，这部分内容在轮机管理专业的教学中可供选学。

全书共分九章。第一、二、三、四、九章由南通航运职业技术学院乔红宇编写，第五、六、、七、八章由南通航运职业技术学院王爱军编写，全书由乔红宇统稿。本教材由南通航运职业技术学院朱永祥副教授担任主审。在本书编写过程中得到了南通航运职业技术学院杨泽宇、沈苏海、王琪、陆虎、常鸿雁等老师的大力支持和帮助，在此表示诚挚感谢。

由于编者水平所限，不当之处乃至谬误在所难免，敬请读者批评指正。

编者

2011年3月

目　录

第一编　船舶主机监测系统

第二编　船舶柴油机控制系统

第一编　船舶主机监测系统

第一章 参数的自动控制

自动控制理论,特别是参数的自动控制,是轮机自动化的核心,也是主机监测与控制技术的基础,对于主机监测与控制的学习和管理是十分必要的。在船舶机舱设备中,常见的与主机有关的参数自动控制系统包括船舶主机冷却水温度控制系统、燃油黏度控制系统、曲轴箱油雾浓度控制系统、主机转速自动控制系统等。

本章主要介绍自动控制系统的基本概念、调节对象的基本特性以及调节作用规律等内容,并在此基础上介绍了船用主机传感器的主要类型及工作原理。

第一节 自动控制系统的基本概念

参数的自动控制系统是一个反馈控制系统,其主要任务是将机舱中的各种运行参数如温度、压力、液位、黏度等控制在所希望的最佳值(一般称为给定值)上。虽然这些自动控制系统的结构形式各异,但系统的基本组成部分和工作原理却大致相同。

一、自动控制系统的组成

自动控制过程实际上是对手动控制操作过程的模拟,图 1-1-1 画出了手动控制和自动控制柴油机冷却水温度的示意图,以进行比较。

如图,柴油机冷却水温度控制系统主要包括柴油机、冷却器、水泵、三通阀和温度计等组成。冷却水温度的控制方法是改变三通阀的开度,来改变经过冷却器的淡水量 Q_A 和旁通流量 Q_B 的分配比例。当经过冷却器的水量增加而旁通流量减小时,冷却水温度就会降低;反之,冷却水温度就升高。柴油机在运行过程中需要保持一个最佳的冷却水温度,这个最佳值是由柴油机厂家给出并由使用者设定的。

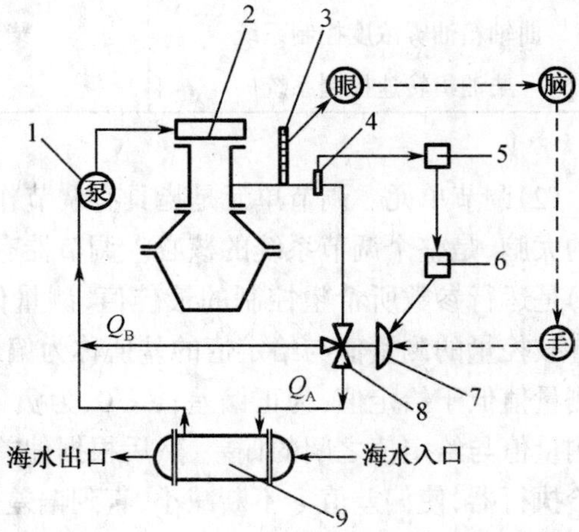

图 1-1-1 柴油机气缸冷却水温度控制过程示意图

1—淡水泵;2—柴油机;3—温度表;4—感温元件;5—温度变送器;6—调节器;7—执行机构;8—三通调节阀;9—淡水冷却器

假如柴油机的冷却水温度最佳值是 70 ℃。在手动控制时,管理人员需要用眼睛观察温度计,并把观察到的冷却水实际温度值报告给大脑,大脑对这个温度进行分析和计算,其内容包括冷却水的实际温度是否偏离了最佳值。如果偏离了最佳值,是高于最佳值(如 75℃)还是低于最佳值(如 66 ℃),离开最佳值的数值是多少,水温的变化速度是多少,并以此决定三通阀的开度具体应该是多少。大脑会把这个决定作为输出命令传递给手,然后手改变三通调节阀的开度,通过一次或多次调整,使冷却水的实际温度逐渐恢复到冷却水温度的最佳值 70℃。

从以上分析可知,手动控制过程实际上包括以下步骤:观察冷却水实际温度(眼)→分析温度是否需要调节,怎么调节(大脑)→调节指令付诸实施,改变三通调节阀的开度(手)→观察冷却水实际温度(眼)→……其控制过程如图中虚线部分所示。如果想用自动控制系统来实现水温自动控制,就必须有能替代人的眼、脑、手功能的控制仪表。在图 1-1-1 中,由感温元件和温度变送器组成的测量单元可以替代人的眼睛,随时对冷却水的实际温度进行测量并将这个实际值输出至调节器。调节器根据最佳值和实际值的情况进行分析、判断和计算,给出一个调节指令,并将这个调节指令输出至执行机构。执行机构得到调节指令后输出调节动作,对三通调节阀进行开度的调节以改变冷却水温度的实际值。其控制过程如图 1-1-1 中实线部分所示。从以上分析可知,自动控制系统由四个基本单元组成,即控制对象、测量单元、调节单元、执行机构。

(1)控制对象　一般简称为对象,是指要求实现自动控制的机器、设备或装置。把所要控制的运行参数称为被控量,它同时也是自动控制系统的输出量。表 1-1 列出了轮机设备常见的控制对象及其被控量。

表 1-1　常见的控制对象及被控量

自动控制系统	控制对象	被控量
主机冷却水温度控制系统	淡水冷却器	冷却水温度
燃油黏度自动控制系统	燃油加热器	燃油黏度
曲轴箱油雾浓度控制系统	柴油机曲轴箱	油雾浓度
柴油机转速控制系统	柴油机	转速

(2)调节单元　调节单元是指具有调节作用规律的调节器,亦称控制单元,这个相当于人的大脑,是整个调节系统的核心。调节器有两个输入量,分别为给定值和测量值。给定值 $r(t)$是运行参数所希望控制的最佳值,测量值 $b(t)$则是测量单元测得的运行参数的实际值。被控量的测量值与给定值的差值称为偏差,用 $e(t)$表示,$e(t)=r(t)-b(t)$。$e>0$,说明测量值低于给定值,为正偏差;$e<0$,为负偏差;$e=0$,为无偏差。调节器工作时,首先得到测量值与给定值之间的偏差,然后根据偏差的大小和方向,按设定的调节规律发出控制指令给执行器,使偏差值 e 不断减小,直到偏差等于零或接近零为止。在实际应用中,调节单元有位式调节器、比例调节器、比例积分调节器、比例微分调节器、比例积分微分调节器等,其具体工作规律与原理参见本章第三节。

(3)测量单元　用来测量被控量的大小和变化,并将其转换成统一的标准信号(与给定值信号同类型)送至调节器。在气动控制系统中,对应被控量的满量程,其统一的标准信号是 0.02~0.1 MPa;在电动控制系统中,对应被控量的满量程,其统一的标准信号是 4~20 mA 或 0~10 mA。对整个系统而言,测量单元的信号传输方向是从输出至输入,所以亦将其称为反馈单元,参数的自动控制系统一般都采用为反馈控制系统。

(4)执行机构　执行机构接受来自调节器输出的控制信号,其输出量是阀门的开度,从而可以改变流入控制对象的物质或能量流量,使之能符合控制对象负荷的要求,被控量会逐渐回到给定值或给定值附近。常用的执行机构包括气动调节阀执行缸液压油缸及伺服电机等。

以上四个基本单元是组成自动控制系统不可缺少的基本单元。除此之外,一个完整的控制系统还包括显示单元,用来显示被控参数的实际值和给定值;气动控制系统还应设有气源装置和定值器;电动控制系统需要设有电源等辅助装置。

二、自动控制系统传递方框图

为了清楚地表明各个单元在控制系统中的作用以及各单元之间的信号传递关系,我们把每个单元都用一个方框来表示,各方框之间用带箭头的信号线连接起来,这就构成了自动控制系统的方框图,如图 1-1-2 所示。这样的方框图适用于各种运行参数的自动控制系统,具有普遍性。通过传递方框图,要建立以下几个概念。

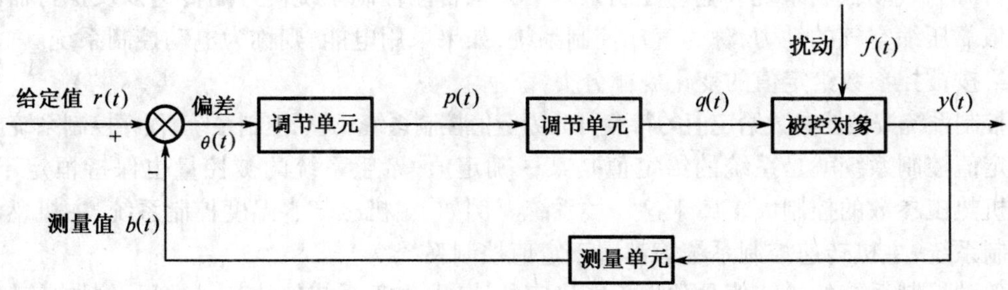

图 1-1-2　自动控制系统传递方框图

(1)环节　在传递方框图中,代表实际单元的每个小方框称为一个环节,每个环节必定有输入量和输出量,并用带箭头的信号线表示。任何环节输出量的变化均取决于输入量的变化及该环节自身的特性,而输出量的变化不会直接影响输入量,即信号传递具有单向性。

(2)扰动　引起被控量变化的一切因素称为扰动。显然,扰动量是控制对象的输入量。扰动量可以分为两类:一类是轮机人员无法控制的扰动,称为外部扰动;另一类是轮机人员可以控制的扰动,称为基本扰动。例如,在主机冷却水温度的自动控制系统中,引起水温变化的扰动有主机负荷的变化和蝶阀开度的变化两种。主机负荷的变化是轮机管理人员无法控制的,属于外部扰动;蝶阀开度的变化是可以控制的,属于基本扰动。在图 1-1-2 中,有两个信号线指向控制对象,它们分别是基本扰动(执行机构的输出)和外部扰动。

(3)闭环系统　在控制系统方框图中,前一个环节的输出就是后一个环节的输入,这样系统就形成一个封闭控制回路,称为闭环系统。反馈控制系统必然是闭环系统。

如果系统的输出量不被引回来对系统的输入部分产生影响(如没有反馈环节),这样的系统称为开环系统。开环系统结构简单,系统稳定性好,成本也低,但当动态过程受到各种扰动因素影响时,将会直接影响输出量,而系统不能自动进行调节。

(4)反馈　在控制系统反馈图中,符号"⊗"是比较环节(它不是一个独立的环节,而是调节器的一个组成部分,为清楚起见,故单独画出),它随时把给定值 $r(t)$ 与测量值 $b(t)$ 比较得出偏差信号 $e(t)$。偏差信号是调节单元的输入量,其输出量 $p(t)$ 经执行单元产生调节信号 $q(t)$,使被控对象的被调量 $y(t)$ 发生变化,被调量 $y(t)$ 的变化经测量单元反送到控制系统的输入端,这个过程称之为反馈。反馈分为正反馈和负反馈两种。正反馈是指经反馈后可以加强闭环系统输入效应,亦即使偏差 e 增加。负反馈是指经反馈后可以减弱闭环系统输入效应,亦即使偏差 e 减小。显然只有负反馈才能随时对被控量的给定值和测量值进行比较,使偏差 e 不断减小进而保持被控量的稳定在给定值或给定值附近。所以,自动控制系统实为负反馈控制系统,简称反馈控制系统。

三、自动控制系统的分类

自动控制系统按其所用能源、结构形式和特点等有多种分类方法。

1.按被控参数的名称分类

按照被控参数的名称分类是机舱自动控制系统最常见的分类形式。如压力自动控制系统、温度自动控制系统、液位自动控制系统等。

2.按所用能源分类

可分为气动控制系统和电动控制系统。如果自动控制系统信号的传递以及执行器的动作是依靠压缩空气的动力,称为气动控制系统;如果采用电能,则称为电动控制系统。

3.按被控参数给定值的变化规律分类

控制系统按被控参数给定值的特点可分为定值控制系统、随动控制系统、程序控制系统。

定值控制系统就是系统的给定值是某一确定值,希望系统的被控量也保持恒定不变。主辅机热工参数的控制大多属于这一类系统。例如,主机冷却水温度控制系统、主机燃油黏度控制系统、主机转速控制系统等都属于定值控制系统。

随动控制系统的给定值是预先不能确定的,其取决于系统外的某一进程,例如随动操舵系统跟踪船舶航向的变化、雷达控制系统跟踪目标的方位变化就是随机的。

程序控制系统则是指控制系统的给定值按照预先确定的规律进行变化,例如主机遥控系统中的转速加速速率控制便属于此类。

定值控制系统的任务是保持被控量不变,而随动控制系统和程序控制系统的任务是在给定值变化时,力求被控量随着给定值的变化而变化。

四、自动控制系统的动态过程

1.动态过程特点

一个控制系统在运行过程中,若被控量不随时间变化,而是稳定在给定值或给定值附近,这种状态叫稳态,而被控量随时间变化的不平衡状态称为系统的动态。稳态是暂时的、相对的和有条件的,动态是普遍的、绝对的和无条件的。因为系统经常会受到扰动,系统的平衡状态因而会经常遭到破坏。由于控制对象有惯性,被控量不能突变,所以它在受到扰动的短时间内,偏差不大。这样调节器输出的控制信号和经调节阀流入控制对象的物质或能量流量的改变量都不大,不足以克服扰动,使偏差越来越大。随着偏差的增大,调节器输出的控制信号及由它所指挥的调节阀开度变化量都增大,在实际运行中,调节阀开度的变化量往往会过头,使被控量在向给定值恢复过程中,出现反向偏差,即被控量会围绕给定值上下波动,以后在调节器控制作用下,波动越来越小,最终被控量会稳定在新稳态值(给定值或给定值附近),系统达到一个新的平衡。所以,从受到扰动开始到达到新的平衡状态的过程就是动态过程,也称为过渡过程。

2.评定控制系统动态过程品质的指标

一般,被控量变化的动态过程有以下几种。

(1)发散振荡过程。被控量 $y(t)$ 的动态过程不但是一个振荡的过程,而且振荡的幅度越来越大,以致会大大超过被控量允许的误差范围,如图 1-1-3 线 1 所示,这是一种典型的不稳定过程,设计自动控制系统要绝对避免产生这种情况。

(2)等幅振荡过程。被控量 $y(t)$ 的动态过程是一个持续振荡过程,且波动的幅度保持不变,始终不能达到新的稳态值,如图 1-1-3 曲线 2 所示。系统出现等幅振荡过程,这时执行机构将不断地来回动作,这是一种不稳定的系统,生产过程一般不允许这种情况的出现。

(3)单调过程(非周期过程)。被控量 $y(t)$ 单调变化(即没有“正”、“负”的变化),缓慢地到达新的平衡状态(新的稳态值),如图 1-1-3 曲线 3 所示,一般这种动态过程具有较长的动态过程时间,即其调节时间较长。

(4)衰减振荡过程。被控量 $y(t)$ 的动态过程是一个振荡过程,但是振荡的幅度不断在衰减,到过渡过程结束时,被控量会达到新的稳态值。如图 1-1-3 曲线 4 所示。

一般说来,自动控制系统如果设计合理,其动态过程多属于图 1-1-3 曲线 4 的情况。为了满足生产过程的要求,我们希望控制系统的动态过程不仅是稳定的,并且希望过渡过程时间(又称调整时间)越短越好,振荡幅度越小越好,衰减得越快越好。

综上所述,对于一个自动控制系统的性能要求可以概括为三个方面:稳定性、准确性和快速性。

(1)稳定性

稳定性是控制系统是否能实际应用的首要条件,即自动控制系统的最基本的要求是系统必须是稳定的,不稳定的控制系统是不能工作的。

对于定值控制系统,其稳定程度可以用“衰减率”来表示,所谓“衰减率”就是指每经过一个周期以后,波动幅度衰减的百分数,以 Ψ 表示,计算公式是

$$\Psi = \frac{A - B}{A} \tag{1-1}$$

式中 A 是指扰动出现后,被调量偏离给定值的最大值,即衰减曲线上所出现的第一个波的峰值;B 是指与第一个波峰同相的第二个波的峰值。如图 1-1-3 所示。

实际的调节过程一般希望 $\Psi = 0.75 \sim 0.9$。

对于改变给定值的控制系统,如图 1-1-4 所示,其稳定程度可以用“超调量”来表示,所谓“超调量”就是指在衰减振荡中,第一个波峰值减去新稳态值与新稳态值之比的百分数,以 σ_p 表示,如式 1-2 所示

$$\sigma_p = \frac{|y_{\max} - y(\infty)|}{|y(\infty)|} \cdot 100\% \tag{1-2}$$

σ_p 越小,系统动态过程波动越小,稳定性越好。但是如果 σ_p 太小,稳定性虽好,但是过渡过程时间会拖长。在实际动态过程中,要求 $\sigma_p < 20\%$ 。

振荡次数 N:指在动态过程中被控量振荡的次数,一般要求被控量振荡 2~3 次就应稳定下来。

(2)准确性

准确性是指调节过程中被调参数偏差的大小,它可由稳态偏差 ε 和最大动态偏差 $e_{\max}$ 衡量。

稳态偏差 ε 是指在扰动和调节的共同作用下,调节过程结束后,被调参数的新稳态值与给定值之间的偏差,也称为静差。显然,稳态偏差越小,系统的静态精度越高。

动态偏差是指在调节过程中被调参数偏离给定值的幅度,其最大值称为最大动态偏差,用 $e_{\max}$ 表示。调节系统应保证被调量的动态偏差即使在可能出现的最大扰动作用下,也不

应超过允许的变动范围,否则,会有可能破坏设备或生产工艺的正常进行。

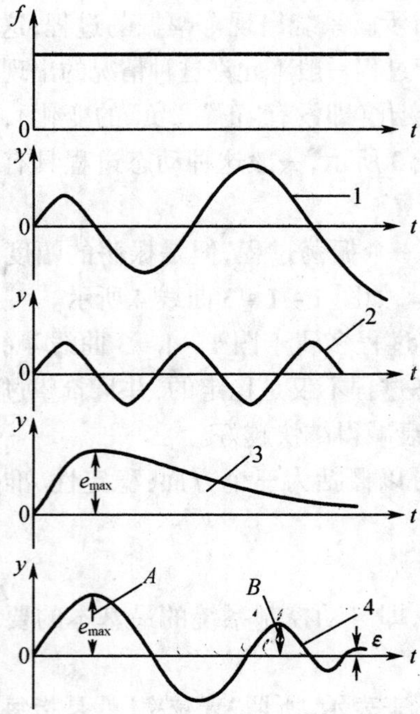

图 1-1-3 定值控制系统的动态过程曲线

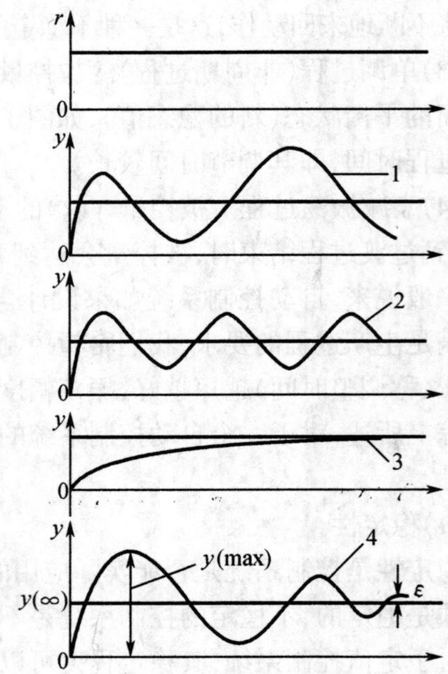

图 1-1-4 改变给定值的控制系统动态过程曲线

(3)快速性

快速性可用过渡过程时间 t_s、振荡周期 T_W(频率 f_W)来表示。

过渡过程时间(亦称调节时间)t_s 指系统从受到扰动开始到被控量重新趋于稳定建立新的平衡状态为止所经历的时间。从数学上来讲,过渡过程时间应该是无穷大。在工程上,是这样定义过渡过程时间:在大于某一时刻后,被控量的波动范围就始终在最终稳态值的 2%(或 5%)之内,从开始到这一时刻之间的时间就是过渡过程时间。

振荡周期 T_W 是指过渡曲线上从第一个波峰到第二个波峰之间的时间;其倒数称为振荡频率 f_W。在保证一定衰减率的条件下,一般希望周期越短越好,这意味着,过渡过程时间短,快速性好。

稳定性、准确性和快速性三个指标常常是相互制约的。例如稳定性提高后,会使动态偏差增大、动态过程变得缓慢。所以,应根据被调对象的不同要求做出合理的选择,在稳定性、准确性和快速性之间合理权衡,找到各方面指数都适当的最佳过渡过程。

第二节 控制对象的基本特性

在机舱中,控制对象的种类很多,常见的有柴油主机、柴油发电机组、锅炉、冷却器、空气瓶、水柜等。所有的控制对象都有一个共同点,即都有储存物质或能量的能力;当控制对象受到扰动后会伴随有物质和能量的流入或流出;物质或能量在流动过程中会受到阻力;物质或能量在流动中和信号在传递过程中会存在时间上的迟延。所以自动调节系统能否得到满意的调节品质指标，不仅取决于调节器，同时还取决于调节对象的特性。研究调节对象特性的目的，就在于能正确地选择、使用调节器，对调节器进行参数整定，改善调节质量。

一、单容控制对象的动态特性

1.单容控制对象的动态过程

单容控制对象是指只有一个储蓄物质或者能量容积的控制对象。在机舱中，水柜、油柜以及以水位为控制量的锅炉都属于单容控制对象。下面我们以单容水柜为例，来说明其动态特性。

在图1-2-1中，当流入水柜的流量 Q_1 与流出水箱的流量 Q_2 相等时，水柜处于平衡状态（即静态），这时水位 h 保持不变。设在 t_0 时刻以前对象处于平衡状态，即初始流量 $Q_{10}=Q_{20}$，水位稳定在 h_0 高度上。在 t_0 时刻，突然改变进口阀的开度（如开大），则流入量 Q_1 就有了变化，因此 Q_1 就不再等于流出量 Q_2，液位 h 也随着变化。假如在 $\mathrm{d}t$ 这段时间内液位增高了 $\mathrm{d}h$，那么这段时间内的流入量和流出量之差 $(Q_1-Q_2)\mathrm{d}t$ 应该等于水箱内增加的水量 $F\cdot\mathrm{d}h$，则有

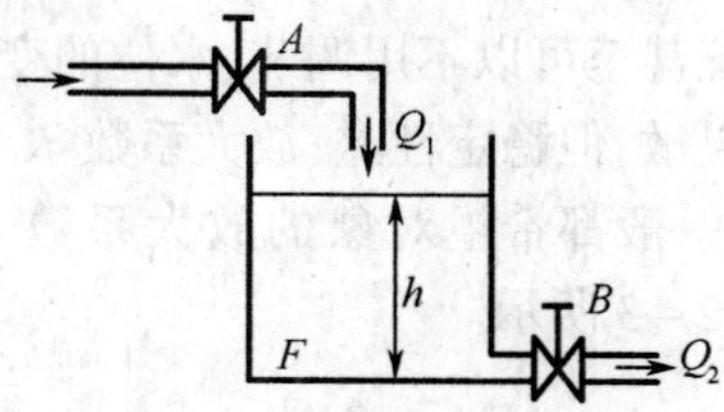

图1-2-1 单容水柜控制对象

F—水箱的截面积；h—液面高度；Q_1—流入水箱的流量；Q_2—流出水箱的流量

$$(Q_1-Q_2)\mathrm{d}t = F\cdot\mathrm{d}h \tag{1-3}$$

显然，随着液位 h 的升高，流出量 Q_2 也会逐渐加大。出水阀关得越小，即阻力越大，流出量 Q_2 就越小。当水位变化不大时，可以近似认为 Q_2 与 h 成正比、与出水阀的阻力 R_S 成反比，亦即

$$Q_2=\frac{h}{R_S} \tag{1-4}$$

为简便起见，设各变量的起始稳态值为起算点，即令 $Q_{10}=Q_{20}=0$，$h_0=0$。在初始平衡状态下，若给水阀 A 突然开大（阶跃变化），阀 A 的流量系数是 K_μ，则流入水柜的流量 Q_1 也会阶跃增大，且 $Q_1=K_\mu\cdot\Delta\mu$。将 Q_1 和 Q_2 的表达式代入式(1-3)，可得

$$(K_\mu\cdot\Delta\mu-h/R_S)\mathrm{d}t = F\cdot\mathrm{d}h \tag{1-5}$$

令 $T=FR_S$，$K=K_\mu R_S$，则有

$$T\cdot\frac{\mathrm{d}h}{\mathrm{d}t}+h=K\cdot\Delta\mu \tag{1-6}$$

式(1-6)称为单容水柜在阶跃扰动下的的微分方程，如果对该微分方程求解，便可获得该水柜对输入的响应 $h(t)$

$$h(t)=K\cdot\Delta\mu(1-\mathrm{e}^{-\frac{1}{T}}) \tag{1-7}$$

上式反映了被控量水位水时间变化的规律。可见，在单容控制对象施加阶跃扰动后，被控量不会突变，而是按照指数曲线变化，其变化曲线如图1-2-2所示，此指数曲线称为单容控制对象的飞升曲线。

2.单容控制对象的特性参数

式(1-7)中包含了两个参数，即放大系数 K 和时间常数 T，它们是表示动态特性的两个重要参数。下面具体分析一下这两个重要参数的物理意义及其对动态特性的影响。

(1)放大系数 K

K 是控制对象受到扰动后,被控量从初始平衡状态到达新稳态的变化量把扰动量放大的倍数。在对控制对象施加扰动 $\Delta\mu$ 的瞬间 $t=0$ 时,$h(t)=0$,即水位还没有变化。以后随着 t 的增加,$h(t)$不断增大。当 $t=\infty$ 时,被控量达到新的稳态不再变化,可见水箱受到阶跃扰动后,水位就要上升,其最终变化量为 $h(\infty)=K\cdot\Delta\mu$。如果把水箱看作一个环节,那么,它的输入量改变 $\Delta\mu$ 时,它的输出量最终要改变 $K\Delta\mu$ 那么多。好比输入量的变化值经过水箱这个环节放大了 K 倍,因此把 K 称为放大系数或静态放大系数。

放大系数 K 表示反映了调节对象对于扰动作用的敏感程度。对于相同大小的扰动量,如果放大系数 K 大,水位 h 的最终变化也大;如果放大系数 K 小,水位 h 的最终变化也小,系统甚至可以不用调节,水位的变化也不会很大。所以放大系数 K 大的调节对象,调节比较灵敏,但稳定性差;放大系数 K 小的调节对象,调节不够灵敏,但稳定性好。从稳定性出发,一般都希望对象的放大系数 K 小一些为好,不同 K 值对系统动态过程的影响如图 1-2-3 所示。

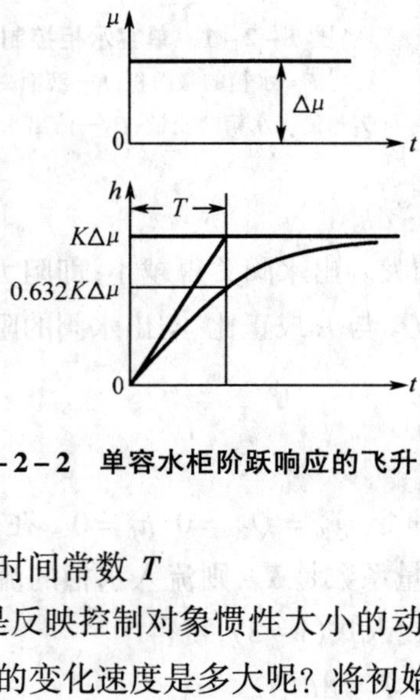

图 1-2-2 单容水柜阶跃响应的飞升曲线

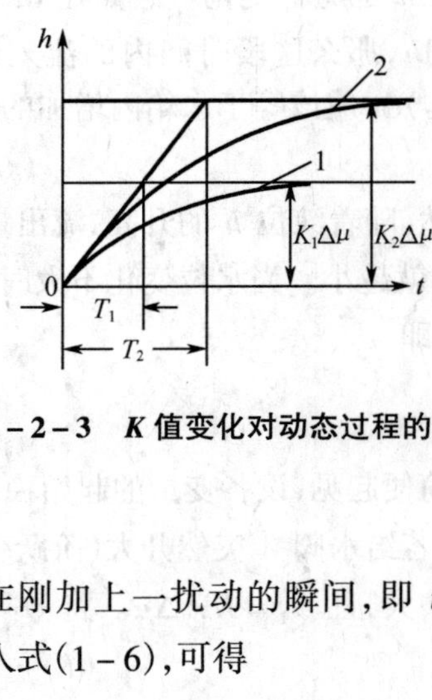

图 1-2-3 K 值变化对动态过程的影响

(2)时间常数 T

T 是反映控制对象惯性大小的动态特性参数。在刚加上一扰动的瞬间,即 $t=t_0=0$ 时,水位的变化速度是多大呢?将初始值 $h(0)=0$ 代入式(1-6),可得

$$\left.\frac{\mathrm{d}h}{\mathrm{d}t}\right|_{t=0}=\frac{K\Delta\mu}{T} \tag{1-8}$$

从图 1-2-2 上可以看出,$t=0$ 时,曲线的切线在新的稳态值上截得的一段时间就等于 T。也就是说,如果水位一直保持以 $t=0$ 时的最大速度变化,则经过一个 T 的时间就可以达到新的稳态值。但是实际上水位变化速度是越来越慢的,所以水位变化到新的稳态值实际所需的时间就要比 T 长得多。从理论上讲,这个时间是无穷长的。根据式(1-7)容易得到:$t=T,h(T)=0.632K\Delta\mu$;$t=2T,h(2T)=0.86K\Delta\mu$;$t=3T,h(3T)=0.95K\Delta\mu$;$t=4T,h(4T)=0.982K\Delta\mu$。显然,从扰动开始后经过(3~4)$T$ 的时间,水位的变化过程就基本结束了。因此,工程上一般取(3~4)T 作为动态过程的时间。显然,时间常数 T 可以表示扰动发生后被控量完成变化过程所需要的时间的长短,可以反映控制对象惯性的大小。T 越大,表明动态过程所需时间越长,飞升曲线越平坦,控制对象的惯性也越大;T 越小,表明动态过程所需时间越短,飞升曲线较陡,控制对象的惯性较小。图 1-2-4 示出了不同时间

常数 T 的飞升曲线。

求取时间常数 T 有两种方法。其一是过 $t=0$(坐标原点)点作飞升曲线的切线,该切线交于新稳态值点的横坐标就是时间常数 T。它的物理意义是:从对控制对象施加阶跃扰动瞬间开始,被控量以最大的变化速度达到新稳态值所需要的时间就是 T。另一种方法是当 $t=T$ 时,$h(T)=K\cdot\Delta\mu(1-e^{-1})=0.632K\cdot\Delta\mu$,所以 T 的物理意义也可以表述为:控制对象受到扰动后被控量变化到新稳态值的 63.2% 时所需要的时间。

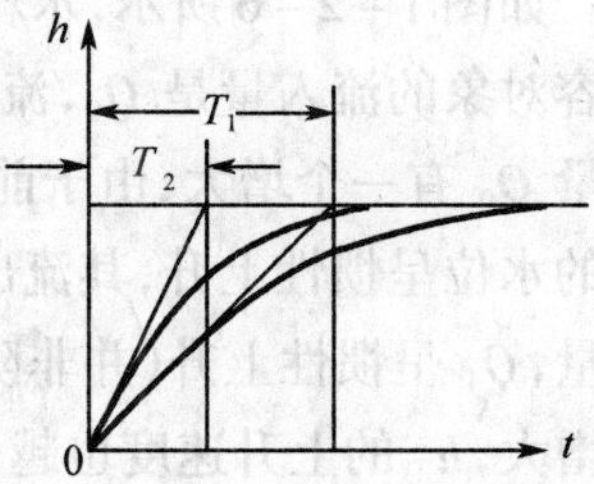

图 1-2-4　T 变化对动态过程的影响

(3)纯迟延 τ_0

控制对象的迟延包括纯迟延和容积迟延,它是控制对象的极为重要的动态特性参数,对控制系统的动态过程具有重大影响。单容控制对象只有纯迟延,多容控制对象除了纯迟延外,还有容积迟延。

由于结构上的限制等原因,执行机构(如阀门、挡板等)的安装位置与控制对象有一定的距离,使控制对象在动态过程中表现出滞后的特性。从图 1-2-5 中看到,调节阀 1 与水箱之间有一段较长的管路,所以当调节阀 1 的开度改变(即 Q_1 改变)后,流进水箱的水量 Q_1' 不会立即改变,而是要经过一段时间以后 Q_1' 才能发生变化,水箱水位也才能随之变化。这是因为液体流过一段距离(或能量的传递)需要一定的时间,这就是对象的滞后。上面说的这种滞后是工质或能量在传递过程中产生的,故称为纯迟延(或传递迟延)。具有纯迟延特性的系统,其控制对象的飞升曲线如图 1-2-5 所示。设在 $t=0$ 时刻,调节阀的开度突然增大,流入量在同一时刻也有相应的增量 ΔQ_1,如果此增大后的流量立即流进水箱,则水位在 $t=0$ 时开始变化,飞升曲线为图中的虚线 1。实际上 Q_1 必须通过一段较长的管道才能流进水箱,所以水位滞后到 t_1 时刻才开始变化,飞升曲线如图中的实线 2,τ_0 就是纯迟延时间。

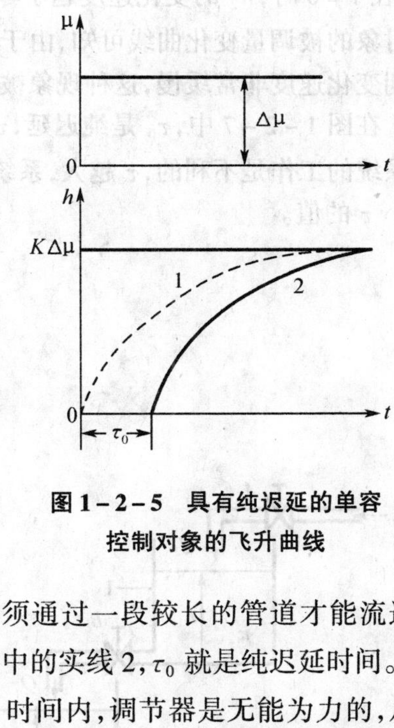

图 1-2-5　具有纯迟延的单容控制对象的飞升曲线

τ_0 的大小由系统的具体布置而定。很显然,在 τ_0 时间内,调节器是无能为力的,从而使偏差越来越大。迟延时间一过,调节器指挥调节阀开度会过头,造成动态过程振荡倾向明显,降低系统稳定性,迟延越长,这种影响越明显。纯迟延降低了对象的控制性能,因此,应尽量减小纯迟延 τ_0 以保证控制系统的稳定性。

二、多容控制对象的动态特性

在机舱中,多数控制对象都具有两个或两个以上储蓄物质或能量的容积,称为多容控制对象。多容控制对象可以近似看成是若干单容控制对象按不同方式组合而成的。因此分析单容对象的方法也适合于多容对象。但由于多容对象增加了储蓄容积和阻力因素,使得被控量的变化规律与单容对象不同。以下以由两个水柜组成的双容控制对象为例进行分析。

如图 1－2－6 所示，水箱 1 称为前置水箱，水箱 2 称为主水箱，被调量是主水箱水位 h_2。双容对象的流入量是 Q_0，流出量是 Q_2。设在 $t=0$ 以前对象处于平衡状态。在 $t=0$ 时，流入量 Q_0 有一个增大，由于前置水箱内有一定的容量系数及流出侧有一定的阻力 R_{S1}，所以它的水位呈惯性上升，其流出量 Q_1 也是惯性增加。前置水箱的流出量 Q_1，就是主水箱的流入量，Q_1 呈惯性上升（并非阶跃）就使主水箱水位 h_2 以很小的起始速度上升。随着 Q_1 逐渐增大，h_2 的上升速度也越来越大。到了 P 点，h_2 的变化速度达到最大值。随着 h_2 的上升，流出量 Q_2 的上升速度会成比例地增加。到 P 点时，Q_2 的上升速度也到达最大值。P 点以后，Q_2 的变化速度较大，对 h_2 的影响起决定作用；而 Q_1 的变化速度越来越慢，对 h_2 的影响越来越弱。随着差值（Q_1-Q_2）越来越小，h_2 的变化速度越来越慢。最后 Q_2 重新等于 Q_1，被调量 h_2 稳定在较高位置。h_2 的整个变化过程是一条 S 形曲线，P 点就是 S 形曲线的拐点。如果没有前置水箱，在 $t=0$ 时，Q_0 的阶跃增量 ΔQ_0 直接流入主水箱，这时水位 h_2 的变化是一条指数曲线，且在 $t=0$ 时，h_2 的变化速度最大。现在有前置水箱且 $R_{S1}\neq 0$，所以，在 $t=0$ 时，h_2 的变化速度趋于零，以后才逐渐增大，并在 P 点达到最大。比较单容和双容对象的被调量变化曲线可知，由于前置容积的动态容量和阻力所产生的惯性使被调量的初期变化速度非常缓慢，这种现象被称为容积滞后。

在图 1－2－7 中，τ_0 是纯迟延，τ_C 是容积迟延，总迟延时间就是 $\tau=\tau_0+\tau_C$。迟延时间对系统的工作是不利的，τ 越大，系统对被控量的控制越困难，故在设计控制系统时应尽量减小 τ 的值。

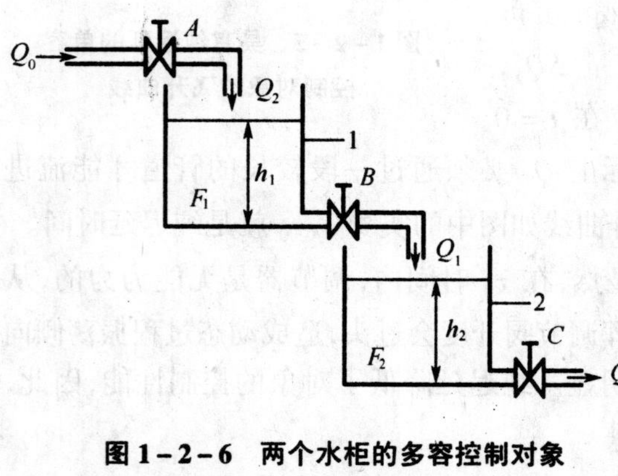

图 1－2－6　两个水柜的多容控制对象

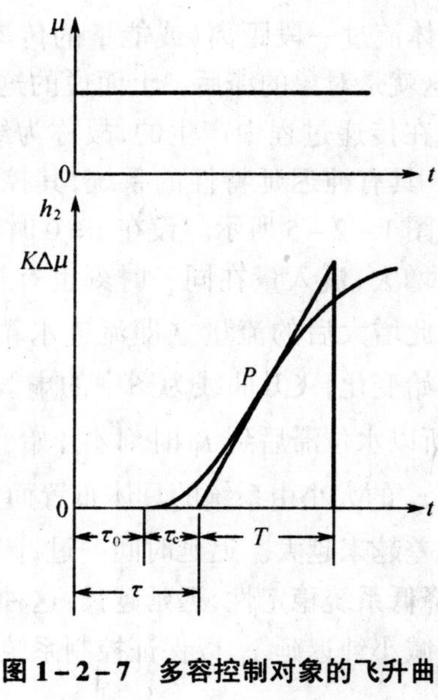

图 1－2－7　多容控制对象的飞升曲线

多容控制对象的特性参数除了迟延 τ，还有放大系数 K 和时间常数 T。和单容对象一样，放大系数 K 反映了控制对象对扰动的敏感程度，时间常数 T 反映了控制对象惯性的大小，迟延 τ 反映了被控量变化的迟延时间。

三、控制对象的自平衡能力

控制对象可以分为有自平衡能力和无自平衡能力的。图1-2-1和图1-2-6所画出的单容和多容水柜都是有自平衡能力的，这样的控制对象受到扰动后，不必加以控制，被控量最终能自行稳定下来。换言之，凡被控量变化能影响物质或能量流入或（和）流出的控制对象都有自平衡能力。在机舱中，大多数控制对象都有自平衡能力。

有些控制对象没有自平衡能力，当控制对象受到扰动后，被控量不会自行稳定下来。如图1-2-8所示，水箱出口处泵打出水的流量Q_0是恒定的，当水柜受到扰动后，流量差（Q_0-Q_i）一直存在，h就会一直变化而不能稳定下来。凡被控量变化不能影响物质或能量流入或（和）流出的控制对象都是无自平衡能力的。例如，以水位为被控量的锅炉是没有自平衡能力的。因为锅炉是由给水泵供水的，水位的变化既不会影响流出的蒸汽量，也不会直接影响水泵的工作。

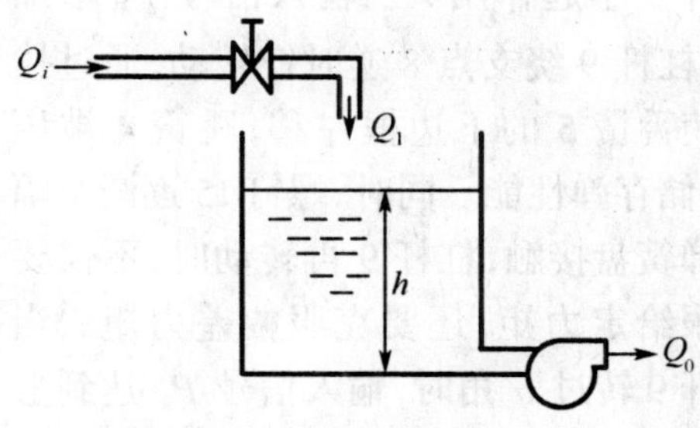

图1-2-8　无自平衡能力的单容水柜

有自平衡能力的控制对象受到扰动后被控量虽然能自行稳定下来，但被控量变化范围很大，这在实际运行中是不允许的。因此，对有自平衡能力的控制对象，也需组成一个控制系统对其进行控制，使被控量最终稳定在给定值或给定值附近，不要有大的变化。

第三节　调节器的调节规律

调节器是组成反馈控制系统的主要单元，当控制对象选定后，由于控制对象的特性参数K,T,τ均不能改变，调节器就对控制系统的动态过程品质起着决定性的影响。调节器的作用规律是指调节器的输出信号$P(t)$随输入量$e(t)$变化的规律，即给调节器输入一个偏差信号e后，其输出量P（调节阀的开度，也就是执行机构的位置）的变化规律，通常用函数关系式$P=f(e)$来表示。常用的调节规律主要有：双位式调节规律、比例调节规律（P）、比例积分调节规律（PI）、比例微分调节规律（PD）、比例积分微分调节规律（PID）。

一、双位式调节规律

1.双位式调节规律的概念

双位式调节器的输出只有两个状态，它不能使被控量稳定在某一个值上而只能保持在一个范围之内（上限和下限之间）。当被控量下降到下限值时，调节器的输出接通电源使电动机转动，或令电磁阀通电使阀门全开；当被控量上升到上限值时，调节器动作使电动机停转或令电磁阀断电使阀门全关；当被控量在上、下限之间变化时，调节器输出状态不变，如图1-3-1所示。

2.YWK-50-C式压力调节器

压力调节器也称为压力控制开关，YWK-50-C（旧型号为YT-1226）式压力调节器的原理图如图1-3-2所示。该调节器根据力矩平衡原理工作，在比较杠杆9上，对支点8有三个力矩作用并相互平衡。这三个力矩分别是：由测量波纹管11产生的测量力矩、由给定弹簧 16 产生的给定力矩、由幅差弹簧 13 产生的幅差力矩。当输入信号 P_λ 达到下限值时，杠杆在三个力矩的作用下处于水平位置。这时动触点 2 离开静触点 1 而紧压在静触点 3 上，此时螺钉 15 离开幅差弹簧盘一段距离，幅差弹簧 13 对杠杆 9 不起作用。当输入信号 P_λ 增加时，杠杆 9 绕支点 8 逆时针转动，通过拨臂使舌簧 5 的下边框左移，跳簧 4 被压缩，储存弹性能。同时，螺钉 15 逐渐与幅差弹簧盘接触，杠杆 9 再转动时，不仅要克服给定力矩，还要克服幅差力矩。当杠杆 9 转过 α 角时，输入信号 P_λ 达到上限值时，舌簧 5 的下边框正好与跳簧 4 在同一平面，跳簧 4 有了释放所储存弹性能的机会，迅速把舌簧 5 弹开，使动触点 2 离开静触点 3 而紧压在静触点 1 上。当 P_λ 降低时，杠杆 9 绕支点 8 顺时针转动，只有杠杆 9 转到水平位置时，舌簧 5 下边框顺时针转过 α 角时，使舌簧与跳簧 4 处于同一平面，跳簧再次把舌簧弹开，使动触点 2 离开静触点 1 而紧压在静触点 3 上，杠杆回到水平位置。输入信号 P_λ 在上下限之间变化时，跳簧保持原状态不变，也就是调节器输出状态不变。

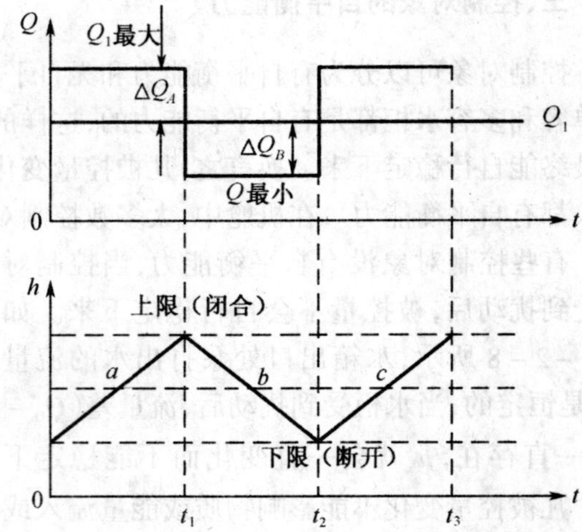

图 1-3-1　理想的双位式调节过程

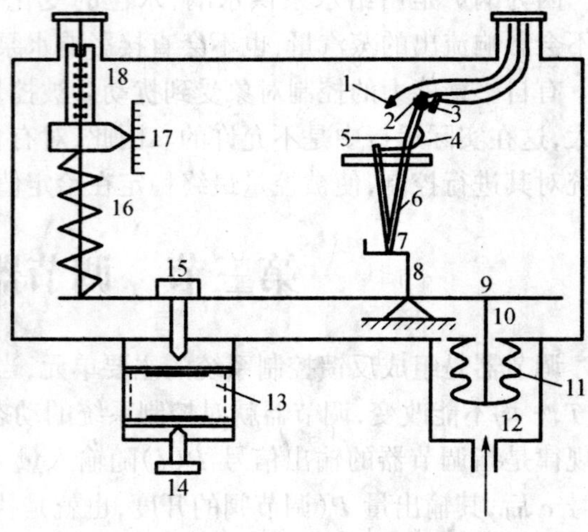

图 1-3-2　YWK-50-C 式压力调节器原理图

1,3—静触点；2—动触点；4—跳簧；5—舌簧片；6—跳簧支点；7—拨臂；8—支点；9—比较杠杆；10—顶杆；11—波纹管；12—测量室；13—幅差弹簧；14—幅差调整旋钮；15—作用螺钉；16—给定弹簧；17—给定值指示器；18—给定值调整螺钉

扭动螺钉 18 可以调整给定弹簧 16 的预紧力，亦即调整触点动作的压力下限值 P_L，其大小可由指示器 17 指示。调整旋钮 14 可调整幅差弹簧的预紧力，亦即调整触点动作的压力上限值 P_H。$\Delta P = P_H - P_L$ 称为幅差。幅差调整旋钮 14 有一个红色标记，在它旁边的圆柱面上有 0～10 挡刻度，红色标记对准 0 挡时，ΔP = 0.07 MPa；红色标记对准 10 挡时，ΔP = 0.25 MPa。红色标记对准其他不同挡时，其 ΔP 的计算公式为

$$\Delta P = P_H - P_L = 0.07 + (0.25 - 0.07)\frac{x}{10} \tag{1-9}$$

其中 x 表示红色标记对准的挡数，压力单位都是 MPa。这样，在压力的上限值、下限值及所对应的挡数 x 三个变量中，知道其中任意两个，就可以求出第三个。

二、比例调节作用（P 调节作用）

比例作用规律是指调节器的输出量 P（调节阀开度的变化量）随输入量 e（给定值与测量值之间的偏差值）成比例关系，其输出与输入之间的函数关系为

$$P(t) = K_P \cdot e(t) \tag{1-10}$$

其中 K_P 称为比例调节器的放大倍数。K_P 值越大，说明比例作用越大；K_P 值越小，说明比例作用越小。比例调节器是一种只考虑“偏差大小”因素的自动调节器，它的功能有两点。

①把测量信号与给定信号加以比较，得出偏差信号 $e(t)$。

②发出一个与偏差信号的大小成比例的调节信号（即 P）去控制执行机构。

1.比例调节器实例分析

图 1-3-3 表示一个采用浮子式调节器的水位自动调节系统。水箱中的水不断地从排出管道流出，又不断地从进水管道注入，调节器的作用是把水位保持在适当的高度上。当水箱中的水位升高时，浮子随之升高，并通过杠杆的作用使阀门杆向下移动，把阀门关小一些；反之，当水位降低时，浮子就把阀门杆提起来，把阀门开大些。这样就可以自动地把水位保持在适当的高度上，完成水位自动调节的任务。

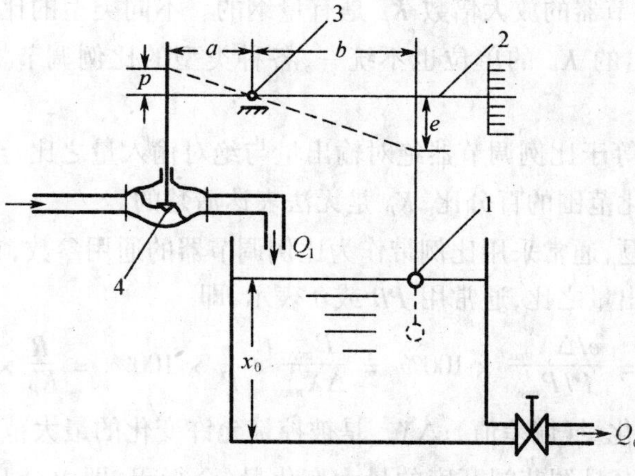

图 1-3-3　浮子式比例控制系统

1—浮子；2—杠杆；3—可调支点；4—调节阀阀芯

在图 1-3-3 中，水位和调节阀的开度变化分别用 X_0 和 P 表示。假定杠杆处于图中实线的位置时，整个系统处于一个稳定的平衡状态，此时水位为 X_0，偏差 $e=0$。如果突然开大出水阀，出水流量 Q_0 增大，由于给水量 Q_i 暂时不变，水位和浮子、浮子杆一起下降。杠杆绕支点顺时针转动，开大给水调节阀，增大对水柜的给水流量 Q_i，直到 $Q_i = Q_0$。假若水位在其变化过程中降低了 e，那么调节阀门就要开大 P，此时，杠杆的位置如图中虚线所示，由图可知

$$P(t) = \frac{a}{b} \cdot e(t) = K_P e(t) \tag{1-11}$$

由上式可知，比例调节器的输出量 P 和它的输入量 e 是成正比的。式中 $K_P = a/b$ 是比例调节器的放大倍数，是表示比例调节作用强弱的参数。改变杠杆上可调支点的位置就可

以改变 K_P 值。若将可调支点左移，a 减小，b 增大，则 K_P 值减小，调节器比例作用减弱；反之，若可调支点右移，a 增大，b 减小，则 K_P 增大，调节器比例作用增强。K_P 值大时，只要出现一个较小的偏差 e 值，调节阀的开度变化就比较大，给水量流量的变化也比较大，克服扰动能力就强。反之，K_P 值小，克服扰动能力就较弱。

比例作用规律的优点是，调节阀的开度可以及时地反映控制对象负荷的大小。负荷变化大，出现的偏差 $e(t)$ 就大，调节阀开度变化 P 值就成比例地立即增大，对被控参数进行调节控制。基于这个原因，比例调节器的应用十分广泛。但是，比例调节器也存在明显的缺点，那就是当控制对象受到扰动后，在比例调节器的控制作用下，被控量不能完全回到给定值，而只能回到给定值附近，即其稳态值和给定值之间会存在较小的静态偏差，这是比例调节器固有的、不可克服的缺点。因为，若进水量受到一个阶跃扰动后，Q_0 增大，为了达到平衡，进水量 Q_i 必须增加到 Q_0。进水量 Q_i 的增加意味着调节器阀门开度必须增加，才可以达到新的平衡，要使阀门开度增大，水位(被控量)必然要降低，稳态时的水位必然偏离原稳态值，这就是比例调节器存在静态偏差的根本原因。要减小静态偏差，可以增大 K_P 值，这时，调节过程结束后，水位有较小的变化(静差)，就可以使 $Q_i = Q_0$。

2.比例带

在实际应用时，K_P 并不能作为所有比例调节器的通用参数。这是因为：

(1)大部分比例调节器的放大倍数 K_P 是有量纲的。不同类型的比例调节器，P 和 e 的单位均不同，所以求出的 K_P 的单位也不统一，各种类型的比例调节器的 K_P 就无法加以比较。

(2)放大倍数 K_P 等于比例调节器绝对输出量与绝对输入量之比，至于输出(输入)的绝对变化值占其最大变化范围的百分比，K_P 是无法表达清楚的。

为了解决上述问题，通常采用比例带作为比例调节器的通用参数，它等于比例调节器的相对输入量和相对输出量之比，通常用 PB 或 δ 表示，即

$$PB(\delta) = \frac{e/\Delta X_{\max}}{P/P_{\max}} \times 100\% = \frac{P_{\max}}{\Delta X_{\max}} \cdot \frac{e}{P} \times 100\% = \frac{R}{K_P} \times 100\% \tag{1-12}$$

式中，e 是被控量的变化量(偏差值)；$\Delta X_{\max}$是被控量允许变化的最大范围(全量程)；P 是调节阀开度的变化量；$P_{\max}$是调节阀开度的最大变化量(全行程，即由全开到全闭或由全闭到全开)；$R = P_{\max}/\Delta X_{\max}$是量程系数。

在单元组合仪表中，由于仪表采用统一标准信号(如气动单元组合仪表为 0.02～0.1 MPa，电动单元组合仪表为 0～10 mA 或 4～20 mA)，因此调节器的输入、输出信号最大变化范围都是一样的，亦即常数 $R = 1$，故

$$PB = \frac{1}{K_P} \times 100\% \tag{1-13}$$

由上式可知，比例带与放大系数 K_P 值成反比。比例带越大，意味着比例调节器在相同的相对输出量时，所需要的相对输入量越大，这时，输入量对输出量的控制作用越小，也就是比例调节作用越弱；相反，比例带越小，比例调节作用越强。

由于比例带是比例调节器相对输入量与相对输出量之比，所以它是一个无量纲的百分数。它不仅反映出比例调节作用的对应关系，而且能确切地说明每一个比例调节器的性能。比如，$PB = 100\%$ 的比例调节器，说明它的输入信号变化为全量程的 100% 时，其输出信号变

化为全行程；又如，$PB = 50\%$ 的比例调节器，说明只要输入信号为全量程的 50%，其输出就可达到全行程，如图 1-3-4 所示。这样不论比例调节器结构上差别有多大，不论它原来调节的是何种参数，只要它的比例带数值相同，在比例调节作用强弱这一点上都是一样的。

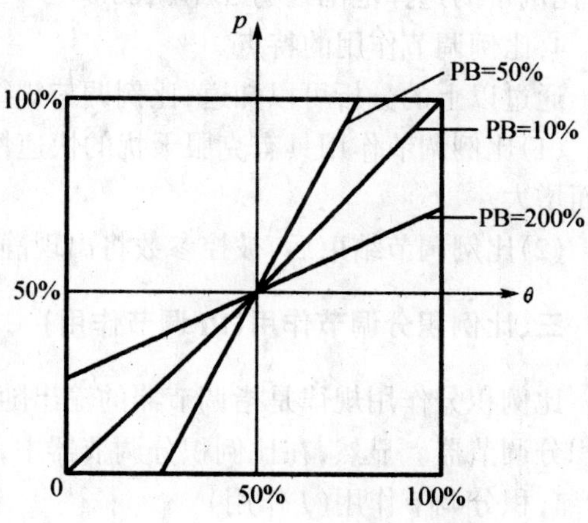

图 1-3-4 比例带与输入输出的关系

3. 比例带对系统动态过程的影响

当控制对象确定之后，控制对象的特性参数已经确定，比例带的大小对控制系统的动态过程品质有决定性的影响。如图 1-3-5 所示，若比例带太小，系统将出现不稳定的发散振荡过程（曲线 1）；当比例带减小到某一数值时，系统将出现等幅振荡，这时的比例带称为临界比例带（曲线 2）；若比例带选得较小，比例作用很强，调节阀开度的变化量会过头，从而导致被控量的大起大落，系统的振荡倾向加剧，降低了系统的稳定性，同时使调节时间 t 增加（曲线 3）。若比例带选得很合适，则输出特性比较平稳而稳态偏差又不太大（如曲线 4）。若比例带选得太大，比例作用很弱，克服扰动能力就很弱，动态过程虽然很稳定，没有波动，但最大动态偏差 e_{max} 增大，过渡过程时间 t_s 拖得很长（曲线 6）。所以要正确地选用比例带，最合理地利用比例调节作用。一般地说，若对象是较稳定的，即对象的迟延较小、时间常数较大及放大系数较小时，调节器的比例带可以选得小一些，以提高整个系统的灵敏度，使反应加快一点。反之，若对象迟延较大、时间常数较小以及放大系数较大时，调节器的比例带就必须选得大些。否则，将达不到稳定的要求，过渡过程可能会像曲线 3 那样，甚至更坏。总之，从稳定性要求看，希望 PB 大一些好，但从准确性要求看，却希望 PB 小一些好。由此可见，自动调节系统的准确性与稳定性之间存在着一定的矛盾，需在两者之间进行权衡。对于一般的调节

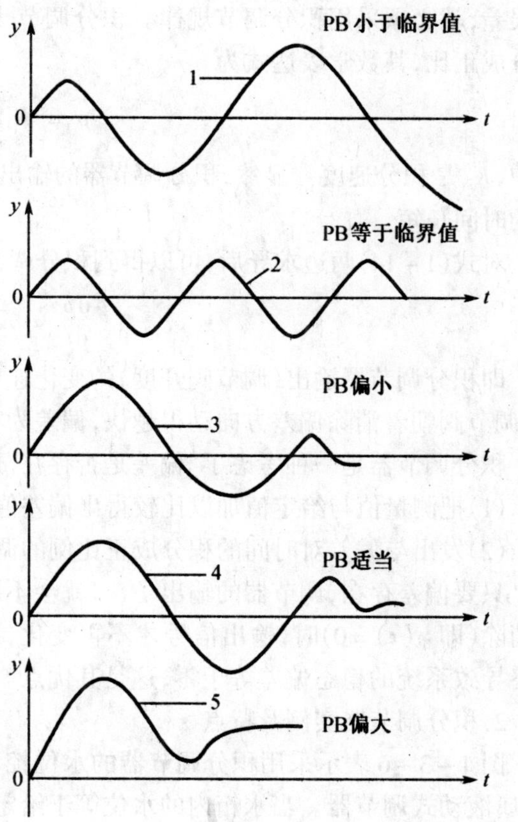

图 1-3-5 比例带对过渡过程的影响

器，比例带的选择范围约为5% ~300%。

4.比例调节作用的特点

通过以上的分析可以知道，比例调节规律具有以下两个特点：

(1)比例调节作用具有克服干扰的快速性，而且这种克服能力会随着被控参数的偏差增大而增大。

(2)比例调节结束后，被控参数将出现静态偏差，这是其不可克服的缺点。

三、比例积分调节作用(PI调节作用)

比例积分作用规律是指调节器的输出随输入按比例积分规律变化，这种调节器称为比例积分调节器。显然，在比例积分调节器中，既有比例调节作用又有积分调节作用。

1.积分调节作用(I作用)

对于比例调节器而言，被控量偏差越大，调节器输出的调节作用越大，调节阀(朝着消除偏差的方向)也动得越多。但是，纠正偏差依靠的是偏差本身，调节阀开度与被控量之间有着一一对应的硬性关系，因此会产生静差，这是比例调节作用不可避免的缺点。要想避免稳态误差，就必须采用积分调节规律。积分调节规律的输出 $P(t)$ 与偏差输入 $e(t)$ 对时间的积分成正比，其数学表达式为

$$p = K_1\int e\mathrm{d}t \tag{1-14}$$

式中，K_i 是积分速度。显然，积分调节器的输出不仅取决于偏差的大小，而且取决于偏差存在的时间长短。

对式(1-14)两边求导后，可以得到积分调节作用规律的另一种表述方式

$$\frac{\mathrm{d}p}{\mathrm{d}t} = K_I \cdot e \tag{1-15}$$

即积分调节器输出(调节阀开度)的变化速度与输入偏差信号成正比。被控量的偏差越大，调节阀朝着消除偏差方向动得越快，偏差为零，调节阀才停止变化。

积分调节器是一种考虑了“偏差是否存在”这个因素的自动调节器，它的功能有两点：

(1)把测量值与给定值加以比较得出偏差值；

(2)发出与偏差对时间的积分成正比例的调节信号。

只要偏差存在，调节器的输出 $P(t)$ 就会不断变化，执行机构就会不断动作。只有当偏差消除(即 $e(t)=0$)时，输出信号才不再变化，系统才稳定下来。换言之，积分控制作用将最终导致系统的稳态偏差等于零，这是其优点。

2.积分调节器实例及特点

图1-3-6表示采用积分调节器的水位控制系统。积分调节器由浮子、杠杆和滑阀组成，属液动式调节器。当水箱内的水位等于给定值时，滑阀2正好将通往伺服油缸的上下油口 A，B 遮住，伺服活塞不动，系统处于平衡状态。设在某一时刻，流出量突然减少 ΔQ_0，水箱内水位上升，杠杆 ABO 以支点 O 为转动中心顺时针转动一个角度，同时将滑阀2向上提起，于是伺服油缸上面的油口 A 与进油管连通，压力油进入伺服油缸的上腔，而下腔则与回油管路接通，向外排油。这时在伺服油缸的上下腔便出现压力差，此压力差推动活塞下行，关小调节阀，减小流入量 Q_1，直到流入量与流出量相等，而且水位也回到起始给定值时，调节系统才重新建立平衡。水位偏离它的给定值越大，滑阀将上下油口开得越大，伺服油缸

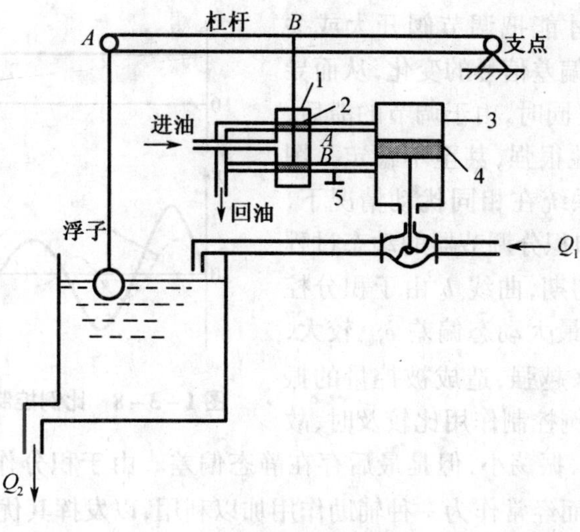

图 1－3－6　采用积分调节器的水位控制系统

1—滑阀油缸；2—滑阀；3—伺服油缸；4—活塞；5—积分阀；6—水箱

上、下腔的压力差也越大，则调节阀移动的速度也就越大，符合式(1－15)所描述的积分动作规律，所以，它是一个积分调节器。不难看出，只要水位与其给定值之间还有误差存在，滑阀就不能把通往伺服油缸的上、下两个油口完全遮住，调节过程就要一直进行下去，直到水位又回到初始给定值，调节才停止，系统重新建立平衡。所以采用积分调节器可以消除被控量的稳态误差，实现无差调节。这是积分调节器的主要特点，也是它的优点。

由上述过程可知，采用积分调节器时，被控量的误差与调节阀的位移之间没有一一对应的关系。由图 1－3－6 可以看到，在调节过程中，只要水位变到等于给定值(滑阀就正好将 A、B 口遮住)，且水柜的流入水量等于流出水量时，那么不管伺服活塞处在什么位置上，都会立即停止不动。因此，采用积分调节时，被控量在任何负荷下的稳态值都等于它的给定值。

此外，从式(1－15)看出，调节阀的动作速度的大小及方向决定于偏差 e 的大小及正负，而不考虑偏差变化速度的大小及方向，这是积分作用在调节中造成过调现象的根本原因。如图 1－3－7 所示，在 a，b 两点上，被控量与给定值之间的偏差大小一样且都是正偏差。对应于 a，b 两点调节阀的移动速度的大小及方向(关小)都一样。但 a，b 两点被控量变化速度的大小及方向却是不一样的。在 a 点，被控量处于上升变化阶段，说明此时流入量大于流出量，积分作用以某个速度去关小调节阀的动作是正确的；而在 b 点，被控量已处于下降变化阶段，说明此时流入量已小于流出量。调节器正确的调节作用应该是开大调节阀或暂时停止调节阀动作。然而，积分作用不考虑被控量变化速度的大小及方向，只要偏差一样，它就以同样大小的速度去继续关小调节阀，这就产生了过调现象。过调的结果，扩大了流入量与流出量的差值，引起被控量的振荡，大大降低了控制系统的稳定性。这是积分作用规律的另一个特点，也是其缺点。

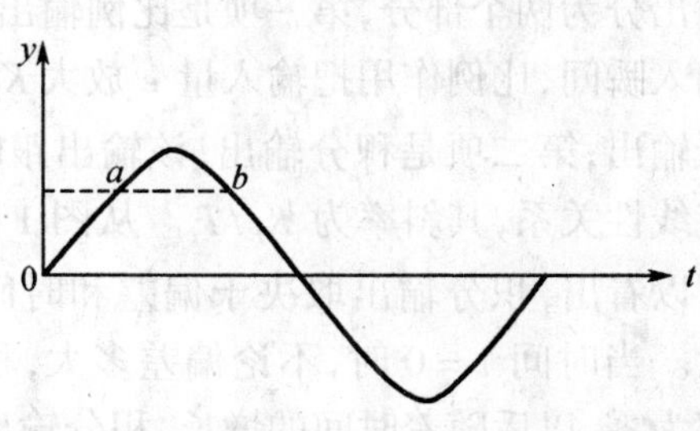

图 1－3－7　积分作用产生过调的原因

积分调节器的优点是没有稳态偏差，但是由于需要一定的时间才能把调节阀开大或关小，所以它总是滞后于偏差信号的变化，从而导致调节过程比较缓慢。同时，由于调节的滞后，系统的动态过程振荡性很强，甚至不稳定。图1-3-8给出了控制系统在相同扰动情况下，分别采用比例调节器和积分调节器的动态过程曲线。在出现偏差的初期，曲线 b 由于积分控制作用很不及时，所以最大动态偏差 e_{max} 较大，后期由于积分作用越来越强，造成被控量的振荡。而曲线 a，由于比例控制作用比较及时，故最大动态偏差 e_{max} 较小，振荡小，但是最后存在静态偏差。由于积分作用的以上缺点，积分调节器很少单独使用，而经常作为一种辅助作用加以利用，以发挥其优点。

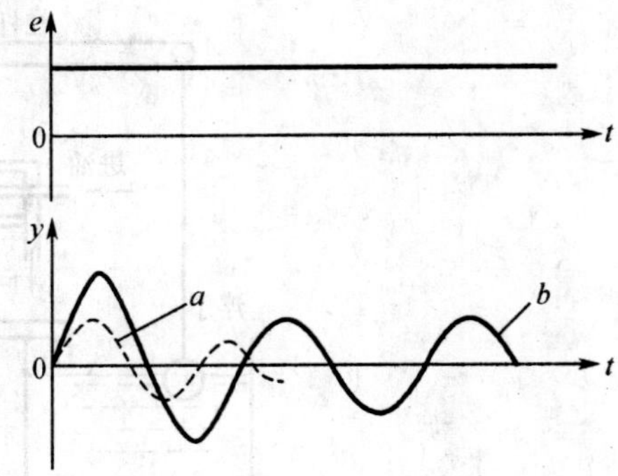

图1-3-8 比例控制和积分控制的比较

3.比例积分调节作用

在PI调节器中，比例作用是主要的，它能使调节阀的开度随时适应偏差量的变化，控制比较及时，这样就具有了较好的动态特性。积分作用是辅助的，用它来消除静态偏差。PI调节器的输出和输入之间的关系为

$$p = K_P\left(e + \frac{1}{T_i}\int e\mathrm{d}t\right) \tag{1-16}$$

式中 K_P——PI调节器的放大倍数；

T_i——PI调节器的积分时间。

若给比例积分调节器施加一个阶跃的偏差信号（在实际系统中，偏差信号是不会阶跃变化的，但在开环实验中人为的给PI调节器施加一个阶跃信号是容易实现的），则有

$$p = K_P\left(e + \frac{1}{T_i}\int e\mathrm{d}t\right) = K_P\left(e + \frac{e}{T_i}\int \mathrm{d}t\right) = K_P e\left(1 + \frac{t}{T_i}\right) \tag{1-17}$$

其输出分为两个部分，第一项是比例输出，在阶跃输入瞬间，比例作用把输入量 e 放大 K_P 倍后阶跃输出；第二项是积分输出，该输出跟时间 t 保持线性关系，其斜率为 K_P/T_i。从图1-3-9中可以看出，积分输出取决于偏差和时间两个因素。当时间 $t=0$ 时，不论偏差多大，积分输出都为零，以后随着时间的增长，积分输出随时间呈线性关系上升。当 $t_i = T_i$ 时，$P(T_i) = 2K_P\cdot e$，即比例输出等于积分输出，调节器的输出是比例输出的两倍，$BC = AB$。由此可以看出，积分时间的物理意义是：在给PI调节器输入一个阶跃信号情况下，积分输出等于比例输出所需要的时间就是积分时间 T_i。积分时间越小，积分输出上升到比例输出所花时间就越短，积分作用就越强。

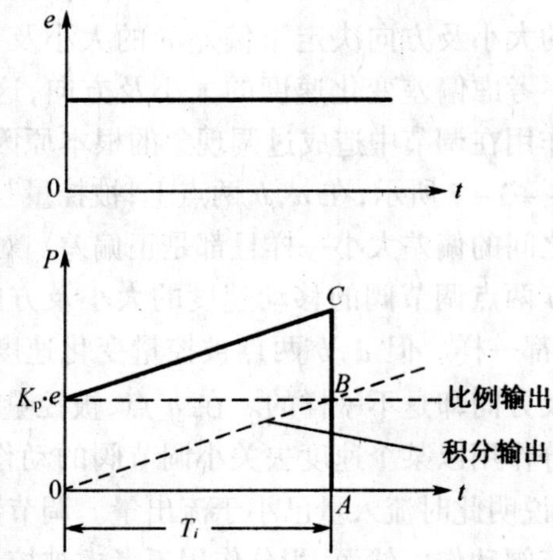

图1-3-9 比例积分调节器的输出特性

4. 积分时间对调节过程的影响

图 1-3-10 所示为同一比例带 PB 下不同 T_i 值对调节过程曲线的影响。图中(a)表示 T_i 太小，积分作用很强，消除静差的能力很强，同时动态误差也较小，但振荡过程加剧，稳定性降低。曲线(b)表示 T_i 合适，经 2~3 个波过程就结束。曲线(c)表示 T_i 太大，积分作用减弱，消除稳态偏差的能力变弱，调节过程时间变长，同时动态误差也增大，但振荡减少、稳定性提高。曲线(d)表示 $T_i\to\infty$，即没有积分作用，这时调节器只剩下比例作用，被控量有静差，过程的振荡程度主要取决于比例带 PB 的大小及对象迟延和惯性的大小。

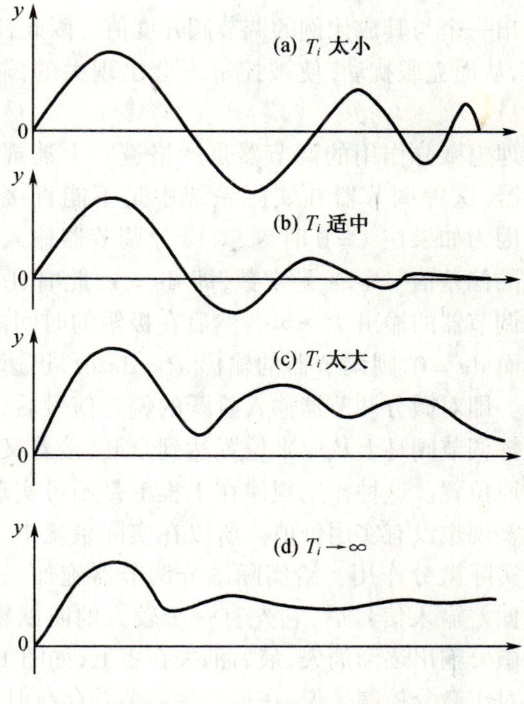

图 1-3-10　积分时间对过渡过程的影响

由于比例积分调节器具有比例调节反应快、无滞后的优点，又具有积分调节可以消除稳态偏差的优点，因此适用面比较广泛，多数系统都可以采用。只要适当选取 PB 和 T_i 的数值，基本上可以满足系统的要求。在 PI 调节器上设有两个旋钮，一个用于整定比例带 PB，另一个用于整定积分时间 T_i。T_i 被整定为合适的值时，既能保证控制系统稳定性的要求又能在较短的时间内使系统消除静态偏差值。在整定 T_i 时，切忌把 T_i 值整定得太小，否则由于积分作用过于强烈将导致系统的激烈振荡，调节时间大大增加，这是对控制不利的。如果 T_i 不能准确地确定，那么在选取 T_i 值时，要宁大勿小，这只是增加了系统消除稳态误差的时间而没有其他影响。对控制对象惯性大的控制系统，选取 T_i 值要大一点；控制对象惯性较小，则选取 T_i 值可以小一点。当 $T_i=\infty$ 时，就相当于切除积分调节作用，而成为纯比例调节器。

四、比例微分调节作用(PD 调节作用)

1. 微分调节作用(D 作用)

由上面分析可知，比例作用对系统的控制比较及时，调节阀的开度能适应负荷的变化，但这是相对的。在控制对象受到很大扰动时，特别是在控制对象惯性比较大的情况下，在短时间内，被控量不会出现较大的偏差 e。比例调节作用的输出是与偏差大小成正比的，因此，在短时间内，调节阀的开度 P 是不可能适应扰动的要求。这样，被控量就会出现较大的偏差。在这种情况下，比例控制规律就显得不够及时了。控制对象惯性越大，这种现象越严重。

如果在控制对象受到扰动的瞬间，调节器的输出 P 与偏差的变化速度 $\mathrm{d}e(t)/\mathrm{d}t$ 成比例，那么这种调节器就被称之为微分调节器，其作用规律为

$$p(t)=S_d\cdot\frac{\mathrm{d}e(t)}{\mathrm{d}t}\tag{1-18}$$

式中，S_d 是比例系数。显然，通过计算 $\mathrm{d}e(t)/\mathrm{d}t$ 的值，可以预知控制对象受扰动的程度，进而输出一个与其成比例的调节阀开度值。因此，微分作用可以对系统受到的扰动实现超前调节，从而克服扰动，使被控量不会出现大的偏差。换言之，微分作用有抵制偏差出现的能力。

理想微分作用的调节器是严格遵守上述规律的调节器，这种调节器在实际系统中是不能直接使用的。因为如果在 $t=0$ 时刻，对微分调节器输入一个阶跃的偏差信号 e，e 是常数，即 $\mathrm{d}e=e$，此时 $\mathrm{d}t=0$，所以调节器的输出 $P\to\infty$。然后在极短的时间内，$\mathrm{d}t\neq0$，而 $\mathrm{d}e=0$，则调节器的输出 $P=\mathrm{d}e/\mathrm{d}t$，迅速减小为零。即对微分调节器输入阶跃的偏差信号后，调节器指挥调节阀马上从原来位置达到全开，接着又立即回到原位置。这种作用规律在工程上是不可实现的，就是实现也没有实用价值。所以在实际系统中，一般采用实际微分作用。给实际微分调节器施加一个阶跃的偏差输入信号后，它先有一个较大的阶跃输出，然后微分输出逐渐消失，最后消失在零上，如图 1-3-11 所示。

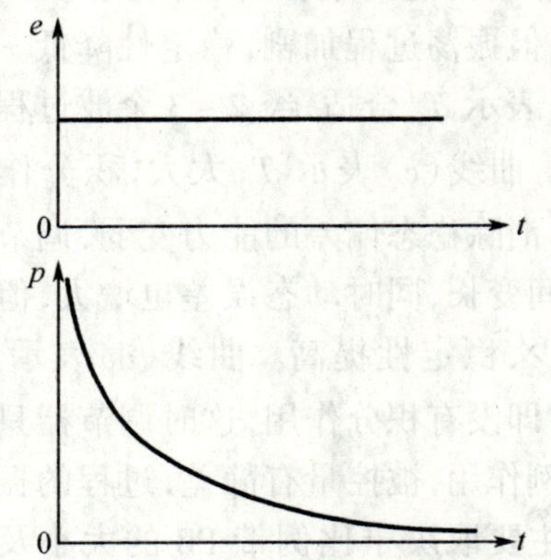

图 1-3-11　实际微分作用的输出特性

对于微分控制来说，在被控参数偏差存在但是不变化时，微分作用是没有输出的。也就是说，微分控制对恒定不变的偏差是没有克服能力的。因此微分调节规律不能单独使用，而只作为一种辅助调节规律，与比例或比例积分作用联合使用。

2.比例微分调节作用

比例微分调节作用规律是指调节器的输出包括比例作用和微分作用。其中，比例作用是主要的作用，它最终决定了调节阀开度的变化量；微分作用是辅助的，它只起到超前调节的作用。比例微分作用规律可以表述为

$$P = K_P\left(e + T_d\frac{\mathrm{d}e}{\mathrm{d}t}\right) \tag{1-19}$$

式中，T_d 是 PD 调节器的微分时间。由上式可以看出，放大倍数 K_P 不仅影响比例部分，同样也影响微分部分。就是说，K_P 不仅将偏差的放大倍数增大了，同样也把偏差的变化速度放大了。

给比例微分调节器施加一个阶跃的偏差输入信号后，它首先有一个阶跃的比例加微分的输出，然后微分输出部分逐渐消失，最后消失在比例输出上。如图 1-3-12 所示。微分时间 T_d 表示微分输出消失的时间。T_d 较大，则微分输出保留的时间比较长，说明微分作用较强；反之，则说明微分作用比较弱。因此微分时间 T_d 的大小是衡量微分作用强弱的参数。微分作用不能太强，即 T_d 过大的话，将会使调节器的输出剧烈变化，不但不能提高系统的稳定性，反而会引起被控参数剧烈振荡。微分作用也不能太弱，如果 T_d 太小的话，对系统的动态品质改善不显著。当 T_d

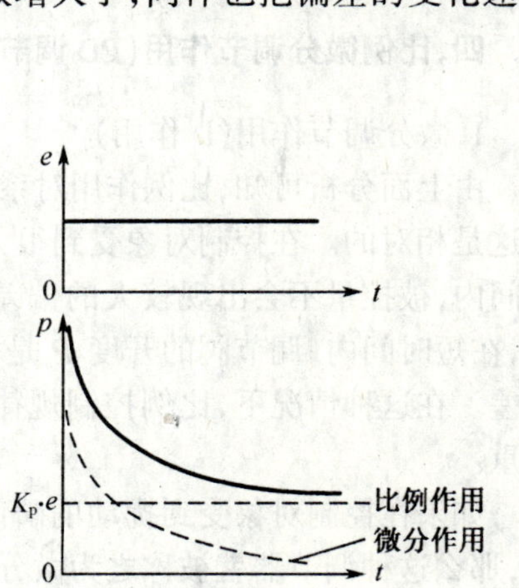

图 1-3-12　比例微分调节器的输出特性

$=0$时，$P(t)=K_P \cdot e(t)$，即此时只剩下了比例作用。

在PD调节器上有两个旋钮，一个是比例带PB调整旋钮，另一个是微分时间 T_d 调整旋钮。一般来说，对于控制对象惯性比较小的控制系统，其采用的调节器可以不加入微分作用。而控制对象惯性较大的控制系统（如温度控制系统），调节器加入微分作用，其控制效果的改进是十分显著的。在PD调节器中，如果已加入微分作用，比例带PB的值可以比纯比例控制时的值调得小一些。因为微分作用可以实现超前调节，具有抵制偏差出现的能力，所以尽管PB比较小，即比例作用比较强，也能够保证系统动态过程的稳定性，且PB较小时，稳态偏差的值也会小一点。

五、比例积分微分调节作用（PID调节作用）

比例积分微分调节器就是把比例、积分、微分三种调节作用结合起来组成的调节器，也称三作用调节器，或简称PID调节器。

在这种作用规律中，仍然以比例作用为主，积分调节作用规律主要是用于消除静态偏差，而微分作用用来实现超前调节。这是目前比较完善的常规调节作用规律。PID调节作用规律可以表述为

$$P = K_P\left(e + \frac{1}{T_i}\int e \cdot \mathrm{d}t + \frac{1}{T_d}\frac{\mathrm{d}e}{\mathrm{d}t}\right) \tag{1-20}$$

当给PID调节器输入一个阶跃的偏差信号时，调节器输出的调节信号等于比例作用、积分作用和微分作用三部分输出变化之和，如图1-3-13所示。

开始时，微分作用变化得最快，它使输出信号发生突然的大幅度的变化，产生一个强烈的超前调节作用，这种控制作用可以看成是“预调”。然后微分作用又慢慢地下降直到消失，而随着时间的积累，积分作用就越来越大地起了主导作用。只要偏差信号不消失，$e \neq 0$，积分输出 $\left(\frac{1}{T_i}\int e\mathrm{d}t\right)$ 就不等于零，积分作用就不断增加，直至调节器的输出达到饱和；只有偏差完全消失，积分作用才会停止，这种控制作用可以看成是“细调”。而在调节的整个过程中，比例作用一直是与偏差成正比关系的，它是整个调节器中最主要的调节作用。

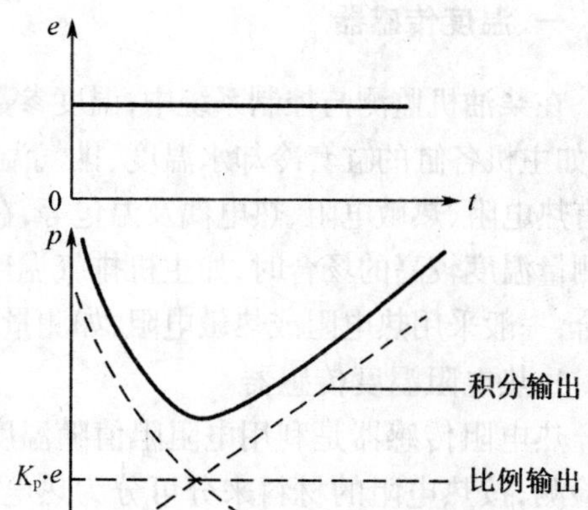

图1-3-13　PID调节器输出特性

在PID调节器中，如果把三个参数，即比例带PB、积分时间 T_i 和微分时间 T_d 整定适当，控制系统就可以达到最佳的动态过程品质。由于微分作用有超前控制能力，即抵制出现偏差的能力，因此可以减小系统的最大动态偏差 e_{max}，减少振荡、提高系统的稳定性，使被控量波动2~3次就可以稳定下来。由于比例作用使调节阀的开度与偏差值成正比，因此比例作用可以根据偏差的大小决定调节阀的最终开度，实现及时的调节。而积分作用可以使稳态偏差等于零，即最终使得被控量回到给定值。可见，PID调节器是控制系统中最理想的调节单元，用在关键的地方可以取得满意的调节效果。

但是,PID调节器结构比较复杂,从节省投资与便于维修的角度考虑,在能满足调节要求的前提下,应选用较简单的调节器。此外,PID调节器对干扰信号非常敏感。比如机舱中的液位系统,由于船舶周期性的稳性变化(摇摆),将导致PID调节器中的微分作用发出较大的阶跃信号,使调节阀开度突然变化很大。也就是本来不需要调节的系统,由于微分作用的超前调节,使阀门开度忽而大开,忽而大关,破坏了系统的平衡。所以对于液位控制系统,调节器不能加入微分作用,只能选择双位式调节规律、比例调节规律或比例积分调节规律。

第四节 船用传感器

通常把能够如实感受设备的各种运行参数,并给出量化信息的专用检测器具统称为传感器,或称为敏感器件、探头。机舱内的各种传感器用来感受被监控的运行参数,它直接置于运行参数的环境里,可以感受变化着的物理或化学工况参数的作用,给出相应电的、气的、液压的信息输出,其中以容易被放大、加工处理又满足远距离传输的电信号尤为多见。

传感器主要分为模拟量和开关量传感器两大类。模拟量传感器用来把被测参数变换成连续变化的模拟量信号,适用于既要监视运行设备是否正常,又要随时显示其运行参数的监视通道。而开关量传感器则是将被测参数是否越限变换成触点的闭合或断开,即ON-OFF信号,因此仅用于运行设备的故障鉴别,而不能用作参数测量显示。

在主机监测与控制系统中,需要用到的传感器主要有温度传感器、压力传感器、液位传感器、流量传感器、转速传感器以及柴油机运行工况监测传感器,以下将逐一介绍。

一、温度传感器

在柴油机监测与控制系统中,温度参数的监控显得尤为重要,需要监测的温度测点也比较多,如主机各缸的缸套冷却水温度、排气温度、燃油和滑油入口温度等。常用的温度检测传感器有热电阻、热敏电阻、热电偶及温包等,在监测工作中往往与电桥电路配套使用。一般而言,在测量温度较高的场合时,如主机排气温度测量,通常用热电偶传感器;对于测量较低温度的场合,一般采用热电阻或热敏电阻,如测量气缸冷却水温度、轴承温度、滑油和燃油温度等。

1.热电阻温度传感器

热电阻传感器是利用电阻阻值随温度变化的特性制成的传感器,它主要用作对温度进行检测,按热电阻的材料来分可分为热电阻和半导体热电阻两大类,前者通常称为热电阻,后者称为热敏电阻。

热电阻主要有铜热电阻和铂热电阻。热电阻是由电阻体、绝缘套管和接线盒等主要部件组成,它是由铜丝或铂丝双线绕在绝缘骨架上然后插入护套内制成的,其生产工艺上采用双线并绕,其目的是使热电阻没有附加的电感量。通常把由铜丝绕制的热电阻称为铜热电阻,而把铂丝绕制的称为铂热电阻。铜热电阻只能测 -50 ℃ ~ +150 ℃的温度,而铂热电阻可测 -120 ℃ ~ +800 ℃的温度。铂热电阻的特点是精度高、稳定性好、测温范围宽,性能可靠,在氧化介质中,甚至在高温下的物理、化学性质都非常稳定,故机舱检测系统中大多采用铂热电阻,常用的铂热电阻主要是Pt100。

热电阻的基本原理是利用金属电阻丝的阻值随温度升高而增大的效应,把被测温度变换成相应的热电阻阻值,然后由直流电桥测出热电阻的阻值变化,并将其转换成相应的电压信号。该电路的输出电压可以直接用于推动温度指示仪表以指示被测温度,也可以作为调节或监测系统的输入电压信号。图 1-4-1 所示为热电阻"三线法"测温的实用线路图。它是依据平衡电桥的基本原理进行工作的。桥路上有 4 个电阻构成，R_1，R_2，R_0 采用阻值对温度变化不灵敏的锰铜电阻，R_t 是检测用的热电阻。传感器元件作为电桥的一个桥臂，当其阻值由于温度的变化而发生变化时，a，b 两点之间的电位也将随着发生变化。当被测温度增加时 R_t 值也相应增加，此时 b 点电位下降，输出电压 U_{ab} 增大；当被测温度降低时，R_t 也相应减少，此时 b 点电位升高，输出电压 U_{ab} 减小。

这个电路有两个特点：(1)通过调节电位器 R_0，可以对检测线路的零点进行调节；(2)是采用"三线制"的补偿连接线路，即采用三根同样材料、同样长度、同样截面积的导线，以消除桥路上可能出现的环境温度变化引起的测量误差。这时，图中 R_{ia}，R_{ib} 分属两个相邻的桥臂，当环境温度变化时，R_{ia}，R_{ib} 阻值的变换可相互抵消，输出电压值 U_{ab} 可保持不变。

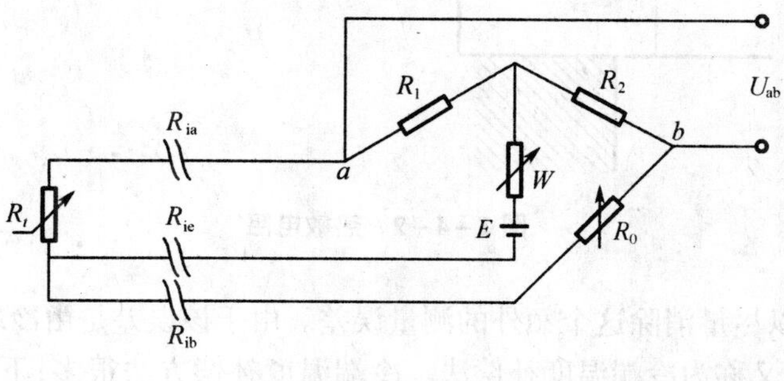

图 1-4-1　热电阻温度传感器

2. 热敏电阻温度传感器

热敏电阻是以半导体材料为基体，用热压处理把锰、镍、铜、铁渗入半导体内，这种材料在感受温度变化时，具有使内部电子变得活泼的特性，其阻值能随温度的升高而减小。利用这一负阻特性，可做成热敏电阻。如图 1-4-2 所示，它是以热敏电阻 R_T(如 T802)和配套电桥线路组成。热敏感电阻在感受温度变化以后，桥路就以其输出电压的变化传送到指示仪表上。或者送到监控系统中去，对温度进行自动调节。如果温度越限就发出报警信号。

热敏电阻的测温优势表现在：灵敏度高、体积小、结构简单、性能比较稳定、有足够长的使用寿命。热敏电阻测量温度的主要缺点是有热惰性，当电流强度改变后，要经过一段时间，电阻才能达到新的稳定值。为防止氧化，要求加以封闭。

热敏电阻常用于轴承的温度检测，活塞冷却水是否供应中断的判断等项目。出于可靠和方便的考虑，某些如艉轴轴承的温度检测，特设置了两套热敏电阻。

3. 热电偶

热电偶是由两个不同导电率的金属或半导体材料焊接而成，其中一端是自由端，或称其为冷端。其另一端为焊结点，被称为热端，它处于被检测的工作环境中感受温度的变化。当冷热两端温度不同时，则在热电偶回路中产生热电势 e_t(也称为温差电动势)，当冷端温度不变时，热电势将随热端温度的升高而增大。温差越大，则热电势 e_t 越大。e_t 为毫伏级电压，可以用数字式万用表测量。

由于冷端通常处于室温，环境的温度会有不断变化，使冷热端的温度差将发生变化，进而使热电偶的输出变化，从而引起额外的测量误差。所以热电偶的输出往往需要配上一个

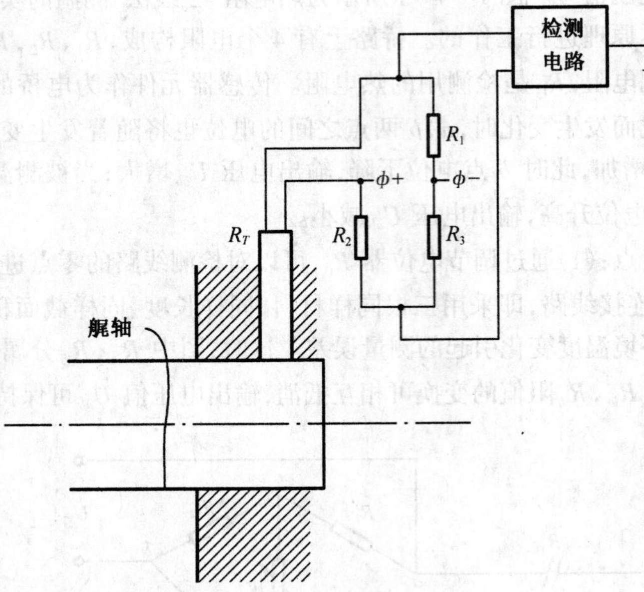

图 1-4-2　热敏电阻

不平衡补偿电路,以尽量消除这个额外的测量误差。由于该误差是由冷端温度引起,所有对此误差的补偿方法又称为冷端温度补偿法。冷端温度补偿方法很多,下面介绍一种补偿电桥法。

实验证明:热电偶热电动势的大小只与结点温度的高低有关,而与线材其他部分的温度无关。这一结论的实用意义是:在热电偶回路中,如果接入第三种材料的导体,只要第三种导体两端与热电偶连接处的温度是相同的,那么第三种导体的引入不会对热电动势有影响。这一特性被称为"中间导体定律"。根据这一特性,我们可以在回路接入各种仪表及连接线,也允许用任意方法来获得热电偶的烧结点,而不必担心它们是否会对热电动势有影响。

补偿电桥法正是基于中间导体定律的特性,如图 1-4-3 所示在热电偶回路上串联一电桥电路,图中 R_0, R_1, R_2 都为锰铜丝绕制的电阻,它们的电阻值不随温度变化,R_{cu} 为铜丝绕制的补偿电阻,其电阻值随温度升高而增大。调整 R_0 预先使电桥输出 U_{ba},这是电桥回路上的电压方程可写为 $U_o = E - U_{ba}$。假定热端测量温度不变,则冷端温度提高,此时热电势 E 将下降,而桥路中的 R_0, R_1, R_2 阻值不变,R_{cu} 电阻增加,使得 U_a 点电位升高,同时 U_{ba} 下降,在电桥电路中 E 和 U_{ba} 同时下降,可维持输出电压 U_o 的基本不变。

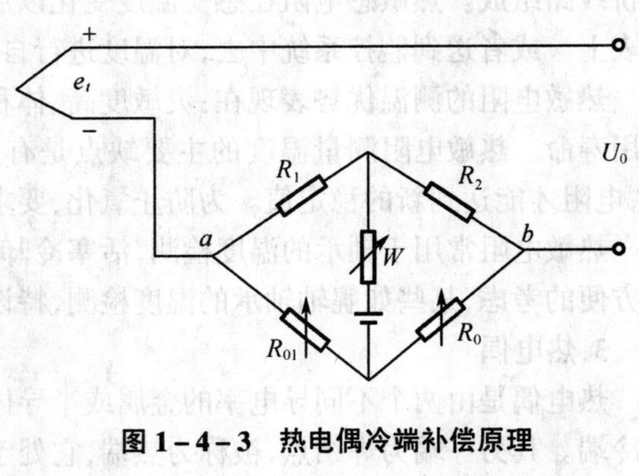

图 1-4-3　热电偶冷端补偿原理

热电偶式传感器主要用于检测高温的场合,常用的热电偶有以下几种。

(1)铂铑 30-铂铑 6 热电偶(WRLL)

它以铂铑30(铂70%,铑30%)为正极,铂铑6(铂94%,铑6%)为负极,用符号LL表示。括号中符号WR是指热电偶。可长期在1 600 ℃的温度环境内进行检测工作,短期可测1 300 ℃的高温。该热电偶性能稳定、精度高,适用于在氧化性和中性介质中使用,但它产生的热电势小,价格比较贵。该热电偶一般不用于较低温度场中的检测。

(2)铂铑－铂热电偶(WRLB)

它以90%铂丝和10%铂铑丝制成,用符号LB表示,偶丝直径均为0.5 mm、在该热电偶中,铂铑丝为正极。纯铂丝为负极,此种热电偶在1 300 ℃以下范围内可长时间使用。在良好的使用环境下可短期测量1 600 ℃的温度高温,该热电偶的复制精度和测量的正确性较高。可用于精密温度测量或用作基准热电偶。其主要缺点是热电势较小,在高温时易受还原性气体所发出的蒸气和金属蒸气的侵害而变质从而引起热电偶特性的变化。此外LB热电偶的材料系贵重金属,成本较高。

(3)镍铬－镍硅热电偶(WREU)

它是由镍铬和镍硅制成,用符号EU表示。偶丝直径一般为1.2~2.5 mm,镍铬为正极。镍硅为负极。这种热电偶化学稳定性较高。可在氧化性介质或长时间地测量900 ℃以下的温度,短期可测量1 200 ℃。但如果用于还原件介质中,则会受到腐蚀。该热电偶具有热电势大,线性好,价格便宜等优点,虽然其测量精度偏低,但已基本满足船用要求,是船舶检测系统中常用的一种热电偶类型之一。

二、压力传感器

在主机监测与控制系统中,需要进行压力监测与控制的部位很多,如控制气源压力、启动空气压力、主机各缸冷却水进口压力、主机燃油滑油进口压力、各种泵的出口压力等。感知被测压力并将它们转换成符合显示、监测、记录、调节系统所要求的电信号的任务,主要由压力传感器、压力测量电路或压力继电器来完成。

压力传感器一般是由传感元件和转换部件组合而成。常见的压力传感元件主要是弹性元件,例如弹簧管、波纹管、膜片、膜盒和应变片等。转换部件则是把弹性元件的变形变换成电的或气压信号。压力检测器的输出信号可以分别引向压力开关、压力显示仪表、调节器等,用来实现压力的监视和控制。压力传感器的种类很多,这里仅介绍几种常用的压力传感器。

1.电阻式压力传感器

电阻式压力传感器的结构和工作原理如图1－4－4所示,该传感器是由弹性元件和电桥组成的。弹性元件采用通常压力表上所用的弹簧管。弹性元件与电桥之间通过传动杠杆、齿轮传动以及与小齿轮同轴的滑针来实现的。图中 E 是电桥工作电源。R_1,R_2,R_3,R_4 是桥臂电阻,电位器电阻 R_p 被滑针分成两部分,一部分串联在 R_4 桥臂上,另一部分串联在 R_3 桥臂上。当输入压力变化时,弹簧管的自由端就会有相应的变形,这个变形造成的位移动作可以通过杠杆、齿轮传动,把这个弹性变形变换成滑针绕小齿轮轴的转角变化,滑针即改变电位器电阻 R_p 的阻值分配。也就是改变桥路原先的平衡关系,最终使输出

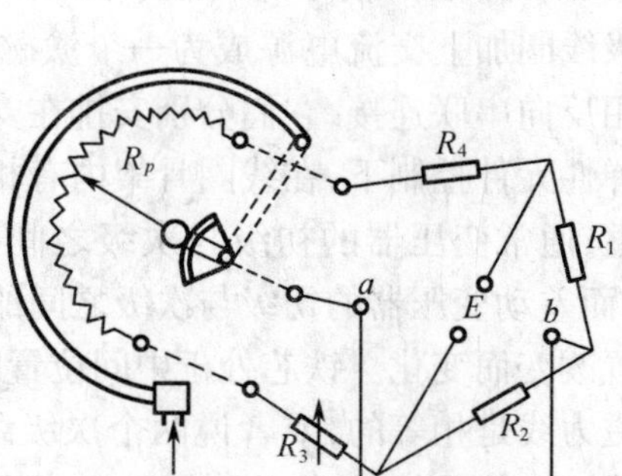

图1－4－4　电阻式压力传感器

电压(U)随输入压力(P)的改变成比例地变化。

由于弹性敏感元件均存在弹件滞后效应,因此,这种传感器大都用于测量静态压力,不宜用于测量瞬间变化的动态压力。

2.金属应变片式

应变片按所用材料来分,可以有金属和半导体两大类,其中以金属应变片较为多见。有些金属材料的丝材、箔片或是薄膜结构具有所谓的应变效应,即在受到力的作用以后,不仅会发生变形,而且还会引起其阻值变化。常用的应变片材料有高电阻率的铜镍或镍铬合金。

如图 1-4-5 所示,应变片压力检测是由应变片和测量电桥组成的。应变片通常是用 0.012~0.05 mm 合金丝绕制成栅状(称为敏感栅),再用上下绝缘薄片粘贴在一起,丝的两端引出连接导线。使用时应变片用粘合剂有选择地粘贴在受压容器的表面。R_P 为应变片阻值。在进行压力测量时,应变片与压力容器同时受到压力作用而产生弹性变形,与此同时,应变片的阻值也随之有所变化。其规律是当测量压力增大时应变片被拉伸,导电截面变小,致使应变片的阻值增大,依此实现压力与应变片阻值之间的信号变换。

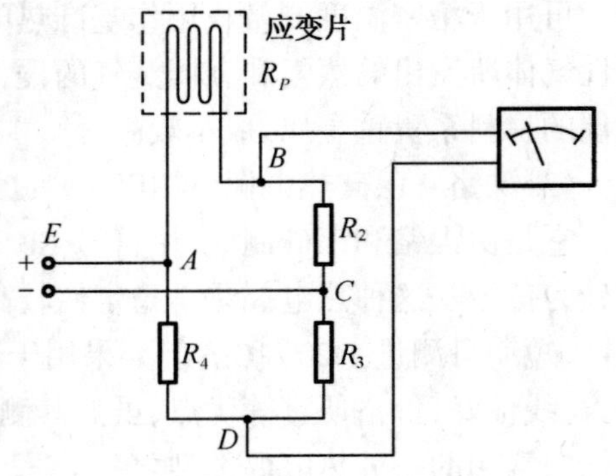

图 1-4-5 应变片压力检测原理

如图所示,同样将应变片的电阻接为电桥的一个桥臂,此测量电桥的作用就是把阻值变化转换成相应的电压信号并作为压力检测的输出。

应变片式压力传感器不仅可以测量静态压力,也可用于动态压力的测量。

3.电磁感应式压力传感器

如图 1-4-6 所示是电磁感应式压力传感器的原理图。电磁感应式压力传感器由弹件元件和差动变压器组成。常用的弹性元件有波纹管和弹簧管,其中波纹管适用于测量范围在 0~0.3 MPa,弹簧管检测压力适用在 0.6 MPa 以上。差动变压器是一个互感式检测传感器,它是由一个初级线圈、两个线径和圈数都相等的次级线圈以及活动铁芯等组成的。初级线圈加上交流电源成为一个激磁绕组。次级线圈之间采用反向串联连接,它们分别安排在支架的上下两侧。铁芯在弹性元件控制下,在线圈骨架内有相应的位移动作。我们知道;通常变压器的初级与次级之间的互感系数是一个常数,而差动变压器的初级与次级之间的互感系数则随铁芯的位置改变而变化。铁芯处于中间位置时、通过两个次级线圈的磁力线是相等的,或者说两个次级线圈的互感系数相等,其感应电势是等量的,由于两个次级线圈采用反相连接,因此差动变压器的输出电势 U_{out} 为零。如果铁芯离开中间位置,它可以使一个次级线圈的互感系数增大,另一个互感系数减小,致使它们的感应电势一个加大,另一个减小。于是差动变压器输出电势 U_{out} 随之按比例增大。

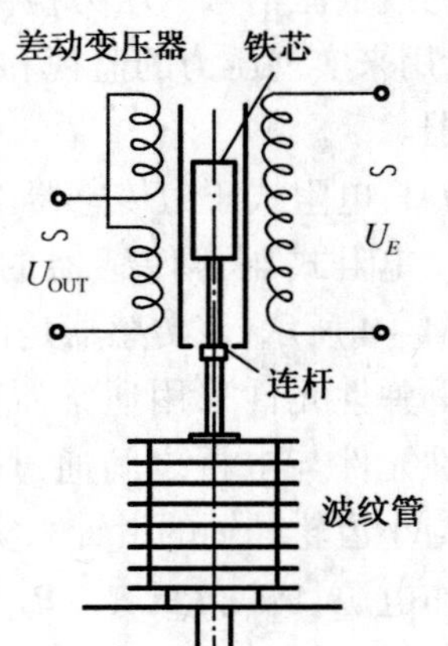

图 1-4-6 电磁感应式压力传感器的原理图

概括起来说,被检测的压力改变使弹簧元件产生位移变化,这个位移变化控制着铁芯,使差动变压器按比例关系转换成电压输出信号,这就是该压力传感器的基本上作原理。

三、液位传感器

在船舶机舱监测与控制系统中,需要液位测量和调节的场所很多,主要有各种油舱、油柜的液面高度,各种水舱、水柜的液面高度。在油船上,还需要对货油舱的液位进行监测。

常用的液位检测方法有:浮力式、静压式、电极式、电阻式、电容式及超声波式等。其中,浮力式包括位浮力式和变浮力式,恒浮力式就是通常由浮子和接点开关组成的浮子开关;静压式测压包括差压式和吹气式,差压式是由差压变送器进行压力检测;电极式液位传感器只适用于测量导电液体;电容式只能用于非导电液位检测;超声波式常用于测量精度要求较高的液位测量。下面主要介绍变浮力式、吹气式和电阻式几种液位传感器。

1.变浮力式液位传感器

如图 1-4-7 给出的是根据浮力作用原理构成液位检测工作的原理图。它主要是由浮筒 1、平衡力弹簧 2 和差动变压器 3 组成的。它的工作原理为:浮筒被液体浸没的体积 V 及其所产生的浮力 F 是随着液位升高而增大。我们知道:液位的变化总是伴随着相应的浮力变化,可以理解浮力、平衡弹簧的作用力、浮筒自身重力通过浮筒结构进行力的比较,在新的力平衡关系建立以后,会得出一个确定的位移变化,并加到差动变压器的铁芯上去,以便差动变压器的输出电压 U_{out} 发生改变。最后经过整流,输出与液位变化成比例关系的直流电压信号。

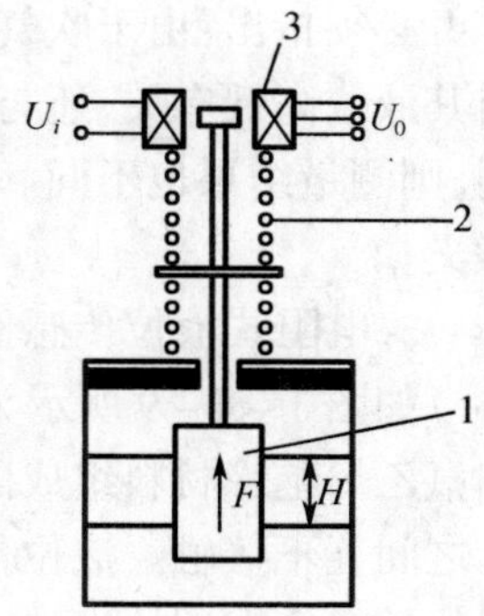

图 1-4-7 变浮力式液位传感器

在测量液位处于下限时,可调整差动变压器中铁芯的位置,使铁芯处于居中部位,相应的输出电势 U_{out} 为零。液位升高,浮筒排开液体的体积增大,浮力也随之增大,原先的平衡关系被破坏,经过力的比较,可以建立起新的力的平衡。这个比较过程所生成浮筒的位移变化就直接带动差压变压器的铁芯使它上移,从而使差动变压器的交流输出电压 U_{out} 随油位升高而按比例得到增大。调整平衡弹簧的圈数可改变液位测量灵敏度。

2.吹气式液位传感器

吹气式液位传感器结构原理如图 1-4-8 所示。如图可见吹气式液位传感器主要是由减压阀 1、节流阀 2、切换阀 3、安全阀 4、差压变送器 5、浮子式流量计 6 和导压管 7 等组成。

吹气式液位传感器是根据力平衡的原理进行设计的。由于一定高度 h 的液位具有一个确定的静压 $p=\rho gh$,通过导压管送入某一压气,那么在导压管排气口会进行压力比较,只要有少量气泡逸出,就可以认为排气口的吹气压力与该处液位静压是相等的。这就是说:将液位高低转换成气压大小,然后通过差压变送环节把这个吹气压力转换成与液位高低相应的

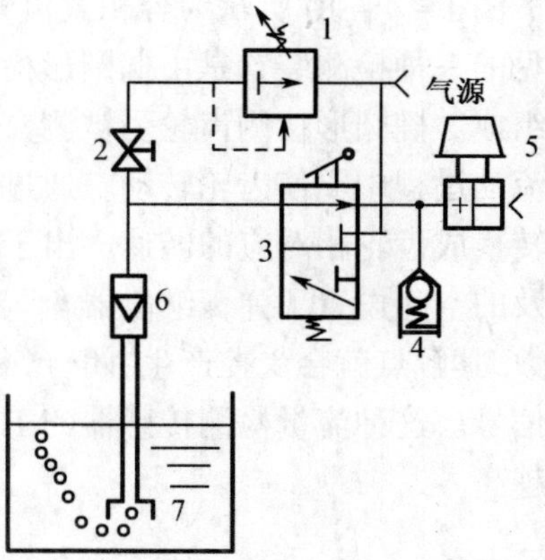

图 1-4-8 吹气式液位传感器

输出信号。通常差压变送器有两种类型:气动和电动差压变送器。如果用气动差压变送器与电路配用,就应设置气/电变换环节 P/I,把 0.02～0.1 MPa 压气信号变换成 4～20 mA 的电流信号,然后才能送到监控系统中去。

若液位升高,则导管排气口处的液位静压会有所提高,排气口内的吹气压力也必然会随之增加,这样才能使排气口仍然有少量气泡逸出。在检测过程中,该装置通过浮子流量计以其浮子处于正常范围内的显示来保证导管排气有少量气泡逸出的,否则所测得的压力与实际情况不符。

若发生越限报警,轮机员应首先观察浮子流量计及导压管的工况是否正常,如果导管排气口没有气泡溢出,则警报是虚假的。这时应把切换阀切换到"吹洗"位置,用未经减压的气源冲洗导管,以确保导管排气口畅通。然后再切换到"工作"位置。调整节流阀,确保在整个液位测量范围内导管排气口均有少量气泡溢出。具体调整方法是在测量液位处于上限时,调整节流阀,使浮子流量计的浮子处于中间位置。

必须指出:由于吹气式液位传感器是靠检测液位的静压来测量液位,而液位的静压不仅与其液位高低有关,还与被测液体的密度 r 有关。即对同样的液位,若被测液体的密度 r 不同,则测量结果也不同。因此静压式液位检测结果必须进行密度校正,否则其检测结果没有意义。

3.电阻式液位传感器

如图 1－4－9 所示为电阻式液位传感器的工作原理图,传感器的外部是一扁平状的聚四氟乙烯绝缘材料组成的套管,套管内部分别为高强度的不锈钢板条及螺旋状的电阻丝,两者之间互不接触。液位传感器安装在油舱内时,随着液位的上升,处于液面以下的液位传感器外部套管在液体压强的作用下开始发生变形,其结果是不锈钢板条与螺旋状的电阻丝相互接触而短路,从而使得总的电阻值变小。根据电阻的变化规律,可以得出电阻与液位之间的一一对应关系。也就是说,只要知道电阻的变化值,就可以得到液位的实际高度。

四、流量传感器

在主机监测与控制系统中,需要对燃油、滑油、冷却淡水等流量进行测量。船上常用的流量传感器有差压式、容积式和电磁式几种,它们的工作情况可介绍如下。

1.容积式流量传感器

图 1－4－10 所示为容积式流量传感器的工作原理图,它主要用来监视油和水的流量。常见的一种检测装置是由椭圆形检测齿轮 1、齿轮转轴 2、永久磁铁 3 以及计数弹簧继电器 4 等组成。椭圆形检测齿轮受被测介质在进出口所形成的压差作用下产生作用力矩,使流体在流动过程中驱使齿轮转动。通过的流量越大,齿轮转速越快,这就实现了把被测介质的流量转换成齿轮相对应的转速。出于在齿轮转轴 2 上固定安装有永久磁铁 3,在其磁力作用所及的空间设置了弹簧继电器 4。只要齿轮转动起来,每转一周,弹簧继电器 4 就进行一次计数,其触点就会受控产生"闭合、断开"的相应动作,依此使转速检测变换成一连串的电脉冲信号。这种流量检测传感器的工作规律是:流量越大,齿轮转速越快,送出的电脉冲频率就越高。

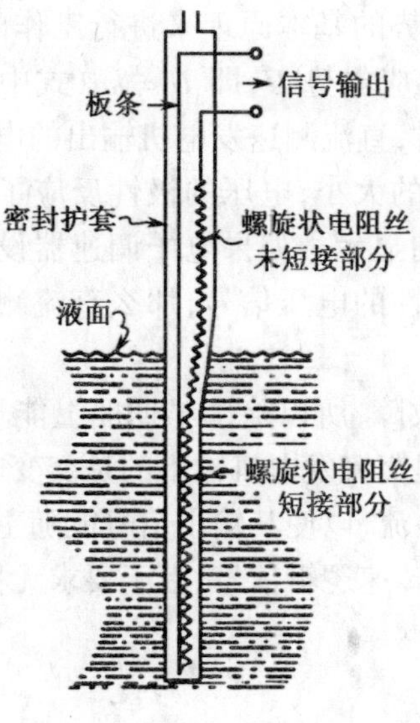

图 1-4-9　电阻式液位传感器

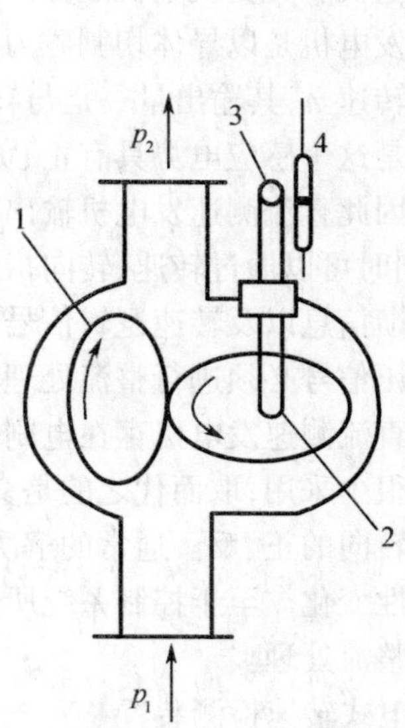

图 1-4-10　容积式流量传感器

2.差压式流量传感器

差压式流量传感器原理如图 1-4-11 所示,它是利用流体通过孔板等节流装置时产生压力差来反应流量变化。膜片两侧承受压力差信号 $\Delta p = p_1 - p_2$,通过膜片硬芯使差动变压器偏离中间位置向左移动,差压变送器的输出即为与流量成比例的电信号。

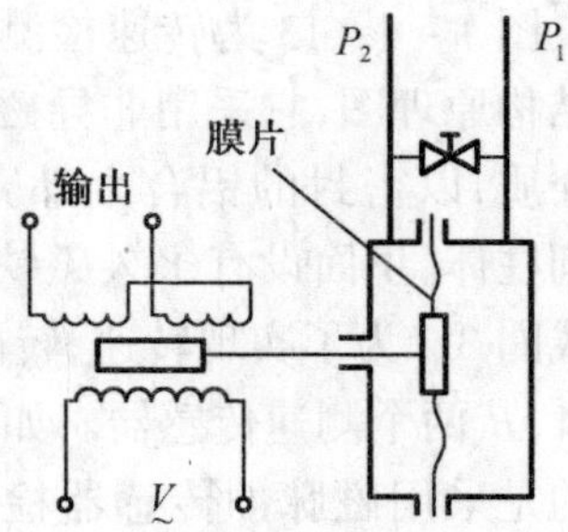

图 1-4-11　差压式流量传感器原理

3.电磁式流量传感器

电磁式流量传感器是根据电磁感应的原理进行设计的,所以仅适用于监测导电液体的流量。如图 1-4-12 所示,它主要有一对磁极、一对电极以及检测放大电路组成。一对磁极置于管道两侧以形成一个恒定磁场。如果有导电流体在垂直于磁通方向通过。根据电磁感应定律。由于流体切割磁力线,会在与其垂直放置的一对电极上感应出一定强度的感应电动势。且流体的体积流量越大,切割磁力线的速度越快,感应电势越大。从而把流体的体积流量按比例地转换成相应的感应电势,感应电势经检测放大电路后即可作为流量检测信号送至报警系统。

四、转速传感器

转速与转向监测是主机监控系统中的一个部分。下面以检测主机转速、转向的常见两种传感器为例,介绍它们的工作原理。

1.测速发电机

测速发电机是把所测的转速信号直接用发电机输出的电压信号来表示。由于它和主机通过齿轮或链轮传动机构相连,属于接触式测量。测速发电机又

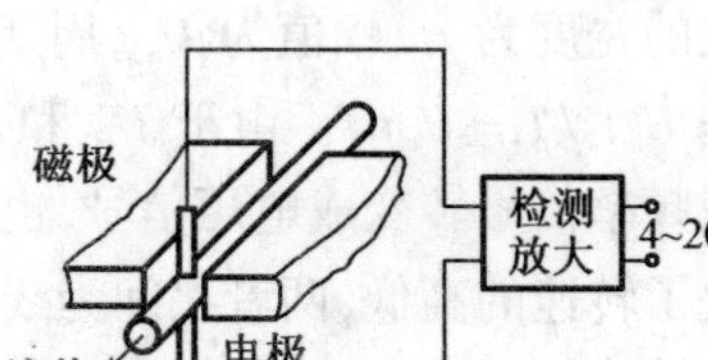

图 1-4-12　电磁式流量传感器

有直流发电机和交流发电机之分。

测速发电机是以导体切割磁力线从而产生感应电势的基本原理来进行工作的，其输入量为被测转速 n，其输出量一是与转速成正比关系的感应电势 U，即 $U=kn$（式中 k 为比例系数）；二是这个感应电势具有正、负号。当转向不同时，直流测速发电机输出的电压极性也不一样。因此直流测速发电机输出电压可表示出电压的大小，电压的极性反应了主机的运转方向，同时可以通过转速、转向指示表给出测速、转向显示。如果电子调速器设备所要求的转速反馈信息以及转速逻辑信号处理要求提供无极性的电压信号，那么直流测速发电机送出的电压信号必须进行整流处理。

由于直流测速发电机存在电刷等部件，容易引起故障，所以除了早期船上能见到以外，目前已经很少采用，取而代之的是交流测速发电机。但交流发电机输出的是交变电压，无法判断主机转向的正、反。通常的解决方案是采用相敏整流，以使其输出信号能随主机转向改变而有极性变化。至于控制系统所要求的转速反馈和转速逻辑信号，由于要求无极性，仍然需要进行整流处理。

2.磁电式转速检测装置

由于属于接触式测量的测速发电机存在故障发生率高、维修工作量大、准确度较差等不足之处，从 20 世纪 90 年代开始，一种非接触式的磁电式转速检测装置被广泛采用。这种装置输出的转速信息既可以用于主机转速、转向显示，又可以用于主机遥控系统。

图 1-4-13 为转速检测传感器磁探头的结构原理图，它采用非导磁材料 4 作为中间介质，以密封的铝合金外壳保护着，外形为圆柱体，里面设有永久磁铁 1、软磁铁芯 2 及线圈 3。为了实现转速、转向检测，要求采用 A，B 两个测速传感器。如图 1-4-14 所示的是采用磁脉冲传感器检测主机的原理图。传感器通常固定安装在主机艉轴飞轮的齿廓外侧，或两个旁侧的任意一侧，在安装过程中测速传感器应处于齿牙的居中位置，与飞轮之间，应留有 1~5 mm 径向间隙。在轮齿一个一个越过检测传感器时，由于每个轮齿都具有齿牙和齿侧隙，也就说：在转速检测过程中是“……齿牙—齿侧隙—齿牙—齿侧隙……”连续越过检测传感器。它们将分别对传感器周围的磁场分布有影响，这个磁场变化使传感器内部的感应线圈出现一连串有规则的峰值、低谷相间的感应信号。磁探头所获得的感应电势的脉冲信号较弱，其波形也不理想，所以要进行必要的整形、放大，然后着手解决转向和转速判断。经整形、放大后将获得脉冲宽度和幅值均为恒定的矩形波。这一系列矩形波的宽度为 t_k，幅值为 U_m，周期为 T。它的直流分量 U_n 就是在一个周期内的平均值，即 $U_n=U_m t_k/T=U_m t_k f$。由于 U_m 和 t_k 为常数，可见直流分量 U_n 与其脉冲频率 f 成正比。于是把频率信号转变成电压信号，也就是把转速 n 转变成电压信号，即该电压信号 U_n 大小就反映了转速的高低，两者之间为线性关系。

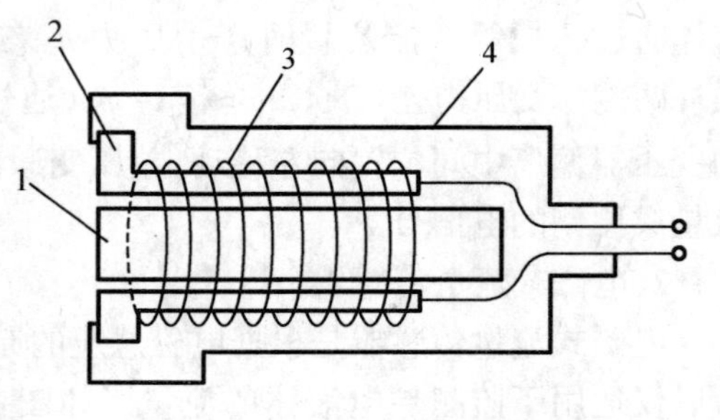

图 1-4-13 转速检测传感器磁探头结构图

转速问题解决后如何检测主机的转向呢？为了检测主机转向，如图 1-4-14 所示采用了两个磁探头，且两者之间的距离必须相差 1/4 或 3/4 齿距(周期)。这两个磁探头所获得的信号经整形放大处理后分别送到 D 触发器的 D 端和时钟脉冲端(CP 端)。由其输出端和哪个输出

1信号来判断主机正转还是反转。例如当主机进行正车转动时(顺时针转动),D触发器的D端的正脉冲总比CP端超前1/4个周期,即CP端来正脉冲时,所以D触发器的输出端Q为1信号,$\bar{Q}$端为0信号。当倒车运行时,D触发器输出端Q始终输出为0,$\bar{Q}$端为1信号。

由该测速控制线路输出的转速、转向信号可以作为转速反馈引向主机遥控系统,也可以送到转速、转向指示表,或主机转数计数器。

在检测线路上还要考虑到以下两点:

(1)检测控制线路中应设有对脉冲波形进行是否正常的鉴别环节,一旦确认发生突变,应立即给出故障报警信号。

(2)为了保证安全可靠,通常设置两套,以便互为备用,一旦出现故障,即可自动进行切换。

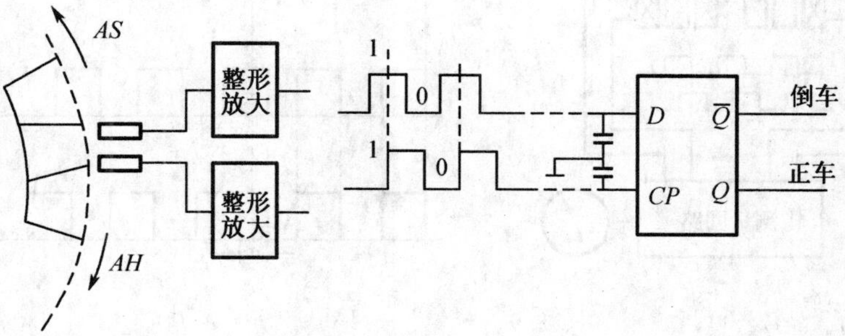

图1-4-14　磁电式转速检测器测速原理图

五、扭矩传感器

扭矩传感器用来检测主机推力轴输出的轴功率。这个轴功率可以由多种方法进行测算,例如根据推力轴的扭矩角、转速和刚度系数来进行计算、即

$$P_{SH} = C \cdot \theta \cdot n$$

式中　P_{SH}——主机的轴功率;

C——推力轴的刚度系数;

θ——推力轴的扭转角度;

n——推力轴的转速。

由上式可知与推力轴结构参数以及安装传感器的位置等相关的刚度系数 C 在设备建造安装完毕后为定值。那么只要测得推力轴的转速 n,同时解决推力轴的扭矩角的测量问题,也就可以推算出它的扭矩。通常扭矩传感器可以有相位差式、光电式、磁桥式等几种类型。下面以相位差式扭矩传感器为例,介绍一下常用扭矩传感器的基本工作原理。

如图1-4-15(a)是一种以相位差式检测扭矩的工作原理图,它主要是由以定距安装在推力轴上的两个专用检测齿轮,与检测齿轮相配合的磁电式检测传感器以及相位差检测线路三个环节组成的。该扭矩检测装置送出的轴功率信号可以用于开环,也可以用于闭环。相位差式扭矩传感器的工作原理同转速检测的基本工作原理相类似,即两个齿圈必须采用铁磁性材料,它们也必须严格按规定距离装配,磁电式检测传感器的安装位置也要求保持一致。当推力轴转动起来以后,只要没有受到大的负荷,检测传感器就会发送出两个一连串同相位的脉冲检测信号。当推力轴受到较大负荷作用时,轴上会受到大的扭矩作用,致使推力轴产生扭曲变形,因而也就会在两个检测断面上会出现一个与扭矩成比例的相应扭转角 θ,这两个断面上的齿圈即出现错位。在这种情况下,传感器送出的虽然仍是一连串脉冲信号,但是两个波形之间也同样出现了错位,如图 1 - 4 - 15(b)中角。显然,扭矩作用越强,两个检测断面之间的扭转角越大,波形之间的相位差 φ 也就越大。这两个具有相位差的脉冲信号被送到检测电路,再考虑轴的转速和刚度系数。就可由检测电路的计算环节加以推算,从而输出相应的轴功率的检测结果。这个结果可以通过轴功率显示仪表给出数字显示,也可以引向自动控制系统,经调节器(如 PID 调节处理单元)来对扭矩实现自动控制。

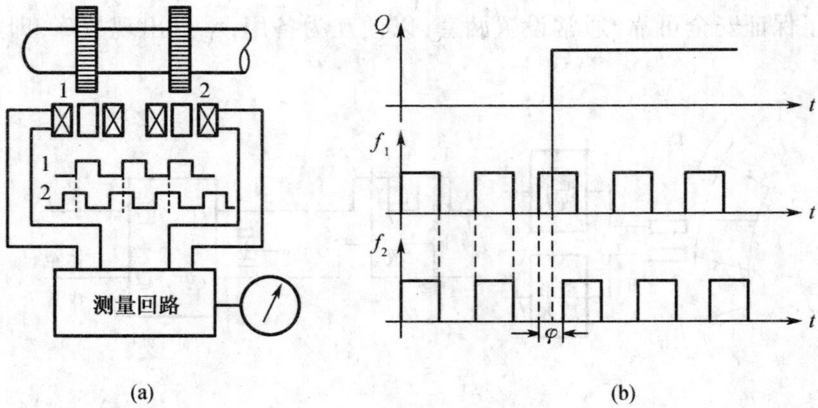

图 1 - 4 - 15 扭矩传感器原理及检测波形图

六、主机工况监视传感器

主机工况监视传感器是主机监测系统的重要组成部分。为了使主机的运行工况透明化,在一些自动化程度较高的船舶上安装了主机工况监视系统。目前主机运行工况的监视包括热工工况和机械工况两个方面。热工工况监视用来监视主机的燃烧情况,通常用压力传感器测取气缸压力信号,用脉冲传感器测取曲柄转角信号,把这些信号与主机结构等参数运算后,给出相对曲柄转角的压力曲线,相对时间的气缸压力及高压油泵喷油压力曲线,如在第五代集装箱船舶(5250 系列)上,安装有 PD - 100/NK - 100 主机工况监视系统来完成以上的功能。机械工况监视用来监视主机气缸套的磨损情况、气缸套表面温度和材料温度以及活塞环的状态,在第五代集装箱船舶(5250 系列)上,也安装了 SIPWA/MAPEX 监测系统,对主机运行时的机械工况进行实时监测和控制。对于 PD - 100/NK - 100 和 SIPWA/MAPEX 等系统的工作原理与操作管理参见本书第三章。以下将介绍常见的主机工况传感器。

1. 气缸内燃烧工况的检测

如图 1 - 4 - 16 给出的是气缸内燃烧工况监测的组成框图,图中采用了数量较多的检测传感器,归纳起来大致有以下 4 种:

(1)安装在气缸测功部位的压力检测传感器,用来测取气缸内的燃烧压力;

(2)在高压油泵的排油管路上安装有压力检测传感器,以检测喷油泵的压力变化;

(3)利用转速检测的磁电式传感器来测取活塞上死点的位置;

(4)利用磁电式检测传感器来测定曲柄的转角信号。实际工作中为获得活塞在气缸中的精确定位,设计上把曲柄转角脉冲信号通过脉冲变换处理后转成每转 720 个脉冲。

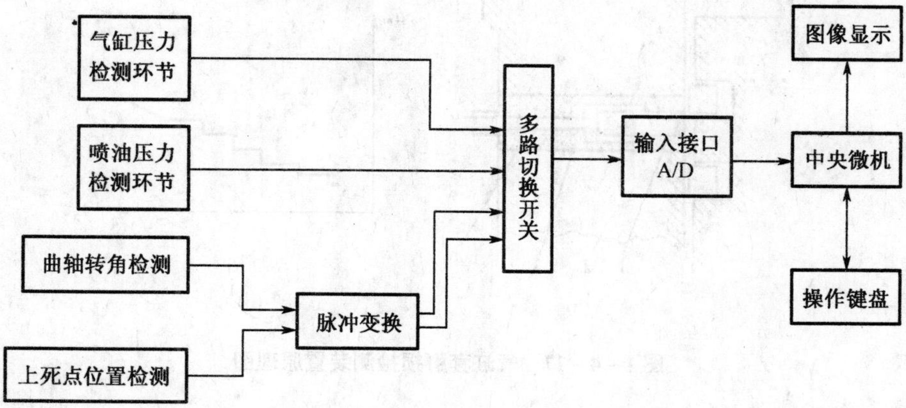

图 1-4-16　气缸内燃烧工况监测的组成框图

为了把以上检测参数送进中心微机，在输入通道上应设置有多路切换开关、输入接口及 A/D 变换等环节。微机通过总线按设定次序把各项检测参数送入微机，再结合主机自身的结构等参数进行运算，以给出与燃烧过程相关的检测结果。此外还设有操作键盘，示功图绘制仪，参数打印机等设备。其中操作键盘可以进行“人－机”对话。

2. 气缸套磨损监视传感器

气缸套磨损监视传感器为提供缸套检修预报提供数据信息。图 1-4-17(a) 给出的是气缸套磨损监视传感器的设置情况，它主要是由薄膜电阻 1、气缸套 2、绝缘层 3、引线 4 以及线性放大检测电路等组成。传感器的检测电阻被嵌装在气缸套上，其头部与气缸套表面齐平。其上下端面设有引出线。测量电阻的起始阻值通常是 500～1 000 Ω。在运行过程中，该油膜电阻随气缸套一起磨损。薄膜电阻的阻值与其长度成正比，与其导电截面积成反比，即为

$$R = r\frac{C}{AL} = r\frac{C}{S}$$

式中　R——薄膜电阻的阻值；

r——电阻系数；

C——导电长度；

L——导电截面积的长；

A——导电截面积的宽；

S——导线截面积。

如图 1-4-18，假设薄膜电阻长 L，相应的电阻值为 R_0，当磨损量为 x 时，实际电阻值设为 R。薄膜电阻的截面积就不断减小，由于其阻值与面积成反比关系，则有 $\frac{R}{R_0} = \frac{L}{L-x}$，进一步化简可得：$x = L\left(1 - \frac{R_0}{R}\right)$。由于 L 和 R 为常数，$\frac{R_0}{R}$ 是可测量，故磨损量 x 与电阻值 R 之间具有一一对应的关小。因此，只要测取 R 值大小，就能得到相应的磨损量 x。随着缸套不断磨损，膜片电阻的阻值就相应得以提高。然后再把阻值变化转换成电压信号，经线性放大检测电路送出去，依此反映其磨损量的变化。

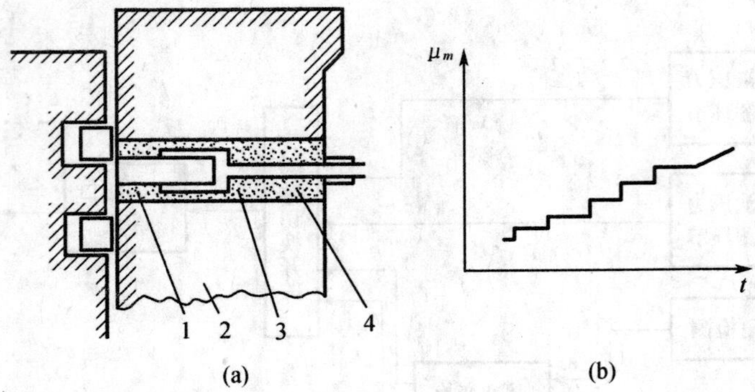

图 1-4-17　气缸套磨损检测装置原理图

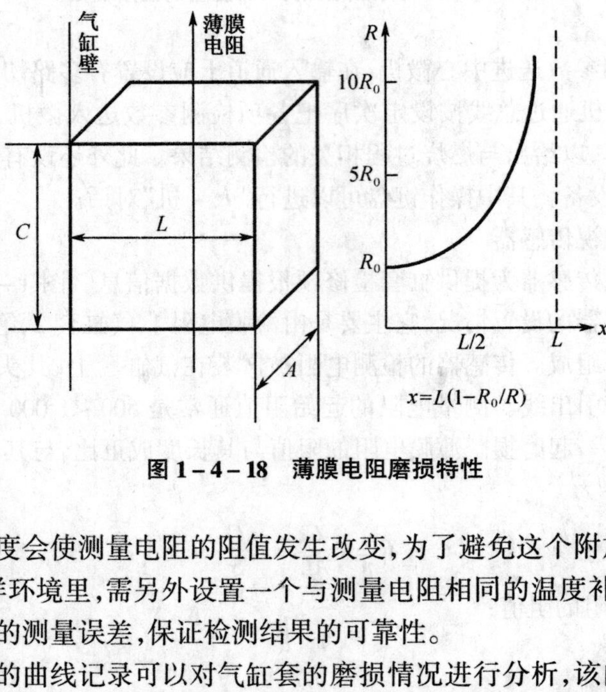

图 1-4-18　薄膜电阻磨损特性

考虑到缸内温度会使测量电阻的阻值发生改变,为了避免这个附加阻值变化对测量结果的影响,就在同样环境里,需另外设置一个与测量电阻相同的温度补偿电阻,以便用它来补偿温度变化引起的测量误差,保证检测结果的可靠性。

根据检测得出的曲线记录可以对气缸套的磨损情况进行分析,该曲线记录是以横坐标作为运行时间,纵坐标为相应的磨损量的测量结果。如果记录上显示出反常情况,轮机人员应立即主动采取措施进行处理。如图 1-4-17(b)所示。

3.活塞环检测传感器

活塞环检测传感器是用来监视活塞的工作状况是否正常,活塞环工作状况不仅直接影响主机运行过程的好坏,而且也影响活塞环和缸套的使用寿命和主机的安全运行。例如,活塞环发生不正常的过量磨损、卡死或折断等等。在运行过程中,如果能了解活塞环的工作状态,就有利于轮机人员及时采取措施,大大提高管理主机的科学性和主动性,这不仅可以确保运行可靠,而且可以延长使用寿命,因而设置活塞环工况监视是十分必要的。

活塞环工作状态的监测采用磁电式检测传感器,其结构原理如图 1-4-19(a)所示。磁电式传感器主要由活塞环 1、气缸套 2、外壳 3、铁芯 4、线圈 5、绝缘层 6 等组成。传感器被安装在气缸套内表面,其结构与用于转速检测是相类似的,传感器的端部要缩进于气缸表面,其检测原理如下:由于活塞环是导磁体,正常工作时,活塞环撑开,它自然居中并凸出于活塞之外。活塞环与探头之间的间隙比较小,活塞在往复运动时,活塞环就一个一个地在传感器端头前越过,就会感应出较强的正脉冲信号,形成基准脉冲信号,如图中的 S 所示。如果活塞环卡在槽内不全部弹出,活塞环与探头之间的间隙就加大,其感应得出的脉冲幅度就要减小。如果活塞环发生断裂或缺损,活塞环就会收缩到活塞槽内,传感器就会感应出一个较小的负脉冲,如图中的 M 所示。传感器输出的电信号经检测线路处理,可以得到一连串的波形记录。分析这些波形可以判断活塞环工作状态的变化。这对是否进行活塞环的清污、修磨等保养工作,提供了科学依据。

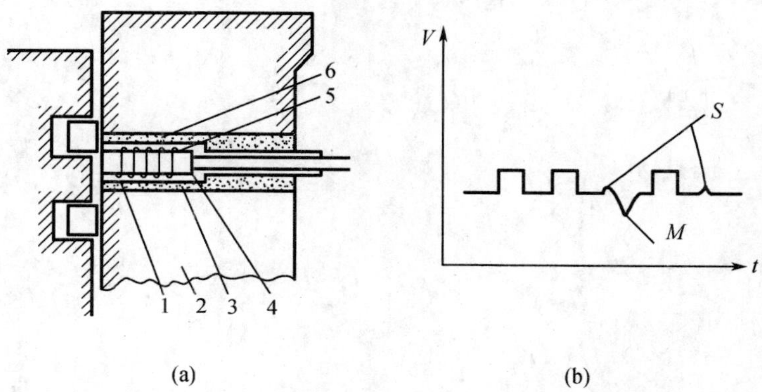

图 1-4-19　活塞环状态监视原理及工况波形图

4.气缸套温度检测传感器

气缸套表面温度是一个综合性的参数,它可以反映气缸内的工况是否正常。如果滑油注入量减少了,气缸内的工况就不正常,润滑情况变差,磨擦加剧,温度快速上升,甚至引起“拉缸”,所以对气缸套表面温度进行监测是十分必要的。

监测气缸表面温度可以采用热电偶,但这种热电偶与通常使用的热电偶是有区别的,它主要是由镍铬芯杆与镍缸套组成,热电偶在芯杆与衬套之间用绝缘薄膜隔开。这个热电偶经过结构设计以后,嵌装在气缸套的表面。结构如图 1-4-20 所示。它主要由镍铬-镍热电偶 1、气缸套 2、引线 3、绝缘层 4 等组成。热电偶的热端应缩陷于气缸套表面,热电偶负极必须接地或壳体上。

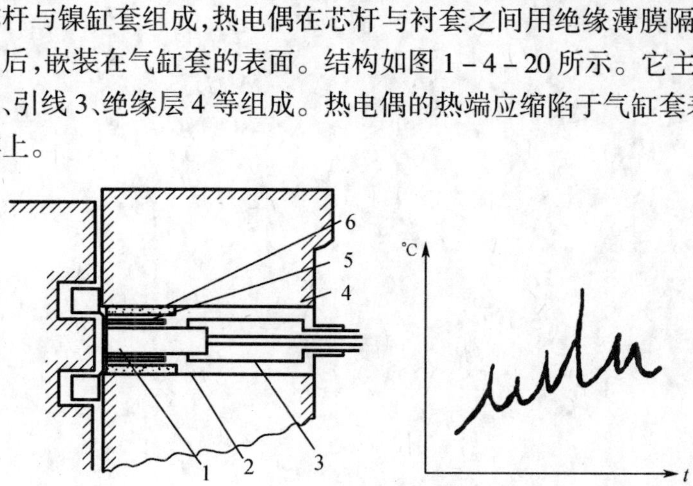

图 1-4-20　气缸套温度检测传感器

主机在运行过程中，如果气缸套油膜被破坏，并已经引起非正常磨损，而且还在不断扩大，表面温度会急剧升高。这种热电偶在这种环境下具有极快的温度响应能力，能快速地测出温度的瞬时变化，通过检测分析，就可以明确地作出判断。

如果需测量气缸套温度，热电偶的热端应置于壁厚的中线偏内侧的地方，热电偶负极不需接地。由于气缸套尺寸比较大，且受到强制冷却，气缸套材料对“拉缸”时出现的温度变化不敏感，故很少用它来测量气缸套材料温度。

第二章　主机运行参数监测与控制系统

为保证船舶主机安全高效经济的运行，需要对其运行参数进行实时监测与控制。根据主机自身运行的特点，需实现监控的运行参数主要有柴油机气缸冷却水温度、燃油黏度、曲轴箱油雾浓度以及主机排气温度等。由于计算机技术的发展与普及，船舶主机参数运行控制系统越来越注重计算机技术的应用，这也导致了原有的许多控制系统都进行了更新与升级，所以本章将着重介绍以计算机技术为基础的新型控制系统的控制原理与功能特点。

本章主要介绍柴油机气缸冷却水温度自动控制系统（MR－Ⅱ型、单片机式 ENGARD 型）、燃油黏度控制系统（NAKAKITA 型和单片机式 VISCOCHIEF 型）、曲轴箱油雾浓度控制系统（MARK5 型）以及主机排气温度控制系统。

第一节　柴油机气缸冷却水温度自动控制系统

一、柴油机冷却水温度控制系统概述

1.柴油机气缸冷却的必要性

柴油机在运行时，气缸套和缸盖必须用淡水冷却，冷却水的出口温度通常在 45 ℃～75 ℃之间，其值随机型而定。对于型号确定的柴油机，总是希望把冷却水温度控制在给定值或给定值附近，这对柴油机运转的安全性、可靠性和经济性十分重要。如果冷却水出口温度过高，则缸套内温度就高，润滑油膜容易蒸发，加剧了缸套的磨损，使缸套和缸体内的橡胶密封圈损坏，还会使燃烧时的过量空气系数减少，降低指示功率和效率。如果冷却水温度过低，又会使散热损失增大，特别是缸内外温差太大，导致热应力增大，时间一长，容易出现裂纹；当使用含硫的燃油时，由于缸壁温度较低，燃气中的二氧化硫，三氧化硫可能会形成亚硫酸、硫酸，使缸套受到腐蚀。对于大功率柴油机而言，除了缸套冷却水和滑油需要冷却以外，尚有活塞冷却系统、增压空气冷却系统、喷油嘴冷却系统和凸轮轴冷却系统等。

2.柴油机气缸冷却的方法

目前柴油机冷却水温度控制的方法是把气缸冷却水分成两部分：一部分通过淡水冷却，经海水冷却使温度降低；另一部分不通过淡水冷却器而通过旁通的方法直接与通过冷却的淡水混合，然后进入柴油机气缸的冷却空间。通过改变“冷水”与“热水”这两部分的不同混合比例就可以改变气缸冷却水的进口温度。若冷却水温度偏高，通过三通阀减少旁通的淡水量，增多通过冷却器的淡水量。反之亦然，以此来控制柴油机气缸冷却水的温度。柴油机气缸冷却水温度控制方法参见本书第一章第一节。

3.柴油机气缸冷却的类型

气缸冷却水温度控制系统通常可分为直接作用式和间接作用式两大类。

直接作用式是指冷却水温度控制系统不用外加能源，而是将装在冷却水管路中的温包或感温盒内充足低沸点液体，利用其压力随温度成比例变化的特性直接推动三通调节阀来改变经冷却器水的流量和旁通水流量，以控制冷却水温度在给定值附近。直接作用式调节

器结构简单，但是只能实现比例控制，存在静差，所以其精度低、误差大，主要用于小型主机和副机。在对冷却水温度精度要求较高的情况下，如对于大中型主机，使用直接作用式调节器是不适宜的，一般采用间接作用式(如电动和气动)控制系统。

间接作用式是指冷却水温度控制系统需要在外加能源的作用下进行调节，目前常用的气动和电动控制系统属于间接作用式。该作用方式根据需要可实现比例微分、比例积分等作用规律，调节精度高，误差小。目前主要有 MR－Ⅱ型电动冷却水温度控制系统和单片机式的中央冷却水控制系统，下文将详细介绍其功能和控制原理。

微机控制的柴油机冷却水温度控制系统也已经广泛应用于主机上，可以实现强大的智能化控制功能，并在此基础上逐步引入变频调速、模糊控制等先进技术。

二、MR－Ⅱ型电动冷却水温度自动控制系统

电动冷却水温度控制系统属于间接作用式，电动冷却水温度控制系统种类很多，有的系统采用基地式仪表，有的系统采用单元组合式，其调节器也有多种类型，如运算放大器、单片机、智能调节器等。本节仅以由 MR－Ⅱ型调节器组成的气缸冷却水温度自动控制系统为例，介绍其结构特点及其基本工作原理。

1.结构特点

MR－Ⅱ型调节器是采用集成运算放大器组成的电动基地式仪表，可以实现比例微分调节作用规律(PD)，它把测量单元、调节单元及相应的开关组件组装，在一个控制箱中并安装在集控室。该系统的组成如图 2－1－1 所示。它是由 MR－Ⅱ型调节器Ⅰ、开关箱Ⅱ、限位开关Ⅲ、过载保护继电器Ⅳ、三相交流伺服电机 M 和由它带动的三通阀、淡水冷却器等部分组成。其中限位开关、过载保护继电器及三相交流伺服电机属于执行机构，装在冷却水进口管路的三通阀上。

2.系统的工作过程

该系统所用的测温元件是 T_{802} 型热敏电阻(当温度为 20 ℃时，其阻值为 802 欧姆)，把它插在冷却水进口管路中，如图 2－1－1 所示。T_{802} 热敏电阻具有负的温度系数，当被测温度升高时，其电阻值成比例减小。由 T_{802} 测出的温度信号一方面送至指示仪表，指示当前冷却水进口温度的实际值；另一方面经分压器把冷却水进口温度实际值按比例转换成电压信号。这个测量信号与电位器整定的给定值相比较得到一个偏差信号 e。偏差信号经比例微分作用输出控制信号送至脉冲宽度调制器。脉冲宽度调制器把连续变化的控制信号调制成脉冲信号。若测量温度高于给定值，脉冲宽度调制器输出的脉冲信号使“减少输出继电器”断续通电，接触器 SW_1 也断续通电，其触点 SW_{1a} 断续闭合使三相交流伺服电机 M 向正向断续转动。再经减速装置带动两个互成 90 度的平板阀，一个控制旁通水量，另一个控制淡水经过冷却器的水量。当电机 M 正转时，关小旁通阀，开大经冷却器的淡水阀使冷却水温度降低。若测量温度低于给定值时，脉冲宽度调制器输出的脉冲信号使“增加输出继电器”断续通电，接触器断续通电，其触点 SW_{2a} 断续闭合，电机 M 反向断续转动，开大旁通阀，关小经冷却器的淡水阀使冷却水温度提高。当冷却水温度测量值等于或接近于给定值时，调节器无输出，“减小”和“增加”继电器均断电，接触器 SW_1 和 SW_2 均断开，电机 M 停转，三通调节阀的开度保持不变。其温度调节信号流程如图 2－1－2。

为了避免阀板转到极限位置卡住使电机 M 回行时动作不灵敏或电机启动电流过大而

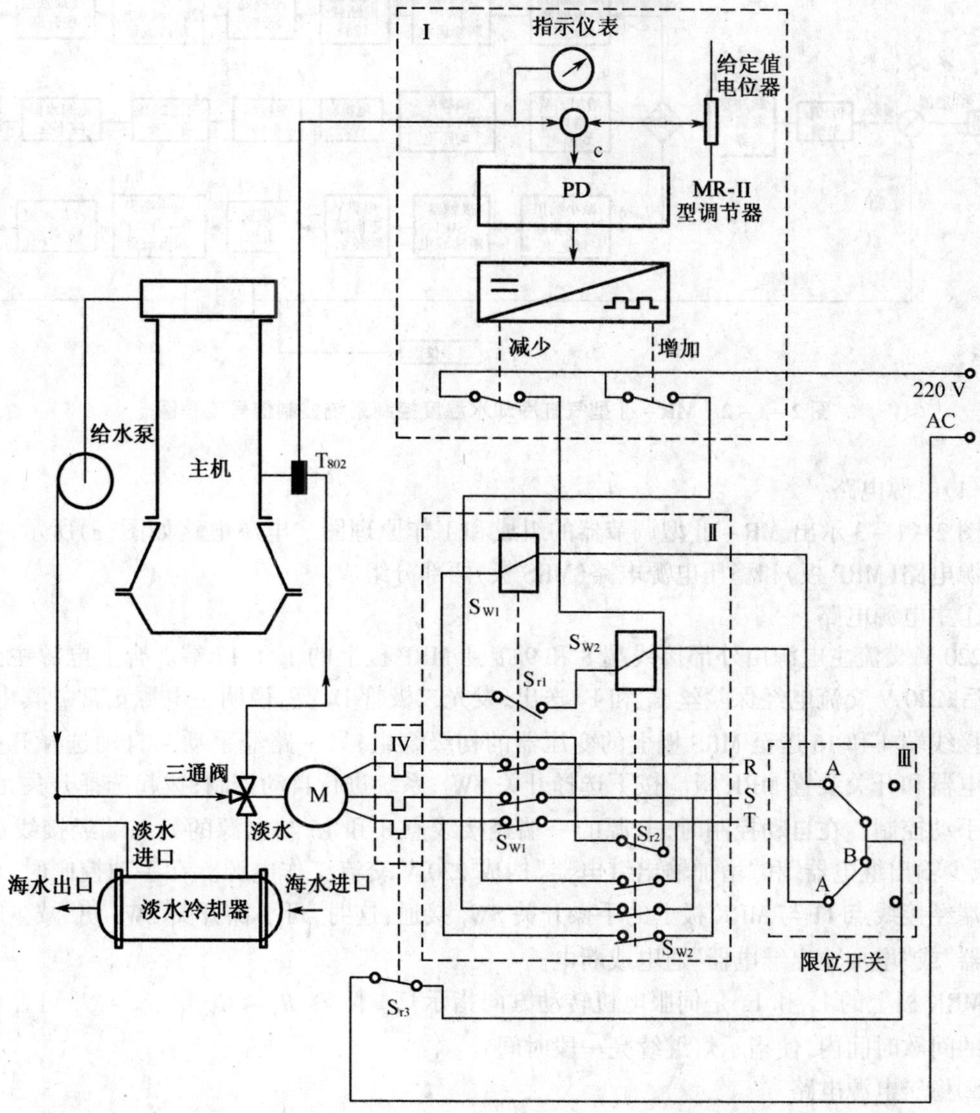

图 2-1-1　MR-Ⅱ型电动冷却水温度自动控制系统组成原理图

引起过热，在接触器 SW_1 和 SW_2 的通电线路中都分别串联一个限位开关 A，B 和一个过载保护继电器控制的触点 Sr_3。当三通阀转至接近极限位置时，限位开关 A 或 B 断开，切断电机的电源使电机停转以保护主机。若某些故障使电机 M 电流过大时，过载保护继电器动作，使触点断开，从而使接触器 SW_1 和 SW_2 均断电，其触点 SW_{1a}和 SW_{2a}断开，切断电机 M 电源，使之停转，保护电机不会因过热而烧坏。SW_1 在 SW_2 和的通电线路中，分别串联了对方的常闭触点 Sr_1 和 Sr_2，起连锁作用，使接触器 SW_1 和 SW_2 不能同时通电动作。

3. MR-Ⅱ型调节器的工作原理

控制箱中电路由六个部分组成，其中印刷电路板 MRB 是输入电路和指示电路；印刷电路板 MRV 是比例微分控制作用电路；印刷电路板 MRD 是脉冲宽度调制电路；MRK 板是继电器和开关装置电路；MRP 是主电源电路；MRS 是稳压电源电路。

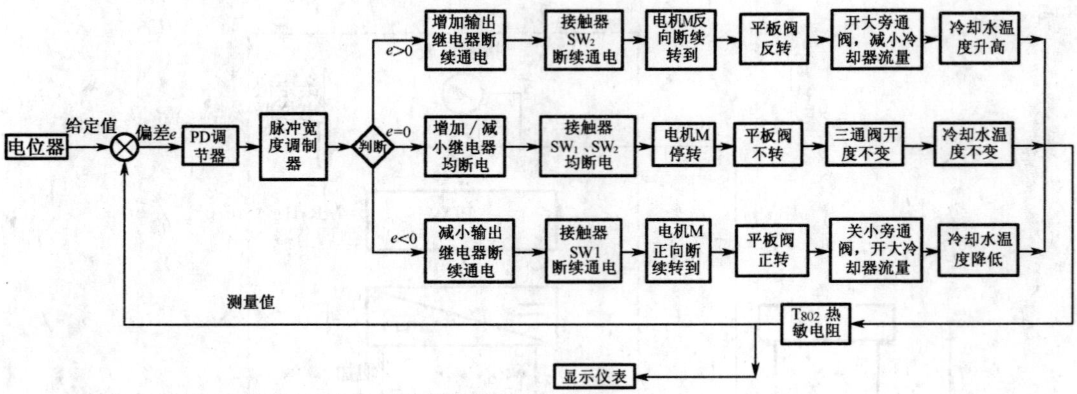

图 2-1-2 MR-Ⅱ型气缸冷却水温度控制系统控制信号流程图

(1)电源电路

图 2-1-3 示出 MR-Ⅱ型调节器的组成和工作原理图。电源电路如图(a)所示，它由主电源电路(MRP 板)和稳压电源电路(MRS 板)两部分组成。

①主电源电路

220 V 交流主电源由外部接线端 8 和 9 接到 MRP 板上的 1 和 17 端。合上电源主开关 SW_1 后，220 V 交流电经保险丝 F_1 和 F_2 送出，发光二极管 D_2 亮，说明主电源正常。其中，一路经接线端 4 和 16 送至 MRS 板上的变压器的初级绕组；另一路经手动-自动选择开关送至继电器和开关装置 MRK 板。按下选择开关 SW_2，系统进行自动控制；拔起选择开关，系统进行手动控制。在自动控制时，电源的一端经接线点 8 和 15 与电源的另一端经接线点 16 对“减少输出继电器”和“增加输出继电器”构成 220 V 交流工作电源。在手动控制时，电源的一端经接线点 11 与 MRK 板上的手操开关 SW_1 接通，这时，可手操开关 SW_1 使“减少输出继电器”或“增加输出继电器”通电或断电。

MRK 板上的 L_1 和 L_2 是伺服电机转动方向指示灯。阻容 R_1-C_1 和 R_2-C_2 可在电机停转的间歇时间内，使指示灯继续亮一段时间。

②稳压电源电路

变压器初级绕组接 220 V 交流电压，两个次级绕组均输出 21 V 交流电压。该电压各自经二极管桥式整流电路、阻容滤波电路和稳压器得到两个上正下负的 16 V 直流电压。将上面稳压器的负极与下面稳压器的正极短接并接地，这样就得到对地为 +16 V，0 V，-16 V 的电压，分别经 MRS 极上的接线端送至各电路板的接线端 2，6 和 18，作为各印刷电路板的工作电源。

(2)输入电路和指示电路

输入电路和指示电路如图 2-1-3(b)中 MRB 板电路所示。

①输入电路组成与工作原理

输入电路的作用是将冷却水温度的实际值测量出来并与给定值相比较，输出一个偏差信号 e。它是由测温元件 T_{802} 型热敏电阻、给定值调整电位器 W_1、电阻 R_3，R_6，R_7 和 R_8 及运算放大器 A_1 等元件组成。反映冷却水实际温度的电压信号 U_A 从 A_1 反相端输入；由 W_1 调定的反映冷却水温度给定值的电压信号 U_B 从 A_1 的同相端输入。

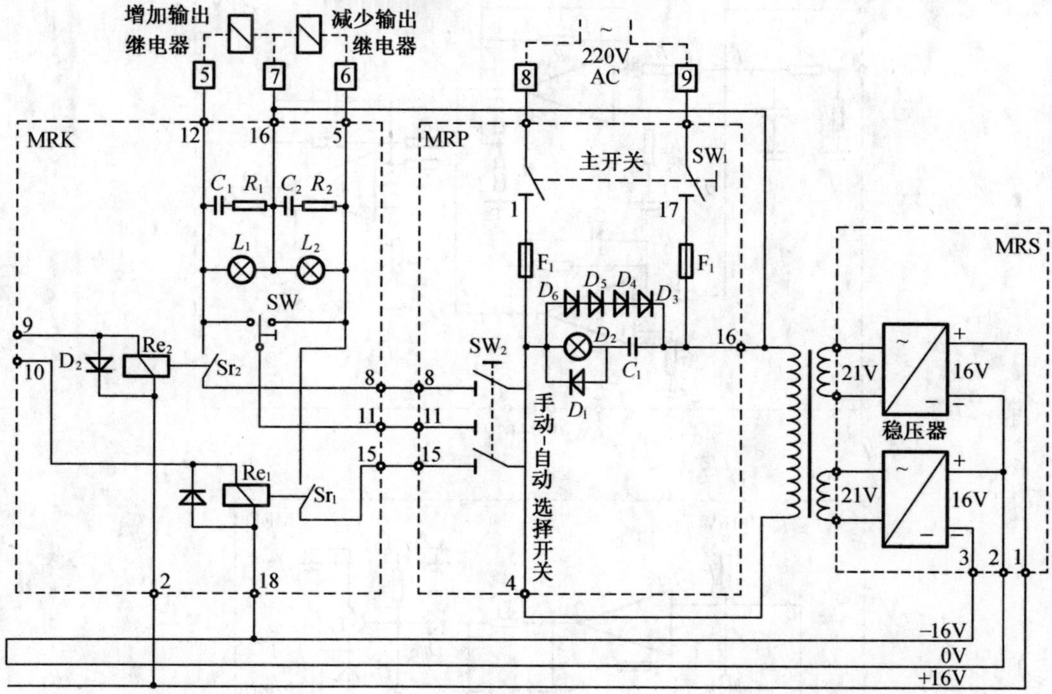
增加输出
继电器
减少输出
继电器
220V
AC
MRK
MRP
MRS
主开关
手动-自动选择开关
稳压器
21V
16V
-16V
0V
+16V

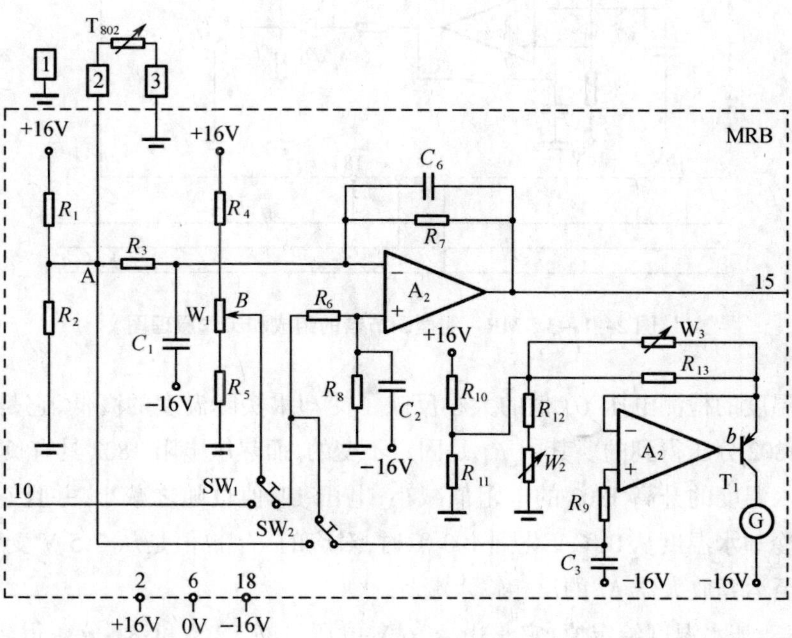
T802
MRB
+16V
-16V
0V
15
10

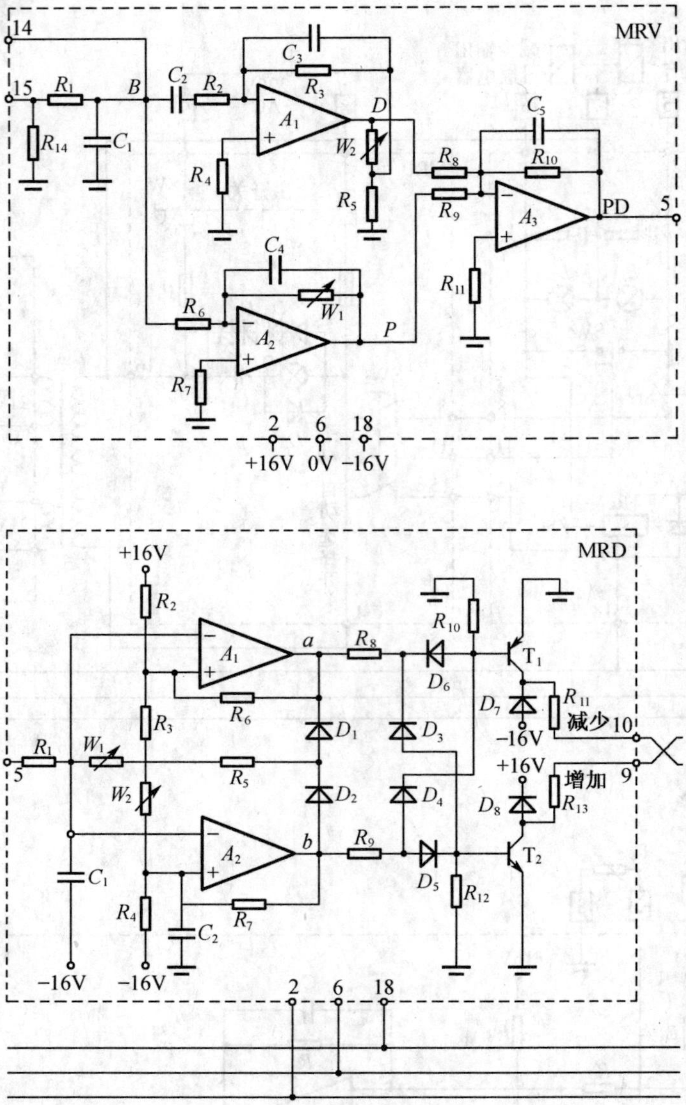

图 2-1-3　MR-Ⅱ型调节器的组成和工作原理图

冷却水实际温度的检测电压 U_A 值的大小反映了冷却水实际温度的高低，它是由 + 16 V 电压经 R_1 和 T802 分压得到的。其中 R_1 是固定不变的，而热敏电阻 T802 具有负的温度系数，即随着冷却水温度的升高 T802 的电阻值减小，电压 U_A 值也随之减小，并且它们之间是线性关系。当冷却水温度从 0 ℃变化到 100 ℃时，对应的 U_A 也值是从 3.5 V 变化到 1.48 V。U_A 经 R_3 送至运算放大器 A_1 的反相输入端。

U_B 代表冷却水温度给定值，它是由 + 16 V 电压经 R_4，W_1 和 R_5 分压得到的，并经 R_6 送至运算放大器 A_1 的同相输入端。这样，反映冷却水温度的测量值与给定值的电压信号分别送至运算放大器 A_1 的反相输入端和同相输入端。若取 $R_7/R_3 = R_8/R_6$，则 A_1 的输出信号 U_{15} 与输入信号的关系为

$$U_{15} = R_7/R_3(U_B - U_A) \tag{2-1}$$

由上式可见，A_1 的输出 U_{15} 是把偏差信号 $e = U_B - U_A$ 放大 R_7/R_3 倍。因此，可把 U_{15} 看做是冷却水温度的偏差值。当冷却水温度等于给定值时，$U_B = U_A$，$U_{15} = 0$；当冷却水温度高于给定值时，由于 U_A 减小，$U_B > U_A$，U_{15} 为正值；当冷却水温度低于给定值时，由于 U_A 升高，$U_B < U_A$，U_{15} 为负值。偏差信号 U_{15} 直接送至实现比例微分控制作用的 MRV 板。图中 C_1 和 C_2 是滤波电容，滤掉两个输入端交流干扰信号，C_6 作用是防止电路振荡，提高电路的稳定性。

②指示电路组成与工作原理

指示电路的作用是指示冷却水温度的测量值或给定值。它是由运算放大器 A_2、电流表 G、晶体管 T_1、调零电位器 W_2、调量程电位器 W_3、转换开关 SW_1 和 SW_2 及有关电阻等元件组成。电流表满量程是 0～1 mA，它所对应的表头刻度是 0～100 ℃。测量值 U_A（转换开关 SW_2 合于下面）或给定值 U_B（SW_2 合于上面）经 R_9 送至运算放大器 A_2 的同相输入端。它的反相输入端相当于接在晶体管 T_1 的发射极上。

现以指示冷却水温度测量值为例说明指示电路的工作原理。当冷却水温度升高时，U_A 降低，A_2 的输出降低，T_1 是 PNP 型晶体管，当基极电位 U_b 下降时，T_1 的集电极电流增大，使电流表 G 的指针朝增大读数的方向转动。随着 T_1 集电极电流的增大，回路中电阻分压变大，T_1 发射极的电位，即 A_2 反相输入端的电位降低。这就使 A_2 的输出 U_b 有所增大，也就限制了 T_1 集电极电流继续增大。当 T_1 发射极电位下降到使 T_1 集电极电流不再增加时为止。这时，A_2 的输出 U_b 不再改变，电流表的读数也就稳定在比原来高的温度值上。相反，当冷却水温度降低时，U_A 升高，U_b 升高，T_1 集电极电流减小，发射极电位升高，负反馈增大，这就限制了 U_b 的继续增大。当发射极电位升高到使 T_1 集电极电流不再减小时，电流表 G 的读数就会稳定在比原来低的温度值上。

如果把选择开关 SW_2 合于上面，则反映冷却水温度给定值的电压信号 U_B 经 R_9 接到运算放大器 A_2 的同相输入端。这时，电流表 G 的指针就会指示冷却水温度的给定值。

A_2 反相输入端的电位就是 T_1 发射极电位，它是由 +16 V 电压经 R_{10}，R_{11}，R_{12} 及电位器 W_2 的分压得到的。通过调整电位器 W_2 可调整 T_1 发射极的电位，也就是调整了 A_2 负反馈电压值，即可调整电流表 G 的零点。假定冷却水温度为 0 ℃，$U_A = 3.5$ V。这时，A_2 的输出 U_b 应使电流表 G 的指针指零。若指针不指零，如大于零，说明 U_b 偏低，可调小电位器 W_2 来减小 T_1 发射极电位，使 U_b 升高，直到电流表 G 指针指零为止。

调量程是通过调整电位器 W_3 来实现的。零点调好后，让水温从 0 ℃开始上升，电流表 G 指针读数随着增大，当水温上升到 100 ℃时，观察电流表 G 指针是否指在 100 ℃上，若指针指示不到 100 ℃，说明量程大了。这时，可调小电位器 W_3 使它与 R_{13} 并联等效电阻值减小，增大 T_1 集电极电流，直到电流表 G 指针指在 100 ℃上为止。调量程会改变零点，量程调好后应再调零，这样反复进行二、三次即可把零点和量程调准。图中 C_3 是滤波电容，滤掉 A_2 同相输入端交流干扰信号。

(3)PD 控制电路

图 2-1-3(c)中 MRV 板是比例微分控制电路。它是由微分运算放大器 A_1、比例运算放大器 A_2 和加法运算放大器 A_3 组成。由输入电路送来的冷却水温度的偏差信号 U_{15} 经阻

容滤波得到 B 点电压 $U_B = K_1 U_{15}$，其中 K_1 为比例系数，U_B 分别接到 A_1 和 A_2 的反相输入端。

①微分控制电路

微分电路由运算放大器 A_1、输入电容 C_2、电阻 R_2 及反馈网络组成，在电路中如果没有反馈电容 C_3，它是一个实际的微分环节，现假设电路中没有 C_3 和 R_2，电路就是一个理想的微分电路。反馈回路电压是 A_1 输出 U_D 经 W_2 和 R_5 分压得到的，故其输出 U_D 与输入 U_B 的关系为

$$U_D = -\left(1 + \frac{W_2}{R_5}\right) \cdot R_3 \cdot C \cdot \frac{dU_B}{dt} \tag{2-2}$$

在反馈回路增加电容 C_3，它能增强抗干扰能力，提高电路的稳定性。A_2 反馈回路中的电容 C_4 的作用与 C_3 相同。

②比例控制电路

比例控制电路由运算放大器 A_2、输入电阻 R_6 及反馈回路组成。A_2 是比例运算放大器，在电路中如果没有反馈电容 C_4，它的输出 U_p 为 $U_p = -(W_1/R_6)U_B$。

③比例微分控制电路的输出

微分控制电路和比例控制电路的输出分别经电阻 R_8 和 R_9 送到加法运算放大器 A_3 的反相输入端。若取 $R_8 = R_9 = R$，且不考虑电容 C_5 的作用(作用同电容 C_3 和 C_4)，则比例微分控制作用即 A_3 的输出为

$$U_{PD} = -\frac{R_{10}}{R}(U_P + U_D) = \frac{R_{10}}{R} \cdot \frac{W_1}{R_6} \cdot \left[U_B + 1 + \frac{W_2}{R_5}\right) \cdot \frac{R_6 \cdot R_3}{W_1} \cdot C \cdot \frac{dU_B}{dt}\right] \tag{2-3}$$

若令 $K = \frac{R_{10}}{R} \cdot \frac{W_1}{R_6}$ 为比例微分控制放大系数；$T_d = \left(1 + \frac{W_2}{R_5}\right) \cdot \frac{R_6 \cdot R_3}{W_1} \cdot C$ 为微分时间。

则得到

$$U_{PD} = K \cdot U_B + T_d \cdot \frac{dU_B}{dt} \tag{2-4}$$

调整 W_1 可改变 K 值，即可调整比例微分控制作用的比例带；调整 W_2 可整定微分时间。通过上面的表达式可见，$U_{PD}(U_{PD} = U_5)$ 与偏差信号 U_{15} 同极性。U_5 作为脉冲宽度调制器的输入信号送至 MRD 板。

(4)脉冲宽度调制器

脉冲宽度调制器为 MRD 印刷电路板，其工作原理如下所述。

①脉冲宽度调制器的作用是把 MRV 板送来的比例微分控制信号 U_5 调制成脉冲信号，使"增加输出继电器"或"减小输出继电器"断续通电，从而使伺服电机 M 正向或反向断续转动，改变三通阀的开度，控制冷却水温度回到给定值附近。其控制电路如图 2-1-3(d)所示。它是由 R_1C_1 阻容网络、运算放大器 A_1 和 A_2、二极管 D_1-D_8、晶体管 T_1 和 T_2 以及其他电阻和电位器等元件组成。A_1 和 A_2 的同相输入端分别接于由 +16 V 和 -16 V 电源经 R_2，R_3，R_4 和电位器 W_2 分压的电压，调整 W_2 可使 A_1 同相输入端为正电压、A_2 同相输入端为负电压且两个电压的绝对值相等。反相输入端的电压与电容 C_1 充放电的电压一致。A_1 和 A_2 分别经 R_6 和 R_7 接成正反馈，实际上 A_1 和 A_2 是接成电压比较器，即当反相输入端电压大于同相输入端电压时，运算放大器输出负饱和电压值；当同相输入端电压大于反相输入端

电压时，运算放大器输出为正饱和电压值，当同相输入端与反相输入端电压相等时，运算放大器输出为零。

②当冷却水测量温度等于给定值时，$U_5=0$，A_1 和 A_2 的反相输入端电压均为零。而 A_1 的同相输入端是较小的正电压，A_2 的同相输入端是较小的负电压。这时，A_1 输出为正饱和，A_2 输出为负饱和。二极管 D_5 和 D_6，晶体管 T_1 和 T_2 均截止，中间继电器 Re_1 和 Re_2 断电，常开触头 Sr_1 和 Sr_2 断开，"减少输出继电器"和"增加输出继电器"均断电，伺服电机 M 断电停转，三通阀开度不变。

③测量温度高于给定值，此时 T802 电阻值减小，MRB 板上的 U_A 降低，U_{15} 为正极性，U_5 也是正极性，并经电阻 R_1 向电容 C_1 充电。电容两端电压不断增加，其极性为上正下负。A_1 和 A_2 反相输入端均为正电压。A_2 输出仍为负饱和，D_5，T_2 截止，中间继电器 Re_2 断电，"增加输出继电器"断电。A_1 反相输入端随着电容 C_1 的充电其正极性电压不断增加，当其值大于同相输入端正向电压时，A_1 输出就由正饱和跳变为负饱和，于是 D_6，T_1 均导通，由地电位经导通的 T_1、电阻 R_{11} 到 -16 V 电源，中间继电器 Re_1 通电，触头 Sr_1 闭合，"减少输出继电器"通电。图 2-1-1 中的接触器 SW_1 闭合，伺服电机 M 正转，关小旁通阀，开大经冷却器的淡水阀，使冷却水温度下降。在 A_1 输出负饱和电压时，二极管 D_1 导通，电容 C_1（上正下负）经电位器 W_1、电阻 R_5、二极管 D_1 向 A_1 输出端（-16 V）放电，电容 C_1 两端电压不断减小，加在 A_1 反相输入端的电压不断下降。当下降到略低于同相输入端电压时，A_1 的输出由负饱和跳变到正饱和，于是 D_6，T_1 截止，Re_1 断电，"减少输出继电器"断电，伺服电机 M 停转。由于 A_1 输出正饱和电压，D_1 截止，电容 C_1 放电回路被切断，正极性电压 U_5 又向电容充电，当 A_1 反相输入端电压又大于同相输入端电压时，A_1 又输出负饱和电压。这时，D_6，T_1 又导通，"减少输出继电器"再次通电，伺服电机 M 又开始正向转动，同时，由于 D_1 导通，电容又沟通放电通路进行放电。这样，通过电容 C_1 的充放电，使 A_1 的输出为正、负饱和电压交替进行，"减少输出继电器"断续通电，伺服电机 M 断续正转，直到冷却水温度回到给定值附近，使 U_5 等于零或接近零，这时 A_1 输出为稳定的正饱和电压，电机 M 才停止转动。图中二极管 D_3 和 D_4 对晶体管 T_1 和 T_2 起互锁作用，即保证这两个晶体管不会同时导通。用 C_2 滤波电容减少交流干扰信号。

当冷却水温度比给定值略有增大时，U_5 的正向电压值很小也由于 A_1 反相输入端电压小于我们调定的同相输入端电压，A_1 输出仍然为正饱和，D_6，T_1 截止，"减少输出继电器" SW_1 不会通电动作，伺服电机 M 不会转动。只有当冷却水温度升高到使 A_1 反相输入端略高于同相输入端电压时，电机 M 才开始转动。我们把使电机 M 开始转动的冷却水实际温度与给定值之间的差值叫不灵敏区。显然，不灵敏区的大小与事先调定的同相输入端的电压大小有关，电压值为零，不灵敏区也为零。这时，冷却水温度有一微小的变化，电机 M 就转动，使电机 M 起停频繁，对电机工作很不利；但是，若把不灵敏区调整得过大（即把运算放大器同相输入端电压绝对值调整过大），需要冷却水温度变化较大的范围电机 M 才开始转动，则会使控制系统稳态精度太低，即在稳态时，冷却水温度偏离给定值较大，这对柴油机的工作是不利的。因此，不灵敏区不能调整得过小或过大。

脉冲宽度的调整通过前面的分析可以看出，随着电容 C_1 的充电和放电，"减少输出继电器"断续地通电和断电，相当于该继电器接受一个脉冲信号的作用。所谓脉冲宽度的调整就是调整继电器通电和断电时间的长短。通过调整电位器 W_1 可调整阻容环节放电时间常数,即可调整脉冲宽度。若调小 W_1 的电阻值,电容 C_1 放电快,A_1 反相输入端电压消失得快,A_1 输出负饱和时间短,D_6,T_1 导通时间短,也就是"减少输出继电器"通电时间短,电机 M 转动时间短。相反,若调大 W_1 电阻值,电容 C_1 放电慢,电机 M 转动时间长。

当测量温度低于给定值时,T_{802} 阻值增大。其工作过程可由读者自行分析,在此不再赘述。

(5)管理要点

MR－Ⅱ型调节器正面面板的布置如图 2－1－4 所示。它是由一个温度表 A 和五块插板组成的。温度表是 MRB 板上的电流表 G,它把电流 0～1 mA 的变化范围按比例地改为 0～100 ℃的刻度,以指示冷却水温度的实际值或给定值。插扳 B 是 MRB 板。旋钮 1 是 MRB 板上的电位器 W_1,用来整定给定值。按钮 2 是 MRB 板上的转换开关 SW_2。拔出按钮,温度表 A 指示冷却水温度的测量值;按下按钮,温度表可指示冷却水温度的给定值。插板 C 是 MRV 板。旋钮 3 是 MRV 板上的电位器 W_2,用来调整微分时间;旋钮 1 是 MRV 板上的电位器 W_1,用来调整比例带。插板 D 是 MRD 板。旋钮 5 是 MRD 板上的电位器 W_2,用来调整 A_1 和 A_2 的不灵敏区。旋钮 6 是 MRD 板上的电位器 W_1 用来调整脉冲宽度。插板 E 是 MRK 板。7 和 8 是 MRK 板上的指示灯 L_1 和 L_2,用来指示电机运转方向,开关 9 是 MRK 板上的 SW_1。当自动控制系统发生故障时,可用手扳动开关 9 使伺服电机转到希望的位置上。插板 F 是 MRP 板。其中,10 和 11 是保险丝 F_1 和 F_2;开关 12 是"手动—自动"转换开关 SW_2,扳到右边是"自动"位置,扳到左边是"手动"位置;开关 13 是电源主开关 SW_1 扳到右面 SW_1 合上,扳到左面 SW_1 断开;14 是发光二极管 D_2,指示电源是否正常,如果电源正常,合上电源主开关 D_2 是亮的。

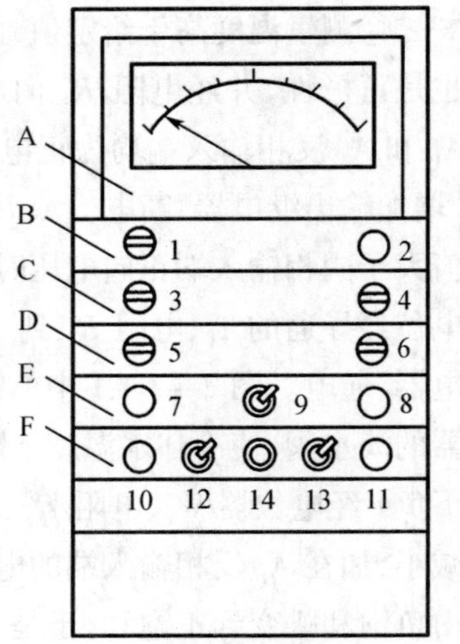

图 2－1－4 MR－Ⅱ型调节器面板

控制系统投入工作的操作:首先将开关 12 扳向左边(手动位置),开关 9 保持中间位置,然后把开关 13 扳到右边位置,接通主电源,指示灯 14 亮。若不亮,可检查保险丝 10 和 11 是否烧坏。电源正常后,按下按钮 2,转动旋钮 1 使温度表指示在给定值上,再把按钮 2 拉出,让温度表指示冷却水温度的测量值。接着,用手转动开关 9,使电机转动(由指示灯 L_1 和 L_2 检查转向),直到温度表上指示的测量值等于给定值为止把开关 9 回复到中间位置,把开关 12 扳向右边(自动位置),使冷却水温度控制系统投入"自动"工作。上述从"手动"到"自动"的操作过程可实现"无扰动"切换。

在自动控制系统工作过程中,如果发现温度表指示的测量值与给定值之间有较大的偏差值,而指示灯 7 和 8 都不亮,说明电机 M 没有转动。这时必须立即把开关 12 扳到左面的手动位置,然后手操开关 9。如果此时电机 M 可以正转和反转,说明控制电路出现故障,可分别抽出 MRB 板,MRV 板和 MRD 板,人为地输入一个信号,观察输出 U_{15},U_5,U_{10} 和 U_9,是否变化,哪块板输出不变化,故障就出在哪块板,换一块备件插板,控制系统就能恢复正常工作。若在手操开关 9 时,电机 M 仍然不转(指示 7 和 8 不亮),说明自动控制系统没有故障,故障是出现在执行机构中,如电机 M 烧毁或轴卡死,过载保护继电器动作,电机 M 的电源切断等。如果手操开关 9 电机 M 能在一个方向上转动而在另一个方向上不能转动,原因可能是"减少输出继电器"或"增加输出继电器"的线圈烧断,或者它们的触头因磨损、烧蚀而不能闭合,要及时检查修复。

控制系统安装以后,调节器的比例带、微分时间和脉冲宽度等调整旋钮不要轻意转动。确实发现控制系统动态过程不理想(观察温度表指针向给定值方向恢复很慢,或指针波动较大)可调整一下比例带、微分时间或脉冲宽度,但每一次调整量要小。每调一次都要认真观察温度表指针的变化情况,直到调好为止。

三、单片机式的中央冷却水温度控制系统

目前,新造船舶的冷却水系统均采用中央冷却水控制系统,该系统主要由海水冷却系统、低温淡水冷却系统及控制单元等组成。控制单元采用瑞典 ALFA－LAVAL 公司生产的 ENGARD 控制装置,采用了 8032 单片机取代了常规的变送器和调节器,用来控制和监测中央冷却水系统的运行工况,其主要执行如下功能:

(1)通过低温淡水温度三通调节阀实现低温淡水冷却系统的温度定值控制;

(2)通过控制主海水泵的工作台数及运转速度实现冷却海水流量的控制。

下面以 5250 系列全集装箱船上中央冷却水控制系统为例,对该系统作简要介绍。

1.主要部件

中央冷却水系统主要由下列部件组成:ENGARD 控制装置、板式热交换器、低温淡水温度调节阀、主海水泵和主淡水泵。

板式热交换器选用 ALFA－LAVAL 公司生产的一种热效率比较高的 KMC 型冷却器;低温淡水温度调节阀选用气动作用的比例－积分(PI)温度调节阀,控制低温淡水系统中的冷却或旁通流量,保证低温淡水保持在一个预定的温度值。

海水泵是低温淡水冷却系统中重要的部件之一,海水泵共有 3 台,NO.1 及 NO.2 海水泵设计为单速,NO.3 海水泵设计为双速,通过对三台海水泵的不同组合,可以得到三者不同的流量,以满足中央冷却器在不同热负荷情况下的需要。淡水泵也布置有三台,既可以单独运行,又可以两台并联运行。表 2－1－1 即为海水泵及淡水泵的可能配置组合及有关技术参数。

表 2－1－1　海水泵及淡水泵的配置组合及参数

布置方式		排量/(m^3/h)	转速/(r/min)	组合方式
海水泵	NO.1	1 200	1 200	NO.1＋NO.2 NO.1 或 NO.2 或 NO.3 高速或 NO.3 低速
	NO.2	1 200	1 200	
	NO.3(高速)	1 200	1 200	
	(低速)	900	900	
海水泵	NO.1	850	1 800	NO.1＋NO.2 或 NO.2＋NO.3 或 NO.1＋NO.3
	NO.2	850	1 800	
	NO.3	50	1 800	NO.1 或 NO.2 或 NO.3

ENGARD 控制装置是中央冷却水系统中重要的控制部件,专门用来监测中央冷却水系统中水泵的运行工况及中央冷却器的热负荷,通过优化海水回路进入中央冷却器的流量,控制和调节低温淡水的温度,以达到节能的目的。

图 2-1-5 为中央冷却水系统的基本原理图,其工作过程如下。

ENGARD 控制装置和两只 PT100 温度传感器(PT100 温度传感器 TT1 和 TT2 分别用来检测低温淡水温度和海水温度)控制着三台海水泵及低温淡水系统中的气动 PI 温度调节阀(气源为 0.14 MPa 的洁净压缩空气),通过电/气(E/P)转换装置,将电信号(4~20 mA)转换为标准控制气压信号(0.02~0.1 MPa),作为温度调节阀的控制信号(0.02 MPa 对应着旁通阀全关,0.1 MPa 对应着旁通阀全开),按照控制单元的参数设定,对低温淡水系统的淡水温度进行调节。海水回路的三台海水泵中,两台是单速,另一台由双速电动机拖动、可进行有级调速。三台海水泵中的任意两台泵各在 50% 的负荷下并联运行,就可以达到冷却系统的最大海水流量(100%)。ENGARD 控制器管理这三台泵的运行状态,根据负荷大小变化自动地控制海水泵的并联、解列和调速,以得到合理的海水流量,满足中央冷却器在不同负荷下的控制需要。由流体力学可知,水量 Q 与转速 n 的一次方成正比,水压 H 与 n 的二次方成正比,轴功率 P 与 n 的三次方成正比。因此,当水量减小、水泵转速下降时,其功率要降低很多。与传统的流量节流调节或旁通调节相比具有明显的节能效果。

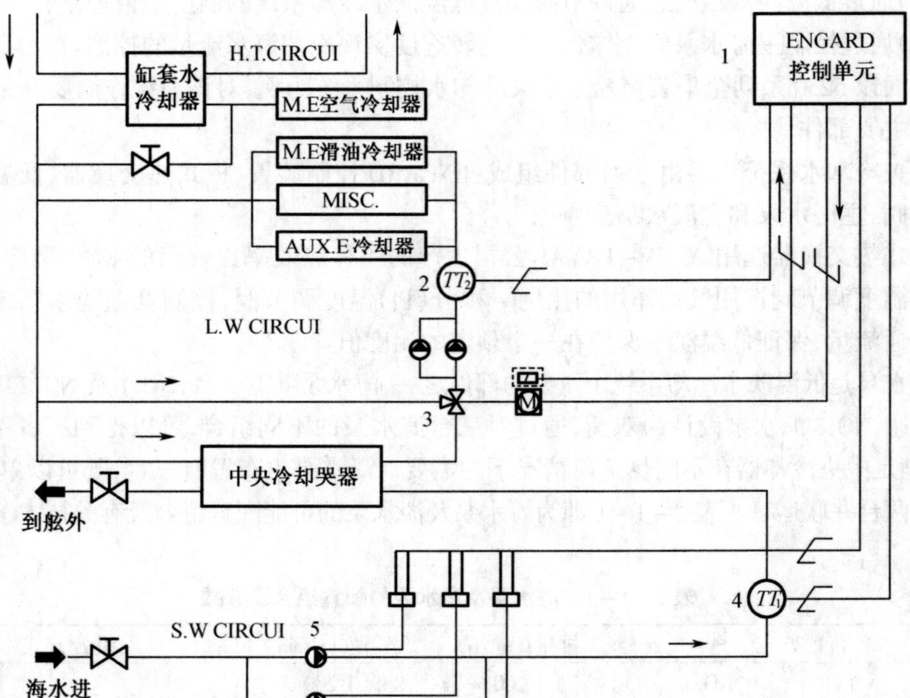

图 2-1-5 中央冷却水系统的基本原理图

ENGARD 控制系统具有如下特点:

(1)节能效果明显。例如,100% 流量时,功率为 50 kW;75%~85% 流量时,功率为 22 kW;40%~60% 流量时,功率为 4 kW。

(2)使用有级调速后,水泵电机温升明显下降,同时减少了机械磨损和维修工作量。

(3)减少了因过载或单相运行而烧坏电动机的现象,提供了可靠的保护功能。

(4)ENGARD 控制器采用 8032 单片机,具有完善的自检、控制、显示、多种故障报警等功能,提高了系统的可靠性。海水泵电机与低温淡水温度调节阀通过控制系统的相关参数进行控制,具有很强的适应性和灵活性。该系统还可通过 RS232 与上位机进行通信,便于全船动力装置的集中控制与监视。

二、ENGARD 系统组成及各部分功能

如前所述,淡水温度的控制是 ENGARD 控制装置通过选择通过热交换器的海水流量来实现的,也就是说,通过选择海水泵的台数或海水泵的排量来实现的。当在冷却器的冷却能力范围内时,冷却水的温度主要由低温淡水侧的三通调节阀通过控制进入冷却器的流量和不经过冷却器的旁通流量对比关系实现的。冷却器对海水流量的需求不仅与冷却器的热负荷有关,还跟海水温度以及冷却器的脏污程度有关,这些都反映在 ENGARD 控制装置的参数设定里面。所以,主机中央冷却水温度控制系统中,ENGARD 控制装置就如整个系统的大脑,下面将介绍 ENGARD 控制装置的组成及功能。

ENGARD 控制器是一种具有比例积分控制规律的全自动温度控制器,它由印刷电路板、固态继电器、电源滤波器、变压器和接线端子排等组成,印刷电路板上有 8 位微处理器、存储器(PROM、EEPROM、RAM 等)及输入输出接口。控制器对冷却水温度进行 PI 定值控制,既可以自动控制,必要时经转换也可以手动控制。控制面板上有操作按钮、模式开关、数码显示器、马达工况和系统报警 LED 等。

(1)控制单元

ENGARD 控制单元安装在主配电板间,其控制面板如图 2-1-6 所示,在控制面板上,

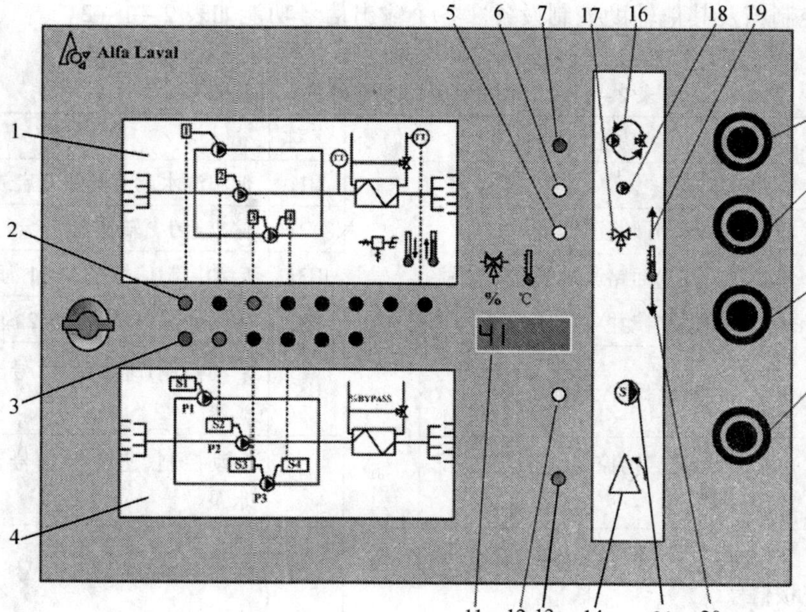

图 2-1-6　ENGARD 控制面板

1—报警输入信号图表;2—报警输入信号 LED(Red);3—控制系统输出信号 LED(Green);4—控制系统输出信号图表;5—调节阀手动模式 LED(Orange);6—海水泵手动模式 LED(Orange);7—自动控制系统 LED(Green);8—手动/自动模式;9—增加温度按钮(手动模式);10—降低温度按钮(手动模式);11—显示器;12—备用泵工作 LED(Orange);14—功能符号;15—报警复位/试灯按钮;16—手动控制方式;17—手动调节阀控制;18—海水泵手动控制;19—温度上升(调节阀旁通开);20—温度下降(调节阀旁通关);21—备用海水泵运行(LED)

主要有操作按钮、功能按钮、复位按钮、数码显示器、报警 LED 等。

(2)温度调节阀的控制及开度调节

安装在低温淡水侧的温度传感器 TT_1 和安装在海水侧的温度传感器 TT_2 所测得的信号是系统的输入信号。工作时,低温淡水温度及三通调节阀的开度均在控制装置的显示窗口中显示出来。如果低温淡水的温度偏离其设定温度点,控制装置将产生一个 4 ~ 20 mA 的控制信号,经过电 - 气转换装置将其转换为 0.02 ~ 0.1 MPa 的控制气压信号至气控三通调节阀,使其阀门开度(旁通流量)变大或变小,从而使低温淡水温度回到设定温度附近。三通调节阀的开度由气动定位器定位,使三通阀的开度在此温度状态下保持相对的稳定。

(3)海水流量的确定

控制装置的微处理器把电气转换装置的电流信号作为调节阀的反馈信号,时刻把冷却器在各种状态下的反馈信号与控制装置内的控制程序中预想设定的参数进行比较,根据比较的结果,来控制增加或减少海水泵的台数。

(4)输入信号

ENGARD 控制单元的输入信号主要是电流信号 I^{**},具体是温度传感器的测量信号、海水泵备用状态信号、从海水泵启动控制箱来的反馈信号及低温淡水调节阀的反馈信号。各个输入信号功能如表 2 - 1 - 2。

(5)输出信号

ENGARD 控制单元的输出信号主要是电压信号 U^{**},在 ENGARD 控制单元内部的微处理器控制下,它们分别传递至低温淡水调节阀(电压信号经过电气转换后成气压控制信号)、海水泵启动控制箱及其他辅助控制设备。各个输出信号功能如表 2 - 1 - 2。

表 2 - 1 - 2 ENGARD 控制器的输入输出信号

信号	名称	功能	信号	名称	功能
输入信号	110	电源输入	输出信号	U11	低温淡水调节阀的开启或关闭过程
	121	低温淡水(LT)回路温度信号(TT_1)		U21	输出至 I/P 转换器
	122	低温淡水(LT)回路调节阀开度信号		U31	启动控制信号至 NO.1 海水泵
	131	NO.1 海水泵启动控制的反馈信号		U32	启动控制信号至 NO.2 海水泵
	132	NO.2 海水泵启动控制的反馈信号		U33	启动控制(速度 1)信号至 NO.3 海水泵
	133	NO.3 海水泵启动控制(速度 1)的反馈信号		U34	启动控制(速度 2)信号至 NO.3 海水泵
	134	NO.3 海水泵启动控制(速度 2)的反馈信号		U41	海水泵“冲洗”功能信号
	140	海水温度指示信号(TT_2)		UC14	遥控信号
	150	外部报警(气源消失或海水温度过高等)		UC24	串行通信
	IC14	遥控信号(电流回路)		UA12	过程报警信号
	IC24	串行通信(RS232)		UA13	功能报警信号

3.ENGARD 系统的工作原理

系统的自动控制主要包括对低温淡水温度和海水流量的控制。淡水温度在一定的范围内变化时,通过低温淡水调节阀控制流经中央冷却器的淡水量;若淡水温度的变化超出调节阀的设定调节范围,则通过海水泵的转速及台数控制实现海水流量调节。

(1)低温淡水温度控制

温度传感器 TT_1 检测在低温淡水回路中淡水泵之后的温度 T_1, T_1 被送至控制器与低温淡水设定值 T_L 相比较形成偏差 $E_L = T_L - T_1$,ENGARD 控制器对偏差进行 PI 运算后,输出控制信号给低温淡水回路的三通调节阀,当淡水温度降低(即 $E_L > 0$)时,调节旁通口开大,使流经中央冷却器的淡水量减小;反之,$E_L < 0$,旁通口关小,流经中央冷却器的淡水量增多。当淡水温度超过或低于限制值时,发出越限报警。

在 ENGARD 控制器面板上有旁通阀的开度百分数显示。当旁通阀的开度信号达到海水泵的切换值时,海水流量设定值 T_{SW} 将增大或减小,ENGARD 控制器将根据 T_{SW} 发送启动控制信号给海水泵,增加或减少海水泵的台数。海水泵启动成功后,海水泵启动控制单元将一个反馈信号送回 ENGARD 控制器以确认海水泵已经启动成功,ENGARD 控制器面板有相应的信号指示,若没有接收到该反馈信号,则控制器将发出故障报警。

(2)海水泵的控制

海水泵的切换控制可以按照低温淡水调节阀的旁通口开度 V_1,或低温淡水回路的淡水温度 T_1 控制,也可以同时采用 T_1 控制大容量的海水泵同时按照 V_1 控制小容量的海水泵。

若采取 V_1 控制方式,当冷却系统的热负荷增大时(需要更多的冷却淡水流经中央冷却器),三通调节阀将逐步关小旁通口,当旁通开度逐步关小到设定值时,则增大海水泵流量或启动另一台海水泵并联运行;当冷却系统的热负荷减小时,三通调节阀将逐步开大旁通口,当旁通口开度逐步开大到设定值时,减小海水泵流量或退出一台海水泵。

若采取 T_1 控制方式,当冷却系统的热负荷增大时,三通调节阀将关小旁通口直至全关旁通口、淡水全部流经中央冷却器,当 TT_1 测得的温度信号增大到设定值时,增大海水泵流量或启动另一台海水泵并联运行;当冷却系统的热负荷减小时,三通调节阀的旁通口不断开大直至全开,低温淡水的温度会随着热负荷的减少而降低,当 TT_1 测得的温度信号降低到设定值时,减小海水泵流量或退出一台海水泵。

海水泵在自动控制方式下,在选择泵组投入运行时,如果两台泵的容量相等,则控制装置将比较两台泵的运行时间,运行时间较短的泵将优先启动。ENGARD 控制器将自动实现 T_1, V_1 与冷却海水流量之间的参数匹配,避免海水泵的频繁起停和淡水温度的大幅度振荡。如果调节阀控制旁通口开度 V_1 的变化范围在 0% ~ 5% 之内,或者淡水温度偏离设定值不超过 0.5 ℃,则不需要对海水泵的流量进行调节。增大海水流量时,系统将自动启动"冲洗"功能,每隔 2 分钟顺序启动海水泵一次,冲洗沉淀在海水管路内的污垢,"FLU"将在控制面板的显示窗口中交替出现。"冲洗"功能可通过参数 $P12$ 进行设置,$P12 = 0$ 即为取消该功能。

4.系统的运行及操作

(1)系统投入运行的操作

①开启系统的主进、出口阀,启动低温淡水泵运行。

②开启海水泵的吸入阀和排出阀,排除海水泵内的空气。

③在海水泵控制屏上将转换开关"MAN/AUT"置"MAN"位,合上主电源开关。手动启动

大容量的海水泵,用“STBY”开关选择备用泵。

④开启中央冷却器的海水进出口阀,系统开始工作。

⑤合上 ENGARD 控制器的“ON/OFF”’电源开关(该开关在控制箱内部),同时复位主保险丝故障按下(按钮 15)。这时控制面板的显示窗口出现“d - PCU”,10 s 后,显示窗口的左边显示低温淡水回路调节阀的开度(用两位百分比数字表示),显示窗口的右边显示低温淡水温度(用三位数字表示)。确认 ENGARD 控制器在手动控制方式下工作,否则可按下控制面板上的按钮 8,使得 LED7(Automatic Operation Mode)不发光。

⑥在控制面板上检查系统的工作参数,确保它们与系统的设定位相符(参数设定值列表在控制箱门的里面)。

⑦按下“Alarm reset/Lamp test”按钮 15,至少保持 3 s 以上(若显示窗口跳出 F 参数,则 5 min 后或者多按几次按钮 15 后将恢复正常),检查控制面板上的指示灯是否有异常。

⑧待系统稳定后或按需要,将系统工作方式转为“自动”。

系统投入自动运行的前提条件是低温淡水泵已经投入运行,ENGARD 控制系统已处于工作状态,海水泵处于手动控制方式并且已在原地启动运行。

确认条件无误后,按下 ENGARD 控制面板上的按钮 8,使得 LED7 亮(绿色)。最后在海水泵控制屏上将转换开关“MAN/AUT”置“AUT”。此时,ENGARD 控制系统工作在自动状态,系统将使海水泵运行在最佳状态,并且自动调节和监测低温淡水系统的温度。

系统初次转换到自动控制状态时,首先要将海水泵的安装参数 P25 ~ P30 设置为“ON = 1”,双速泵的 P 参数设置为“ON = 1”。

(2)手动/自动模式及切换

海水泵和淡水调节阀各有手动/自动两种操作模式,海水泵手动操作时,低温淡水调节阀仍可工作在自动状态,反之亦然。

手动/自动操作模式是通过控制面板上的按钮 8 来选择的。系统工作在自动方式时,控制面板上的 LED7 亮(绿色),此时按一下按钮 8,LED6 亮(橙色),LED7 灭。表明选择了海水泵手动工作方式,再按一下(第二次)按钮 8,LED5 亮(橙色),LED6 灭,表明选择了调节阀手动工作方式;第三次再按按钮 8,LED7 亮(橙色),LED5 灭,则又回到了自动工作状态。可以通过控制面板上的 4 看到在运行的海水泵。

选择海水泵手动操作模式时,按下按钮 8,LED6 亮(橙色),LED7 灭,将海水泵控制屏上的转换开关“MAN/AUT”置“MAN”位,然后根据低温淡水的温度手动启动/停止所需的海水泵。根据运行海水泵的容量,淡水调节阀将自动地连续调节低温淡水的温度。若要回到海水泵自动工作模式,则首先在海水泵控制屏将转换开关“MAN/AUT”置“AUT”位,再在 ENGARD 控制面板上按两次按钮 8,使 LED7 亮(绿色),LED6 灭。

选择调节阀手动操作模式,按两次按钮 8,LED5 闪亮,LED7 灭。通过按钮 9(+)和 10(-)控制低温淡水温度的增加或减小。调节阀从全关到全开,对应显示值为 2% ~ 98%。根据淡水调节阀开度或低温淡水的温度,海水泵自动地进行流量调节。此时要回到调节阀的自动工作模式,只需按一次按钮 8 即可,LED7 亮,LED5 灭。

(3)系统工作状况检查

系统在自动方式下正常工作时,控制面板上液晶窗口 11 显示调节阀开度值和低温淡水温度值。在无报警的情况下,按下按钮 15(Alarm reset/Lamp test),可以让显示器显示 F 系列参数的读数。液晶窗口左边出现“F0”,右边显示海水温度值(℃);若窗口左边出现“F1 ~ F6”

中的某一个，则右边数值为对应海水泵的累计工作时间（该数值乘以 1 000 等于运行小时数），如显示内容为 F1 5.86，则表示 NO.1 海水泵累计运行时间为 5.86 × 1 000 = 5 860(h)。按钮 15 被按 5 min 后，系统将恢复到正常指示状态。

(4)报警功能

出现报警时，控制面板上的 LED2，LED13 闪亮（红色），窗口显示报警代码 A1 ~ A6 参见表 2－1－2。按"Alarm reset"按钮 15 对报警进行确认。所有报警被确认后，LED2、LED13 常亮。最后再按按钮 15 进行复位，LED13 熄灭。只有故障消除后 LED2 才熄灭。

(5)停止系统工作

要对某台海水泵停车检修，必须设置与其对应的"P5 ~ P30"中的某一参数为"OFF = 0"，泵退出控制系统，切断该泵电源，关闭其进、出口阀，但必须选择一台备用泵替代它工作。

要停止整个系统的工作，首先在控制面板上选择手动操作模式，海水泵控制屏上转换开关"MAN/AUT"置"MAN"位。然后手动启动大排量海水泵工作，正确关闭系统的某些海水阀。最后打开控制器箱门，关掉里面的电源。

5.报警及故障

系统出现故障时，将在控制面板的"Alarm input diagram"1、"Alarm input LED"2 给出报警指示，在显示器 11 中显示。ENGARD 控制器的报警分成过程报警（P）和功能报警（F），前者是关于海水泵、淡水温度越限等故障，后者是关于 ENGARD 控制器内部及 I/O 故障。报警内容通过控制面板液晶窗口显示和 LED 指示。如果故障多于一个，先显示第一个未确认的报警，该报警确认后，再显示下一个报警。如果在 5 s 之内未复位过程报警，则触发机舱集中监视系统工作。发生功能报警时，低温淡水三通调节阀开度将保持原位不变。各种报警指示及应对措施如表 2－1－3 所示，其中 P 为过程报警，F 为功能报警。

表 2－1－3　故障报警原因及应对措施表

报警符号	报警原因	应对措施
低温淡水回路高温（P）		
TT_1	1.手动操作	对系统进行手动控制，或者将系统转为自动控制
	2.参数调节有误	重新对参数 P1 及/或 P2 进行调节
	3.低温淡水流量过低	确认低温回路中低温淡水泵运转正常并且压力正常，否则打开低温淡水阀，对系统补水或修理水泵
	4.海水流量过低；海水泵容量不足；海水压力不足	启动更大流量的海水泵，或者清洁海水滤器或修理海水泵
	5.中央冷却器堵塞	检查冷却器压降，清洗冷却器
	6.海水温度过高	降低冷却器的热负荷
	7.温度测量回路工作不正常	对温度传感器进行比较和测试
	8.控制回路故障；低温淡水调节阀旁通不能全关（2% ~ 5%）	更新控制模块，确信调节阀旁通全关（2%）

表 2-1-3(续)

报警符号	报警原因	应对措施
低温淡水回路低温(P)		
TT_1	1.手动操作	对系统进行手动控制,或者将系统转为自动控制
	2.参数调节有误	重新对参数 P1 及/或 P2 进行调节
	3.海水流量过大;海水泵容量过大	启动较小流量的海水泵器
	4.控制回路故障;低温淡水调节阀旁通不能全开(95% ~ 98%)	更新控制模块,确信调节阀旁通全开(98%)
	5.温度测量回路工作不正常	对温度传感器进行比较和测试
海水泵反馈信号故障(P)		
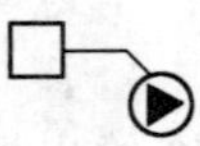	1.在未对参数 P25 ~ P30 设置为"0"状态时(= off)海水泵退出	将参数 P25 ~ P30 设置为"0"
	2.海水泵不能正常工作	根据接线图检查海水泵电源及接线
	3.参数 P32 ~ P37 调节错误(指双速海水泵)	重新调节参数 P32 ~ P37
备用海水泵运行		
	1.所有海水泵的反馈信号丢失	根据接线图检查海水泵电源及接线
	2.备用泵电路工作不正常	根据接线图检查海水泵及接线
扩展报警:气动调节阀的气源消失;中央冷却器的海水温度偏高		
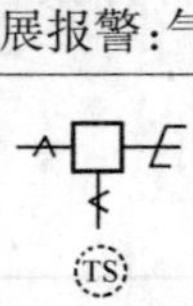	1.气动调节阀的气源消失	检查气源
	2.中央冷却器的海水温度偏高	手动启动海水泵或暂时降低主机负荷,同时检查海水泵
A1 警报—通信出错		
	1.与外部计算机通信出错	只有 A1-1 报警时,检查跳线开关 B4,B5 是否在正确的位置
	2.与 RS232 通信出错	检查控制单元与外部计算机之间的电缆,检查外部计算机
A2 警报—控制模块工作不正常		
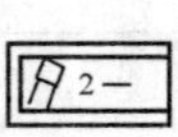	1.内部 RAM 出错(8032)	A2-1 ~ A2-4:将控制单元的主电源断开后重新合上,如果警报信号仍未消除,则更换控制模块
	2.外部 RAM 出错	
	3.E2 RAM - checksum 出错	
	4.PROM 出错	
	5.模式开关出错	检查模式选择开关是否置于正确位置
	6.控制模块模拟部分出错	更换控制模块
	7.控制模块模拟部分出错	更换控制模块
	8.线路板无模拟信号源或电源频率出错	检查线路板保险丝 F2。电源频率范围应在 42 ~ 69 Hz

表 2-1-3(续)

报警符号	报警原因	应对措施
A3 警报—"Program Mode"时间太长		
A 3—	1.程序方式过长(> 10min 且无参数调节)	将方式选择置于"L"(Local)位,然后重新置于"P"(Program Mode),继续进行参数调节
A4 警报—电源故障		
A 4—	1.电源故障	对警报复位,并确认处于正确的运行状态
A5 警报—外部传感器接线故障		
A 5—	1.低温淡水回路温度传感器开路	检查线路是否断开或松动,如果无反馈信号则在 X11:1 及在 X11:3 之间插上跳线器;如果 P40 = 0,则在 X12:1 及 X12:4 之间插上跳线器
	2.低温淡水回路调节阀反馈回路开路	
	3.海水回路温度传感器开路	
A6 警报—传感器读数异常		
A 6—	1.低温淡水回路温度 < 100 ℃	检查传感器是否短路
	2.低温淡水回路温度 > 100 ℃	更换低温淡水回路的温度传感器
	3.三通调节阀开度反馈 < 2%	检查电位器是否短路或重新校准三通调节阀
	4.三通调节阀开度反馈 > 98%	重新校准三通调节阀
	5.海水温度 < -5 ℃	检查传感器是否短路
	6.海水温度 > 100 ℃	更换海水回路的温度传感器
	7.调节阀计算出错 —结束位置/参数出错	重新校准三通调节阀 A6:如果异常故障不能修复,则更换控制单元的控制模块

6.维修保养及参数调整

ALFA-LAVAL 公司提供了详细的过程参数表、安装参数表、参数正的、备件列表及接线图,这些都在 ENGARD 控制器操作面板门的后侧,以方便查阅。主要参数如表 2-1-3 所示。

(1)参数整定

首先将 ENGARD 控制箱内的模式选择开关置"P",控制面板上显示"C1　1"和间歇显示 PRO。按控制面板(见图 2-1-6)下面两个按钮 10 和 15 调整 C1-12 参数值;按钮 8 可选择下一个被设置的参数;按上面两个按钮 8 和 9,进入参数内容(参见表 2-1-4),没有参数就显示"- -"。新设置的参数在选择下一个参数时被存储,如果同时按下按钮 10 和 15,则将存储修改以前的参数值,控制面板上显示"C2　2",表明过程参数设置完毕,开始设置安装参数 C1-12,方法与前面相同,当出现"End"时,安装参数设置完成。

结束参数整定时,必须把控制箱内的模式选择开关置"L"或"R",否则,10 min 后将发出"Program Mode"报警(代码 A3)。

表 2-1-4 ENGARD 控制器参数表

分类	编号	参数	单位	显示内容	厂家设定	说明
内部调节参数	P1	低温淡水温度设定值	℃	xx.x	36.0	温度设定值按照系统设计和柴油机厂家推荐值整定
	P2	低温淡水系统温度上限报警设定值	℃	xx.x	40.0	
	P3	低温淡水系统温度下限报警设定值	℃	xx.x	25.0	
	P4	P-比例常数	%℃	0x.x	1.0	比例积分作用需要重新整定
	P5	I-积分常数	1/sec	xx.x	8.0	
	P6	海水流量Ⅳ→较大流量	%℃	_x.x xx.x	_40	海水流量按调节阀开度(_xx)/淡水温度(xx.x)调节。P8、P9只按阀位调节。
	P7	海水流量Ⅲ→较大流量	%℃	_x.x xx.x	_30	
	P8	海水流量Ⅱ→海水流量Ⅰ	%℃	_x.x xx.x	_20	
	P9	海水流量Ⅰ→海水流量Ⅱ	%℃	_x.x xx.x	_50	
	P10	较大流量→海水流量Ⅲ	%℃	_x.x xx.x	_60	
	P11	较大流量→海水流量Ⅳ	%℃	_x.x xx.x	_70	
	P12	海水系统的冲洗时间间隔,0=不冲洗	h	xx.x	100	
	P20	调节阀占空比(工作系数)	%	0xx	99	伺服电机驱动的调节阀,调节快结束时断续动作所占时间比
	P21	调节阀动作全程时间(开度%)	sec	0xx	60	调节阀旁通口全开(关)→全关(开)所用时间
	P22	调节阀反应的最小时间	sec	0xx	0.06	反映调节阀的灵敏度
	P23	启动延时	sec	0.xx	25	确定海水泵的启动顺序
	P24	冲洗顺序延时	sec	xxx	0	海水反向流动冲刷系统中的污垢
	P25	NO.1 海水泵启动	OFF=0/ON=1	00x	1	只有海水泵退出系统时,设置OFF=0;启动器接线与代码、参数一致
	P26	NO.2 海水泵启动		00x	1	
	P27	NO.3 海水泵启动		00x	1	
	P28	NO.4 海水泵启动		00x	1	
	P29	NO.5 海水泵启动		00x	1	
	P30	NO.6 海水泵启动		00x	1	
	P31	水泵切延时时间	sec	0xx	15	最短设定时间为 5 min

表 2-1-4(续)

分类	编号	参数	单位	显示内容	厂家设定	说　明
内部安装参数	P32	报警延时,NO.1 海水泵启动故障反馈	sec	0xx	10	水泵启动后,控制器没有接受到反馈信号则延时 10 秒
	P33	报警延时,NO.2 海水泵启动故障反馈	sec	0xx	10	
	P34	报警延时,NO.3 海水泵启动故障反馈	sec	0xx	10	
	P35	报警延时,NO.4 海水泵启动故障反馈	sec	0xx	10	
	P36	报警延时,NO.5 海水泵启动故障反馈	sec	0xx	10	
	P37	报警延时,NO.6 海水泵启动故障反馈	sec	0xx	10	
	P38	电动/气动调节阀	E=0 P=1 P=2	00x	0	按照调节器类型设置参数:"0"电动;"1"气动(无反馈);"2"气动(有反馈)
	P39	旁通阀 2%开度校准	Calibr. =1	00x	0	调节阀开度与反馈信号校准,参数为 1 时,开度为 2%或 98%
	P40	旁通阀 98%开度校准	Calibr. =1	00x		
	P41	通信方式:CL 或 RS232	CL=0 RS232 =1	0xx	0	CL 为电流环通信方式
	P42	报警延时	sec	00x	15	
	P43	NO.1 海水泵启动时间计数复位	Reset = 1	00x	0	海水泵的运行速度以"m/hour"检测,累计工作时间。要复位时间计数器,Reset=1,并进行下一个参数设置。当开始下一个参数时,上一个参数回到 0
	P44	NO.2 海水泵启动时间计数复位	Reset = 1	00x	0	
	P45	NO.3 海水泵启动时间计数复位	Reset = 1	00x	0	
	P46	NO.4 海水泵启动时间计数复位	Reset = 1	00x	0	
	P47	NO.5 海水泵启动时间计数复位	Reset = 1	00x	0	
	P48	NO.6 海水泵启动时间计数复位	Reset = 1	00x	0	
	P49	海水系统安装 PT100 温度传感器	安装=1 未安装 =0	00x	1	

(2)淡水回路调节阀整定

首先打开 ENGARD 控制器箱门,将模式选择开关置“P”。根据调节阀设定参数 P38(参见表)。然后按下控制面板上的按钮 8“manual mode”1 ~ 3 次,LED5 闪亮(橙色),通过按钮 9(升温),10(降温)手动改变调节阀旁通口的开度。

按下按钮 10,手动操作调节阀旁通关小,关到 2%开度时,设置参数 P39 = 1。按按钮 9,使调节阀旁通开大,开到 98%开度时,设置参数 P40 = 1。调节阀动作到极限位置时,留有 2%的余量,防止阀卡死,动作不灵敏。通过按钮 9/10 操作调节阀旁通全关→全开/全开→全关,测量调节阀动作全行程所需时间,把该时间值输入参数 P21。

(3)检查海水泵切换功能

在前面两项整定好的基础上,按下按钮 8 选择调节阀手动模式,LED5 闪亮(橙色)。通过按钮 10 手动关小调节阀的旁通阀,控制面板上 11 的左边显示 2%时观察切换到大流量海水泵的时间应不超过 5 s。由按钮 9 开大调节阀的旁通阀,控制面板上 11 的左边显示 98%时,观察切换到小流量海水泵的时间在 15 min 之内。最后系统将转换为自动模式。

(4)系统的维护保养

为了预防故障发生,每周应进行试灯和报警功能试验;每月应进行淡水温度越限报警和水泵故障报警试验;每六个月应校验一次温度传感器,如果偏差大于 ± 1%,需要换新。

第二节　燃油黏度自动控制系统

自 20 世纪 80 年代以来,为了降低营运成本,船用柴油机不得不燃用质量更为低劣的燃油,常称为重油(或渣油)。这种油在常温下黏度很高,在管路中难以输送,更不能直接喷入气缸进行燃烧。为保证主机能正常运行,重油进入柴油机之前都需要经过雾化加热器加热,使其黏度降低到合适的数值,对低速柴油机,一般要求不超过 60 ~ 100 s 雷氏 1 号黏度。若燃油黏度过高,超过规定限度,将使燃油雾化不良,燃烧效率降低,气缸严重积炭,使柴油机运动部件磨损加剧,甚至导致燃油系统某些部件损坏。如果黏度过低,对重油来说,加热温度就应越高,在油泵吸入过程中有可能汽化,这是必须避免的。为此,燃油黏度控制实际上也是一种定值控制系统,必须将黏度值控制在给定值或其附近以保证主机的安全高效运行。

表面上看起来,黏度控制问题好像是一个温度控制问题,这对某一固定品种的燃油来说是可行的。但对于不同品种的燃油,在相同的温度之下其黏度差异较大。如果采用温度控制系统,为了控制燃油的最佳喷射黏度,就必须重新调整燃油温度的给定值,所以用温度来反映黏度不科学也不方便。而且远洋船舶经常要从世界各港口装载燃油,当油舱中装有各种燃油时,这就比较难以确定燃油最佳喷射黏度所对应的温度给定值。给管理和调节带来很大的不便。因此目前多以燃油黏度为主要被控参数,直接通过调节雾化加热器上蒸气阀使燃油达到所要求的黏度。此法不但科学,而且当油舱中各种燃油混合比例变化时,轮机人员也不必作任何调整,控制系统仍能保证所要求的燃油黏度。

目前在船上普遍使用的燃油黏度控制系统类型主要有 VAF 型、NAKAKITA 型和 VISCOCHIEF 型,其中 VAF 型采用的是黏度定值控制方案,NAKAKITA 型是在 VAF 型黏度定值控制的基础上增加了温度程序控制的联合控制方案,VISCOCHIEF 型则是运用了单片机控制的新一代黏度自控系统,其相对于前两种控制系统有了较大的改进。本节主要介绍 NAKAKITA 型和 VISCOCHIEF 型黏度控制系统的组成及其工作原理。

一、NAKAKITA 型燃油黏度自动控制系统

1.控制系统的组成

NAKAKITA 型燃油黏度控制系统采用了温度程序控制和黏度定值控制的综合控制方案,其主要由燃油黏度定值控制装置、温度程序控制装置和“柴油－重油”自动转换装置三个部分组成。控制系统的组成如图 2－2－1 所示。

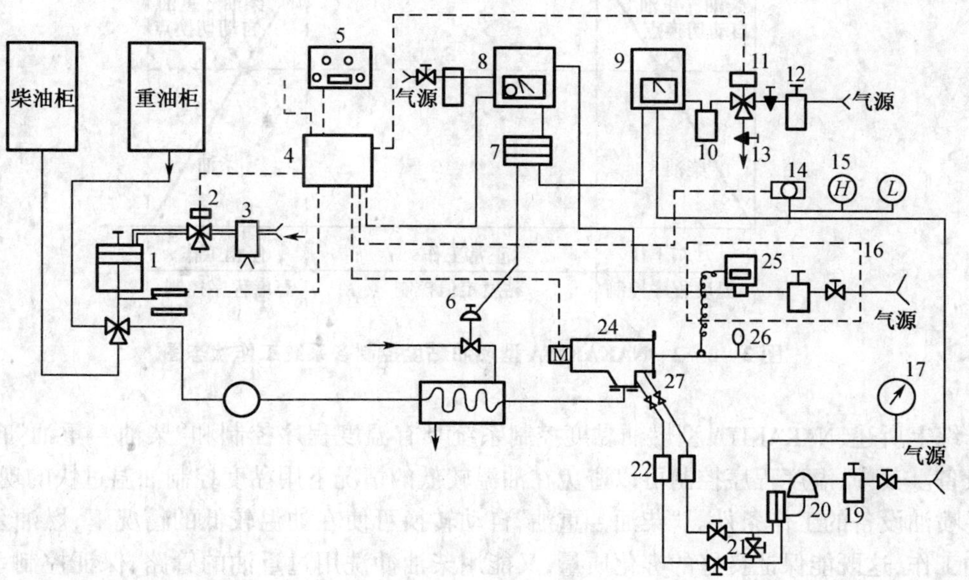

图 2－2－1 NAKAKITA 型燃油黏度控制系统组成原理图

燃油黏度定值控制装置由测黏计 24、差压变送器 20、NS－732 型黏度调节器 9 和蒸气调节阀 6 等组成。温度程序控制装置由温度变送器 25、温度程序调节器 8 和蒸气调节阀 6 等组成。温度程序控制主要是为了防止在油温较低的情况下采用黏度控制会使油温升高过快,从而影响喷油设备的工作条件。以上两种控制方案在同一时间只能采用一种,其控制方式的选取由“温度－黏度”控制选择阀 7 实现,温度调节器和黏度调节器的输出信号分别输入到选择阀中,选择阀的输出为其输入中较大的信号。当燃油温度在下限(如 20 ℃可调)和上限(如 135 ℃)值之间变化时,黏度调节器不工作,由温度程序调节器输出控制信号来改变蒸汽调节阀的开度,使燃油温度按预先设定的速度变化,当燃油温度达到上限值时,黏度控制系统投入工作,黏度调节器 9 输出的控制信号使蒸气调节阀 6 的开度,能保证燃油黏度稳定在给定值上。“柴油－重油”转换也是以温度为条件的。在燃油系统投入工作前,由于油温较低并处于下限值,这时若把“柴油－重油” 转换开关转至“重油”位置,当系统投入运行时,仍用柴油运行工作,并在温度程序调节器的控制下油温逐渐升高。当柴油温度达到中间温度值(如 70 ℃,可调)时,三通电磁阀 2 动作并推动三通活塞阀 1,自动进行柴油到重油的转换,系统开始用重油工作,如果在规定的时间内(10～20 s)没有完成转换,燃油温度给定值不再变化,系统对燃油进行中间温度定值控制并发出声光报警。在温度程序调节器的控制下,对重油进行程序加温,并一直加温到温度的上限值。所以,在系统开始工作和停止工作阶段,主要是温度程序控制系统工作,期间可以自动完成柴油/重油的转换(在温度为中间温度 T_{mid}时)。在系统正

常工作阶段,主要由黏度控制定值控制系统工作(此时温度高于上限值 T_{max}),各控制系统工作状态图如图 2-2-2。在整个工作过程中,系统的操作和管理简单、便利。

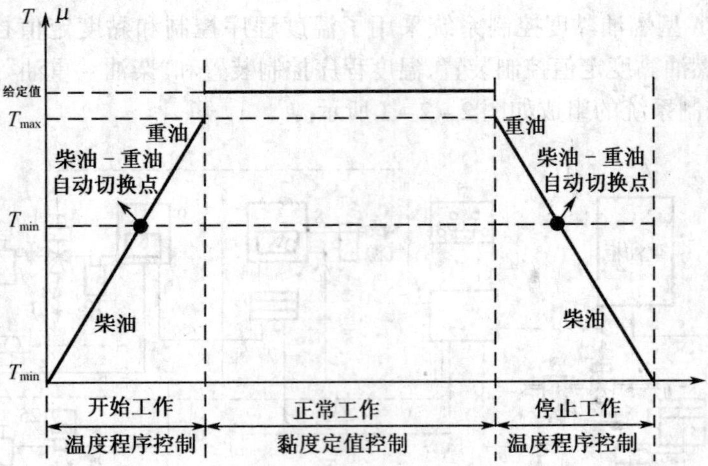

图 2-2-2 NAKAKITA 型燃油黏度控制各系统工作状态图

综上所述,NAKAKITA 型燃油黏度控制系统具有温度程序控制和“柴油-重油”自动转换设备。其中,温度程序控制可以避免在油温较低的情况下用黏度控制油温过快的现象,改善了喷油设备的工作条件。“柴油-重油”自动转换可使在油温较低的情况下,燃油系统用柴油工作,这既能保证良好的雾化质量,又能用柴油冲洗用过重油的管路,保证控制系统和喷油设备工作的可靠性。

下面仅就组成该系统主要单元的结构和工作原理加以简单介绍。

2.测黏计

测黏计又称黏度发讯器,是燃油黏度的测量元件,其作用将燃油黏度成比例地转换为燃油的压差信号,并送到气动差压变送器。黏度发讯器有旋转式、毛细管式、振动式、压电式等多种类型。如图 2-2-3 所示的是毛细管式测黏计的结构原理图。测黏计被设置在加热器和高压油泵之间的管路上,它主要由装于测黏计内腔的齿轮油泵 1 以及黏度测量元件毛细管 2 等组成。其中齿轮和油泵是由装设于外侧的驱动电机经减速齿轮装置来驱动的,它可以获得 100 r/min 的恒定转速。毛细管是一根内径为 2 mm,长度为 200 mm 的不锈钢管。从雾化加热器出来的燃油大部件经过测黏计的内腔到达高压油泵,少量燃油被齿轮油泵吸取,并通过毛细管到达测黏计的内腔。由于通过毛细管的燃油流速较低且恒定,毛细管长而细,所以毛细管内燃油流动呈层流状态。依据流体力学的知识,不难理解毛细管两端的压力差是与燃油的运动黏度成正比,即黏度越大,毛细管两端的压差也越大,这就是细管测黏计测量燃油黏度的原理。

3.差压变送器

NAKAKITA 型燃油黏度控制系统的差压变送器采用双杠杆气动差压变送器。气动差压变送器的作用是将测黏计所测的黏度的信号成比例的转化成统一的标准气压信号(0.02~0.1 MPa)输出,送至黏度调节器。双杠杆气动差压变送器结构原理示意图如图 2-2-4 所示,在机构上双杠杆采用了主、副杠杆,主杠杆 7 和副杠杆 5 是用顶针架 10 连在一起,反馈

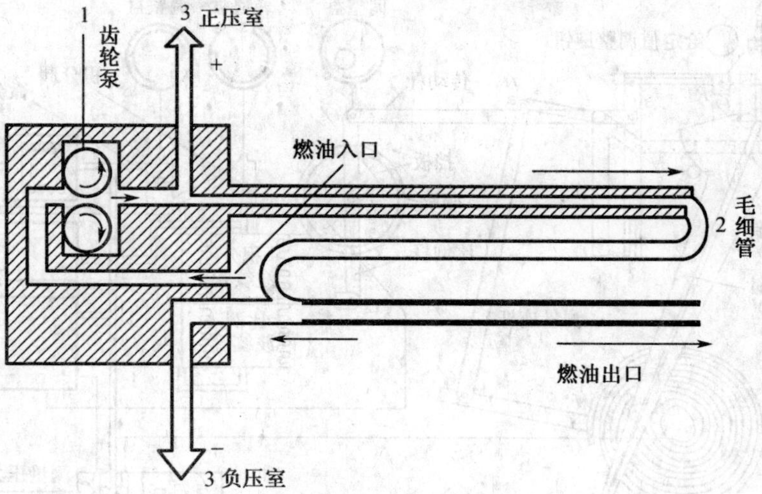

图 2-2-3 毛细管式测黏计的结构原理图

波纹管作用在副杠杆上。当测量信号 Δp 增大时,主杠杆绕支点顺时针转动,主杠杆的上端经顶针架 10 对副杠杆上端有一个压力 q,副杠杆对主杠杆将产生反作用力 q',则 $q=q'$。这样,在稳定时 $q \cdot l_2 = F_{膜} \cdot l_1 \cdot \Delta p$;$q' \cdot l_4 = F_{波} \cdot l_3 \cdot p_{出}$,即

$$\frac{F_{波} \cdot l_3}{l_4} p_{出} = \frac{F_{膜} \cdot l_1}{l_2} \cdot \Delta p \tag{4-5}$$

进一步可改写为:

$$p_{出} = \frac{F_{膜}\, l_1\, l_4}{F_{波}\, l_3\, l_2} \cdot \Delta p = K_{双} \cdot \Delta p \tag{4-6}$$

l_2 相当于单杠杆差压变送器把反馈波纹管推到主杠杆的最上端。可见,移动双杠杆差压变送器的量程支点 8,可改变 l_3 和 l_4,上移量程支点时 l_4 减小,l_3 增大,K 双进一步减小。当 $l_4 < l_3$ 时,双杠杆差压变送器量程比单杠杆的最大量程要大得多。差压变送器的零位调整同单杠杆相同,即调整调零弹簧改变喷嘴预挡板的初始开度。

4. 黏度调节器

NAKAKITA 型燃油黏度控制系统的黏度调节器结构原理如图 2-2-5 所示。该调节器采用 NS-732 型反作用式 PID 型调节器,按位移平衡原理工作的。在初始平衡状态下,燃油黏度测量值与给定值相等,黑色的测量指针与红色的给定指针重合。喷嘴挡板之间的开度不变,调节器有一个稳定的输出。比例波纹管、积分波纹管、积分气室及微分气室压力都相等,并等于调节器的输出压力。

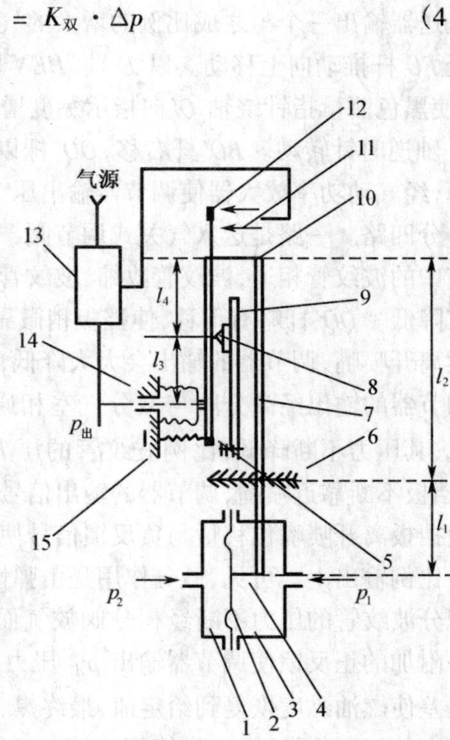

图 2-2-4 双杠杆差压变送器结构原理示意图

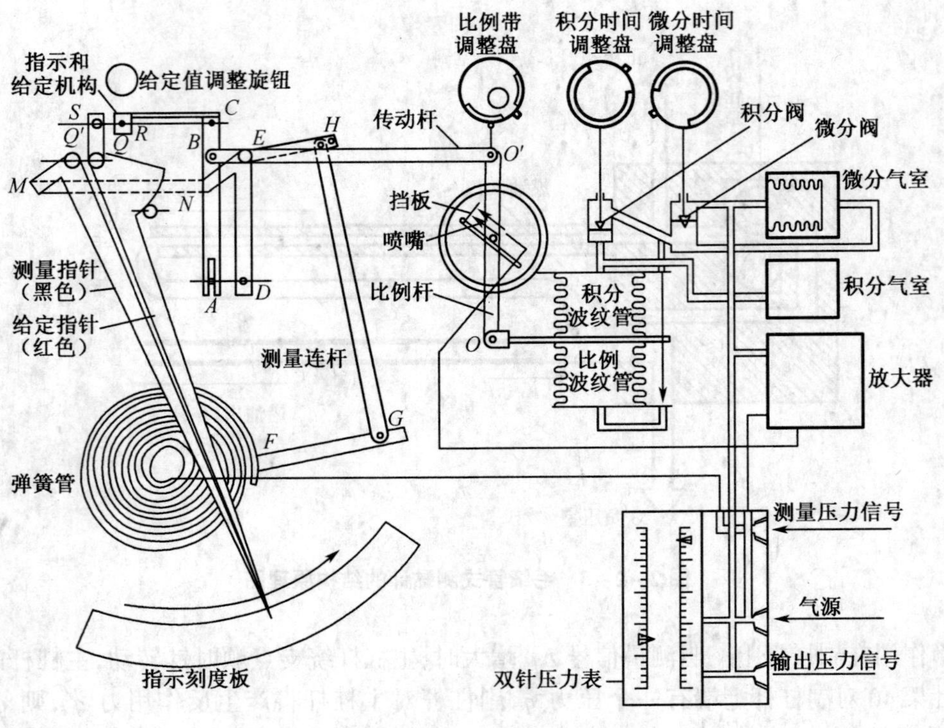

图 2-2-5　黏度调节器结构原理图

当系统受到扰动时，燃油黏度的测量值会离开给定值出现偏差。假定燃油黏度增大，差压变送器输出一个与之成比例的增大的气压信号，并经控制板送入弹簧管，弹簧管张开，*GH* 杆经 *FG* 杆推动向上移动。以 *E* 轴，*HEN* 杆和 *HED* 杆均逆时针转动。它一方面使 *MN* 杆右移，使黑色测量指针绕轴 *Q'* 向指示黏度增大的方向转动；另一方面，由于 *D* 点右移使 *AC* 杆绕 *C* 轴逆时针转动。*BO'* 杆右移，*OO'* 杆以 *O* 为支点顺时针转动，挡板离开喷嘴，喷嘴背压下降，经气动功率放大器使调节器输出压力降低(这是反作用式调节器)。这一降低的压力信号分四路。一路是送入气关式调节阀，开大蒸气调节阀使燃油黏度降下来；二路是与微分气室中的波纹管相通，波纹管收缩，波纹管外面的气室压力略有降低，则比例波纹管的压力略有降低。*QQ'* 杆略有下移，使挡板稍微靠近一点喷嘴。这一负反馈很弱，不足以抵制挡板继续离开喷嘴，调节器的输出会大大降低，调节阀开度很大，这就是调节器的微分输出；三路是调节器的输出经微分阀与微分气室相通，微分气室压力经微分阀不断向压力降低的 $p_{出}$ 放气，其压力不断降低，比例波纹管的压力不断降低，*OO'* 杆不断下移，负反馈作用不断加强，挡板不断靠近喷嘴，调节器的输出信号不断增大。这是微分输出的消失过程，当测量信号使挡板离开喷嘴位移量与负反馈信号使挡板靠近喷嘴的位移量相平衡时，微分输出就消失在比例输出上。可见，微分作用是由弹性气组组成的比例惯性环节的负反馈实现的；四路是积分波纹管的压力不断经积分阀放气而降低，*OO'* 杆上移，使挡板又逐渐离开一点喷嘴，这一附加的正反馈使调节器输出 $p_{出}$ 压力有所降低，再略开大一点蒸气调节阀，用来消除静态偏差使燃油黏度恢复到给定值，最终黑、红指针再次重合。当燃油黏度降低时，差压变送器输出的气压信号减小，弹簧管收缩，*GH* 杆下移，*HEN* 杆和 *HED* 杆将绕轴 *E* 顺时针转动。一方面 *MN* 杆左移使黑色测量指针绕点 *Q'* 向黏度减小的方向转动；另一方面，*D* 点左移使

AC 杆绕 *C* 点顺时针转动，*BO′* 杆左移，挡板靠近喷嘴，其背压增大，经放大器使调节器输出压力 $p_{出}$ 增大。该增大的压力信号关小蒸气调节阀使燃油黏度增大，向给定值恢复。同时，增大的 $p_{出}$ 使微分气室中的波纹管立即伸长，挤压微分气室使其压力略有增大。比例波纹管由于内部压力增大而略有伸长，挡板会离开一点喷嘴，这一负反馈很弱使挡板会大大靠近喷嘴，$p_{出}$ 会大大增加，这是调节器的微分输出。增大的 $p_{出}$ 将经微分阀不断向微分气室充气，负反馈越来越强。挡板逐渐离开喷嘴，$p_{出}$ 逐渐减小，这是微分输出的消失过程，最后微分输出消失在比例输出上。接着，增大的 $p_{出}$ 将经积分阀向积分气室充气，积分波纹管压力不断升高，挡板又会逐渐靠近一点喷嘴，使 $p_{出}$ 又略有增大，这一附加的正反馈可消除静态偏差，燃油黏度又会回到给定值，系统达到一个新的平衡。

调节器上设有三个调整盘，分别用来调整比例带、积分时间和微分时间，改变积分阀和微分阀的开度可分别调整积分时间和微分时间，开大积分阀，关小微分阀，可缩短积分时间，增加微分时间，其积分作用和微分作用都加强，反之亦然。比例带调整盘是一个偏心机构，转动比例带调整盘可平行移动喷嘴挡板机构，这样挡板转动相同的角度，则喷嘴与挡板之间的开度变化量不同。

调整给定值是通过转动给定值旋钮实现的。若增大给定值，可顺时针转动给定值旋钮。一方面红色指针向给定值增大的方向转动；另一方面，*QS* 杆将绕 *Q* 轴逆时针转动，*RC* 杆左移。这时由于黏度的测量值暂时未变，*A* 和 *D* 点不动，故 *BO′* 杆左移，挡板靠近喷嘴，调节器输出压力增大，这与黏度低于给定值的效果是一样的，经调节器 PID 的控制作用，关小蒸汽调节阀使燃油黏度逐渐升高并最终稳定在新的给定值上。即黑色测量指针不断向黏度增大方向转动，最后与红色给定指针重合。

5.温度程序调节器

温度程序调节器的结构和工作原理与黏度调节器完全相同，也是 NS－732 PID 调节器，只是多了一套温度程序设定装置。同时，该调节器是采用正作用式的。

温度程序设定装置如图 2－2－6 所示。它是在给定指针上加装一个驱动杆，小齿轮转动扇形轮时，驱动杆与给定指针一起转动、驱动杆上装有上、下限温度开关，两个开关状态由开关杆控制。当驱动杆转动时，开关杆沿着控制板转动。驱动杆上还装有中间温度限位开关，它的开关状态由可调凸轮控制。当中间温度确定(如 70 ℃)后，可调凸轮位置固定，不随驱动杆转动。驱动杆和给定指针由小齿轮带动。按下给定值旋钮，可手动设定温度给定值，拔出给定值旋钮，离合器合上，由同步电机 SM_1 和 SM_2 的转动通过差动减速齿轮装置和小齿轮带动驱动杆和温度给定值指针转动。

在控制系统投入工作时，燃油温度处于下限值，开关杆与下限温度设定器相碰，温度下限开关和上限开关均从右边断开合于左面，如图 2－2－6 所示，中间温度限位开关触头没有被凸轮压下。在系统投入工作时，先把“柴油－重油”转换开关转至“重油”位置，合上电源开关，同步电机 SM_1 和 SM_2 开始转动，并经差动减速装置及小齿轮带动驱动杆和温度给定指针向指示温度增大的方向转动。经 PID 的控制作用，燃油温度的测量值将以相同的速度跟踪给定值上升。温度给定值的上升速度是靠温度“上升－下降”设定开关来实现的。它共分五挡，即 0，1，2，3 和 5 挡，分别控制电机 SM_1 和 SM_2 的转动方向。两个电机都经差动减速装置带动小齿轮转动，但它们的减速比不同，SM_2 的减速比小于 SM_1。这样两个电机的转动方向不同，温度给定值的变化速度也不同。以增大温度给定值为例，温度“上升－下降”设定开

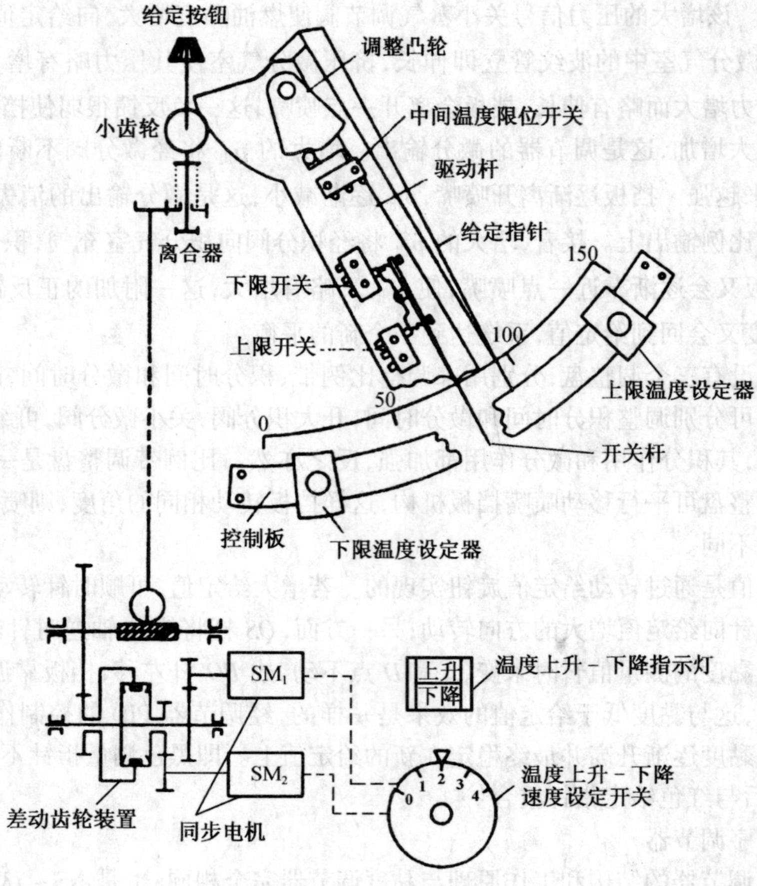

图 2－2－6 温度程序设定装置

关在不同挡位时，电机 SM_1 和 SM_2 的转动方向及相应温度给定值的上升速度见表 2－2－1 所示。

表 2－2－1 电机转动方向及相应温度给定值的上升速度关系

挡位	SM_1 转动方向	SM_2 转动方向	温度给定值上升速度℃/min
0	停	停	温度定值控制
1	反转	正转	1
2	正转	停	1.5
3	停	正转	2.5
5	正转	正转	4

比如，把温度“上升－下降”设定开关设定在 1 挡上，控制系统投入工作后，在温度程序调节器控制下，柴油温度以每分钟上升 1 ℃的速度增加，此时系统用柴油工作。当温度上升到中间温度（70 ℃）时，可调凸轮把中间温度限位开关压下，其触头 MLS 由左边断开合于右面，使三通电磁阀和三通活塞阀动作，自动切断柴油通路，让重油进入燃油系统。以后对重

油以相同的速度加温。当温度达到上限温度时，开关杆与上限温度设定器相碰，其上、下限温度开关均从左面断开合于右面。这时，电机 SM_1 和 SM_2 均停转，温度给定值不再上升，即由油温的程序控制转换为对温度上限值的定值控制。延时一段时间后，自动转为黏度的定值控制。

如果要停止系统的工作，先把“柴油-重油”转换开关转至“柴油”位置，同步电机 SM_1 和 SM_2 就以原来的相反方向转动，温度给定值按原速降低，控制系统由黏度定值控制自动转换为油温的程序控制，当油温下降到中间温度时，自动切断重油通路，燃油系统用柴油工作。当油温下降到下限值时，开关杆与下限温度设定器相碰，上、下限开关的开关状态改变，同步电机停转，控制系统停止工作。

6. 温度 - 黏度控制选择阀

温度程序调节器和黏度调节器的输出信号都送到“温度 - 黏度”控制选择阀，具体选择哪一路信号去控制蒸气调节阀的开度由该选择阀决定。当温度低于上限值时，选择阀输出温度程序信号；当油温达到上限值时，选择阀输出黏度控制信号。“温度 - 黏度”控制选择阀的结构原理如图 2 - 2 - 7 所示。选择阀是由膜片 9、滑阀 7 和 11、密封环 8 以及限位螺钉 6 等组成。*A* 接温度程序调节器的输出，*B* 接黏度调节器的输出，*C* 是选择阀的输出接到蒸气调节阀的控制管路。当油温低于上限值时，黏度调节器因未接通气源而没有输出，此时 *A* 端压力大于 *B* 端压力，膜片 9 向下弯，上面密封环 8 离开阀座，*A* 端气压信号经滑阀 7 和上阀座之间的间隙由 *C* 端输出，对燃油温度进行程序控制。当油温达到上限值时，黏度调节器因接通气源而有输出，这个气压信号比温度程序调节器输出的信号大，即 *B* 端压力高于 *A* 端，膜片 9 上弯，下密封环离开阀座，上密封环落在阀座上。这样，*B* 端信号压力经下阀座与滑阀 11 之间的间隙、滑阀 11 的横孔、垂直孔和滑阀 7 的横孔，由 *C* 端输出，对燃油黏度进行定值控制。

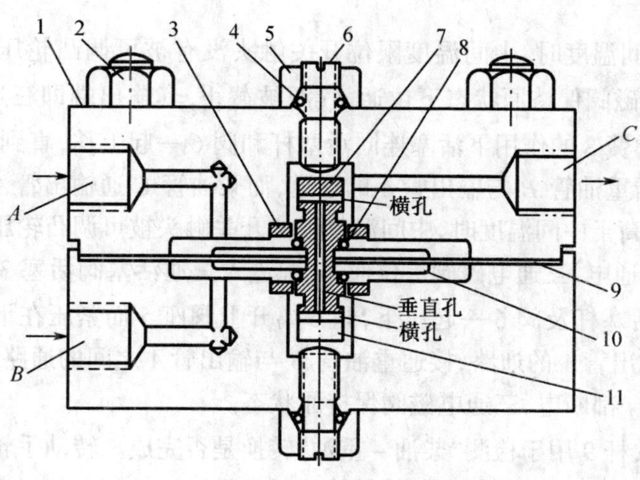

图 2 - 2 - 7　“温度 - 黏度”控制选择阀

7. 三通电磁阀和三通活塞阀

三通电磁阀和三通活塞阀主要是用于控制“柴油 - 重油”自动转换。其结构原理如图 2 - 2 - 8 所示。其中，图(a)是三通电磁阀的逻辑符号图；图(b)是三通活塞阀的结构原理图。*B* 和 *C* 分别接重油管路和柴油管路，*A* 是三通活塞阀的输出管。图中，电磁阀 SV_1 和

SV_2 不能同时通电，当 SV_1 通电时，三通电磁阀下位通，这时气源被截止，阀门作用切断了重油通路，输出管路为柴油；当 SV_2 通电时，三通电磁阀上位通，这时气源进入阀门，阀门作用切断柴油通路，切换为重油。其具体工作原理如下。

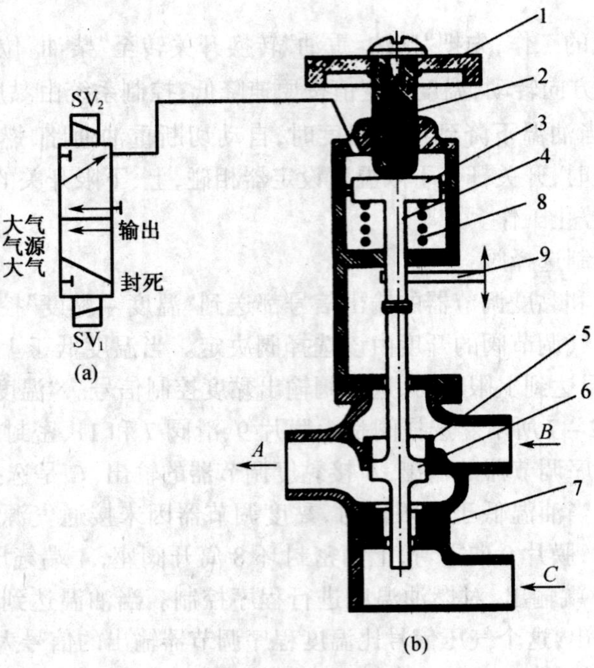

图 2-2-8　三通活塞阀工作原理

1—手轮；2—限位螺丝；3—控制活塞；4—活塞杆；5—上阀座；6—控制阀；7—下阀座；8—弹簧；9—限位开关

当油温低于中间温度时，中间温度限位开关触头没有被可调凸轮压下，电磁阀 SV_1 和 SV_2 均断电，三通电磁阀保持原状态下位通，气源被截止，其输出端即三通活塞阀活塞 3 上部空间通大气，在弹簧 8 的作用下活塞连同活塞杆和阀 6 一起上移，直到阀 6 落在上阀座 5 上为止。这时，切断重油管 B 与输出管 A 的通道，而柴油管 C 通输出管 A，柴油进入燃油系统。当油温达到并高于中间温度时，中间温度限位开关触头被可调凸轮压下，此时三通电磁阀的 SV_1 断电，SV_2 通电，三通电磁阀上位通，气源进入三通活塞阀活塞 3 的上部空间，克服弹簧张力把活塞、活塞杆及阀 6 一起压下，阀 6 离开上阀座 5 而紧压在下阀座 7 上。这时，切断柴油管 C 与输出管 A 的通路，接通重油管 B 与输出管 A 之间的通路。重油进入燃油系统。如果 SV_1 和 SV_2 都断电，三通电磁阀保持原状态。

此外，限位开关杆 9 用于检测"柴油 - 重油"转换是否完成。转动手轮 1 可手动进行"柴油 - 重油"的转换，在自动控制时，应把手轮旋至最上端。

8.控制电路

系统的控制电路如图 2-2-9 所示。它是用来实现"柴油 - 重油"的自动转换及燃油温度程序控制与黏度定值控制的自动转换。为分析方便，我们可将该图分为五个部分，如图中虚线所示。虚线框Ⅰ是温度程序设定装置。电机 SM_1 和 SM_2 的转动由温度上升继电器 RH 和温度下降继电器 RL 控制。温度"上升 - 下降"设定开关转到不同的挡位(0，1，2，3 和 5)

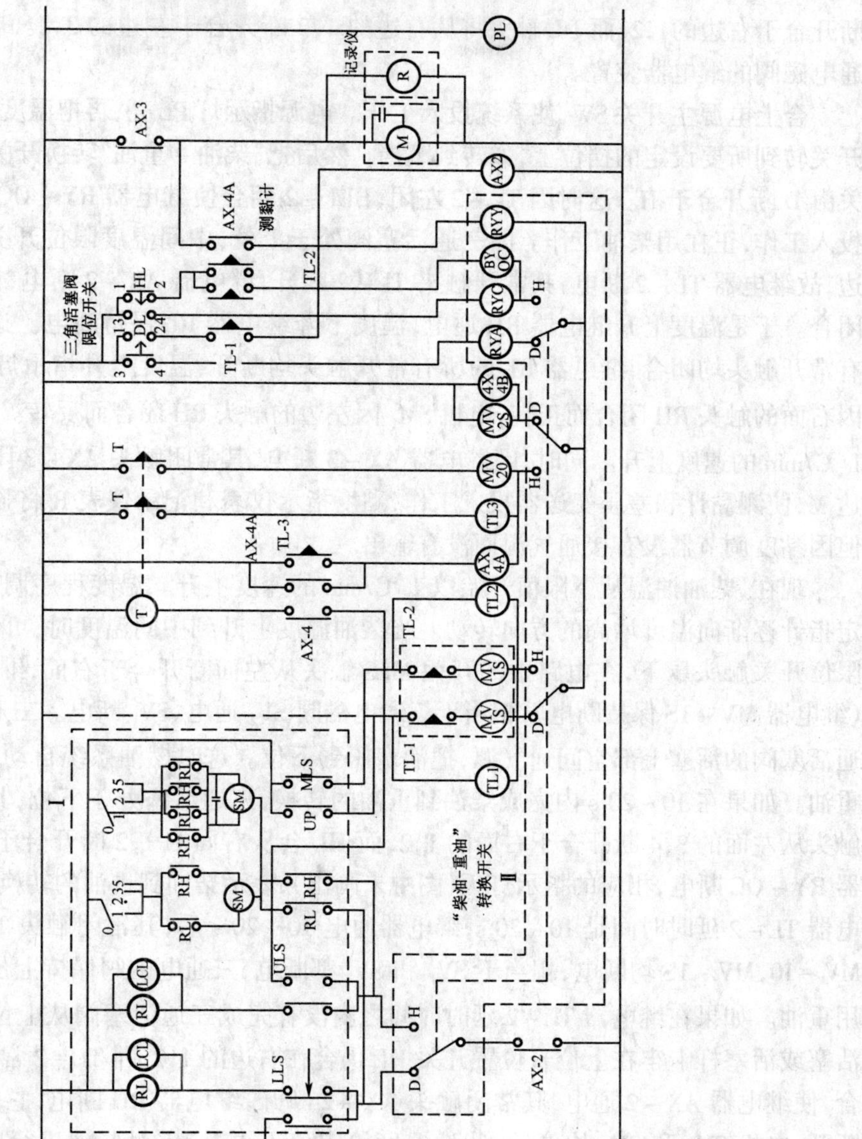

图 2-2-9　NAKAKITA 型燃油黏度控制系统电路图

时，可设定温度给定值的不同变化速度。虚线框Ⅱ是“柴油－重油”转换开关，在系统停止工作时（如船舶停港），该转换开关已转换到柴油位，即 D 位，在温度程序调节器控制下，油温已被控制到下限值上，这时，温度下限开关 LLS 和温度上限开关 ULS 的触头均从右面断开合于左面，中间温度限位开关 MLS 也从右边断开合于左边。虚线框Ⅲ是三通活塞阀位置检测开关。系统在用柴油工作时，三通活塞阀处于上位，其检测开关 HL 的触头从左边的 3、4

断开合于右边的1,2,而DL触头将从右边的1,2断开合于左边的3,4。虚线框Ⅳ和Ⅴ是三通电磁阀的继电器装置。

合上电源主开关SW,使系统投入工作。电源指示灯PL亮,再把温度“上升－下降”设定开关转到所要设定的挡位上,如转到1挡。然后把“柴油－重油”转换开关转至重油位,即开关由D断开合于H。这时因TL－2左闭,HL1－2闭合使继电器RY－OC通电,表示系统已投入工作,正在用柴油工作。因三通活塞阀处于上位,中间温度限位开关MLS触头合于左边,故继电器TL－2断电,其常开触头TL－2断开,继电器AX－2断电,其常闭触头AX－2闭合。于是温度上升继电器RH通电,温度下降继电器RL保持断电。这样,继电器RH所有常开触头均闭合,继电器RL的所有常开触头均断开,温度上升指示灯LGH亮,电机SM_2因右面的触头RH闭合而正转,电机SM_1因左边的触头RH闭合而反转。于是柴油温度会以1 ℃/min的速度上升。同时,因继电器AX－3断电,其常闭触头AX－3闭合,启动测黏计马达M,使测黏计和差压变送器投入工作,黏度指示仪表和记录仪表R将显示燃油的黏度值。但因黏度调节器没有接通气源而没有输出。

现在,柴油油温从下限值开始以1 ℃/min的速度上升。温度程序调节器的驱动杆和给定指针逐渐向温度增高的方向转动。当柴油温度上升到中间温度时,可调凸轮把中间温度限位开关触头压下,在电路中的开关MLS触头从左面断开合于右面,继电器MV－10通电(继电器MV－1S保持断电),相当于三通电磁阀SV_2通电,SV_1断电。三通电磁阀上位通,三通活塞阀的活塞上部空间通气源,把活塞压到下位。这时燃油系统自动从用柴油转换到用重油。如果在10～20 s内完成柴油到重油的转换,三通活塞处于下位,其位置检测开关DL触头从左面的3,4断开合于右面的1,2,而HL会从右面的1,2断开合于左面的3,4。继电器RY－OC断电,相应的指示灯灭(图中未画出),表示柴油到重油的转换已经完成。时间继电器TL－2延时时间是10～20 s,继电器通电10～20 s后,其常闭触头TL－2断开,继电器MV－10,MV－1S均断电,相当于SV_1和SV_2都断电,三通电磁阀保持上位通,燃油系统保持用重油。如果在继电器TL－2延时时间之内没有完成三通活塞阀从上位到下位的转换(如活塞或活塞杆卡牢在上位),位置开关HL仍合在右边的1,2,因TL－2常开触头已经延时闭合,使继电器AX－2通电,其常闭触头AX－2断开,继电器RH断电,它的所有常开触头均断开,电机SM_1和SM_2均停转,柴油温度给定值不再上升,对柴油进行中间温度的定值控制,控制系统发出声光报警。如果在继电器TL－2通电计时时间之内,三通活塞阀完成了从上位到下位的转换,因开关HL已从右边的1,2断开,继电器AX－2是不会通电的,则重油温度仍以1 ℃/min的速度上升。

当油温达到上限值时,开关杆与温度上限设定器相碰,上、下限温度开关LLS和ULS的触头均从左边断开合于右边。这时,继电器RH和RL均断电,电机SM_1和SM_2都断电停转,重油温度不再升高,即由油温的程序控制转换为对重油上限温度的定值控制。由于ULS触头合于右边,使定时器T_1通电。它的延时时间可在0～60 min范围调整。当T_1计时时间一到,其常开触头T_1闭合,继电器MV－20通电(MV－2S保持断电)。图中的电磁阀11上位通,黏度调节器接通气源而投入工作。把差压变送器送来的与燃油黏度成比例的测量信号,同黏度给定值相比较得到偏差信号,经黏度调节器的PID作用输出一个控制信号,送至“温度－黏度”控制选择阀7。由于黏度调节器输出信号大于温度调节器的输出信号,故选择输出黏度调节器送来的信号至蒸汽调节阀,对重油黏度进行定值控制,即完成了对重油温度的定值控制到对重油进行黏度定值控制的转换。定时器 T_1 常开触头的闭合,还使时间继电器 TL-3 通电,它的常开开触头延时 2-3S 闭合,该触头闭合后,一方面使 AX-4A 继电器通电并自保。另一方面使继电器 RY-V 通电,相应指示灯亮,表示系统正在对重油进行黏度控制。继电器 AX-4A 通电后,其常闭触头 AX-4 断开,定时器 T_1 断电回零,常开触头 T_1 断开。继电器 MV-20 和 MV-2S 断电,黏度调节器保持接通气源的原状态不变。继电器 TL-3 断电,但因 AX-4A 继电器已通电自保,故定时器 T_1 不会重新通电计时,到此,系统投入工作的各项动作已全部完成,即为船舶在海上正常航行期间。

若船舶要靠码头等需系统停止工作时,只要把"柴油-重油"转换开关转至"柴油"位置,使开关从 H 断开合于 D 即可。这时继电器 AX-4A 断电,但因继电器 AX-4B 通电,仍使常闭触头 AX-4 断开,定时器 T_1 是不会通电计时的。常开触头 AX-4A 断开,继电器 RY-V 失电,表明已停止对燃油黏度的定值控制。此时,由于温度上、下限开关 ULS 和 LLS 的触头仍合于右边,故温度下降继电器 RL 通电,其所有的常开触头均闭合。同步电机 SM_1 和 SM_2 以与原来相反方向转动,温度程序调节器的给定值以原设定的速度降低。温度下降指示灯 LGL 亮,当"柴油-重油"转换开关合于 D 时,继电器 MV-2S 通电,MV-20 断电,切除黏度调节器的气源使黏度调节器没有输出,"温度-黏度"控制选择阀又选择温度程序调节器的输出,来控制蒸汽调节阀的开度。当油温下降到中间温度时,中间温度检测开关 MLS 触头从右边断开合于左边。继电器 MV-1S 通电(MV-10 保持断电),三通电磁阀下位通,三通活塞阀将由下位转换到上位,燃油系统由用重油自动切换到用柴油工作。如果这一转换成功,位置开关 HL 触头将从左面的 3,4 断开合于右边的 1,2;DL 触头由右面的 1,2 断开合于左面的 3,4,继电器 RY-A 通电,相应的指示灯亮,表明现在要停止系统的工作。继电器 TL-1 通电,常闭触头延时一段时间断开,继电器 MV-1S 和 MV-20 都断电,三通活塞阀保持在上位的原状态不变。断电器 TL-1 的常开触头 TL-1 延时 10-20 s 闭合,若在这段时间内,三通活塞阀因卡阻没有完成由下位到上位的转换,DL 触头仍合于右边的 1,2,这时继电器 AX-2 通电,其常闭触头 AX-2 断开,继电器 RH 和 RL 都断电,它们的常开触头均断开。电机 SM_1 和 SM_2 都断电停转。油温不再下降,LGL 指示灯灭,控制系统发出故障声光报警。

当油温下降到下限值时,开关杆与下限温度设定器相碰,上、下限温度开关 ULS 和 LLS 的触头均从右边断开合于左面,继电器 RH 和 RL 都断电,电机 SM_1 和 SM_2 断电停转。继电器 AX-3 通电,其常闭触头 AX-3 断开,停止测黏计和黏度显示仪表的工作。到此控制系统又恢复到投入工作前的初始状态。拉下电源主开关 SW,就切除了控制系统的工作。

二、VISCOCHIEF 型燃油黏度自动控制系统

VISCOCHIEF 型系统是新一代可用于船上的燃油黏度自动控制系统,其黏度传感器和调节器均以单片机取代了常规的变送器和调节器,所以无论在结构上,还是在工作原理上都较以往用于船上的 VAF 型和 NAKATITA 型传统燃油黏度控制系统有根本的改变。这种黏度控制系统在 20 世纪 90 年代后建造的船上应用比较广泛。

1.结构特点

VISCOCHIEF 型燃油黏度自动控制系统主要由 PT100 型温度传感器、EVT-10C 型黏度传感器、VCU-160 控制器、SHS 蒸气加热装置、EHS 电加热装置等部件组成,其系统组成示意图如图 2-2-10 所示。EVT-10C 型黏度传感器和控制器 VCU-160 均用单片机取代了

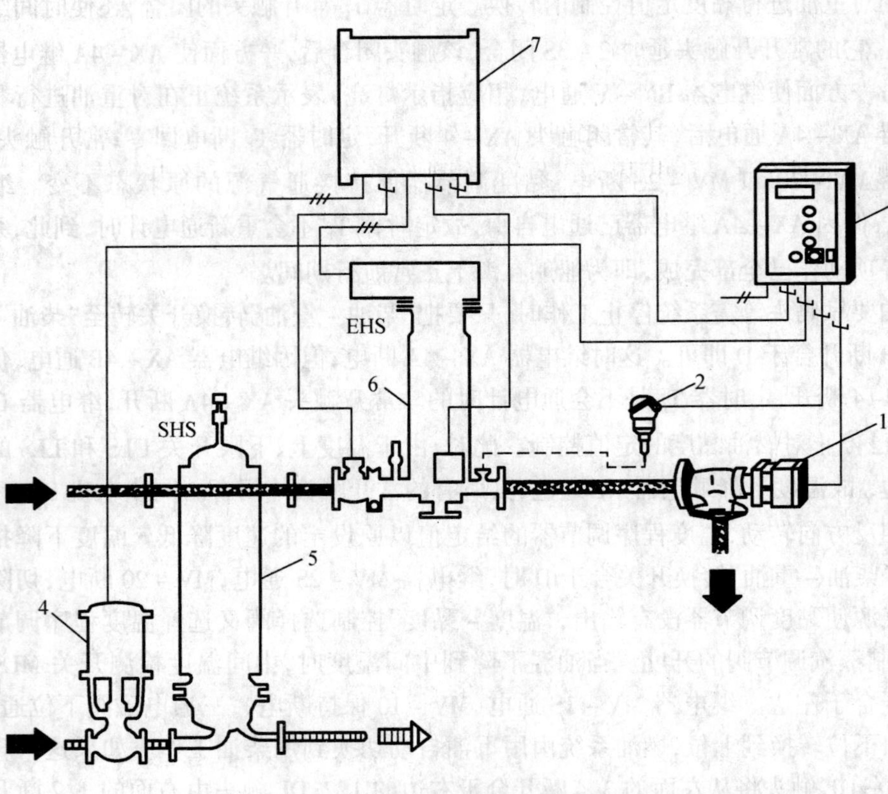

图 2-2-10 VISCOCHIEF 型燃油黏度自动控制系统组成示意图

1—EVT-10C 黏度传感器;2—PT100 温度传感器;3—VCU-160 控制器;4—蒸汽调节阀;5—蒸汽燃油加热装置;6—电动燃油加热装置;7—电源控制箱

常规的变送器和调节器。在系统中既可采用 SHS 蒸气加热装置,也可采用 EHS 电加热装置或二者兼用。系统工作时,PT100 型温度传感器和 EVT-10C 型黏度传感器将分别检测燃油加热器出口燃油的黏度和温度,两者将温度和黏度信号按比例转换成电压和电流信号后输入至 VCU-160 控制器,控制器按 PI 调节规律对柴油温度和重油黏度进行定值控制。控制系统既可以遥控,又可以进行现场自动控制,必要时经转换也可手动操作控制,用数码显示器可以同时显示系统中燃油黏度和温度值,另外也可显示参数的设定值和故障种类。

总的来说,VISCOCHIEF 型燃油黏度控制系统是目前为止最先进、最完善的燃油黏度控制系统,其优越性体现在以下几点。

(1)PT100 型温度传感器,检测温度敏感性好,对温度的变化响应速度快;单片机黏度传感器测量精度高,同时又采用了温度和黏度联合控制新方案,使用中不需要调整参数,大大提高了系统的动态控制精度,并提高了系统的稳定性。

(2)EVT-10C 型黏度传感器属于第二代黏度传感器,没有运动部件,可以在全流量下测量,不易阻塞,结构紧凑,质量轻,在主机燃用劣质高黏度燃油情况下仍具有较高的测量精度。

(3)由于该黏度控制系统采用了单片机,因此它具有完善的自检、控制、显示、多种故障报警等功能,大大提高了系统的可靠性。很多功能设置的改变是靠改变控制系统的某些参数来实现的,这就使它具有很强的适应性和灵活性,并具有与上位机进行通信的功能,为实现全船动力装置集中控制和监视提供了必要条件。

2.PT100 型温度传感器

PI100 型温度传感器是一种热电阻式温度传感器。它是利用金属材料的电阻值随温度升高而增大,且在测量范围内它们之间保持较好线性关系的特性而制造的。利用惠斯顿测量电桥把测温元件金属丝的电阻值变化成比例地转换为电压信号,该电压信号是与所测的温度成比例的。测温电阻 R_t 是测量电桥的一个桥臂,它是安装在所要检测的管路中,离测量电桥较远。由于连接测温电阻的两根导线的电阻值会随环境温度变化而变化,这样就会引起一定的测量误差。为了减少测量误差,在实际的测量电路中往往把这种"两线制"接法改为"三线制"接法,从而能保证测量精度。

PT100 型温度传感器在结构上与以往使用的温度传感器有所不同,如图 2-2-11 所示。测量元件 1 直接插入被测介质中,不用护套保护,从而可以避免热电阻与护套之间空气影响传热速度,提高了温度测量的敏感性。为了防止更换或检修传感器时发生介质外逸,采用了特殊的弹簧囊结构。若要拆下传感器 7,应先松开锁紧螺母 5,随后才可旋出传感器的测温元件。与此同时,止回帽 2 在弹簧 3 和燃油压力作用下,将导向管 4 下端口盖住,从而可防止管路 6 中燃油的逸出。

3.EVT-10C 型黏度传感器

EVT-10C 型黏度传感器结构原理如图 2-2-12 所示。它由黏度测量元件和单片机变送器组成,能将燃油黏度成比例地转换为统一标准的直流电流信号(4~20 mA DC)。

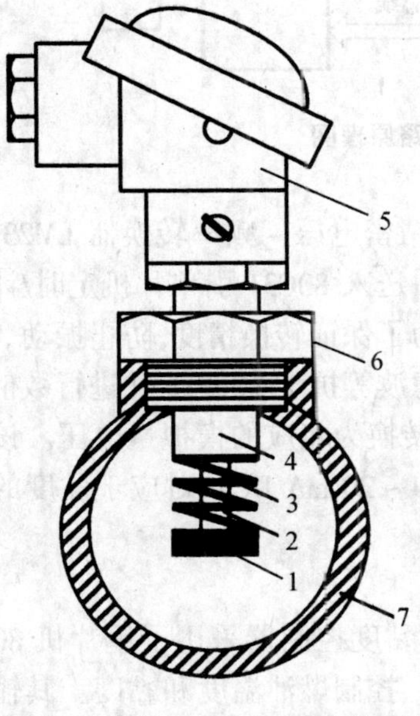

图 2-2-11　PT100 型温度传感器

1—测量元件;2—止回帽;3—弹簧;4—导向管;5—锁紧螺母;6—管路;7—传感器

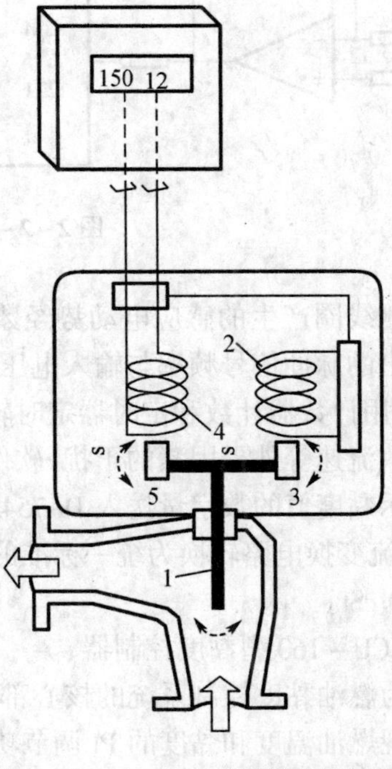

图 2-2-12　EVT-10C 型黏度传感器

1—振动杆;2—动力线圈;3—永久磁铁;4—检测线圈;5—永久磁铁

(1)测黏元件

测黏元件主要由振动杆 1、动力线圈 2、永久磁铁 3、检测线圈 4 和永久磁铁 5 组成。其工作原理是基于流动燃油的黏性对其中振动杆振动幅度的衰减来进行测量的,即将燃油黏度的变化转换为检测线圈 4 感生电动势的变化来实现的。

通有一定频率交流电流的动力线圈产生同频率的交变磁通。该交变磁通通过永久磁铁 3 引起振动杆 1 振动,振动杆的振动通过永久磁铁 5 在检测线圈 4 中产生变化磁通,该变化磁通在检测线圈中产生交变感应电动势(变化的磁通产生感应电动势)。由于燃油具有黏性,会衰减振动杆振动的振幅,进而衰减感应电动势的幅值。显然,检测线圈内感应电动势的下降值是与燃油的黏度成正比。黏度越大,这种衰减量就越大;反之,黏度越小,这种衰减量也越小。

振荡电路的振荡频率,即动力线圈电源的频率在制造时已被调准,并把这个频率值存储在单片机系统内。在工作期间,单片机随时对这个频率进行检查核对是否保持在特定的范围内。传感器的校准是在工厂利用三种不同黏度(10 cSt,20 cSt,50 cSt)专用高等级标准样油进行黏度值标定的,从检测线图检测到的毫伏信号作为毫伏输出曲线存储在单片机系统里。

(2)黏度变送器

EVT - 10C 型黏度传感器内的变送器主要是由 Inte180C31 组成的单片机变送系统,电路组成示意图如图 2 - 2 - 13 所示。

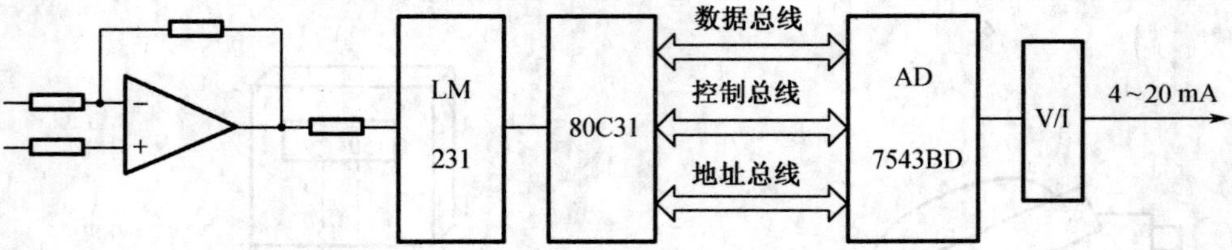

图 2 - 2 - 13　单片机变送电路原理图

检测线圈产生的感应电动势经数据放大后,送入精密电压 - 频率转换器 LM231。该转换器输出的脉冲信号频率与输入电压严格成比例,然后送入 80C31 引单片机定时/计数器输入端,利用计数器计数和定时器定时转换成数字量。为了保证转换精度,防止振动、温度、流量、压力、流速等外界因素的干扰,软件上采取了数字滤波等抗干扰措施,并进行数值标定处理。表示黏度值的数字量送入 DA7543BD 数模转换器转换为相应的模拟量电压。该电压经电压/电流变换电路转换为统一标准的直流电流信号(4 ~ 20 mA DC),对应于黏度的测量范围 0 ~ 50 cSt。

3. VCU - 160 型黏度控制器

作为燃油黏度控制系统的核心部分,VCU - 160 型黏度控制器采用了单片机 8031CPU,可以实现燃油温度和黏度的 PI 调节功能,能监视、显示、控制燃油温度和黏度。其输入信号来自于 PT - 100 型温度传感器和 EVT - 10C 型黏度传感器,输出信号用以控制蒸气加热装置的蒸气调节阀或电加热装置的接触器。其具体的工作原理如下。

(1)控制方式和过程

VCU - 160 型黏度控制器可以对柴油进行温度的定值控制,对重油进行温度或黏度双回路控制,这两种控制方式在升温过程均有升温速率控制。另外还设有手动控制蒸气调节阀的调节方式。运行参数值和报警值均可根据工作条件进行重新整定，在各种工作方式下均有温度和黏度显示。

当把控制方式选择开关从"OFF(停止)"位置转到"DO(柴油)"位置时，开始对柴油进行加热，温度升高的速率是按事先设定的数值(如 2℃/min)来进行的。当温度达到给定值以下3℃之内时，加温过程的程序控制结束，自动转入温度定值控制。

当把控制方式选择开关从"OFF(停止)"或"DO"位置转到"HFO(重油)"位置时，升温过程与 DO 工作方式升温过程相同，只是当温度达到 HFO(重油)设定温度以下 3 ℃之内时，自动转入黏度定值控制。工作状态稳定后，改为对 HFO(重油)进行温度或黏度双回路控制。当黏度被控制到测量值与给定值的偏差绝对值在 0.5 cSt 以内时，温度调节器开始以黏度给定值所对应的当时温度作为给定值，对重油进行温度定值控制，使温度值保持在当前温度上。当黏度偏差绝对值超过 0.5 cst 时，黏度调节器开始工作，使其恢复到给定值。此后温度调节器又以此时黏度给定值所对应的温度作为给定值进行温度的定值控制。定值控制用的 PI 调节规律和程序控制功能均由软件程序来完成，其控制过程如图 2 - 2 - 14。从曲线上可以看出，某燃油黏度的给定值为 12 cSt，但燃油实际黏度达到 12 cSt 时的温度时的温度是 150 ℃，根据前面所述可知，这时为温度定值控制。随着主机用油品种和油质的变化，到时间 T_1 时燃油实际黏度已经变化到 12.5 cSt，黏度偏差值已达 0.5 cSt，这时黏度调节器开始工作，执行机构改为黏度调节器输出的控制信号动作，使黏度逐渐向给定值方向变化。当时间刚过 T2 时，实际黏度已经回到 12.5 cSt 以下，此时的燃油黏度为 154 ℃，温度调节器又以 154 ℃为给定值对温度进行定值控制，黏度控制停止工作。此后，只要实际黏度值与给定黏度值的偏差绝对值不超过 0.5 cSt，就一直以这个温度为给定值进行温度定值控制；若偏差绝对值超过 0.5 cSt，调节器将改为黏度定值控制。如此不断重复上述动作过程。

停止控制系统工作之前，把控制方式开关从"HFO"位置转到"DO"位置，系统首先工作在黏度定值控制方式，由于柴油的进入，燃油黏度会不断降低，因而控制器就通过减少对燃油的加热量来保持黏度值，使得燃油的温度不断下降。当温度降低柴油温度给定值时，温度调节器开始定值控制。

在本系统中，采用黏度和温度双回路定值控制是基于同一燃油温度的变化要比黏度的变化灵敏这一事实。特别是在温度传感器很敏感的情况下，可大大提高系统的灵敏性，改善系统的动态品质。同时，两种定值控制又可以互为备用从而提高系统的可靠性。

(2)过程输入通道

VCU - 160 型黏度控制器采用 8031 单片机，其组成为 CPU、存储器及各种 I/O 接口芯片，这些部分均挂在地址、数据和控制总线上。I/O 接口芯片主要有可编程并行接口 8255、8D 锁存器 LS373、锁存器 UON2981、驱动器 ULN2803、四电压比较器 LM339、精密电压 - 频率转换器 LM331、8 路多路转换开关 DG508、双二线(四线)地址译码器 LS139 等。单片机系统主要用来实现燃油温度和黏度的 PI 调节作用。

①模拟量输入通道

控制和显示等所用的输入信号是来自于 EVT - 10C 型黏度传感器和 PT100 型温度传感器的模拟量测量信号，电路如图 2 - 2 - 15 所示。它们分别是毫安电流和毫伏电压信号，经各自 1 据放大器 A_1 和 A_2 放大后送入 8 位多路转换开关 DG508。多路转换开关的作用是在某一时刻只能选择一个通道的信号输入，这一功能是由多路转换开关内的地址译码器来实现的。从图中可见，选择通道的地址来自于可编程序并行接口 8255。

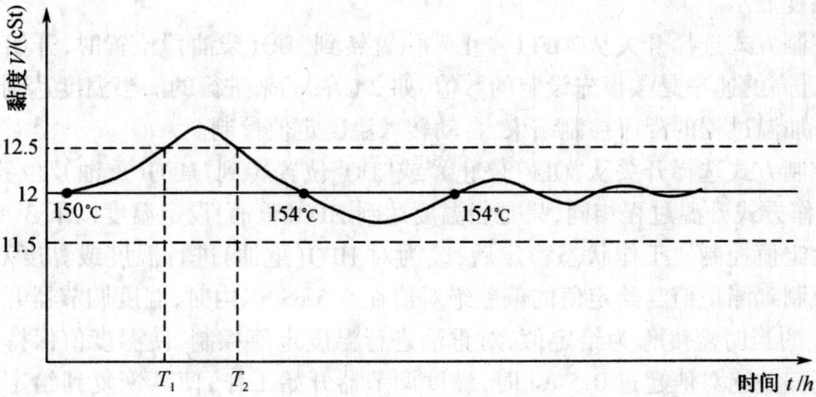

图 2-2-14　黏度控制过程曲线

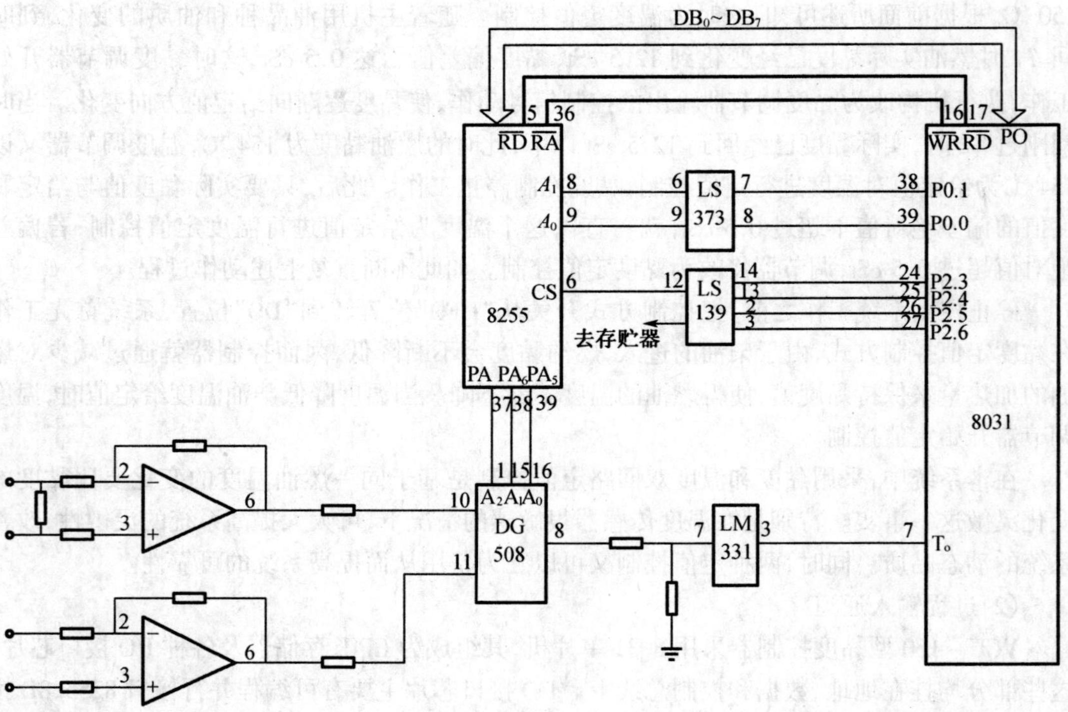

图 2-2-15　模拟量输入通道电路原理图

8255 接口片子有三个端口 PA，PB 和 PC，每个端口有 8 条 I/O 引线。8255 有三种工作方式，即方式 0，基本的输入/输出方式；方式 1，带选通的输入/输出方式；方式 2，双向总线方式。由于在该黏度控制系统中，8031 是单向地从 8255 接口输出信息，且不采用中断方式，所以 8255 接口应用控制字将 PA，PB，PC 三个端口置成工作方式 0，且全部为输出状态，这时控制寄存器的内容应该是 80H。控制字的格式如图 2-2-16。

8255 口选地址线 A_1A_0 与 $\overline{RD}$ 和 $\overline{WR}$ 输入信号一起用来选择三个端口或控制字寄存器。

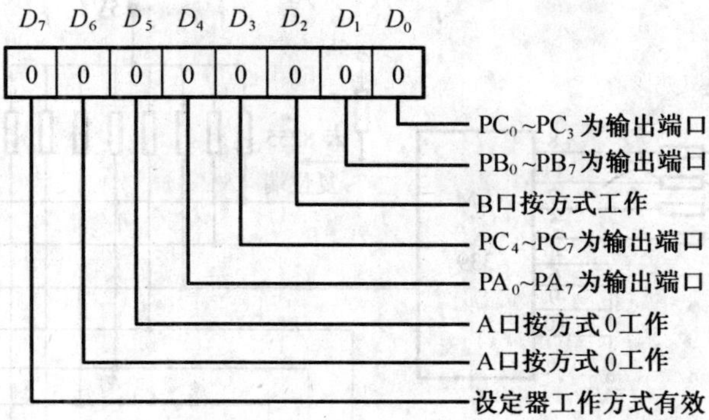

图 2-2-16　控制字的格式

从图 2-2-15 可见 8031P_0 口的 $P_{0.1}$，$P_{0.0}$引脚是通过锁存器 LS373 与其口选地址线 A_1，A_0 相连的。$P_{0.1}$，$P_{0.0}$为 00 选定 PA 口，$P_{0.1}$，$P_{0.0}$为 01 选定 PB 口，$P_{0.1}$，$P_{0.0}$为 10 选定 PC 口，$P_{0.1}$，$P_{0.0}$为 11 选定控制字寄存器端口。8031P2 口的 $P_{2.3}$ - $P_{2.6}$通过 LS139 地址译码器接到 8255 的片选端$\overline{CS}$。LS139 是双 2 线(4 线)地址译码器，当选择端 1.4 和 13 输入为 00，即 $P_{2.3}$，$P_{2.4}$为 00 时，输出端 1.2 为低电平，这一信号直接送到 8255 接口的片选端$\overline{CS}$，这时接口 8255 被选通。地址译码器的另一组译码用于选通外部存储器。8255 的 PA 口主要用于选择输入通道和输出控制信号，PB，PC 口被用于 8031 数据总线(P0 口)和数码显示器及发光二极管之间的连接。由上述可知，8031 可以通过数据总线，经 8255 的 PA 口选择 DG508 的一路输入接通。被选通的一路信号送入精密电压—频率转换器 LM331，转换器输出的与输入电压成正比的一串脉冲频率信号送入 8031 的定时器/计数器。8031 将脉冲频率信号转换为相应的温度或黏度数字量，为控制和显示所用。

②开关量输入通道

VCU - 160 型控制器除有模拟量输入外，还有工作方式选择、调节阀限位开关状态等开关量输入，电路如图 2-2-17 所示。从图中可知，根据开关量的用途不同分成三种不同的方式输入。控制方式选择的开关量是通过电压比较器 LM339 送入 8031。LM339 是四电压比较器，其逻辑图如图 2-2-18 所示。在图 2-2-17 中，$X_{6:4}$端为手动控制方式输入端，$X_{6:6}$端为柴油工作方式(DO)输入端。从图中可知，它们均接到各自比较器的同相端。例如，当工作方式选择开关转到 HFO 位置时，对应的 $X_{6:5}$端与 20 V 电源接通，LM339 中电压比较器 A_4 立即翻转为输出高电平状态，当 8031 查询开关量输入状态时，就会发现 P_1 口的 $P_{1.1}$为高电平，即外部选择为 HFO 工作方式，8031 自动转入 HFO 工作方式。其余工作方式类同。

调节阀限位开关状态是通过输入端 $X_{6:3}$和 $X_{3:2}$经光电耦合器 SFH610 与 8031 相连的。当调节阀接近极限位置时，对应的限位开关闭合接通电源，使与之对应的光电耦合器导通，输出低电平。8031 在查询时，可检测到各开关的状态，从而给出相应的控制输出。

此外，该通道中还设置了三个用于参数设定和功能选择的按钮开关，这些按钮开关直接连接到 8031 的 P_1 口。按钮 PB_1 是功能选择按钮，用于找到要调整的对应参数。PB_2 和 PB_3 分别是增加和减少参数设定值按钮。另外，当增加和减少两个按钮同时压下时，参数将返回到原设定值。

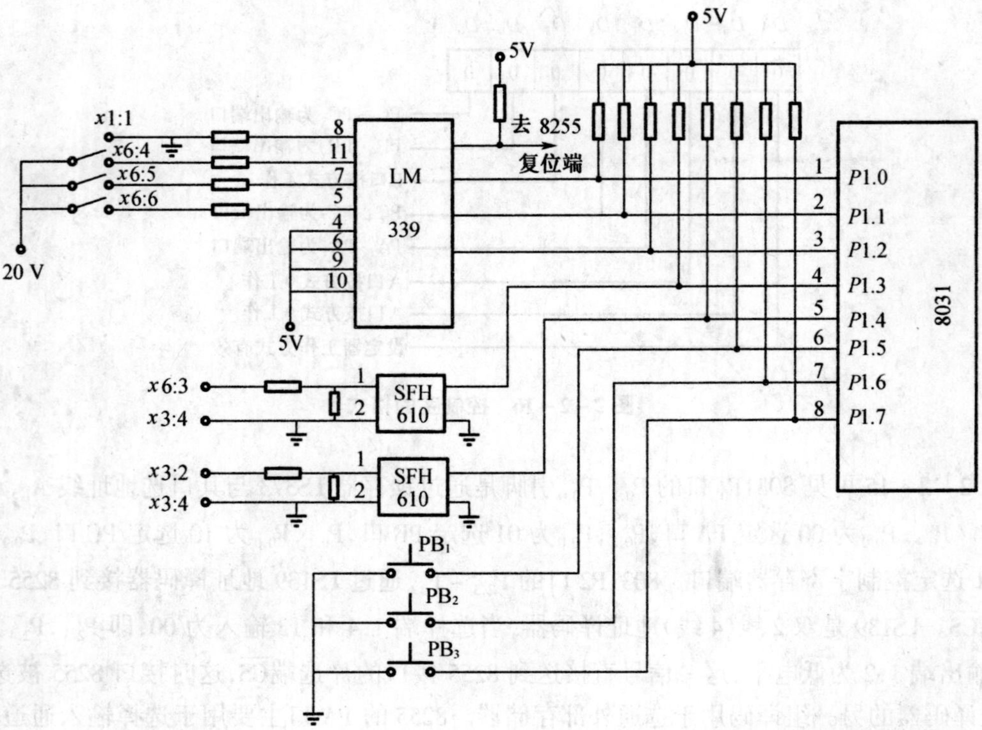

图 2-2-17　开关量输入通道电路原理图

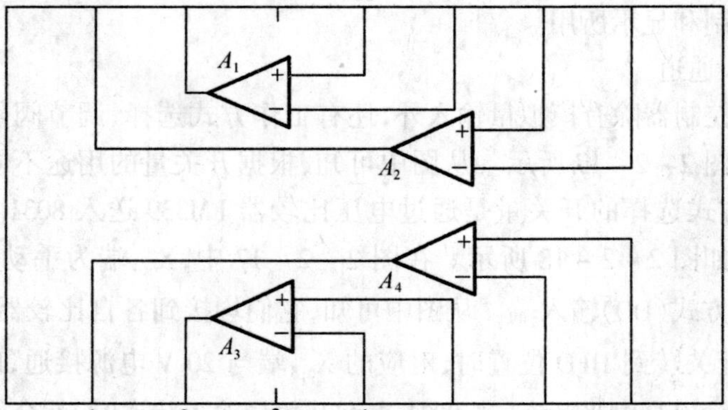

图 2-2-18　LM339 是四电压比较器电路图

(3)过程输出通道

过程输出通道主要是控制 SHS 蒸气加热装置的调节阀或 EHS 电加热装置的接触器，以达到控制燃油温度或黏度的目的。过程输出通道的电路如图 2-2-19 所示。在这一黏度控制系统中可以采用 SHS 蒸气加热装置，也可选用 EHS 电加热装置或二者结合起来使用。在这三种不同的配置中，除只选用 EHS 电加热装置时没有手动控制方式外都有 DO、HFO 和手动三种工作方式。采用 SHS 蒸气加热装置时，比例积分调节器输出的控制信号控制蒸气调节阀，以保持系统设定的温度或黏度值；而在采用 ESH 电加热装置时，是通过控制为电加热装置提供电能的电源箱来实现的。在 SHS 蒸气加热装置和 EHS 电加热装置同时被采用时，系统刚投入使用期间用 SHS 蒸气加热装置，由增加或减少信号控制蒸气调节阀的开度。当蒸气调节阀已全开时，VCU－160 型黏度控制器输出控制信号使 EHS 电加热装置投入工作，以保持系统运行在设定的参数值上。当加热强度需要减弱时，首先减少电加热功率直至零后，如需再减弱加热强度，则自动关小蒸气调节阀。

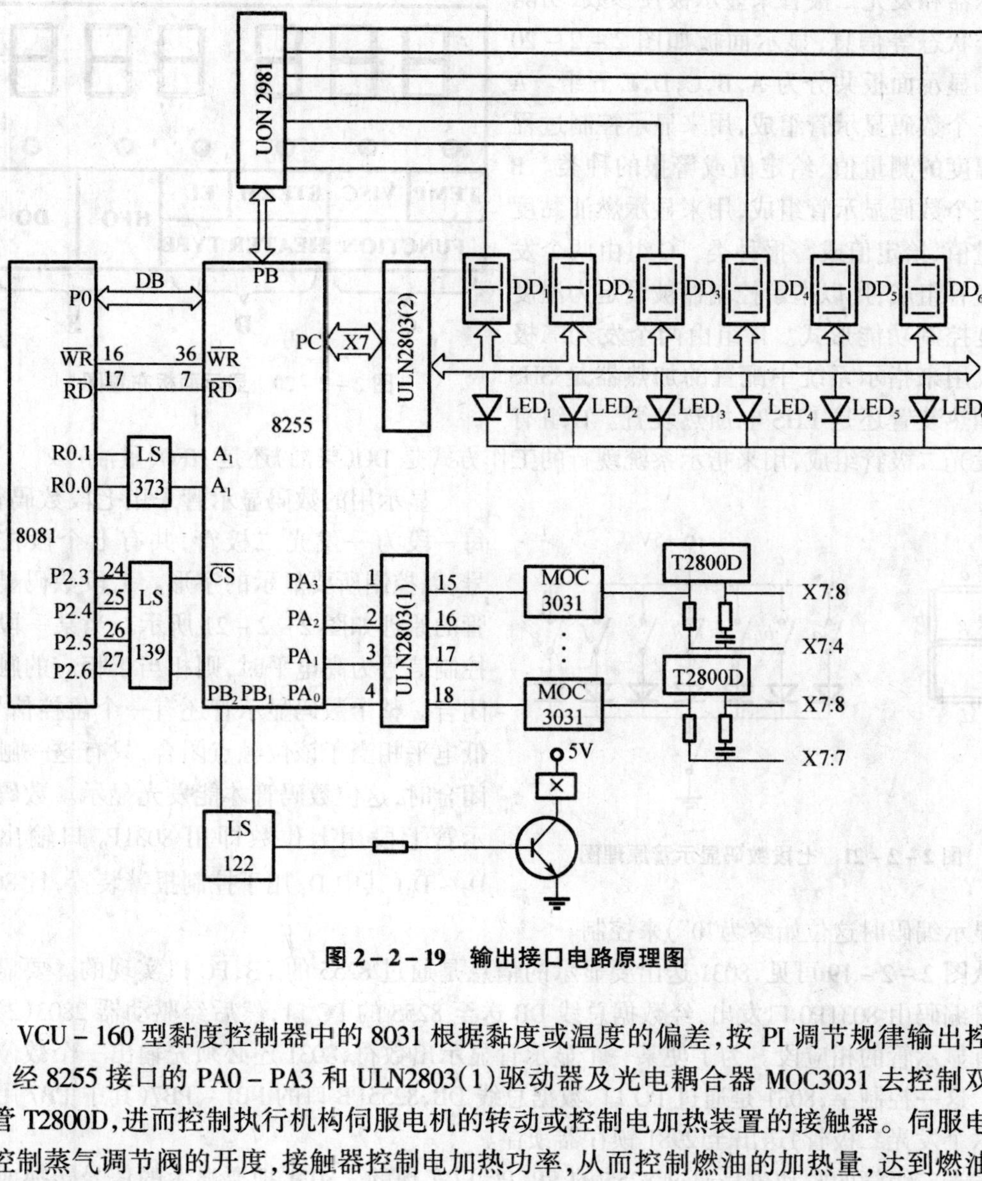

图 2－2－19　输出接口电路原理图

VCU－160 型黏度控制器中的 8031 根据黏度或温度的偏差，按 PI 调节规律输出控制信号，经 8255 接口的 PA0－PA3 和 ULN2803(1)驱动器及光电耦合器 MOC3031 去控制双向晶闸管 T2800D，进而控制执行机构伺服电机的转动或控制电加热装置的接触器。伺服电机转动控制蒸气调节阀的开度，接触器控制电加热功率，从而控制燃油的加热量，达到燃油温度或黏度控制的目的。

(4)报警与显示电路

①报警电路

VISCOCHIEF 型燃油黏度控制系统具有多种故障和参数越限报警功能，如电源故障、

PT100 故障信号、EVT－10C 信号、高温、低温、高黏、低黏等。当 8031 在检测或查询过程中发现故障时，通过 8255 接口 PB_0，PB_3 输出报警信号，经单稳态触发器 LS122 转换成脉冲信号，再经三极管放大电路驱动继电器，使报警指示灯发出闪光和警报器发出断续的声响报警信号。

②显示电路

由于本系统控制器采用了单片机，这不仅仅增强了系统的控制功能和灵活性，同时也为建立完善的显示功能提供了方便。它采用数码显示器和发光二极管来显示被控参数、功能及工作状态等信息，显示面板如图 2－2－20 所示。显示面板共分为 A，B，C，D，E 五组。A 组由三个数码显示管组成，用来显示控制过程燃油温度的测量值、给定值或警报的种类。B 组由三个数码显示管组成，用来显示燃油黏度的测量值、给定值或警报种类。C 组由两个发光二极管组成，用以指示控制器被设定为温度或黏度控制功能形式。D 组由两个发光二极管组成用来指示系统中配置的加热器是 SHS 蒸汽加热装置还是 EHS 电加热装置。E 组有两个发光二极管组成，用来指示系统现行的工作方式是 DO（柴油）还是 HFO（重油）。

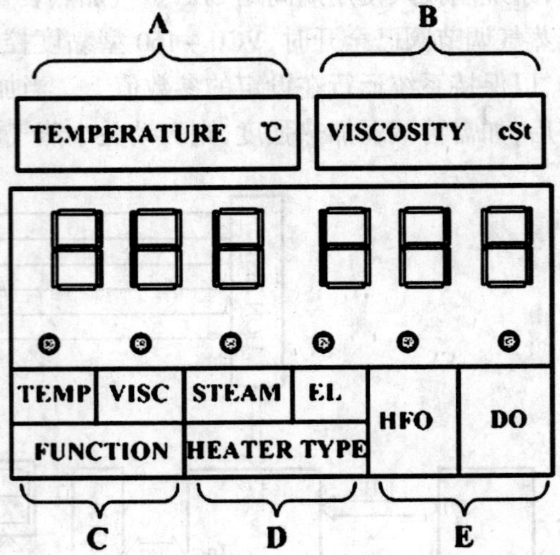

图 2－2－20 显示面板布置图

显示用的数码显示管采用七段数码管，每一段为一发光二极管，共有七个段控信号，以控制所要显示的字形。七段数码显示管的原理如图 2－2－21 所示。当某一段的控制信号为高电平时，则相当于相应的触点闭合。整个数码显示管还有一个位控信号，低电平相当于该位触点闭合，只有这一触点闭合时，这位数码管才能发光显示。数码显示管七段用七位数即用 8031P_0 口输出的 $D_7 \sim D_0$（其中 D_3 用于控制报警装置，且 8031 在送显示编码时这位始终为“0”）来控制。

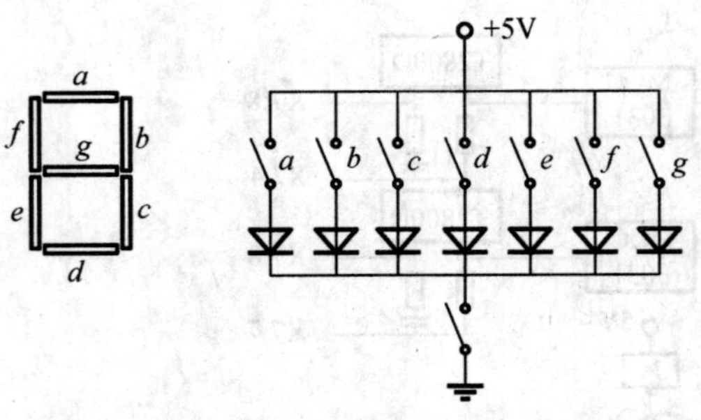

图 2－2－21 七段数码显示管原理图

从图 2－2－19 可见，8031 送出要显示的信息是通过 8255 的 PB，PC 口实现的。要显示的数符编码由 8031P0 口发出，经数据总线 DB 送至 8255 的 PC 口，然后经驱动器 2803(2)连到所有显示管的相应段。为了使某一个显示管显示出数符，8031 还必须先输出一个数位控制字。这一控制字，8031 是通过 PO 口、数据总线 DB，8255PB 口的 PB1－PB7（其中 PB7 用于上述六个发光二极管）送出至 2981 锁存器锁存。

发光二级管的驱动也是通过 8255 的 PB，PC 口实现的。8031 把要显示的信号转换成驱动码，然后通过 PO 口、数据总线 DB 送至 8255 的 PC 口（PC0－PC2，PC4－PC6）。PC 口送出的驱动码经驱动锁存器 2803(2)供给大的驱动电流，分别连到 6 个发光二极管。例如，要使最左边的发光二极管点亮，8031 先要输出给 8255PC 口一个驱动码 01H，对应于该二极管的一位数码 D0（P0.0 为“1”，其余为“0”），然后把控制所有发光二极管的共阴极的命令字 7EH

送至 8255 的 PB 口,它由 2981 锁存器锁存,使对应的二极管发光。

由上述可见,数符显示器和发光二极管的显示都是一个动态过程。8031 要定时地通过 8255 向数符显示器和发光二极管发送控制字和显示信息。也就是说,要定期扫描这些显示元件,扫描的周期以人的视觉分辨不出间断为好。

4. 控制系统管理要点

(1)在系统投入工作之前,首先检查燃油和加热系统是否有泄漏或损坏情况,各阀件是否开关正确。把控制方式选择开关打到"OFF"位置,合上主电源(此时警报器将持续响10 s,并且数码显示器上同时显示"OFF")。观察比较实际测量值与设定值有无异常情况。一切正常后,启动低压燃油泵,然后根据燃油系统具体配置情况将控制方式开关转到 DO 或 HFO 位置进行温度或黏度定值控制。这时数码显示器上将显示出燃油温度和黏度的实际测量值,系统正式投入调节控制工作。

(2)EVT－10C 黏度传感器的工作情况,可通过设在传感器上的电子元件箱内上边一块印刷电路板上 2 个发光二极管(H1 和 H2)的状态来检查。正常时,H1 灭,H2 每隔 0.7 s 闪一次,否则说明传感器有故障,可根据 H1 和 H2 的显示状态从说明书查出对应的传感器故障部位。在拆检黏度传感器时,注意不要碰撞或弄弯振动杆,否则将影响黏度值的准确测量。

(3)为了人身与设备的安全,在检修时必须关掉电源。

(4)在系统安装后或工作条件改变时,要根据说明书对系统的运行参数进行重新整定和修改,以适应新工作环境的需要。

第三节　曲轴箱油雾浓度监测装置

曲轴箱油雾浓度监测装置是保证主机安全运行的重要装置之一。当主机运行时,主轴承、十字头轴承处的滑油由于机械和高温作用极容易蒸发为油雾。在正常情况下,曲轴箱的油雾浓度维持在安全值以下,但在主机出现轴承磨损、过热或填料漏泄等异常情况时,曲轴箱内的油雾浓度就会升高,当油雾浓度超过正常标准(或临界浓度)时,可能会引起曲柄箱的爆炸事故。为此船检规范中规定:3 000 kW 以上的柴油机必须设置曲轴箱油雾浓度监视装置。柴油机装有曲柄箱油雾浓度监测装置后,一旦油雾浓度超过正常标准时,可以及时发出声光报警,同时使主机自动降速或停车,以确保主机的安全运行。在主机遥控中,油雾浓度报警也是属于不可越控的报警,这也反映了油雾浓度监测报警装置的重要性和必要性。

船上所采用曲柄箱油雾浓度监测装置种类繁多,但工作原理相近,大多采用光电效应进行监测。目前,船上用的较为广泛的曲轴箱油雾浓度监测装置多为 GRAVINER 公司生产的 Mark 系列,本节将以 GRAVINER Mark5 型油雾浓度监测装置为例介绍其组成和工作原理。

一、结构组成

GRAVINER Mark5 型油雾浓度监测装置是在 20 世纪 90 年代后期所建船舶上应用较多的一种。它是以单片机为监视报警的核心部件,对曲柄箱油雾浓度进行检测、监视、显示、报警及对主机进行安全保护。与老式的 Mark4 型相比较,它取消了许多机械旋转部件,大大提高了监视报警器工作的可靠性。同时,它采样准确,执行速度快,并有较强的自检功能。是现今较为先进的一种曲柄箱油雾浓度监视报警器。

该监测装置主要是由风机、采样切换电磁阀、油雾浓度测量单元、显示报警单元及控制电路等部分组成,如图 2-3-1。这些单元均装在一个控制箱中。在控制箱的下部有十个采集曲柄箱油雾气样的采样管口(在使用中接几根采样管视主机的缸数而定),一个清洗空气(压力为 0.1 MPa)管接口,还有两根 3 m 长的电缆,一根用于接电源,一根用于监视报警器的输出。

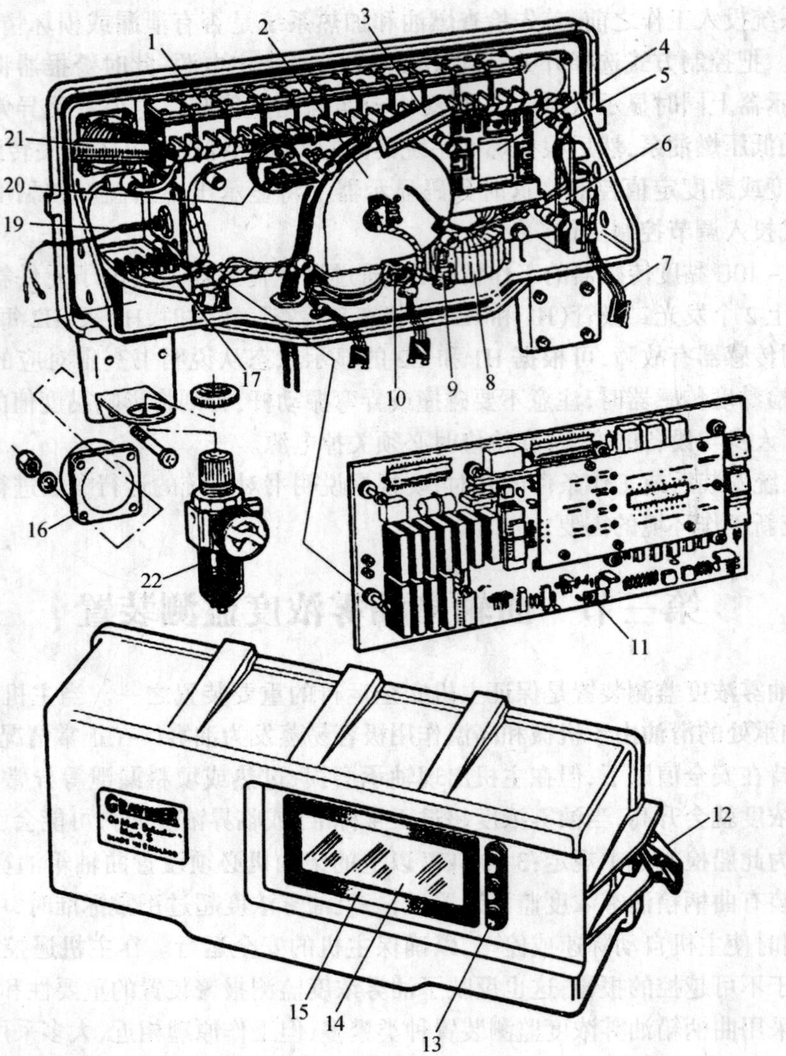

图 2-3-1 Mark5 型油雾浓度监视器的组成

1—电磁阀;2—风机;3—报警信号输出插头;4—电源选用插件板;5—固定立柱;6—光电池组件;7—光电池及微动开关;8—电源变压器;9—电源保险丝;10—电源连接电缆;11—印刷电路板;12—快速装拆搭扣;13—橡胶护套;14—观察窗口;15—密封圈;16—消振器;17—直流电源引出线;18—AC/DC 变换器;19—光源组件;20—气源压力的检测压力开关;21—电磁阀控制线路插头;22—气源减压过滤器

该控制箱面板如图 2-3-2 所示。在控制箱的显示板上,有三个状态指示灯,即 SYSTEM ON(系统接通电源亮),SIMULATION MODE(系统模拟运行时亮),TEST(对系统进行测试时亮)。在指示灯的右侧还有四个报警和故障状态指示灯,即 AVERAGE ALARM(发生平均浓度报警时亮)，DEVIATION ALARM(发生偏差浓度报警时亮)，FLOW FAULT(系统不能正常采样时亮)，OPTICAL FAULT(光学系统有故障时亮)。此外在控制箱的最右侧还有三个操作按钮，即 SELECT(选择采样显示点按钮)，在正常运行时，若按下此按钮，则系统只检测现行采样点，并显示其油雾浓度；TEST(测试按钮)，对系统进行测试时要按下此按钮；RESET(复位按钮)，该按钮用于系统复位。当监视报警器某些预选参数需要重新调整时，参数调整后要按下此按钮，以确认所调整的参数并重新启动系统，使系统恢复到正常运行状态。在面板上还有一个液晶显示器，用来显示采样点和曲柄箱的油雾浓度。需要注意的是该显示器不是直接显示采样点油雾浓度的具体值，而是显示其浓度相当于报警浓度设定值的百分数。也就是说当达到报警设定值时，显示器上应显示百分之百的浓度。

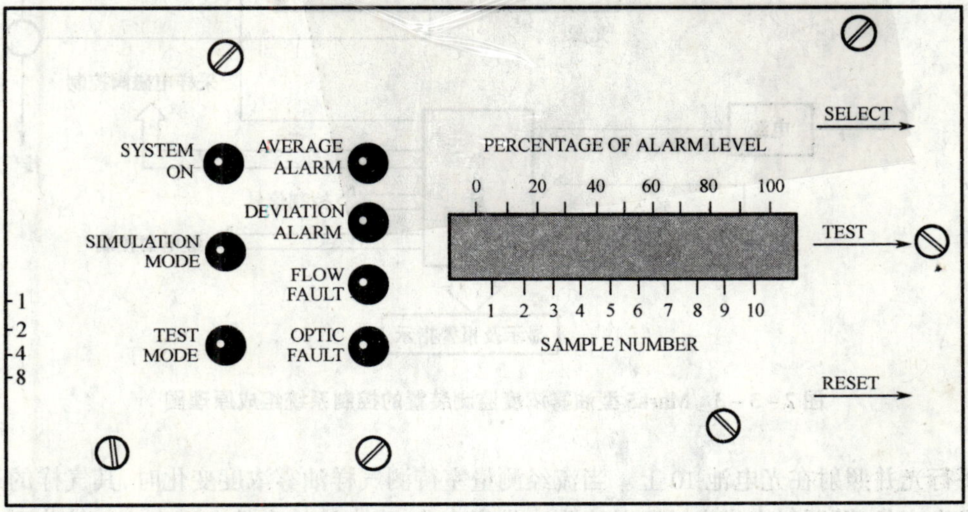

图 2-3-2　Mark5 型油雾浓度监测装置控制箱面板图

Mark 5 型油雾浓度监视报警装置的微机由 8 位单片机和 EPROM 组合在一起，最大时钟频率为 4 MHz。单片机设有 0,1,4,5 四个 I/O 接口以解决信息的输入、处理及输出。单片机具有中断方式功能。Mark 5 型监视报警装置使用 110V 或 220V 交流电源，经内部变压、整流和稳压后得到 5 V 的直流电压作为单片机及各个集成电路的电源。

二、气样的采集与测量

各曲轴箱油雾气样采集与测量单元的控制原理如图 2-3-3 所示，由图可见该系统共有 11 个两位三通电磁阀，其中有 10 个电磁阀分别采集各曲柄箱的气样，称为采样电磁阀，该系统最多可检测 10 个缸的气样。如果是 6 缸柴油机，只用其中 6 个电磁阀，空 4 个不用。另有一个清洗空气电磁阀，用压缩空气通过该电磁阀清洗测量系统。当控制系统通电和气源打开后，约 5 s 的时间就可开始采样工作。此时由单片机(CPU)发出信号使气源电磁阀 6 开启，空气就可以进入测量室 9 内。系统在正常运行期间，单片机轮流使各采样点电磁阀通电，通电的电磁阀左位通，该曲柄箱油雾气样在抽风机作用下流经测量室，其他点的采样电磁阀断电右位通，曲柄箱气样在抽风机作用下，经旁通管路排出而不经测量室。

测量部分是由测量室 9、光源 8 和光电池 10 组成的，光源接通电源后将发射一束光强不

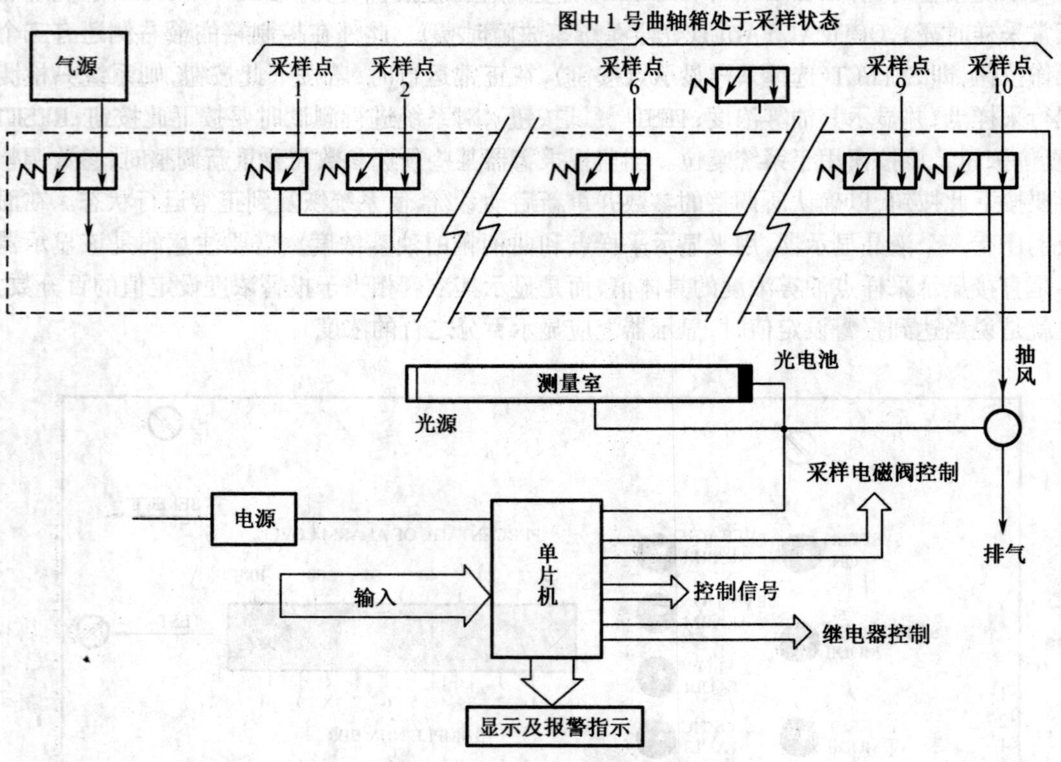

图2-3-3 Mark5型油雾浓度监测装置的控制系统组成原理图

变的平行光并照射在光电池10上。当流经测量室待测气样油雾浓度变化时，其气样的透光程度发生变化，即照射在光电池上的光强也发生变化，光电池输出的电流大小与接收到的光强成一定的函数关系。该电流信号经I/U转换成电压信号，并经变增益放大器后送至A/D转换器转换成数字量送入单片机。单片机先把每个缸曲柄箱气样油雾浓度分别存在RAM中的一个单元，然后把所有缸曲柄箱气样油雾浓度值加在一起被缸数除，得到一个平均浓度值并存入RAM的一个单元中，以后每检测一个缸的曲柄箱气样油雾浓度值，就与平均浓度相比较得到一个偏差浓度值，并用新检测的浓度值取代原先所检测到的该缸气样的油雾浓度值，即可算出一个新的平均浓度值，单片机再把这两个值与报警设定值相比较，如果平均浓度值达到浓度报警值或偏差浓度值达到偏差浓度报警值，都将在液晶显示器上显示"100%"即达到了报警设定值，并控制报警指示灯亮和蜂鸣器鸣叫，发出声光报警，同时向主机安全保护系统送去一个故障降速或故障停车信号。

在正常运行期间，单片机定时(每隔10 min，每次受控1.1～1.2 s)使清洗空气电磁阀通电一次，电磁阀通电后左位通，气源经该阀左位进入测量室。该压缩空气一方面对光源、光电池及测量室进行清洗，防止光电池和光源被油雾污染而影响测量精度；另一方面，压缩空气对测量室、光源和光电池起冷却作用，以提高它们的使用寿命，同时也能防止光电池因温度升高而产生的特性漂移。除此之外，测量单元要检测一次空气的油雾浓度，该值此时应该为零，如果不为零，则要比较一下与原零点偏差值有多大，若偏差不大，则以新得到的零点为相对零点并取代原零点。若偏差较大，系统则认为光源或光电池污染严重，清洗无效，OPTICAL FAULT灯亮，发出报警并终止采样。

三、GRAVINER Mark5 型组成电路分析

以上分析的是以单片机为核心组成的 Mark5 型曲柄箱油雾浓度监测装置的采样与测量工作过程，但是每一个工作过程的实现电路都是很复杂的，为便于理解和正确维护和管理好该监测装置，下面对其控制电路作以分析。我们把这个电路分成测量电路、输出电路、显示报警电路和系统测试电路等，并分别加以介绍。

1.测量电路

如图 2-3-4 所示为测量电路工作原理图，测量电路的主要作用是通过测量单元把各缸曲柄箱气样的油雾浓度值检测下来，并转换成相应的数字量送入单片机。

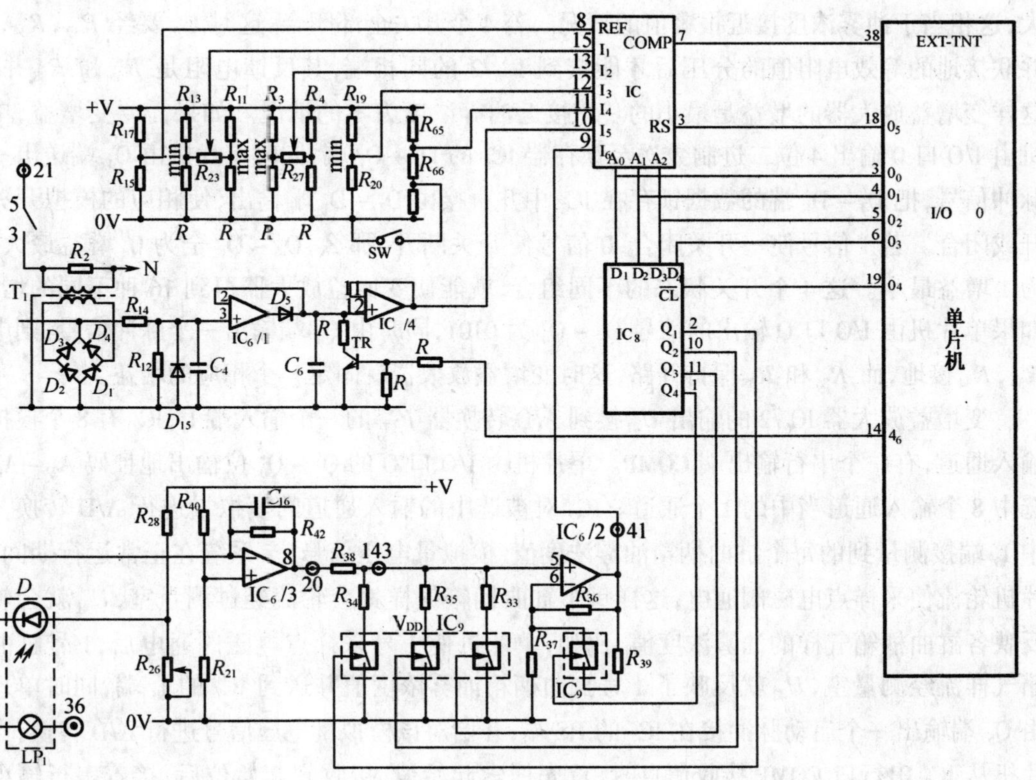

图 2-3-4　测量电路工作原理图

光电池 D_{16} 可以作为电压源也可以作为电流源。由于其电流特性在很大范围内与光照强度成线性关系。因此，作为测量元件使用时，常把它作为电流源。在本电路中，光电池的正极接在电阻 R_{28} 和 R_{26} 之间，取得一个分压值，而光电池负极接在运算放大器 $IC_6/3$ 的反相端，其电位与该运算放大器的同相端基本一致，即为 V_e 在电阻 R_{41} 上取得的分压值。光电池处于反向偏置工作状态，偏置程度由电位器 R_{26} 来调整，当光源 LP_1 发出的光束透过测量室中待检测气样照射在光电池 D_{16} 上时，将会产生如图所示方向上的光生电流 i_0 且光照强度越强，光生电流 i_0 就越大。换言之，油雾浓度越高光生电流就越小，运算放大器 $IC_6/3$ 接反相输入的比例运算放大器，即

$$U_{20} = \frac{R_{41}}{R_{41} + R_{40}} V_e + R_{42} \cdot i_0$$

在该运算放大器中，反馈回路并联了电容 C_{16}，其作用是抗干扰。由此可见，当曲柄箱油雾浓度增大时，光电流 I_0 减小，U_{20} 的电压值要减小。U_{20} 送至由多路模拟开关 IC_9、电阻网络 $R_{33}-R_{39}$ 及 $IC_6/2$ 所组成的数字控制型变增益放大电路，该电路的作用是对 U_{20} 进行线性化处理并进一步放大达到 A/D 转换器 IC_7 所要求的输入信号的范围。其增益的改变是随油雾浓度的改变而改变。如浓度增大时 U_{20} 降低，当 U_{20} 降低到某一值时，在单片机控制下，该电路能自动把放大倍数提高上去，当气样油雾浓度接近报警值时，其放大倍数是最大的。这样在油雾浓度较高时能提高对油雾浓度的分辨率及测量精度。变增益是由 IC_9 中 4 个模拟开关的断开和闭合来实现的，这 4 个开关状态是由单片机控制的。若这 4 个开关全部断开，则 $IC_6/3$ 的输出 U_{20} 直接接在 $IC_6/2$ 的同相端，其反馈电阻也最大，变增益放大器的增益最大，这相当于油雾浓度接近报警值的情况。若 4 个开关全部闭合，这时 U_{20} 要经 R_{39}，R_{34}，R_{35} 并联接地的等效电阻值的分压后才能接到 $IC_6/2$ 的同相端，其反馈电阻是 R_{36} 和 R_{38} 并联。这样变增益放大器的增益是最小的。它接近油雾浓度为零的情况。如果需要变增益，单片机由 I/O 口 0 输出 4 位二进制数送至锁存器 IC_8 的 D_4-D_1 端，同时单片机由 O_4 端送出一个脉冲信号，把 D_4-D_1 端的数据锁存在 IC_8 中并直接由 D_4-D_1 端输出，使相应的模拟开关断开或闭合。若 1 信号使一开关闭合，0 信号使开关断开，那么，Q_4-Q_1 全为 0，增益最大，全为 1 增益最小。这 4 个开关状态的不同组合，就能使变增益放大器得到 16 种不同的增益。如果单片机由 I/O 口 O 输出的信号 Q_3-Q_0 为 0101，同时由 Q_4 端输出一个脉冲信号，则电阻 R_{33}，R_{34} 接地，而 R_{35} 和 R_{38} 保持开路，这时变增益放大器就固定一个相应的增益。

变增益放大器 $IC_6/2$ 的输出 U_{41} 接到 A/D 转换器 IC_7 的一个输入端 I_6，IC_7 有 8 个模拟量输入通道，有一个串行输出端 COMP。单片机由 I/O 口 O 的 Q_2-Q_0 位输出地址码 A_2-A_0 来选中 8 个输入通道当中的 1 个通道。IC_7 对被选中的输入通道的模拟量进行 A/D 转换。其中 I_6 端接测量到的每个缸曲柄箱油雾浓度值(模拟量电压信号)。系统在正常运行期间，单片机轮流使采样点电磁阀通电，这样每个缸曲柄箱气样就会轮流经过测量室，U_{41} 就会轮流反映各缸曲柄箱气样的油雾浓度值，比如，单片机使 1 号采样点电磁阀通电后，1 号缸曲柄箱气样流经测量室，U_{41} 就反映了 1 号缸曲柄箱油雾浓度值并送到 IC_7 的 I_6 端，同时单片机由 O_5 端输出一个启动脉冲接在 IC_7 的 RS 端，开始对该模拟量电压信号进行 A/D 转换，当单片机从 IC_7 串行口 COMP 接收信息时，首先搜索起始位，接收到起始位后，接着串行输入转换完成的数字量，最后接收到停止位时，说明该数字量已输入完毕并存入到 RAM 的相应单元中。接着，单片机使 2 号采样点电磁阀通电，延时由 O_5 端输出启动脉冲，对 2 号缸曲柄箱油雾浓度值的电压信号进行 A/D 转换，如此轮流下去。I_4 端接压力开关 SW_6 的状态信息。单片机要定时使清洗空气电磁阀通电，用压缩空气清洗测量单元。这时压力开关 SW_6 应闭合，I_4 端电压降低，这是正常的。如果此时 SW_6 仍保持断开状态，则 I_4 保持高电平，单片机输入该电压对应的数字量后，判断出压缩空气未进入测量单元，即未执行清洗程序，单片机会发出 FLOW FAULT 报警并停止采样。I_1 接由电位器调定的偏差浓度报警设定值，调到最小 MIN 位，其偏差浓度报警值是 0.5 mg/L。I_2 端接由电位器 R_{27} 调定的灵敏度选择位，关于灵敏度选择细节在后面叙述。I_5 端接由电阻 R_{20} 和 R_{19} 分压的标准电压值用于对 A/D 转换器的自检程序。单片机定期输入这个电压值所对应的数字量，以确定 A/D 转换器工作是否正常。REF 端接由 R_{15} 和 R_{17} 分压的固定电压，作为 A/D 转换器的参考电压。

图中单片机 I/O 口 O 的 O_2-O_0 端输出的信息，到底是作为 IC_7 转换器的地址译码器的地址码 A_2-A_0 来选通输入通道并进行 A/D 转换，还是作为 IC_8 锁存器的数据端 D_3-D_1 来进行变增益，取决于单片机由 O_4 或 O_5 哪一端输出脉冲信号，因此 O_2-O_0 的用途是不会发生混淆的。

系统在正常运行时可以检查出采样电磁阀的故障，即进行自检。其过程是这样的：电磁阀在通电时，如果正常，则电磁线圈中流过的电流应有一定的范围，电流过大或过小都表明电磁阀不正常。流过电流太大，很可能是阀芯没有吸上或线圈匝间短路，如果流过电流过小或无电流，很可能是线圈断线，电磁阀线圈通电时，其电流由电阻 R_2 来检测并经变压、整流及稳压变成与线圈电流成比例的直流电压信号送到 IC_7 的 I_5 端进行 A/D 转换，由单片机执行程序来判断电磁阀是否有故障，若有故障将发 FLOW FAULT 报警，停止采样过程，电磁阀在通电过程中，电容 C_6 上的电压就代表了线圈流过电流的大小。该电压值经电压跟随器 IC_6/4 送到 IC_7 的 I_5 端。由于电磁阀是轮流通电的，因此对下一个电磁阀通电前，必须清除前一个电磁阀的采样所保持的电压值（C_6 上的电压），这一功能由 R_{18}，TR_1、R_8 及 R_{10}来实现的。当单片机从 4_6 端输出高电平信号，晶体管 TR_1 导通，为 C_6 提供了快速放电回路。而在采样过程中，4_6 端为低电平信号，晶体管 TR_1 截止，采样电路处于采样及保持阶段。

Mark5 型在正常运行期间，继电器 RL_{12} 通电，触头 RL_{12-1} 闭合，为电磁阀线圈提供电源通路。

2.采样电磁阀控制电路

采样电磁阀控制电路的作用是，其输出使 10 个采样电磁阀轮流通电动作，同时要定时使清洗空气电磁阀通电，采样电磁阀控制电路如图 2-3-5 所示，图中 SOLI AIR 是清洗空气电磁阀，$SOL_2CH_1-SOL_{11}CH_{10}$是 10 个采样电磁阀。$RL_1-RL_{11}$是中间继电器，由单片机控制其通断电。通电的继电器常开触头闭合，其相应的电磁阀通电动作，如单片机 I/O 口 I_7 端输出低电平时，经反相驱动器 IC_{10}/8 输出高电平，继电器 RL_1 通电，清洗电磁阀 SOLI AIR 通电，对测量单元进行清洗，当 I_7 端输出高电平时，清洗电磁阀断电，停止对测量室的清洗。

IC_2 是译码驱动器，单片机由 I/O 口 4 的 4_3-4_0 端输出的 4 位二进制数送至 IC_2 的 DCBA 端，经译码后分别由 IC_2 的 0-9 端输出高电平或低电平，如当 DCBA = 0000 时，只有输出端 0 为低电平，其他输出端为高电平。这样只有 RL_2 继电器通电常开触头闭合，电磁阀 SOL_2 CH_1 通电动作，对 1 号缸曲柄箱气样的油雾浓度进行测量。同理，当 DCBA = 0011 时，只有输出端 3 为低电平，对 4 号缸曲柄箱气样的油雾浓度进行测量，其他各缸，以此类推。

图中开关 SW_1，是采样点数选择开关，根据柴油机气缸数，采样点可在 4-10 之间选择。在 SW_1 开关组中共有 8 个开关，分为两组：1、3、5、7 四个开关状态与单片机 I/O 口 5 的 5_0-5_3 端相接；另一组 2、4、6、8 四个开关状态接在 IC_1 的 12-15 端。在选择采样点数时，SW_1 中两组开关中相对应的开关状态应该是一样的。假定开关闭合时为 1，断开时为 0，其开关动作符合 8421 码。例如，该监视报警器用于 6 缸柴油机，其采样点数就是 6，我们必须把开关 SW_1 转至“6”位。这时一组开关中的 7-10、1-16 要断开，而 3-14、5-12 要闭合，另一组开关中的 8-9、2-15 之间断开，6-11、4-13 之间要闭合，这样单片机就知道只测量 6 个缸曲柄箱气样，即轮流动作电磁阀 $SOL_2CH_1-SOL_7CH_6$，而其他电磁阀空着不用。若采样点数为 8，则只须把开关 SW_1 转至“8”即可，这时轮流动作电磁阀 $SOL_2CH_1-SOL_9CH_8$，其他电磁阀空

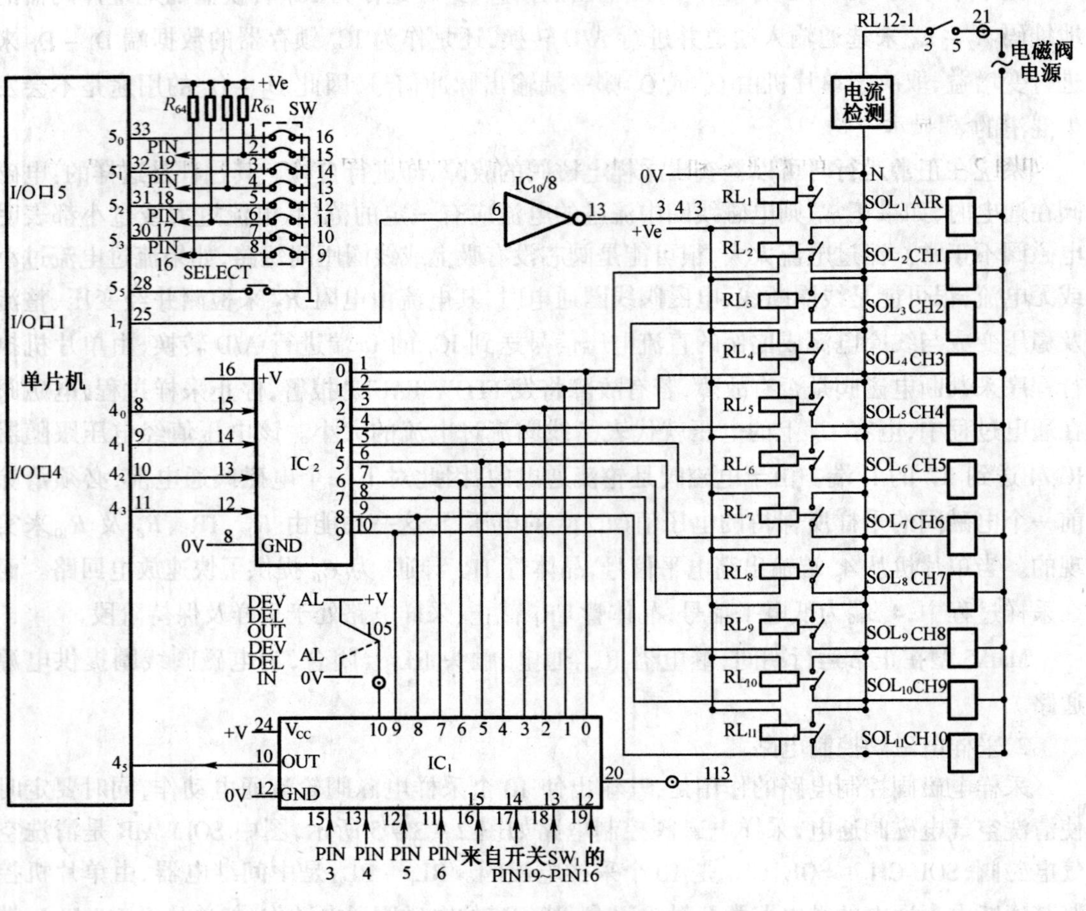

图 2-3-5　采样电磁阀控制电路原理图

着不用。

IC_1 是选择输出器，共有 16 个输入端 0 - 15。1 个输出端 OUT。DCBA 端为选择控制端，是由单片机通过程序提供选择信息的。这 4 位二进制数决定由哪个输入端输入信息，并经 OUT 端由单片机输入。如 DCBA = 0000 时，单片机读入 IC_1 输出端 O 的状态。IC_1 电路共有四个作用：其一是确定偏差报警时是否延时。当 DCBA = 1010 时，由 IC_1 的输入端 10(片脚 21)输入两种可选择的状态，若为 1 时，偏差报警不延时；若为 0 时，偏差报警需要延时。其二是检查 IC_2 的输出状态是否正确，即检查 IC_2 的输出状态与所执行的程序是否一致。如在执行测量 1 号缸曲柄箱气样油雾浓度时，同时单片机输出一个信息使 IC_1 的 DCBA = 0000，单片机输入 IC_2 输出端 O 的状态，并检查该信号是否是 0，是 0 则认为电路无故障。动作正常，否则认为电路有故障。其三是检查采样点数选择开关 SW_1 动作是否正确，如把 SW_1 开关转至"6"位，这时单片机 I/O 口 5 的 5_2 和 5_1 为低电平，5_3 和 5_0 为高电平，同时单片机要输出信息送至 IC_1 的 DCBA 端，使 DCBA = 1100 - 1111，分别读入 IC_1 输入端 12 - 15 的状态，并与 5_0 - 5_1 的状态相比较，若发现这两组开关的状态不完全一致，说明开关 SW_1 动作不正确，发出报警并需要重新设定。其四是油雾浓度过高需要主机降速运行或故障停车时，要检测单片机是否把这个信号准确地送出。如果这个信号已经送出，测量点 113 是 1 信号，如果没有发故障降速或停车信号,测量点 113 是 0 信号。当油雾浓度过高输出主机降速或停车信号的同时,再输出一个数字量使 IC_1 的 DCBA = 1011,读入输入端 11(片脚 20)的状态,如果该状态为 0,说明故障降速或停车信号未送出,可能电路有故障。

3.报警和显示电路

如图 2-3-6 所示的为报警和显示电路的工作原理图。图中 IC_{10} 是反相驱动器,单片机 I/O 口 I 的 I_0 - I_3 输出端经反相驱动器 IC_{10} 分别接控制箱面板上的 4 个报警灯 D_{11} - D_{14}。如光学系统有故障,单片机的 I_0 端输出 0 信号,经 IC_{10} 反相为 1,发光二极管 D_{14} 亮,即 OPTICAL FAULT 灯亮,单片机 I_6 端的输出信号经反相驱动器 IC_{10} 接主报警继电器 RL_{14}。该继电器正常时通电,报警时断电。当曲柄箱油雾浓度过高时,单片机的 I_5 端输出 O 信号,经 IC_{10} 反相输出高电平,一方面使继电器 RL_{13} 通电,使主机降速或停车;另一方面使电压比较器(图中未画出)翻转成 1 信号,这一反馈信号经测量点 113,经 IC_1 读入单片机,检查单片机是否已把故障降速或停车信号准确送出。单片机 I/O 口 O 的 O_6 和 O_7 端输出曲柄箱油雾浓度值和采样点序号送至显示单元。IC_{12}/3 和 IC_{12}/4 是两个反相驱动器(它们是在一个集成片中),它们与电阻 R_{51} 和 R_{52} 及电容 C_{19} 构成一个多谐振荡器,为显示电路提供振荡源。显示器分上、下两层,上层显示油雾浓达到报警值的百分数,下层显示采样点序号,图示的现行位置表示正在检测 3 号缸曲柄箱油雾浓度,其浓度值为报警值的 60%。还要说明的是,若多谐振荡器有故障如停振,则显示单元无法显示油雾浓度值。因此该系统专门设计了一个检测电路以确定多谐振荡器是否正常。通常按复位按钮 RESET 后 IC_{16} 的 Q_0 端输出 0 信号,经 IC_{10} 反相后使继电器 RL_{12} 通电,在系统运行期间,若多谐振荡器停振,则 Q_0 输出 1,继电器 RL_{12} 将断电报警,关于振荡器的自检电路及液晶显示器的详细工作原理,这里不再详述。

4.系统测试电路

系统测试电路的工作原理如图 2-3-7 所示。该电路的下面电路是用来检测抽风机工作是否正常的。IC_5 是光电耦合元件,抽风机的旋转轴处于光电耦合件之间,因其转轴的特殊形状,当风机旋转时使得发光二极管与接收管之间被周期性遮挡。当接收管能够受到发光管照射时处于导通状态。D_3 和 D_4 之间相当于短路,即认为低电平。当接收管受到遮挡时,接收不到发光管照射处于截止状态,D_3 和 D_4 之间相当于开路,即认为高电平。因此,抽风机在运行时,D_3 的电平就会高低变化,其变化速度与抽风机转速一致。该高低电平变化信号,通过电容 C_{18} 耦合经二极管 D_6 向电容 C_7 充电,认为高电平时,C_7 是充电过程;D_3 为低电平时,C_7 经 R_{50} 放电,充电快,放电慢,风机转速越高,电容 C_7 上的电压越高。该电压信号送至电压比较器 IC_{11}/3 的反相端,而同相端接稳压器 IC_3 输出的标准信号,当风机转速高到一定值时,IC_{11}/3 输出低电平,单片机的 I_4 端输入该低电平信号,认为风机工作正常。若风机转速低于某个转速时 IC_{11}/3 将翻转输出高电平,单片机读入该信号后,认为风机转速过低不能进行正常采样,会发出 FLOW FAULT 报警。

系统测试的目的是检查该监视报警器的各种功能,如报警指示灯、声光报警器等工作是否正常。要对系统测试必须按测试(TEST)按钮,本系统可进行遥控测试,即按虚线框左边的 TEST 按钮,也可以在机旁按控制箱面板上的 TEST(SW_4)按钮进行测试。如果是在机旁对系统进行测试,按下按钮 SW_4 后,继电器 RL_{16} 通电,其常开触头 RL_{16-1} 闭合,RL_{16} 继电器通电自保,触头 RL_{16-2} 由(3-4)断开合于(3-5),这样测试灯 TEST(D_{10})亮,表示系统在测试中,

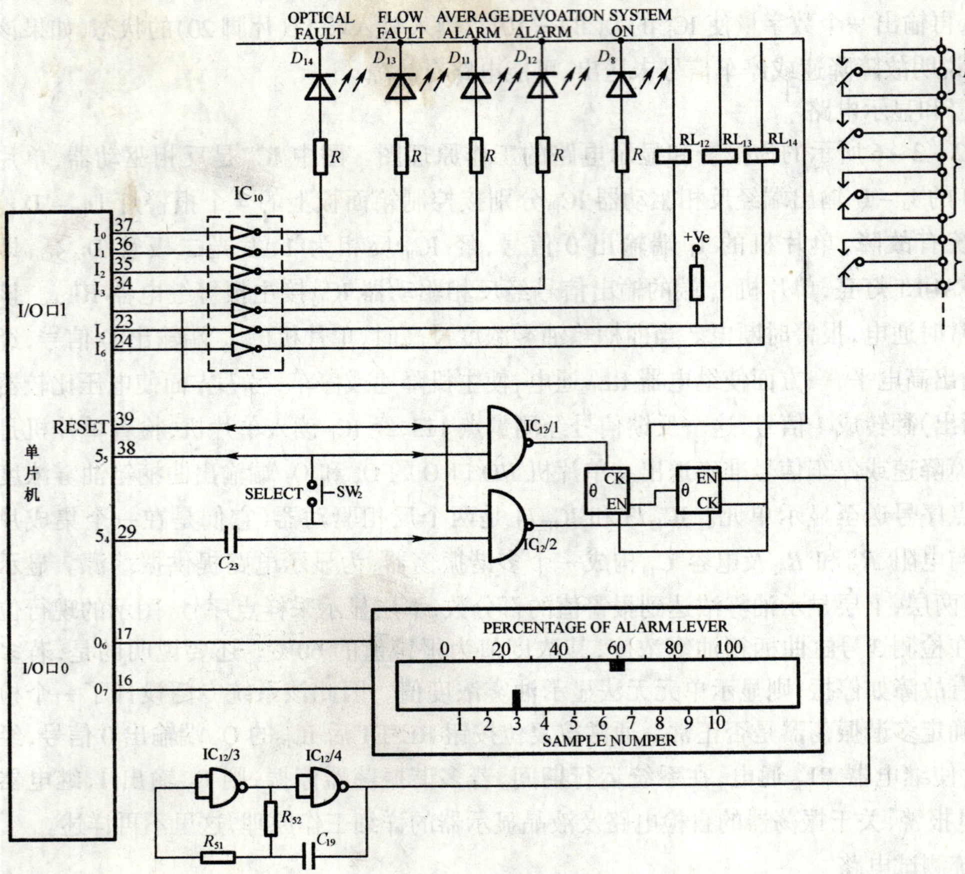

图 2-3-6 报警和显示电路的工作原理图

同时，单片机 I/O 口的 57 端输入一个低电平，单片机接收到这个低电平信号后，知道是对系统进行测试，可发出各种报警信号，而不能发使主机进行自动降速或停车信号。RL_{16-2} 触头由(3-4)闭合转为断开后，测量点 36 的电源经光源 LP_1（见图 2-3-3）对地 F_2 的通路被切断，光源灯熄灭。光电池接收不到光照射，单片机 I/O 口的 I_0，I_2 和 I_3 端（见图 2-3-5）分别输出 0 信号，使报警指示灯 OPTICAL FAULT，AVERAG ALARM，DEVIATION ALARM 亮。同时 5_4 输出 0，I_6 输出 1，使故障报警继电器 RL_{12} 和主报警继电器 RL_{14} 断电发出声光报警。而 I_5 端仍保持 1 信号，不会对主机发故障降速或停车信号。由于触头 RL_{16-2}(3-4) 断开，晶体管 TR_2 基极对地 F_2（接测量点 36）断开，使 TR_2 导通，D_2，D_5 端短接，光电耦合器 IC_5 中的发光管不再发光，接受管始终截止。D_3 和 D_4 两端处于开路状态，D_3 保持高电平不再是交变信号。由于电容 C_{18} 的隔直作用，电容 C_7 不再进行反复的充、放电，电容 C_7 电压接近 0 V。电压比较器 $IC_{11}/3$ 输出高电平，单片机 I_1 端（见图 2-3-5）输出 0 信号，报警灯 FLOW FAULT 亮。在测试过程中产生上述动作（报警指示灯亮，发声光报警），说明该监视报警器功能正常，如果不是这样，要按说明书给出的步骤检查故障。

测试结束后，要使系统恢复正常的运行状态，必须按复位按钮(RESET)SW_3，这一方面使单片机片脚 39(RESET)端输入一个负脉冲，撤销报警状态使单片机复位；另一方面继电器

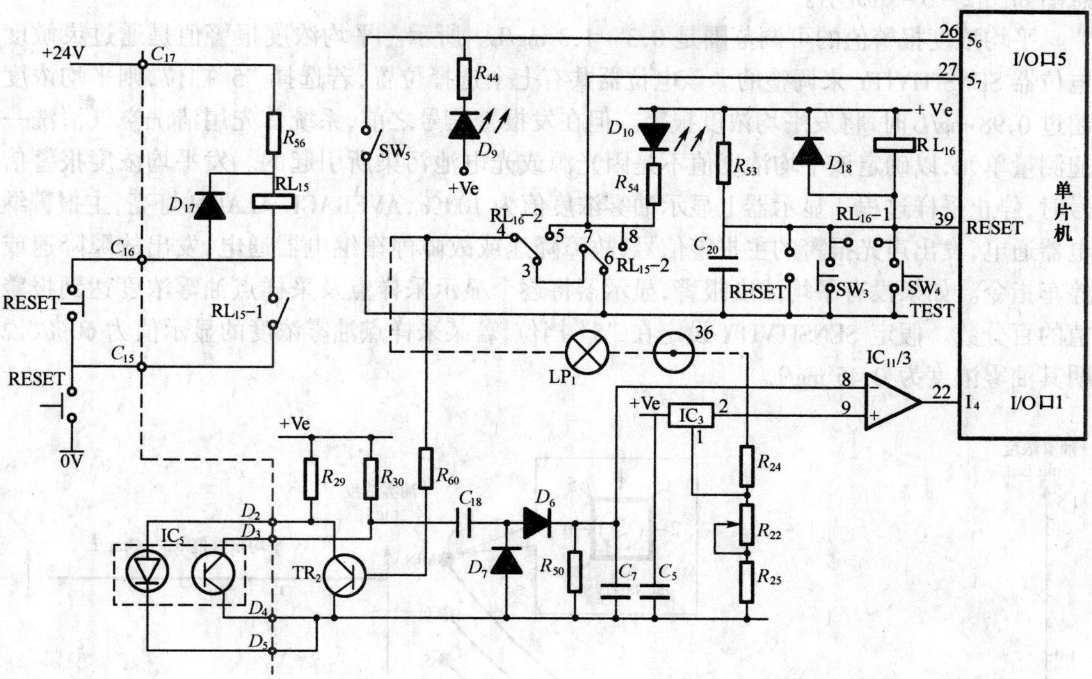

图 2-3-7　系统测试电路工作原理图

RL_{16}断电，触头 RL_{16-1} 断开，撤销 RL_{16}继电器的自保状态，同时触头 RL_{16-2}恢复(3-4)闭合状态，单片机 5_7 端输入高电平信号，撤销测试程序，转为执行系统的正常运行程序，F_2 点接地使光源灯接通电源发出光束，抽风机电路恢复正常工作状态。如果要遥控测试时，只需按下虚线框左边的 TEST 按钮，继电器 RL_{15}通电，触头 RL_{15-1} 闭合自保，触头 RL_{15-2} 由(6-7)断开合于(6-8)，其测试功能与前面所述完全相同，但复位略有不同。按虚线框左边的 RESET(复位)按钮后，只能使继电器 RL_{15}断电而不能直接使单片机复位，必须再按控制箱面板上的复位按钮 SW_3 才能使单片机复位。

在该监视报警器的测量室中，有一块滑板，当滑板被抬起时，将遮挡一部分光源，用于模拟一个已知的油雾浓度。当滑板被抬起时，微动开关 SW_5 闭合，模拟方式灯(SIMULATION MODE)D_9 亮，同时单片机 5_6 端输入 0 信号，单片机将执行模拟程序，首先让所有采样电磁阀断电，清洁空气电磁阀通电，让清洗空气进入测量室对测量室进行一次清洗。然后测量一次空气的油雾浓度。此时由于光源被遮挡一部分，显示器上的读数应在 35%～60%之间，继电器 RL_{12}(FLOW ALARM)断电，模拟过程结束。若结果并非如此，说明系统有故障，应根据说明书给出的步骤查找故障。要恢复正常运行状态，只需将滑板落下，然后按一下控制箱面板上的复位按钮即可。

5.报警设定值的调整

该监视报警器对曲柄箱油雾浓度有两种报警形式，即平均浓度报警(AVERAGE ALARM)及偏差浓度报警(DEVIATION ALARM)。平均浓度报警是指当各采样点的平均浓度超过设定值时所发出的报警；偏差浓度报警是指，某个采样点的浓度高于平均浓度值并超过设定偏差时所发出的报警，显示器会显示报警点。平均浓度报警与偏差浓度报警的关系示意图如图 2－3－8 所示。

平均浓度报警值的可调范围是 0.3～1.3 mg/L。所示。平均浓度报警值是通过灵敏度电位器 SENSITIVITY 来调整的。该电位器共有七个选择位置，若选择“5”挡位，则平均浓度超过 0.98 mg/L 时，将发平均浓度报警。但在发报警信号之前，系统首先用清洗空气清洗一遍测量单元，以确定该平均浓度值不是因光源或光电池污染所引起的。发平均浓度报警信号时，停止采样过程。显示器上显示油雾浓度值为 100%，AVERAGE ALARM 灯亮，主报警继电器通电，发出声光报警的主报警信号，故障降速或故障停车继电器通电，发出故障降速或停车指令。如果没有平均浓度报警，显示器将逐个显示采样点及采样点油雾浓度达到报警值的百分数。假定 SENSITVITY 设定在“5”挡位，若某采样点油雾浓度的显示值为 60%，说明其油雾浓度为 0.45 mg/L。

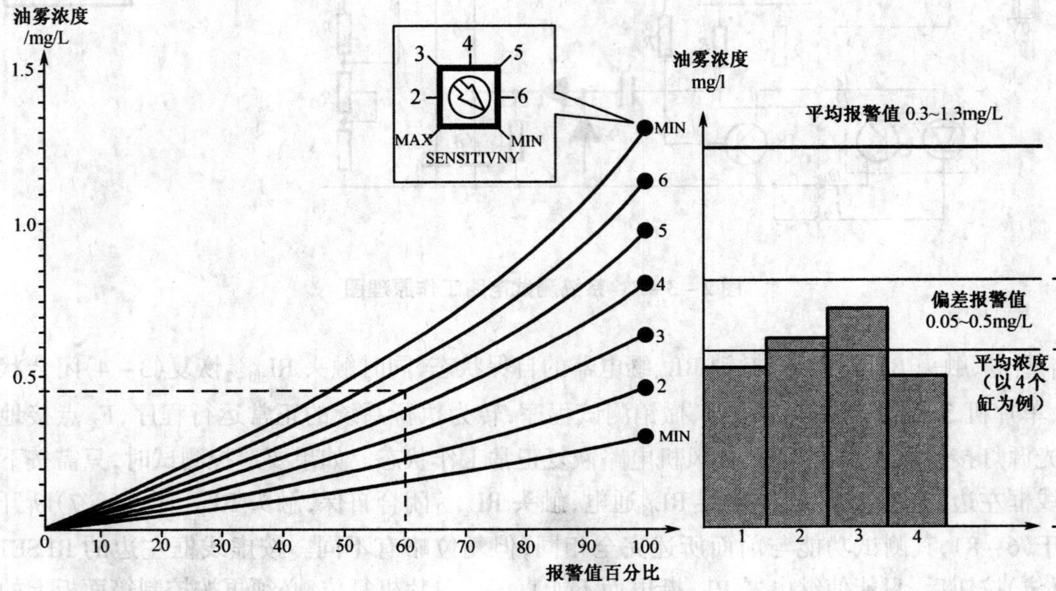

图 2－3－8　平均浓度报警与偏差浓度报警的关系示意图

偏差报警是通过电位器 DEVIATION 来调整的，其可调范围是 0.05～0.5 mg/L。如果偏差报警设定值选 0.05 mg/L 时，则某采样点油雾浓度在平均浓度的基础上加 0.05 mg/L 以上就会发偏差浓度报警。

同样，在发偏差浓度报警前，要用清洗空气清洗一次测量单元，以确定不是光源和光电池污染所引起的。发偏差浓度报警时，停止采样，DEVIATION ALARM 灯亮，主报警继电器通电，发主报警的声光信号，并发主机故障降速或故障停车指令。

第四节　主机排气温度监测控制系统

气缸排气温度是评估气缸内燃烧工况是否良好的一个综合性参数，相当于人体的“体温”。所以为保证主机的安全高效运行，必须对主机排气温度进行监测与控制。

一、主机排气温度监测控制系统组成

在主机排气温度的监测过程中，通常需要对以下两个内容进行判断、控制与监测。

1.各缸排气温度的算术平均值有多大，是否超过允许值。

2.各缸排气温度偏离平均值是否超过允许的上、下极限值。

如图2-4-1所示，主机排气温度监测控制系统主要由传感器、排气温度上下限偏差极限值给定单元KMR-200、排气温度偏差报警控制单元KMC-220等组成。其监控过程为：首先通过测温传感器、热电偶NiCr-Ni把各缸排气温度的变化转换成相应的电信号，然后把这些电信号以每单元两个检测通道的安排加到排气温度偏差报警控制单元KMC-220上去。传感器信息经过输入变换得出0~5 V标准信号。各缸排气温度电压信号经电阻网络处理后，以温度平均值MV加到基准给定单元KMR-200，该单元用来发送允许各缸排气温度一个上、下极限位的基准值。这两个基准值再被回送到KMC-220单元，以使各缸实际的排气湿度同基准值进行比较，以判定是否越限，若越限，即发送该气缸排气温度有反常的报警信号，发出声光报警。

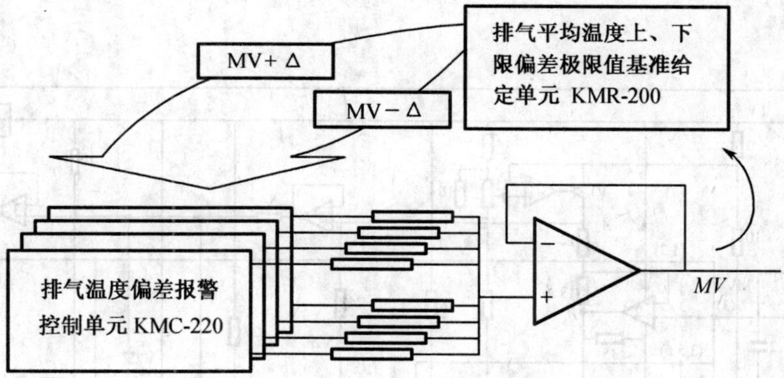

图2-4-1　排气温度控制系统原理图

一、KMR-200排气平均温度上、下偏差极限值基准给定单元

KMR-200单元对主机排气温度MV、排气温度上下限MV+△和MV-△的控制原理如图2-4-2所示，它的基本功能如下：

1.主机排气温度平均值与上下限值给定：排气温度平均值MV将随着主机负荷的增加而提高，在每一个平均值MV上，该单元可以相应给出MV+△和MV-△两个极限值。

2.偏差调整：各缸温度偏离平均值所允许的偏差△是可调的。

3.斜率调整：MV+△和MV-△曲线的斜率会因放大系数有变化而得到调节。

4.温度限制环节：若平均温度还比较低，例如低于设定值150 ℃，该基准给定单元将取消对排气温度进行监测；若平均温度超过某一设定值时，例如500 ℃，那么它所能发送的只能是这个最高极限值。

图2-4-3给出KMR-200线路及插件面板设计情况，图中表明：排气温度平均值是从端子12b输入的。这个电压信号经R-C滤波以后就被送到起隔离作用的电压跟随器A1，其输出MV被分成以下6路。

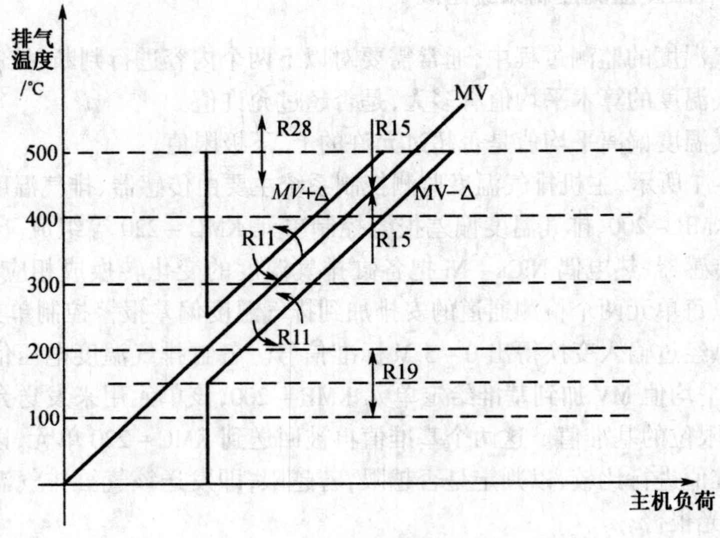

图 2-4-2　KMR-200 基本功能设计

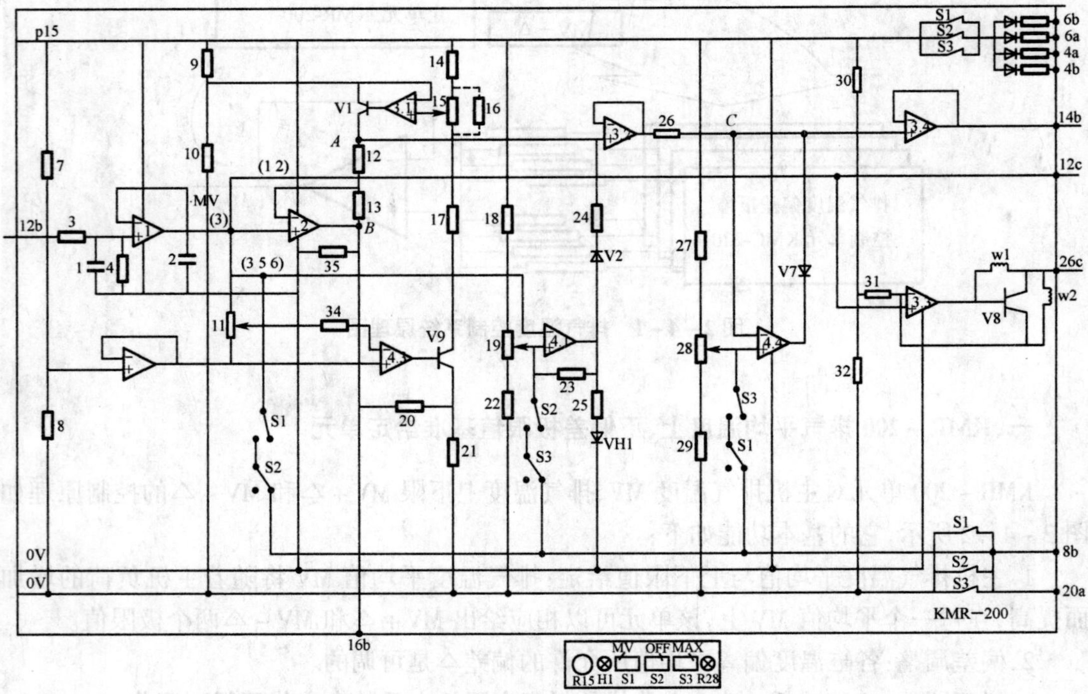

图 2-4-3　KMR-200 线路图

1—直接通过端子 12C 发送排气温度平均值电压信号 MV。

2—加到 A3.3 的同相端，经比例放大以使 V8 基极电压受控，从端子 26C 给出经过放大处理的排气温度平均值信息。

3—线路上，由运放器 A2，A4.3，V1 及 R_{15} 等元件组成给定上、下偏差的调控环节，平均值 MV 信号电压被加在 A2 同相端，它通过 R_{13} 给反相端以深度负反馈，以使其反相端也持有 MV 电压，对于 A3.1 眼随器来说，其反相端接受 R_9，R_{10} 分压设定，其同相端则从电位器 R_{15} 取出电压信号，从而使 V1 得出恒定的集电极电流。线路设计给定；R_{12} 和 R_{13} 阻值是相同的，所以在线路上的 A 和 B，将分别给出 MV + △和 MV - △两个极限值，其中：允许的上极限值 MV + △经两个跟随器 A3.2 和 A3.4 从端子 14b 引送出去，下极限值 MV - △则从端子 16b 送出。显然，调节电位器 R_{15} 就可以改变偏差值△的大小，以达到调节上、下极限值的目的，可参阅图 2 - 4 - 2。

4—平均值电压被加到比较器 A4.1 的反相端，其同相端为取消监测工作的低限温度设定电压，当主负荷还不高。排气温度将低于低限设定值，例如 150，比较器的输出为高电平，它一方面使 V2 导通、高电平就加到线路上的 A 点，这不仅使原设定上偏差极限值大大提高，而且还通过 R_{12}，R_{13} 使下偏差极限值得以降低，从而使偏差监测报警不起作用。另一方面指示灯 H1 给出常亮显示。如果主机负荷已经比较高了，平均值已超过低限值，那么 A4.1 的输出成为低电平，V2 就处于截止状态，H1 是熄灭的，在这种情况下，监测工作就正常进行了。线路上的电位器 R_{19} 可用来调节取消监测的低限温度设定值，如图 2 - 4 - 2 所示。

5—平均值信号被引向切换开关 S1，为温度平均值的测试提供测量值。

6—线路上，由运放器 A4.2，A4.3 和 R_{11} 等元件组成放大倍数可以比例调节的控制回路，其中，A4.2 跟随器引进经电阻 R_7，R_8 分压给出的设定值，加到 A4.3 放大器的同相端，平均值电压信号加在电位器 R_{11} 上，经分压后引向 A4.3 的反相端，其输出电压可用来的改变 V9 集电极电流的强弱。这个电流强度的变化必然会影响以上第三路的工作条件，即影响给定的上、下偏差。

如果该控制回路给定的工作状态能使 V9 集电极电流保持不变，那么偏差值△就持有不变值，如果控制回路上的电位器 R_{11} 得以调节，则在平均值 MV 随主机负荷变化而有增加过程中，通过第三和第六这两个线路的作用，使偏差值△也是一个变量，或者说 MV + △和 MV - △的斜率就成为可调的了，如图 2 - 4 - 2 所示。其调节规律是：若平均值(MV)升高使 A4.3 的输出电压有所下降，即 V9 集电极电流随之降低。通过 R_{15} 加到偏差值基准给定线路电压就有所提高，则 V1 给出的集电极电流相应减小。所以通过 R_{12} 和 R_{13} 给出的偏差值就会自动随之降低。

在 KMR - 200 单元线路上还设有温度平均值最高极限限制环节，如图 2 - 4 - 3 所示，跟随器 A3.2 给出的上限极限值 MV + △除了引向跟随器 A3.4 以外，还有一路引向 A4.4 的反相端，其同相端则从电位器 R28 取得高限限定电压。在通常情况下，A4.4 作比较器用，其输出为高电平，V7 处于截止状态，这对发送 MV + △信息没有什么影响，一旦这个上极限值(MV + △)超过高限限定电压(如对应于 500 ℃)，A4.4 的输出就立即切换成低电平，则 V7 导通，C 点就被限定为低电平。换言之，最高的温度评价值只能为 500 ℃。当然，调节电位器 R_{28} 可以调节所要求的高限限定电压。

最后还应该提到：线路上设有以下三个按钮开关。

S1—可给出温度平均值的显示信息。

S2—可给出取消偏差监测整定值的显示信息。

S3—可给出高限限定电压整定值的显示信息。

以上信息都是通过端子 8b 送到显示单元上去的。在起用按钮开关时，还通过端子 6b，

6a,4a,4b 和 20a 向显示单元发送协调信息。

二、KMC－220 排气温度偏差报警控制单元

KMC－220 单元线路及插件面板的设计情况见图 2－4－4 所示,该单元设有两个监测通道,图中只画出了其中的一个通道,可以看到:它是由温度检测信息输入、偏差越限判定线路和报警输出三大部分组成的,这里重点交待偏差越限判定线路的工作情况。

在分析控制过程之前,需要先了解一下各个端子的输入信号情况,如下表 2－4－1。

表 2－4－1 KMC－200 各端子输入信号表

4c/6c/8c/10c	传感器信息输入端		
12a	测试信号输入端		
12b	各缸温度电压信号引向 KMR－200 同名输入端	14a	闪光信号源输入端
14c	通道的闭锁信号输入端	10a	协调信号输入端口

某一气缸经传感器检测得来的温度信息、通过该通道的输入元件 A101、转换成 0～5 伏标准电压信号,在经过 A2.4 比例放大,其输出电压 UA 就分别引向 A1.3 的反相端和 A2.3 的同相端。如图 2－4－4 所示,A1.3 和 A2.3 作比较器用,从 KMR－200 引来的 MV＋△基准值从端子 14b 加到 A2.3 的反相端,MV－△基准值从端子 16b 加到 A1.3 的同相端。在正常运行工况下。各缸实际温度总是落在许用的偏差范围内,A1.3 和 A2.3 的输出只能是低电平,报警输出元件 D101 就处于正常工况,不发送报警信号。如果实际温度因气缸内燃烧工况变坏而反常了,高了或低了,只要超过许用的上限或下限,那么 A2.3 或 A1.3 的输出就出现高电平,经延时后,D101 就会切换成报警工况,这时:

发光二极管 H101 以及通过端子 16c 设有外接指示灯就会给出该气缸实际温度反常的闪光显示。

端子 22b,24b,26b,28b 以及 22c 可以发送分组及打印报警信号。

端子 20b 发送使声响警报器投入工作的触发信号。

线路上设有以下三个按钮开关。

S1—用来对 A 通道进行应答操作,同时给出 UA 的显示信息。

S3—用来对 B 通道进行应答操作,并可以给出 UB 的显示信息。

S2—若 S1、S2 同时按下,就给出 A 通道温度实际值的显示信息。若 S2、S3 同时按下,就给出 B 通道温度实际值的显示信息。

同样,以上信息都是通过端子 8b 达到显示单元去的,其他协调信息的安排与 KMR－200 完全一样。

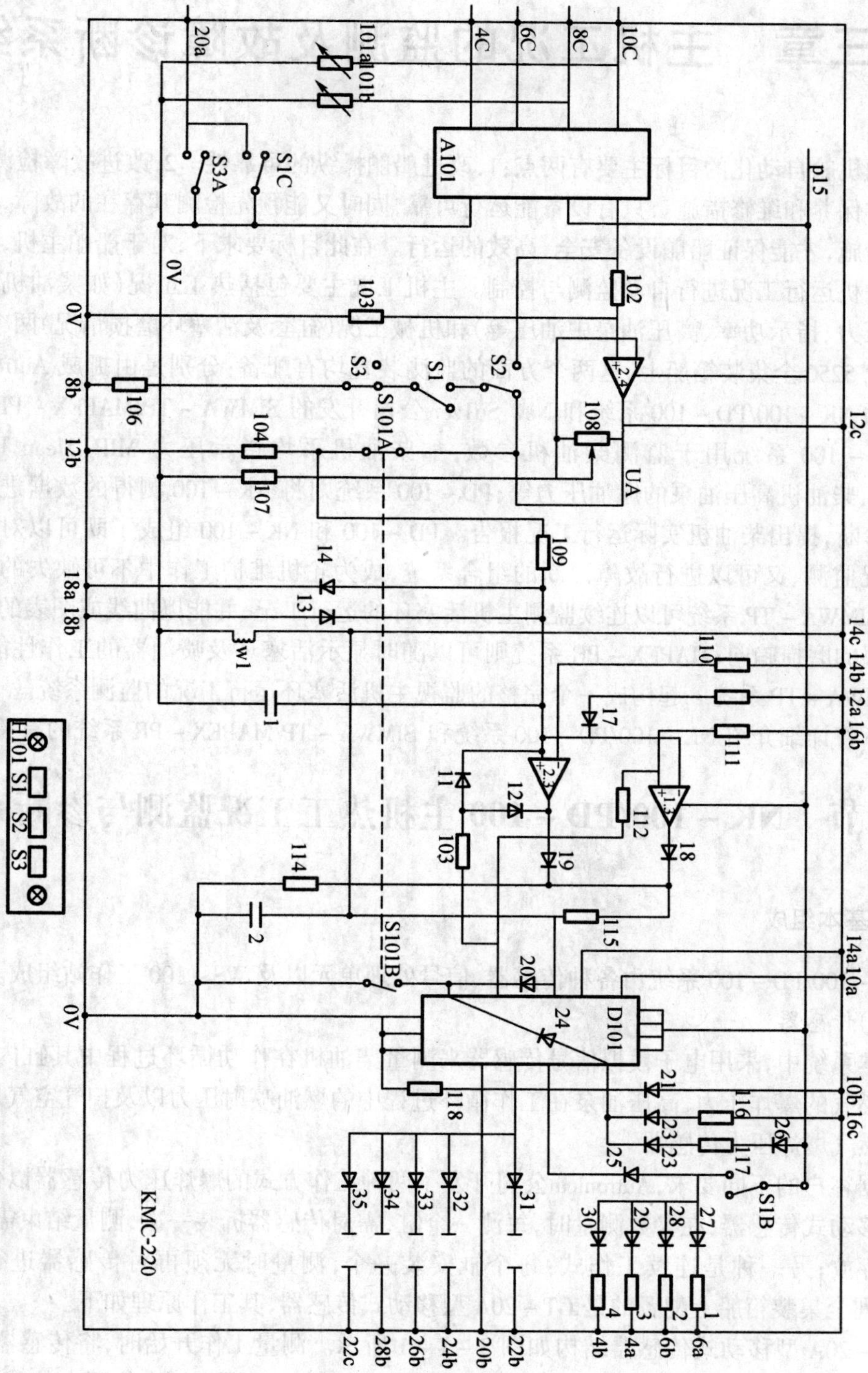

图 2－4－4　KMC－220 排气温度偏差报警控制单元线路图

第三章　主机工况的监测及故障诊断系统

船舶机舱自动化的目标主要有两点:1.改进船舶操纵的可靠性。2.改进故障检测技术,确定预防保养和维修措施。只有设备能运行可靠,同时又能预先检测其存在的故障,及时采取维护措施,才能保证船舶设备安全、高效的运行。在此目标要求下,对于船舶主机,我们需要对柴油机运行工况进行自动监测与控制。主机工况主要包括热工工况(如柴油机缸内最大燃烧压力、指示功率、高压油泵中油压等)和机械工况(缸套及活塞环磨损情况)两个方面。在第五代5250全集装箱船上,这两个方面的监测装置均有配备:分别是由挪威Autronica公司开发的NK-100/PD-100系统和New Sulzer公司开发的SIMWA-TP/MAPEX-PR系统。其中NK-100系统用于监测柴油机参数,如柴油机平均指示压力MIP(Mean Indicated Pressure)、柴油机高压油泵的燃油压力等;PD-100系统则将NK-100测得的数据进行分析和故障诊断,提出柴油机实际运行工况报告。PD-100和NK-100组成了既可以对柴油机运行工况监测、又可以进行故障诊断的组合系统,成为轮机维护工作中不可缺失的有力工具。而SIMWA-TP系统可以连续监测主机活塞环的运行工况,并能以曲线或图表的方式给出活塞环的磨损趋向;MAPEX-PR系统则可以随时显示活塞环及喷油器的工作性能,并可以与SIMWA-TP系统一起构成一个完整的监视主机活塞环运行工况的监测系统。

本章将详细介绍NK-100/PD-100系统和SIMWA-TP/MAPEX-PR系统的有关内容。

第一节　NK-100/PD-100主机热工工况监测与诊断系统

一、基本组成

NK-100/PD-100系统由各种传感器、信号处理单元以及WS-100工作站组成。

(一)传感器

在本系统中,采用电子模拟信号传感器来测量柴油机在作功循环过程中其缸内的压缩压力及燃气的爆炸压力,高压油泵在工作循环过程中的燃油喷射压力以及扫气空气压力。

1.燃气爆炸压力传感器

根据客户的不同要求,Autronica公司开发了两种工作方式的爆炸压力传感器以供选择。一种是移动式传感器,在参数测量时,每测一个缸,需对传感器拆装一次,测量结束需将传感器拆下存放;另一种是连续工作式:每个缸安装一个,测量时无须再对传感器进行拆装。5250系列全集装箱船上配置的是GT-20A型移动式传感器,其工作原理如下。

GT-20A型移动式传感器结构如图3-1-1所示。测量工作开始时,将传感器通过不锈钢接头安装在需测量的汽缸示功阀(习惯称为示功考克)上,燃气压力作用在传感元件上,产生1~5 mA的电流信号,对应着0~150 bar(0~15 MPa)的燃气压力信号。

其有关性能参数如下。

测量精度:±1%(频率响应特性)。

工作温度:传感器本体最高耐温300 ℃,传感器头部最高环境耐温70 ℃。

质量:2 kg。

2.燃油喷射压力传感器

Autronica 公司主要提供用于二冲程柴油机上的移动式燃油喷射压力传感器。在进行参数测量时,每测量一个缸,均需对传感器拆装一次,测量结束后拆下保存。实船选用 GT - 30A 型移动式燃油喷射压力传感器。图 3 - 1 - 2 为其外形结构图。测量工作开始前,将传感器通过不锈钢的接头安装在柴油机需测量的高压油泵的专用高压截止阀上,只有在测量状态下,该高压截止阀才能打开,否则必须置于关闭状态。燃油压力作用在传感元件上,产生一个 1 ~ 5 mA 的电流信号,对应 0 ~ 1 000 bar(0 ~ 100 MPa)范围的燃油压力信号。

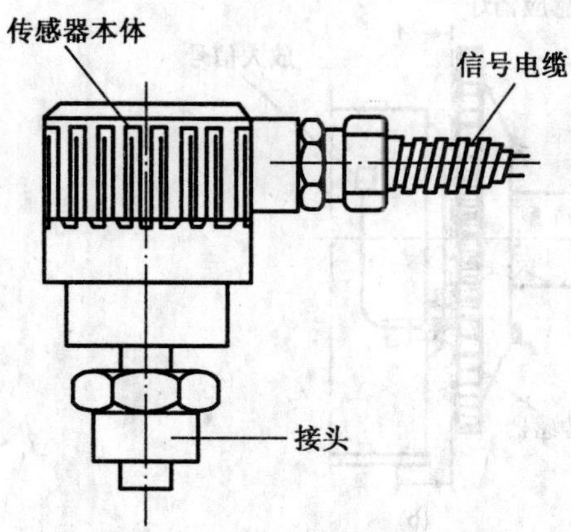

图 3 - 1 - 1　爆炸压力传感器

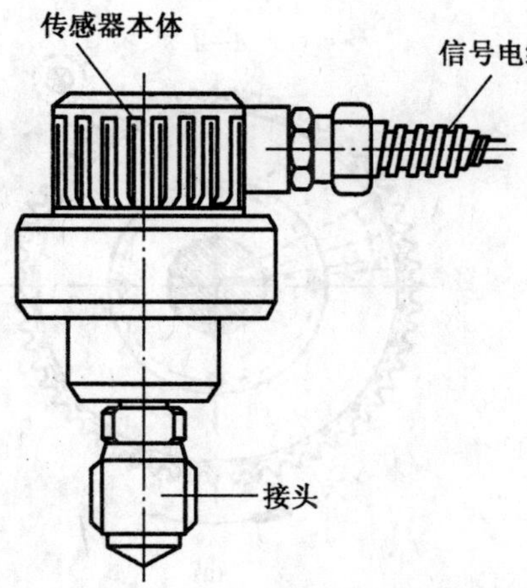

图 3 - 1 - 2　燃油压力传感器

GT - 30A 型传感器的有关性能参数如下。

测量精度: ±1%(频率响应特性)。

工作温度:传感器本体最高耐温 150 ℃,传感器头部最高环境耐温 70 ℃。

质量:2.3 kg。

3.扫气压力传感器

扫气压力传感器主要是用来连续测量柴油机运行时的扫气空气压力的。图 3 - 1 - 3 为 GT - 205 型扫气压力传感器的外形结构图。传感器安装在柴油机扫气箱上。扫气压力作用在传感元件上,产生一个 4 ~ 20 mA 的电流信号,该电流信号对应着 0 ~ 0.4 MPa(0 ~ 4 bar)范围的扫气压力信号。

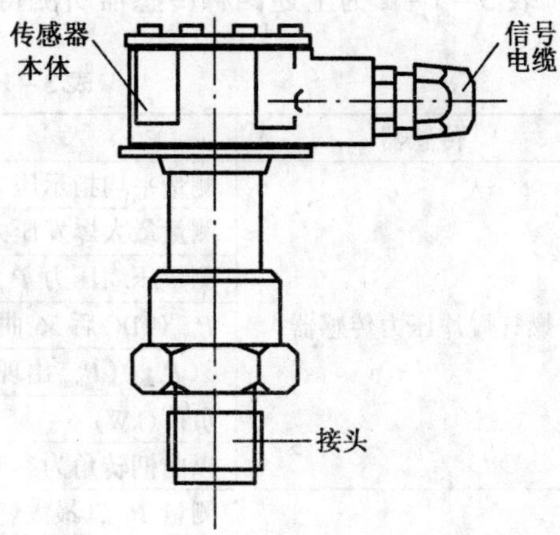

图 3 - 1 - 3　扫气压力传感器

性能参数如下。

测量精度: ±0.5%(频率响应特性);

工作温度:传感器头部最高环境耐温 70 ℃。

质量:0.7 kg。

4.测速传感器

为获得柴油机转速,在柴油机飞轮侧面的外圆周,等距安装有 30 只感应销钉,相邻两个销钉之间的夹角为 12°。为了能测出柴油机各缸活塞的准确位置，在与上述销钉同一圆周的第一销钉旁，又增加了一个参考销钉，用来感应活塞相对于曲柄转角的参考位置。该销钉与第一个销钉之间夹角为 4°。图 3-1-4(a)为感应销钉在飞轮上的安装示意图。图 3-1-4(b)为电磁感应传感器示意图。传感器安装在飞轮附近的机架上，柴油机运转时，安装在飞轮上的感应销钉经过传感器时，均产生一个脉冲信号，通过对单位时间内的脉冲信号进行计数分析，可得出每分钟转速。通过对单位时间内参考销钉产生的脉冲信号进行计数分析，就可得出柴油机各缸活塞相对于曲柄转角的参考位置。传感器产生的脉冲信号经过信号放大后，转换成 5 V 的脉冲信号，输入到信号处理单元。

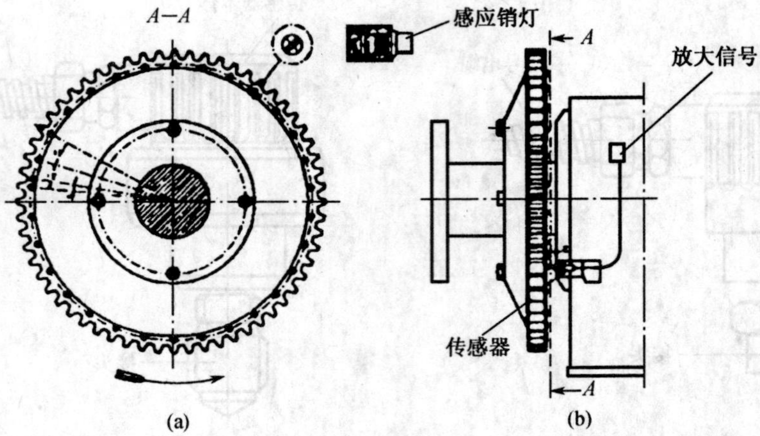

图 3-1-4 电磁感应传感器

表 3-1-1 为上述四种传感器所测得的各种信号。

表 3-1-1 传感器信号

传感器	测量信号
燃气爆炸压力传感器	测量平均指示压力 MIP
	测量最大爆发压力 P_{max}
	测量压缩压力 P_{comp}
	P_{exp}(TDC 后 36°曲柄转角点的膨胀压力)
	$\alpha(P_{max})$(P_{max}出现时，与 TDC 之间的曲柄夹角)
	负荷(kW)
	以曲柄转角为参考的任一点的压力
燃油喷射压力传感器	测量 P_{fmax}(最大燃油喷射压力)
	P_{fref}(燃油喷射过程中任一点的压力)
	$\alpha(P_{ref})$(P_{fref}出现时，与 TDC 之间的曲柄夹角)
	G(喷油持续时间)
扫气压力传感器	P_{scav}(扫气空气压力)
测速传感器	测量转速(r/min)
	活塞运动位置

(二)信号处理单元

信号处理单元的主要功能是将传感器测得的信号进行预处理。每套工况监测与诊断系统设有一个信号处理单元,安装在柴油机附近。经过预处理的信号送到 WS-100 工作站。

(三)WS-100 工作站

WS-100 工作站实际上是一个由微机组成的数据处理终端。从信号处理单元来的信号,经过数据终端的处理后,成为反映柴油机各气缸内燃气压力、柴油机各缸高压油泵内燃油压力及其他反应柴油机运行工况的一组信息。这些信息可以通过数据或图表的形式保存或打印出来。图 3-1-5 为WS-100 工作站组成示意图,由一台 PC 机及一台彩色图形打印机组成,可与驾驶台的数据终端相连,形成一个船舶内部的局域网,并可通过卫通 B 站与陆地机关相连。

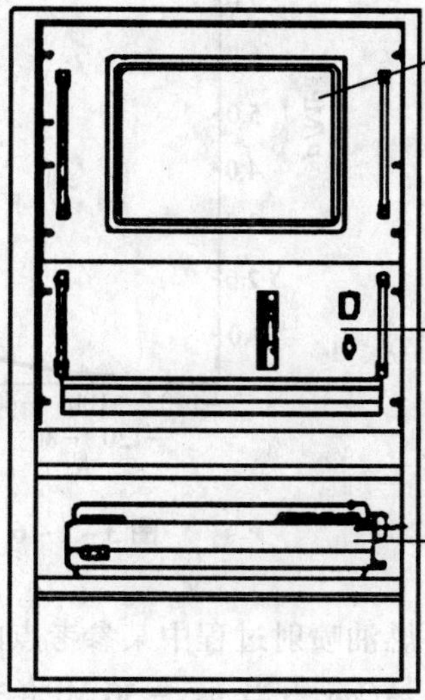

图 3-1-5　WS-100 工作站

二、系统的安装与启动

柴油机工况监测与诊断系统实际是一套运行在 WINDOWS 操作平台上的应用软件。

(一)标准参数

在柴油机运行状态下,柴油机工况监测与诊断系统可以监测到柴油机各气缸内燃气压力、柴油机各缸高压油泵内燃油压力及其他反映柴油机运行工况的重要参数。现结合有关图表介绍这些重要的标准参数。

图 3-1-6 为柴油机气缸压力与曲柄转角($p-T$)曲线图。该曲线图的横坐标以柴油机的曲柄转角 T(°)为单位,纵坐标以柴油机气缸内燃气压力 p(bar,1 bar = 0.1 MPa)为单位。该图中出现以下参数。

1. p_{max}:最大爆发压力(p_{max}:Max. combustion pressure)。
2. P_{comp}:压缩压力(P_{comp}:Compression pressure)。
3. p_{exp}:上止点 TDC 后 36°曲柄转角点的膨胀压力(p_{exp}:Expansion pressure)。
4. $\alpha(p_{max})$:最大爆发压力曲柄夹角(αp_{max}:p_{max}出现时,与 TDC 之间的曲柄夹角)。
5. p_{scav}:柴油机扫气压力(p_{scav}:Scavenge air pressure)。

通过图 3-1-6 所示的气缸压力与曲柄转角($p-T$)曲线图,可以计算出下列参数。

1. 平均指示压力 MIP(Mean Indicated Pressure)。
2. 柴油机单缸负荷 *Load*(kW)。
3. 以曲柄转角为参考的任一点所对应的气缸内的压力。

同时,还可以将气缸压力与曲柄转角($p-T$)曲线图转换成气缸压力与气缸容积($p-V$)曲线图。图 3-1-7 为柴油机高压油泵内的燃油压力与曲柄转角($p-T$)曲线图。该曲线图的横坐标以柴油机的曲柄转角 T(°)为单位,纵坐标以柴油机高压油泵内的燃油压力(bar,1 bar = 0.1 MPa)为单位。在该图中,出现下列参数:

1. P_{fmax} 高压油泵内最大燃油喷射压力(P_{fmax}:Max. fuel oil pressure);

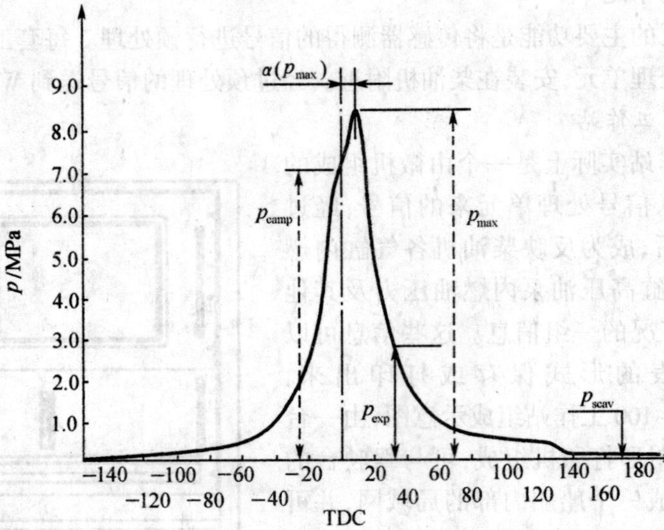

图 3-1-6 气缸压力与曲柄转角曲线图

2. P_{fref}:燃油喷射过程中某参考点的燃油压力;

3. $\alpha(p_{fref})$(αp_{fref}:当 p_{fref} = 30 MPa(300 bar)对应于喷油器的启阀压力与 TDC 之间的曲柄夹角);

4. G:喷油持续时间,以曲柄转角 T(°)为单位。

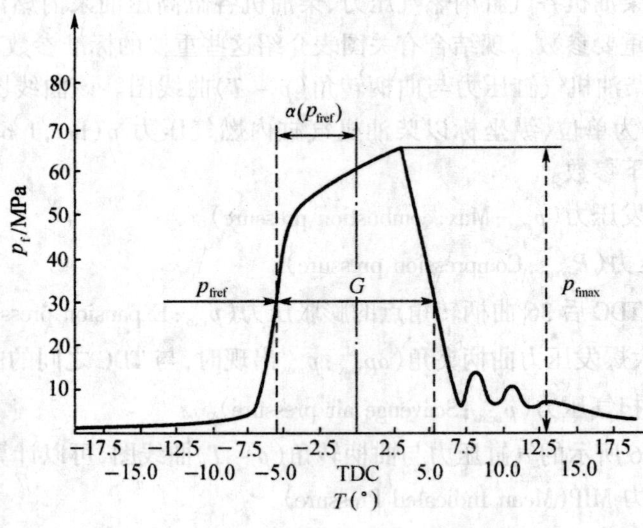

图 3-1-7 燃油压力与曲柄转角曲线图

(二)系统的安装与启动

本系统以 Windows3.X 操作系统为环境,微机启动成功后,进入 Windows 操作窗口,将系统安装盘插入 A 驱动器,运行 No.1 安装盘(共四张 3.5 寸盘)根目录下的 SETUP.EXE。按屏幕提示操作。安装结束后显示如图 3-1-8 的对话框窗口,表明监测与诊断系统(NK-100,PD-100 系统)安装成功。当然随着技术的不断发展,NK-100/PD-100 系统的软件系统已经先后出现了 V1.24,V1.24b,V1.25a 三个升级更新版本,本书内容仍以老版本来说明。

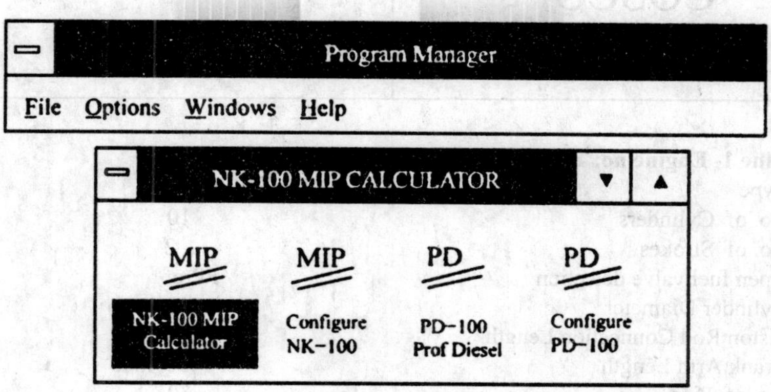

图 3-1-8　对话框窗口

该窗口中有四个图标,分别为 MIP(NK-100 系统)测量图标、MIP 配置图标、PD(PD-100 系统)诊断图标及 PD 配置图标。系统安装成功后,还必须对系统进行必要的设定和配置,这样系统才能正常运行。用鼠标双击 MIP 配置图标,输入密码(Password)后,系统进入配置状态。由于系统在柴油机试航时已经安装调试并配置好,一般情况下,管理人员不必对已配置的内容进行修改,以免影响系统的正常工作。图 3-1-9 为 5250 系列全集装箱船"YUEHE"于 1997 年 2 月 11 日试航时,有 Autronica 公司服务工程师对 NK-100 系统的配置情况。该图的上部为该软件系统的合法持有人公司及船舶名。该图的中部有四方面的内容。

(1)柴油机配置　主要有柴油机型号、缸数、冲程数、喷油器启阀压力的监测、缸径、连杆长度、曲柄臂长度及飞轮上安放的感应销钉的数量。

(2)传感器配置　主要有传感器信号输入通道编号、传感器对应的参数、传感器所测量的气缸数、传感器测量信号的类型、传感器安装方式(固定式或移动式)及传感器的测量范围。

(3)活塞上止点的配置　在柴油机飞轮侧面的外圆周,等距安装有 30 只相邻夹角为 12°的感应销钉。为了能测出柴油机各缸活塞的准确位置,在与上述销钉同一圆周的第一只销钉旁,又增加了一只参考销钉,该销钉与第一只之间夹角为 4°用来感应活塞相对于曲柄转角的参考位置。这样,在柴油机运行时,传感器测出的感应信号就有一定的规律,即每 30 个等距脉冲之后,就有一个参考脉冲。在配置各缸活塞上止点相对与曲柄转角的参考位置时首先要在柴油机运行状态下才能进行;其次,通过单缸停油的方法,测出第一个缸的纯压缩图,压缩线的定点位置即为该缸活塞在上止点的位置。最后,系统软件将该缸活塞处于上止点时与参考脉冲进行比较计算,得出该缸活塞处在上止点时飞轮上的相对位置,用曲柄转角(°)表示。同理,可以配置第 2 个缸至第 10 个缸的活塞处于上止点时在飞轮上的相对位置。由此,NK-100 系统就可以准确地测出柴油机各缸的气缸压力与曲柄转角($p-T$)曲线图、气缸压力与气缸容积($p-V$)曲线图、柴油机单缸功率、整机功率以及与柴油机高压油泵有关的一些重要参数。

(4)信号滤波配置　主要有在中间滤波器中按照柴油机气缸数对测量曲线的标号、初始滤波器工作状态、最大偏差及平滑滤波器工作状态等。

COSCO YUEHE	Configuration KHI SAKAIDE 1460

Engine 1- Engine no: 1

Type	B&W 10L90MC
No. of Cylinders	10
No. of Strokes	2
Open fuel valve detection	FPref
Cylinder Diameter	900 mm
Piston Rod Connection Length	3510 mm
Crank Arm Length	1458 mm
No. of Pins	30

Sensor Configuration

Input Channels	Parameters	Cylinders	Type	Fixed	Range
1	Combustion	1 to 10	1-5mA	no	150 bar
2	Injection	1 to 10	1-5mA	no	1000 bar
41	Scavenge	1 to 10	4-20mA		4 bar
	Not Connected				
	Not Connected				
	Not Connected				

TDC Configuration

1	-167.0	4	62.1	7	-84.5	10	121.5
2	86.9	5	-25.5	8	-130.4		
3	-51.3	6	176.9	9	18.0		

Filter Configuration	**Cylinders Curves**
No. of Curves in mean filter	10
Wild Point filter	off
Maximum Deviation	
Type of Smoothing filter	off

Printed 2/11/97 12:39:53AM Page 1 of 1 Autronica MIP Calculator NK-100 v1.24b

图 3-1-9 NK-100 系统配置表

在表的底部,为系统配置完成后的打印日期、系统名称及系统软件的版本号。配置工作完成后,对当前的配置进行保存并退出配置状态,回到图 3-1-8 所示的对话框窗口。

经过上述配置后,重新启动微机并进入图 3-1-8 所示的窗口状态时,表示系统已经安装并启动成功。

三、NK－100 系统的操作与使用

由于 NK－100 系统是在 WINDOWS 窗口环境下运行的，大部分情况下是用鼠标操作，并涉及到一些菜单和工具条，下面分别予以介绍。

(一)菜单和工具条

在图 3－1－8 所示的窗口，用鼠标双击 MIP(NK－100 系统)测量图标，则屏幕的左上角将出现两个菜单按钮，一个是 NK－100 系统主菜单按钮，另一个是帮助菜单按钮，如图 3－1－10 所示。在图 3－1－10 中，单击主菜单按钮，该按钮下方将出现如图 3－1－11 所示的七个子菜单按钮，分别为柴油机气缸曲线按钮、柴油机运行状态按钮、条形图按钮、参考曲线按钮、数据备份按钮、数据自动收集按钮及程序退出按钮。双击任意按钮，屏幕上将出现相对应的窗口内容。同时，在窗口的上边缘将会有不同的工具条。

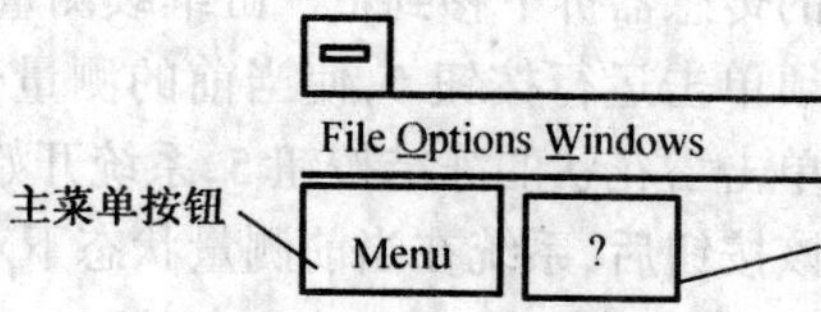

图 3－1－10　NK－100 系统菜单

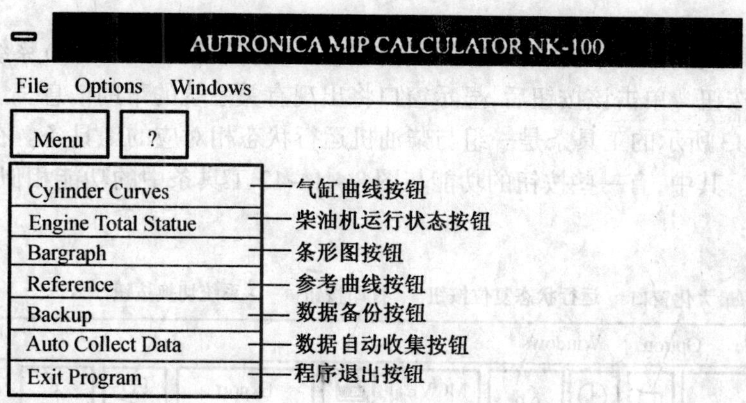

图 3－1－11　NK－100 系统子菜单

图 3－1－12 所示的工具条是一组与柴油机气缸曲线按钮相对应的工具条。在该工具条上，共有 11 个按钮。

从左往右依次为以下按钮：

(1)菜单按钮　单击该按钮，在按钮下方出现如图 3－1－11 所示的子菜单按钮。

(2)窗口最大化激活按钮　为触发型按钮，单击后当前窗口将触发为最大化窗口。

(3)当前活动窗口内容设定切换按钮　单击可以对当前活动窗口内的内容重新设定。

(4)曲柄转角切换按钮　这两个按钮可以改变气缸曲线在各种曲柄转角状态下的表现形式。

(5)运行按钮　触发型按钮。单击后所有的测量将暂停且测量的数据不能更新。同时，在原有运行按钮的位置上，将出现一个新的雪花状的冻结按钮。冻结按钮也是一个触发型

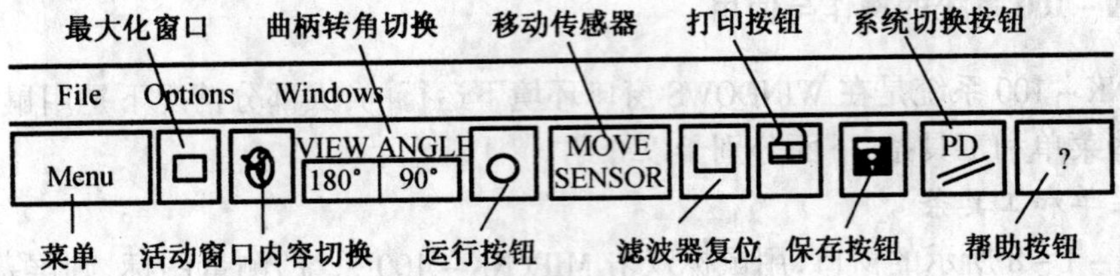

图 3－1－12 柴油机气缸曲线工具条

按钮。单击该按钮后，所有的测量数据将随时更新。同时，在原有冻结按钮的位置上，将重新出现运行按钮。

(6)移动传感器按钮　由于 5250 系列全集装箱船上配备的是移动式传感器。当某一缸的参数测量完毕后，必须将该缸的传感器拆下移到下一缸继续测量。因此，设置了移动传感器按钮。在移动传感器之前，必须单击运行按钮 5，使当前的测量暂停，然后单击移动传感器按钮。当传感器安装结束后，单击雪花状的冻结按钮 5，系统开始测取新的数据。

(7)滤波器复位按钮　单击该按钮后，系统在当前测量状态下对气缸曲线数据滤波器复位，对当前测量的数据进行刷新。

(8)打印按钮　单击该按扭后，系统立即打印当前窗口内所测取的数据。

(9)保存按钮　单击该按钮后，系统立即将当前所测取的数据保存到 NK－100 数据子目录。

(10)系统切换按钮　单击该按钮后，当前测量系统将切换至 PD－100 系统。

(11)帮助按钮　单击该按钮后，显示窗口将出现有关系统的帮助信息。

图 3－1－13 所示的工具条是一组与柴油机运行状态相对应的工具条。在该工具条上，共有 9 个按钮。其中，有一些按钮的功能与图 3－1－12 工具条中的功能相似。从左往右依次为以下按钮：

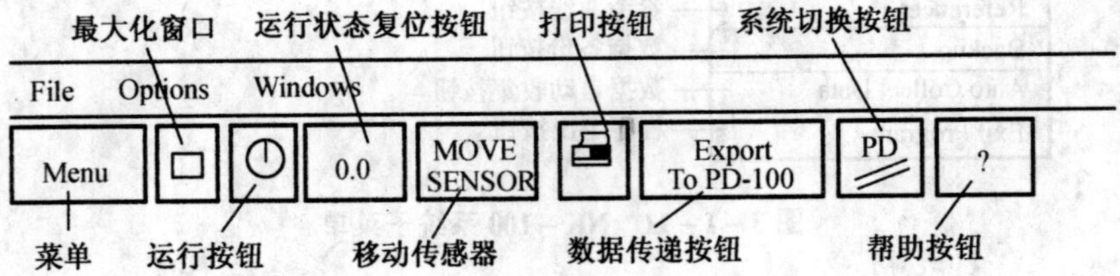

图 3－1－13 柴油机运行状态工具条

(1)菜单按钮。

(2)窗口最大化激活按钮。

(3)运行按钮。

(4)柴油机运行状态复位按钮　单击该按钮后，系统将原先测得的柴油机运行状态参数清零，重新开始新的数据测量过程。

(5)移动传感器按钮。

(6)打印按钮。

(7)数据传递按钮　单击该按钮后，当前所测量的柴油机运行状态参数将传递到 PD－

100 系统。

(8)系统切换按钮。

(9)帮助按钮。

图 3－1－14 所示的工具条是一组与柴油机状态参数条形图相对应的工具条。共有 8 个按钮。其中部分按钮与上述两个工具条中的功能相似。从左往右依次为以下按钮：

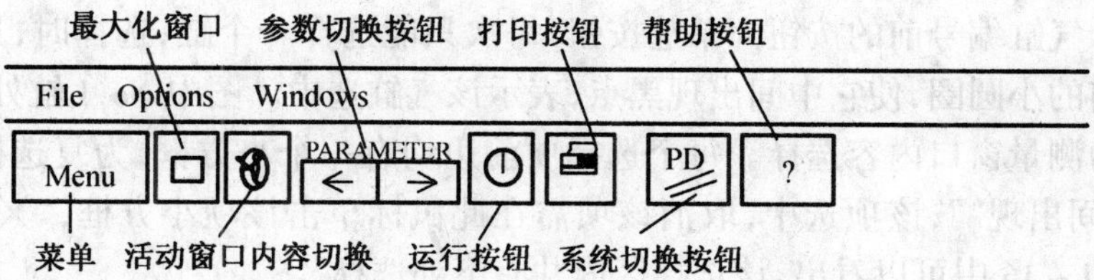

图 3－1－14　柴油机状态参数条形图工具条

(1)菜单按钮。

(2)窗口最大化激活按钮。

(3)当前活动窗口内容设定切换按钮。

(4)参数切换按钮　单击该按钮,可以使当前参数窗口在前一参数窗口和后一参数窗口之间来回切换。

(5)运行按钮。

(6)打印按钮。

(7)系统切换按钮。

(8)帮助按钮。

图 3－1－15 所示的工具条是一组与数据自动收集相对应的工具条。在该工具条上,共有 7 个按钮。其中,有一些按钮的功能与上述工具条中的功能相似。从左往右依次为以下按钮：

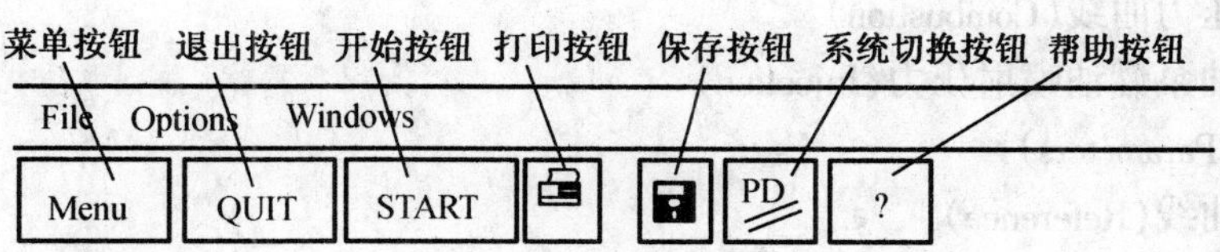

图 3－1－15　数据自动收集工具条

(1)菜单按钮。

(2)数据自动收集程序退出按钮。

(3)数据自动收集程序开始按钮。

(4)打印按钮。

(5)保存按钮。

(6)系统切换按钮。

(7)帮助按钮。

(二)柴油机气缸曲线

在图 3－1－11 所示的子菜单中,单击柴油机气缸曲线按钮,屏幕上将出现如图

3－1－16 所示的对话框。从图中可以看出，该对话框中共有三个选择区。左边一个区为柴油机列表选择。NK－100 系统可以同时监测 8 台、每台具有 18 个气缸、最高转速可达 3 000 r/min 的柴油机。5250 系列集装箱船上，该系统只为船舶主机服务，故该列表选择区内默认为船舶主机（MAIN ENGINE）。

中间一个区为柴油机气缸编号列表选择。实船主机只有 10 个气缸，且 NK－100 系统配备的是移动式传感器，所以，在测量过程中，需要不断选择并确认所需测量的气缸编号。该选择区内每个气缸编号前的按钮为单选按钮，每次只能选择一个缸，选择时，只需用鼠标单击气缸编号前的小圆圈，使它中间出现黑点，表示该气缸选中。图中 No.1 缸处于选中状态。右边一个区为测量窗口内容选择。每个选择项前边均有一个小方框，为复选框，选择时，单击小方框，中间出现“”，该项选中，取消该项需在此鼠标单击该项小方框，“×”消失取消选择。从图 3－1－16 中可以看出，该选择区内共有下列选择。

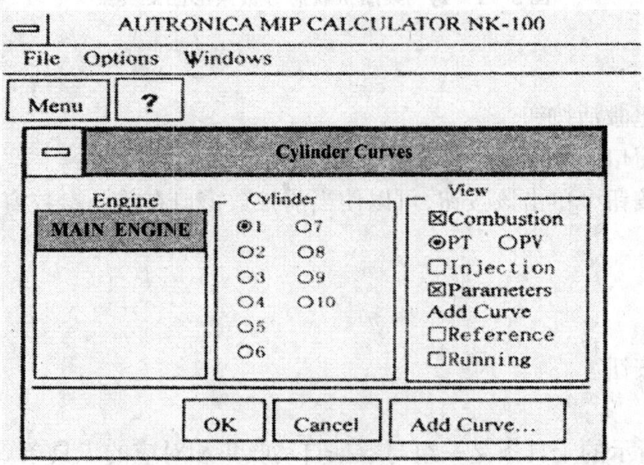

图 3－1－16 柴油机气缸曲线对话框

（1）燃烧压力曲线（Combustion）

（2）高压油泵燃油喷射压力（Injection）

（3）参数（Parameters）

（4）参数曲线（Reference）

（5）运行曲线（Running）

在选择燃烧压力曲线时，还有两个单选项供选择，分别为 $p-T$ 曲线（气缸内燃烧压力与曲柄转角之间的对应关系曲线）和 $p-V$ 曲线（气缸内燃烧压力与气缸容积之间的对应关系曲线）。图 3－1－17 为燃烧压力曲线分别为 $p-T$ 曲线和 $p-V$ 曲线的两种图例。从图中可以看出，$p-T$ 曲线实际上是柴油机各缸的气缸压力与曲柄转角之间的对应关系曲线，而 $p-V$ 曲线实际上是柴油机各缸的气缸压力与气缸容积之间的对应关系曲线。

图 3－1－17 柴油机燃烧压力曲线

当选择高压油泵燃油喷射压力这一选项时，则高压油泵燃油喷射压力曲线将叠加在燃烧压力曲线上；当选择参数这一选项时,则有关燃油压力曲线及高压油泵燃油喷射压力曲线的一些重要参数将同时出现在燃烧压力曲线上。

当所有的选择结束后,单击"OK"按钮即可进入如图 3-1-18 所示的数据测量窗口。该数据窗口中显示的图形为主机 No.1 气缸内燃烧压力与曲柄转角之间的对应关系曲线及高压油泵燃油喷射压力与曲柄转角之间的关系曲线。

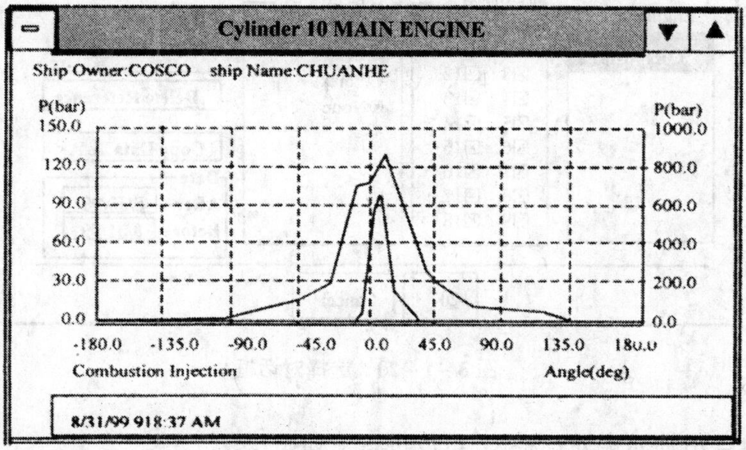

图 3-1-18 数据测量窗口

在图 3-1-18 所示的数据测量窗口状态下,如果要对其他气缸进行数据测量,则单击工具条上的移动传感器(MOVE SENSOR)按钮,数据测量窗口马上出现如图 3-1-19 所示对话框,在该对话框中,共有两项操作:传感器移动操作和选择欲测量的气缸。假设当前燃烧压力传感器及高压油泵燃油喷射压力传感器均连接在如图 3-1-19 所设的 No.1 缸,现在要对 No.2 缸测量,进行如下操作。

单击燃烧压力传感器(1 Combustion)选中→单击气缸编号 2(前面圆圈中出现黑点);单击高压油泵燃油喷射压力传感器(2 Injection)选中→单击气缸编号 2(前面圆圈中出现黑点),最后按 OK 按钮,当机旁附近的传感器安装结束后,图 3-1-18 所示的数据测量窗口内即可出现 No.2 缸的有关测量数据。如要对上述测量数据进行保存或打印,则首先单击图 3-1-18 工具条上的运行按钮(参见图 3-1-12 工具条中 5),使测量数据处于冻结状态,然后单击打印机按钮或保存按钮,即可对所测量的数据进行打印或保存。

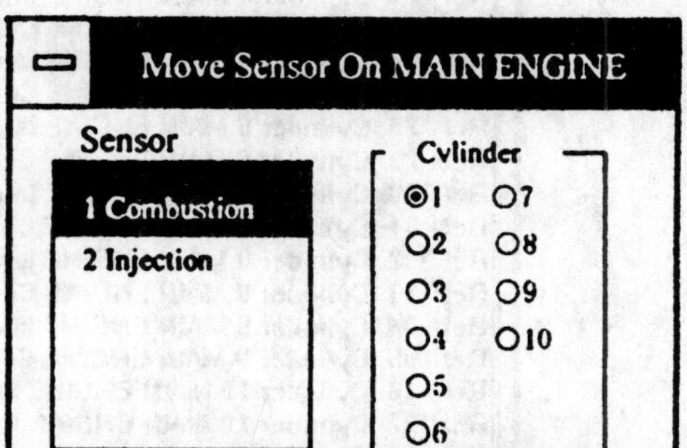

图 3-1-19 移动传感器对话框

在测量过程中,如要增加以往某一时间所测量的曲线作为比较,可以在图 3-1-16 所示的对话框中,单击"Reference"的小方框,使其处于选中状态,此时,对话框右下角的"Add Curve…"按钮被激活,单击该按钮,屏幕上将出现图 3-1-20 所示的对话框。

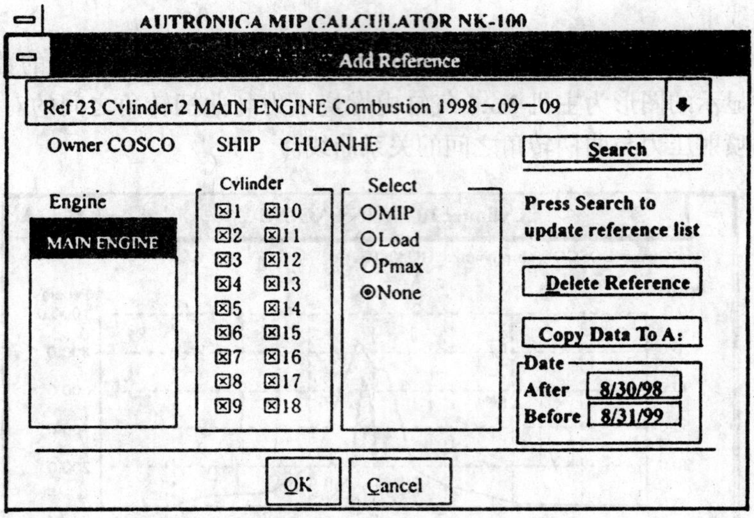

图 3－1－20 选择对话框

在图 3－1－20 所示的对话框中,可以进行下列操作。

1.参考曲线的选择

在对话框的上部,有一参考曲线列表选择。单击列表选择框右边的下拉箭头,将会出现如图 3－1－21 所示一系列有关参考曲线的编号、内容及测量日期等信息,选择所需参考的曲线,单击 OK 按钮后,该曲线即叠加在图3－1－18 所示的数据测量窗口中。

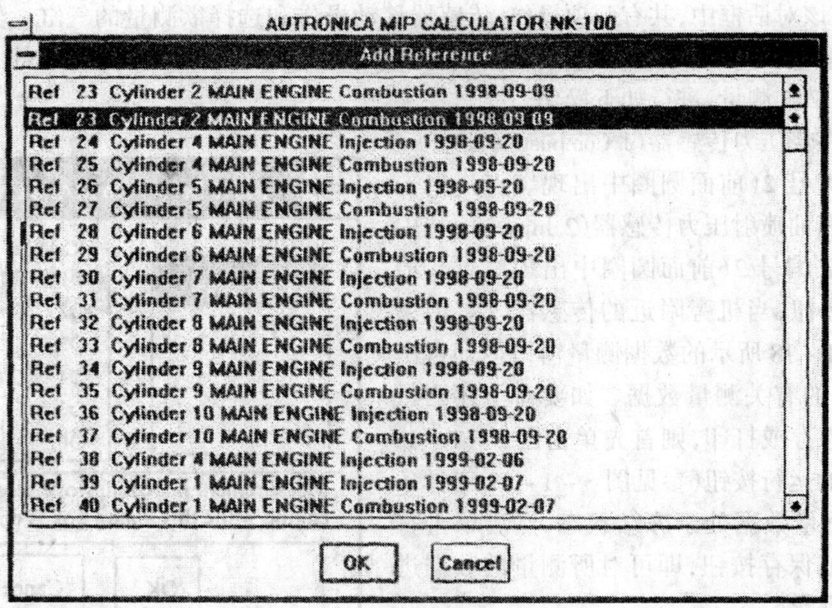

图 3－1－21 选择对话框

2.选择所需参考曲线的气缸编号

在气缸编号列表选择区内,共有18个气缸供选择,且从图3-1-20中可以看出,每个气缸编号前的复选框中都处于选中状态,而实际主机只有10个缸,当只选中其中某一缸而取消其他各缸的选择时,单击搜索(Search)按钮,则图3-1-21中只列出有关选中气缸的测量数据。

3.测量参数选择

该选择区共有三个测量参数供单项选择,分别为主机单缸平均指示压力(MIP)、主机单缸负荷(Load)、主机单缸最大燃烧压力(p_{max}),当选择其中一项时,该参数将出现在图3-1-18所示的数据测量窗口中。如果选择无(None),则将不出现该参考信息。

4.参考曲线删除

在参考曲线选择列表框中,选择所要删除的参考曲线,单击参考曲线删除按钮(Delete Reference)并确认后,所选择的参考曲线即被删除。该删除为永久性删除,无法恢复。操作时必须谨慎。

5.数据的复制

如果要将数据复制到软盘,单击数据复制按钮(Copy Data To A:),输入所需复制的数据所在的时间间隔,单击OK按钮确认后即可。

在测量过程中,如果同时观察两个缸的测量参数,可以在图3-1-16所示的对话框中,单击"Running"前的小方框,使其处于选中状态,此时,对话框右下角的"Add Curve..."按钮被激活,单击该按钮,屏幕上将出现图3-1-22所示的对话框。

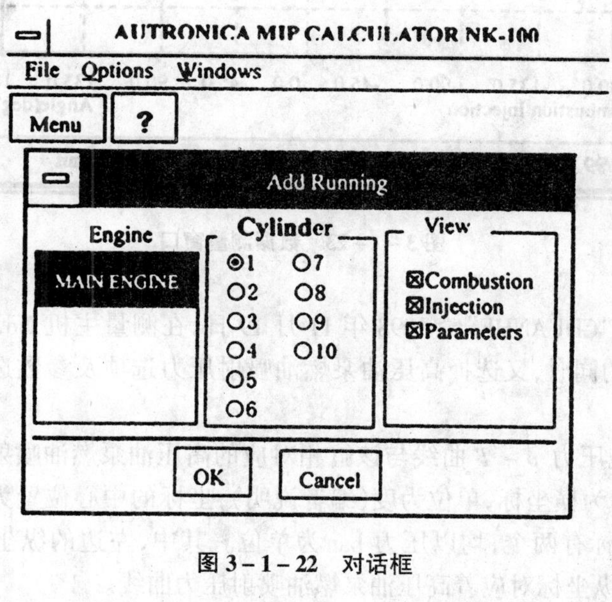

图3-1-22 对话框

从图中可以看出,该对话框中共有三个选择区。左边一个区为柴油机列表选择。由于该系统只为船舶主机服务,故该列表选择区内默认为船舶主机(MAIN ENGINE)。

中间一个区为柴油机气缸编号列表选择。实船主机只有10个气缸,且NK-100系统配备的是移动式传感器,在测量过程中,每次只能选择一个缸。因此,要想在同一数据测量窗口内同时观察两个缸的同一类型的测量数据,是不可能实现的。这一功能只适用于固定式传感器。

右边一个区为测量窗口内容选择。该选择区内共有下列选择。

(1)燃烧压力曲线(Combustion)。

(2)高压油泵燃油喷射压力曲线(Injection)。

(3)参数(Parameter)。

选择任一参数或全部选定后,单击 OK 按钮,数据测量窗口如图 3-1-23 所示,该测量窗口所显示的内容为主机 No.1 缸燃烧压力与曲柄转角之间的曲线图(以红色表示)及 No.2 缸高压油泵燃油喷射压力曲线及相关数据的测量窗口(以蓝色表示)。如果实船配备固定式传感器测量系统,则在上述情况下。同一测量窗口中就可以同时观察 No.1 缸(以红色表示)和 No.2 缸(以蓝色表示)燃烧压力与曲柄转角之间的曲线图或 No.1 缸(以红色表示)及 No.2 缸高压油泵燃油喷射压力曲线图,甚至是其他任意气缸之间的相互比较。

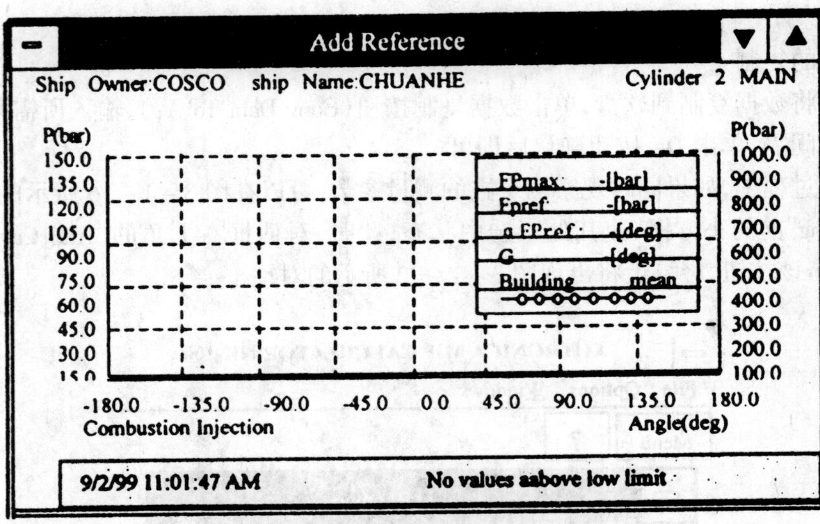

图 3-1-23 数据测量窗口

图 3-1-24 为"CHUANHE"轮 1998 年 11 月 19 日,在测量主机 No.1 缸时,燃烧压力曲线选择 $p-T$ 曲线的同时,又选择高压油泵燃油喷射压力选项及参数选项后所打印的一份曲线图。

在该图中,燃烧压力 $p-T$ 曲线与该缸相对应的高压油泵燃油喷射压力曲线共有一个坐标系,以曲柄转角为横坐标,单位为度(编者说明),坐标的中心位置为该缸活塞在上止点(TDC)的位置;纵坐标有两个,均以压力 bar 为单位。其中,左边的纵坐标对应着燃烧压力 $p-T$ 曲线,右边的纵坐标对应着高压油泵燃油喷射压力曲线。

需要说明的是,在测量过程中,当参数表中最底一行显示"Building Mean Value"信息时,表示系统正在建立平均值,此时不得进行移动传感器操作,只有当参数表中最底一行显示"Mean value is reached"信息时,方可进行传感器移动操作,否则,系统无法得到柴油机各缸参数的平均值。

从图中可以看出,该曲线图中,气缸内的燃烧压力 $p-T$ 曲线,与该缸相对应的高压油泵燃油喷射压力曲线及参数表同时存在,它的好处是三者之间可以相互比较对照。

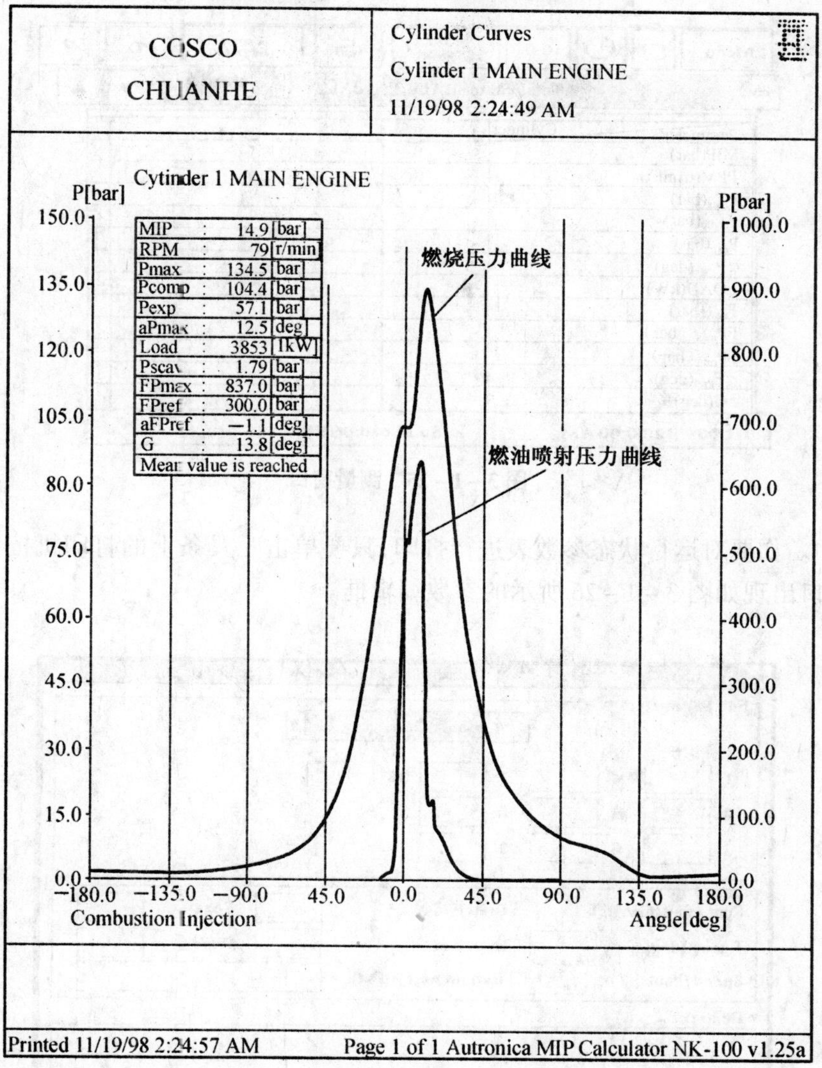

图 3-1-24 气缸压力曲线图

(三)柴油机运行状态参数

柴油机运行状态参数实际上是 NK-100 系统在测量柴油机各气缸内的燃烧压力及高压油泵燃油喷射压力等重要参数时,自动将这些重要参数汇集成表。在图 3-1-11 所示的子菜单中,单击柴油机运行状态按钮,屏幕出现如图 3-1-25 所示的测量窗口状态。

在图 3-1-25 中,由于显示窗口的限制,只显示了部分参数,利用窗口右边缘和下边缘的滚动工具条,可以显示柴油机运行状态的所有参数。测量开始前,单击工具条上的柴油机运行状态复位按钮,将原先系统内的柴油机运行状态参数清零,重新开始新的数据测量过程。每测量一个缸,运行状态参数表中将增加该缸的参数内容。当测量窗口的最后一栏建立起各项参数的平均值后,单击移动传感器按钮,开始下一个缸的测量工作。直到所有各缸均测量完毕。通常,在对柴油机气缸曲线进行测量时,同时打开柴油机气缸曲线测量窗口及柴油机运行状态参数测量窗口,则在测量气缸内的燃烧压力 $p-T$ 曲线、高压油泵燃油喷射压力曲线及相关参数的同时,所有被测量的各缸状态参数同时出现在柴油机运行状态参数

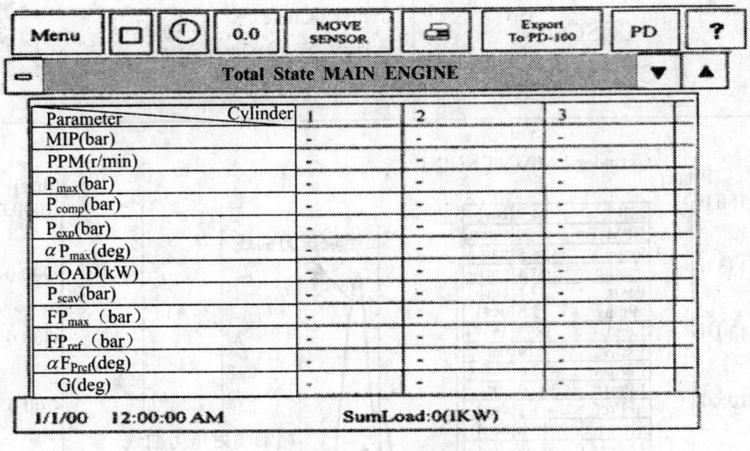

图 3-1-25 测量窗口

测量窗口中。如要对运行状态参数表进行打印,只要单击工具条上的打印机按钮即可。此时,数据窗口出现如图 3-1-26 所示的参数编辑框。

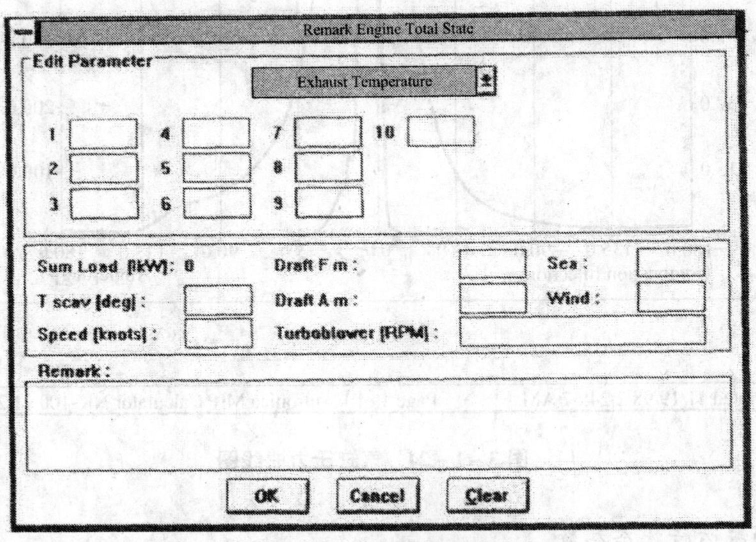

图 3-1-26 参数编辑窗口

在参数编辑框内,有一个参数项列表,按下表右边的下列箭头,将出现如图 3-1-27 所示的三项选择,分别为柴油机各缸排烟温度(Exhaust Temperature)、各缸高压油泵油门齿条刻度(Pump Index)及各缸高压油泵可变喷油定时 VIT(Variable Injection Time)刻度。每选择一项,即可在图 3-1-26 所示的参数编辑框内编辑该项参数。当参数编辑完成后,填上测量工作进行期间船舶前后吃水情况(Draft F, Draft A),海况、风速、航速以及船舶主机扫气温度及增压器转速等参数,如有附加说明,可在备注栏中填写。所有参数填写结束后,单击打印机打印确认按钮,打印机即可打印

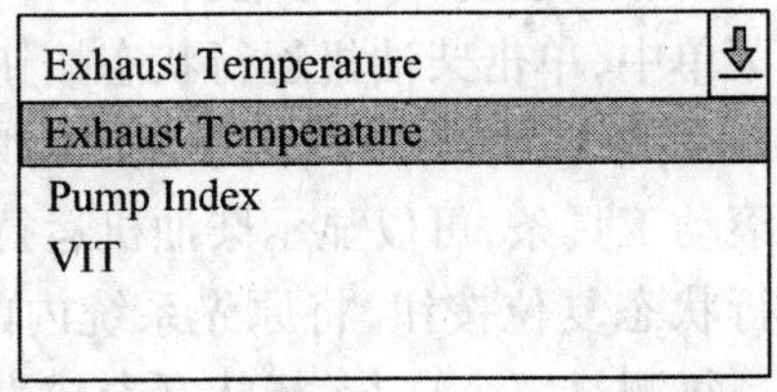

图 3-1-27 参数项列表

出如图 3－1－28 所示的柴油机运行状态参数表。

从图 3－1－28 中可以看出，运行状态参数表中所列出的主机各缸状态参数主要为气缸状态参数、高压油泵状态参数及有关热工状态参数，最后一栏自动计算出平均参数值。无论是从主机的管理角度出发，还是从主机工况参数调整出发，该状态参数表对管理人员来说，是十分有用的。

COSCO CHUANHE

Engine Total State
MAIN ENGINE
11/19/98 3:10:42 AM

Parameter \ Cylinder	1	2	3	4	5	
MIP [bar]	14.9	14.7	14.2	14.1	14.3	
RPM [r/min]	79	79	79	79	79	
Pmax [bar]	134.5	132.7	132.3	132.1	133.9	
Pcomp [bar]	104.4	105.8	99.6	97.9	102.0	
Paxp [bar]	57.1	56.8	54.0	53.0	54.1	
aPmax [deg]	12.5	12.5	12.0	11.5	12.5	
Load [IkW]	3653	3587	3459	3452	3498	
Pscav [bar]	1.79	1.83	1.81	1.80	1.81	
FPmax [bar]	637.0	649.3	643.7	641.9	649.5	
FPref [bar]	300.0	300.0	300.0	300.0	300 0	
aFPref [deg]	-1.1	-0.8	-0.8	-2.0	-1.2	
G [deg]	13.8	13 6	12.6	13.4	13.1	
Exhaust Temperature	308	300	299	309	301	
Pump Index	110	112	110	109	110	
VIT	7.5	7.3	6.5	7.5	7.5	
Parameter \ Cylinder	**6**	**7**	**8**	**9**	**10**	**Mean**
MIP [bar]	14.0	15.2	14.4	14.4	13.9	14.4
RPM [r/min]	79	79	79	79	79	79
Pmax [bar]	133.7	132.6	130.2	131.6	129.5	132.3
Pcomp [bar]	103.5	101.2	100.7	104.1	103.8	102.3
Pexp [bar]	54.1	56.4	54.4	55.5	54.2	55.0
aPmax [deg]	12.5	13.5	13.0	13.0	13.5	12.6
Load [IkW]	3434	3721	3520	3516	3384	3522
Pscav [bar]	1.76	1.79	1.76	1.82	1.77	1.79
FPmax [bar]	629.0	655.1	637.5	632.6	636.6	641.2
FPref [bar]	300.0	300.0	300 0	300.0	300.0	300.0
aFPref [deg]	-1.2	-0.6	-0.6	-0.7	-0 7	-1.0
G [deg]	12.9	13.4	13.0	13.4	13.0	13 2
Exhaust Temperature	311	293	308	297	297	
Pump Index	108	107	108	108	108	
VIT	7.6	7.3	7.4	7.2	7.5	

SumLoad [IkW]	35223	Draft F [m]	9.6	Wind	3
TScav [deg]	38	Draft A [m]	9.7	Sea	2
Speed [Knots]	26.2	Turboblower [RPM]	9000 9000 9000		

Printed 11/19/98 3:28:32 AM　　Page 1 of 1 Autronica MIP Calculator NK-100 v1.25a

图 3－1－28　柴油机运行状态参数

（四）柴油机状态参数条形图

柴油机状态参数条形图实际上是 NK－100 系统在测量柴油机各气缸内的燃烧压力及高压油泵燃油喷射压力等重要参数时，自动将这些重要参数以条形图的形式表示出来。在图 3－1－11 所示的子菜单中，单击条形图按钮，屏幕上将出现如图 3－1－29 所示的对话框。

在该对话框中，共有两类参数供选择，一类是有关气缸内燃烧压力及状态的参数，另一类是有关高压油泵燃油喷射压力等重要参数。所有参数前的按钮均为单选按钮。从图 3－1－29 中可以看出，参数 MIP（平均指示压力）处于选中状态。当参数选择结束后，单击“OK”按钮即可进入如图 3－1－30 所示的条形图显示窗口。如要取消选择，单击“Cancel”按钮。

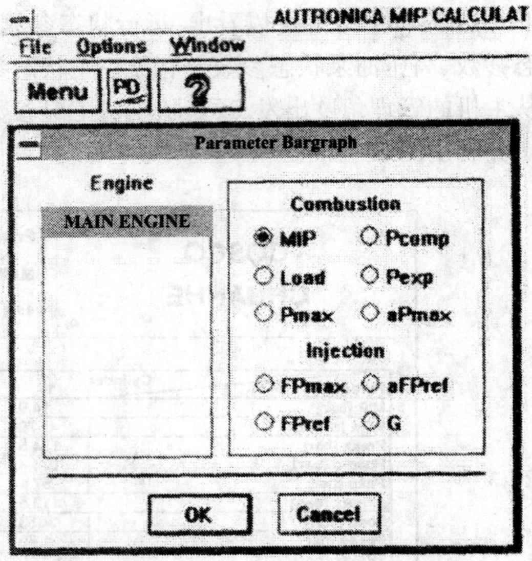

图 3－1－29 对话框

要进入柴油机状态参数条形图显示窗口，首先必须在柴油机气缸曲线状态下或进入柴油机运行状态参数表，完成船舶主机所有各缸的测量工作后，既能得到柴油机各缸的燃烧压力 $p-T$ 或 $p-V$ 曲线图及柴油机运行状态参数表，又能得到完整的柴油机状态参数条形图，而且不必进行传感器的移动操作。如果 MIP 系统启动后直接进入柴油机状态参数条形图显示窗口，则不能同时得到柴油机所有各缸的参数条形图，只有通过传感器的移动操作，所有各缸逐一进行测量，才能在同一条形图显示窗口，显示所有各缸的参数条形图，但却无法得到完整的柴油机各缸的燃烧压力 $p-T$ 或 $p-V$ 曲线图及柴油机运行状态参数表。

图 3－1－30 所示的条形图显示状态下，单击工具条上参数按钮(Parameter)的左右箭头，可以不断切换条形图中所显示的参数内容。例如，图 3－1－30 所示的条形图所显示的是柴油机各缸 MIP 的条形图，如果单击参数按钮(Parameter)的左右箭头，则窗口显示内容将不断在 MIP、Pcomp、Load、Pexp 等 10 个条形图之间相互切换。如要对柴油机状态参数条形图进行打印，只要单击工具条上的打印机按钮即可。

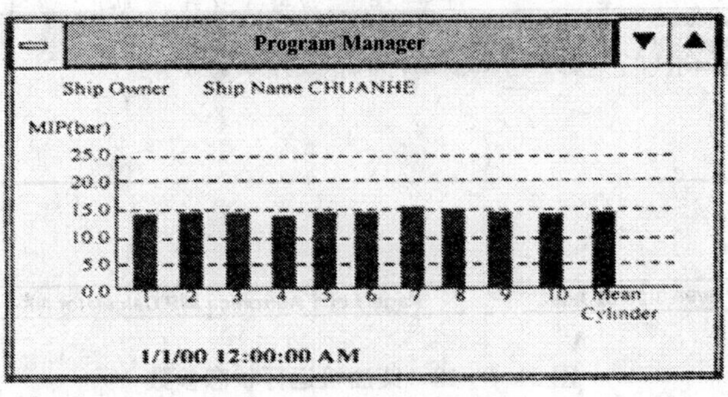

图 3－1－30 条形图显示

(五)柴油机状态参数参考曲线图

在图 3－1－11 所示的子菜单中，单击柴油机状态参数参考曲线按钮，屏幕上将出现如图 3－1－20 所示的对话框，所有操作与前述相同。实际上，所谓的参考曲线，就是以往每次测量后所保存的测量结果，它是按测量时间的先后进行排序的。其目的就是作为以后测量及分析柴油机运行工况时的参考。

(六)数据的备份

在图 3－1－11 所示的子菜单中，单击柴油机状态参数参考曲线按钮，屏幕上将出现如图 3－1－31 所示的对话框。在该对话框的左侧，有一目录列表选择，可以根据实际要求，首先选择存放备份数据的目标盘，然后选择存放备份数据的目录；在该对话框的右侧，通过输入某一确定的时间，该时间间隔中所有的测量数据备份到所制定的目录中。当所有的操作完成后，单击 OK 即可。

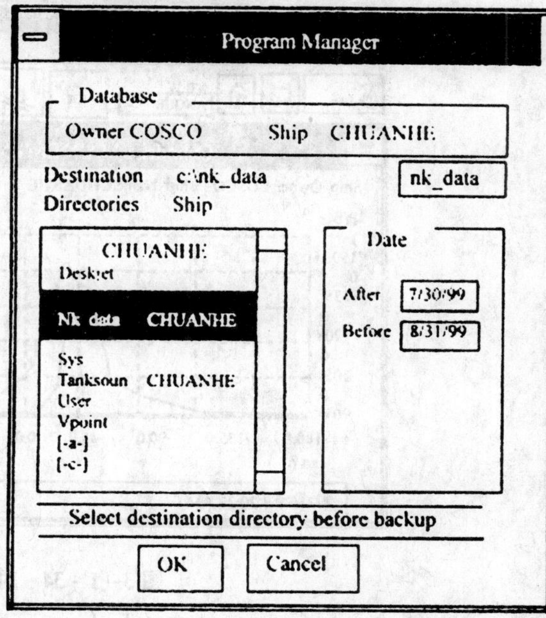

图 3－1－31　对话框

(七)数据的自动收集

在图 3－1－11 所示的子菜单中，单击数据自动收集按钮，屏幕上将出现如图 3－1－32 所示的对话框。在该对话框的上部，可以选择所要搜集数据的对象。由于该系统只为船舶柴油主机服务，因此，在柴油机(Engine)的列表选项中，只有主机(MAIN ENGINE)这一项可选。在对话框的左部，为传感器(Sensor)选择，其中，燃烧压力传感器为必选项，高压油泵燃油喷射压力传感器为可选项。在对话框的右部，为柴油机气缸编号选择，每次只能选择一个缸。当选择结束后，单击 OK 按钮，屏幕上将出现图 3－1－33 所示的信息框。在该信息框中，提示系统开始对柴油机 No.1 缸的参数进行自动收集(因为图 3－1－32 对话框中传感器连接在 No.1 缸)，需要注意，无论是燃烧压力传感器还是高压油泵燃油喷射压力传感器，至少要安装在缸头高压油泵上 10 min 以上，以使其达到工作温度。当单击 OK 后，稍等片刻，屏幕上将出现如图 3－1－34 所示的数据自动收集窗口。

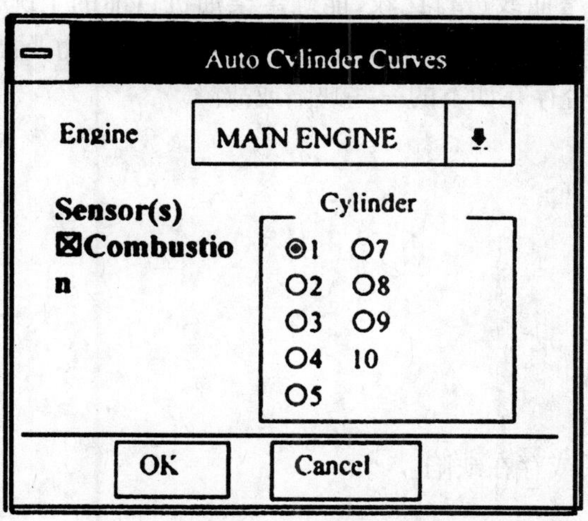

图 3－1－32　对话框

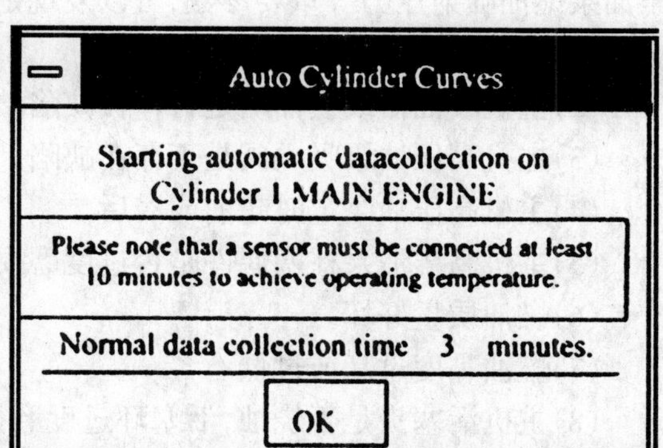

图 3－1－33　对话框

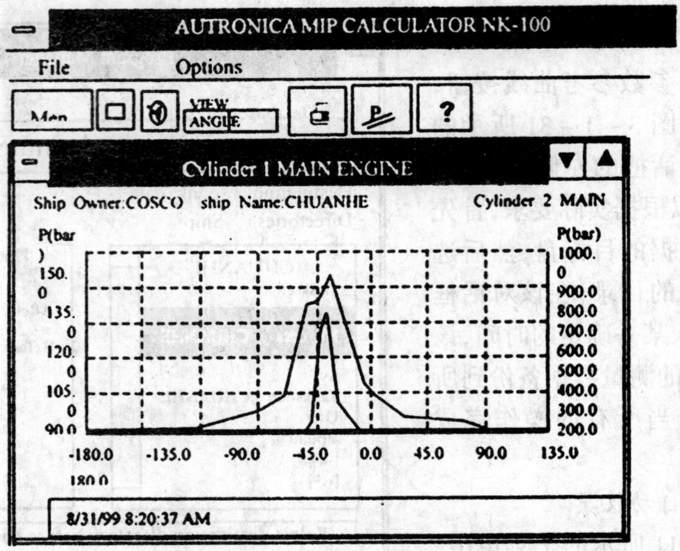

图 3-1-34 对话框

(八)程序退出

在图 3-1-11 所示的子菜单中,单击程序退出按钮,则屏幕上将出现确认对话框。如果确定退出,则单击 OK 按钮,否则单击 NO 按钮取消。

(九)典型故障诊断

实际上 NK-100 系统在船舶柴油机投入运行后,磨合期结束时设备处于最佳运行状态,此时在 50%MCR、70% MCR、80%MCR 及 100%MCR 四种工况下测量柴油机各气缸内的燃烧压力及高压油泵燃油喷射压力等重要参数,并由 Autromica 公司将这些重要参数整理成各种工况下的标准模型参考曲线,供船方在日常测量时进行比较,以便确定柴油机目前的工况。

NK-100 系统运行时,通过与标准模型参考曲线进行比较,能确定柴油机目前的工况,并能发现柴油机的一些主要部件是否存在缺陷。通过测量柴油机各气缸内的燃烧压力及高压油泵燃油喷射压力等重要参数,可以发现是否存在如下的一些缺陷或故障。

(1)船舶主机排气阀是否存在漏泄。

(2)主机喷油器或喷油嘴是否存在缺陷。

(3)主机高压油泵吸入阀是否存在缺陷。

(4)主机高压油泵定时超前或滞后。

(5)主机高压油泵柱塞偶件是否过度磨损。

(6)燃油质量好坏。

(7)燃油黏度过高或过低。

(8)主机活塞头是否烧蚀,活塞环过度磨损或存在缺陷。

(9)主机扫气空气压力是否过低。

下面通过一些燃烧压力及高压油泵燃油喷射压力的典型曲线作一说明。

图 3-1-35 为船舶主机燃烧压力参考曲线(虚线)与实际测量曲线(实线)二者之间的比较。从图中可以看出,与参考曲线相比,参数 P_{max} 偏低,p_{exp} 及(P_{max})偏高。

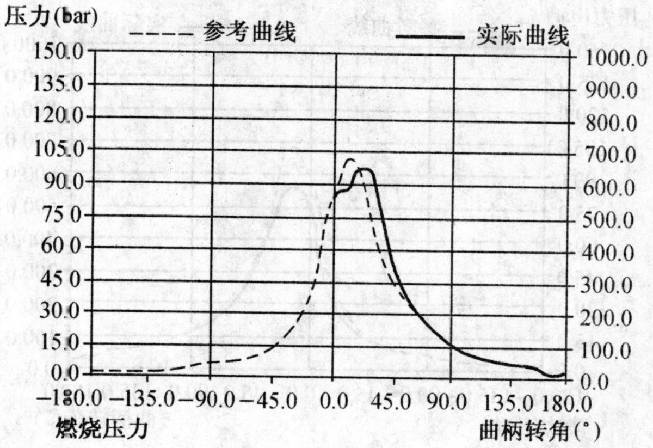

图 3-1-35 主机燃烧压力曲线分析图

可能存在的故障：

(1)主机高压油泵定时过分滞后；

(2)主机高压油泵吸入阀有缺陷；

(3)主机喷油器和喷油嘴有缺陷；

(4)如果主机所有各缸的曲线存在相同的情况，则主机所燃用的燃油质量比较差。

图 3-1-36 为船舶主机燃烧压力参考曲线(虚线)与实际测量曲线(实线)二者之间的比较。从图中可以看出，与参考曲线相比，参数 P_{max} 偏高，p_{exp} 及(P_{nax})偏低。

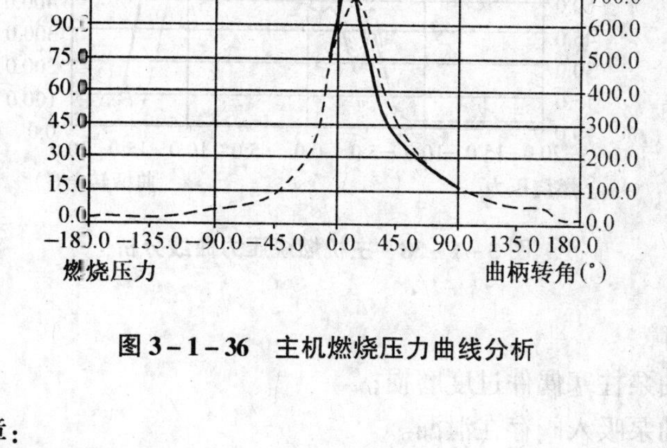

图 3-1-36 主机燃烧压力曲线分析

可能存在的故障：

主机高压油泵定时过分超前。

图 3-1-37 为船舶主机燃烧压力参考曲线(虚线)与实际测量曲线(实线)二者之间的比较。从图中可以看出，与参考曲线相比，参数 MIP，P_{max}，p_{comp} 及 p_{exp} 偏低。

可能存在的故障：

(1)主机活塞环过度磨损或存在缺陷；

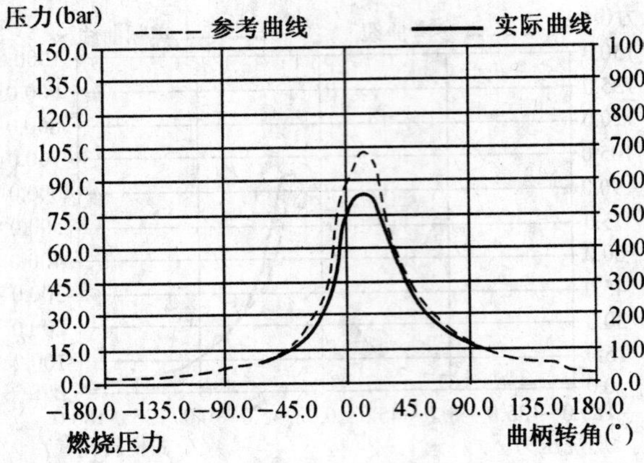

图 3-1-37 主机燃烧压力曲线分析图

(2)主机活塞头可能烧蚀;

(3)主机排气阀存在漏泄;

(4)如果主机所有各缸的曲线存在相同的情况,则主机扫气空气压力偏低。

图 3-1-38 为船舶主机高压油泵燃油喷射压力参考曲线(虚线)与实际测量曲线(实线)两者之间的比较。从图中可以看出,与参考曲线相比,参数 EP_{max} 偏低,G 偏高。

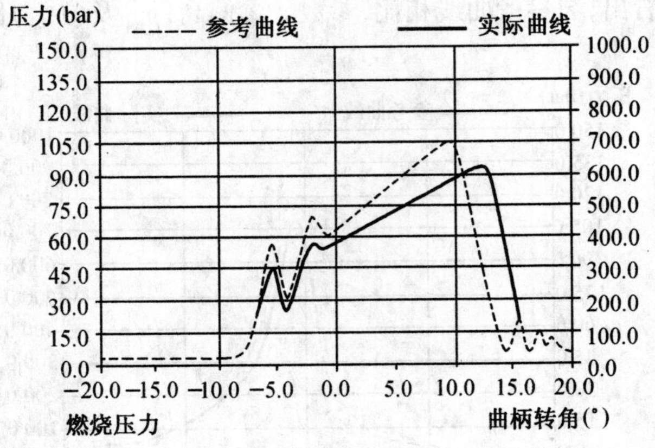

图 3-1-38 主机燃烧压力曲线分析

可能存在的故障:

(1)主机高压油泵柱塞偶件过度磨损;

(2)主机高压油泵吸入阀存在泄漏。

图 3-1-39 为船舶主机高压油泵燃油喷射压力参考曲线(虚线)与实际测量曲线(实线)二者之间的比较。从图中可以看出,与参考 EP_{max} 曲线相比,参数及 G 均偏低。

可能存在的故障:

(1)主机喷油嘴过度磨损或损坏;

(2)如果主机所有各缸的曲线存在相同的情况,则燃油黏度偏低。

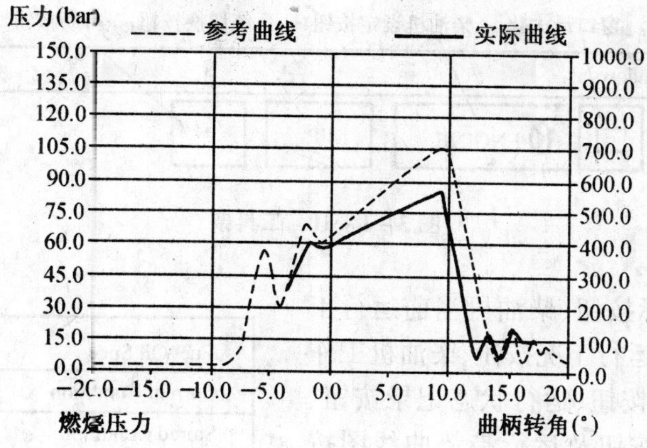

图 3-1-39　主机燃烧压力曲线分析图

图 3-1-40 为船舶主机高压油泵燃油喷射压力参考曲线(虚线)与实际测量曲线(实线)二者之间的比较。从图中可以看出,与参考曲线相比,参数 FP_{max} 及 G 均偏高。

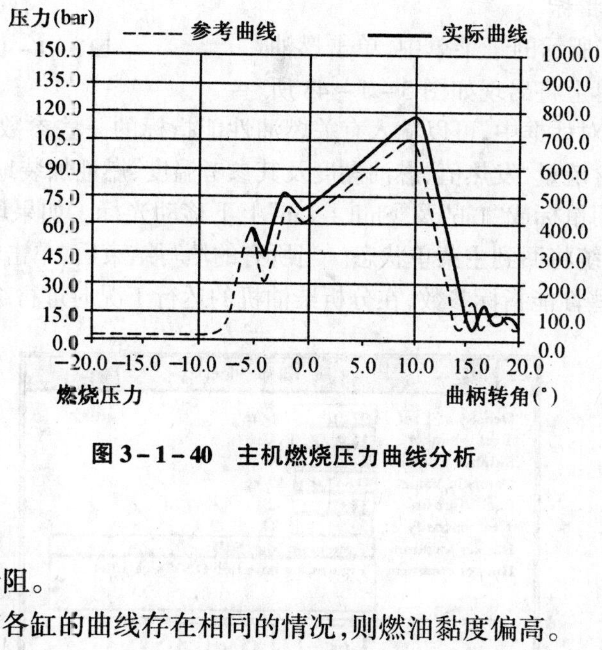

图 3-1-40　主机燃烧压力曲线分析

可能存在的故障:

(1)主机喷油嘴卡阻。

(2)如果主机所有各缸的曲线存在相同的情况,则燃油黏度偏高。

四、PD-100 系统的操作与使用

与 NK-100 系统相同的是,PD-100 系统也是在 WINDOWS 窗口环境下运行的。该系统也有一些菜单和工具条,下面分别予以介绍。

(一)菜单和工具条

在图 3-1-8 所示的窗口,用鼠标双击 PD(PD-100 Prof Diesel)图标,则屏幕的上部将出现一个工具条,分别为 PD-100 系统主菜单按钮、窗口最大化按钮、柴油机设定按钮、NK-100 系统切换按钮,还有一个是帮助菜单按钮,如图 3-1-41 所示。

在该图中,单击主菜单按钮,该按钮下方将出现如图 3-1-42 所示的 8 个子菜单按钮,

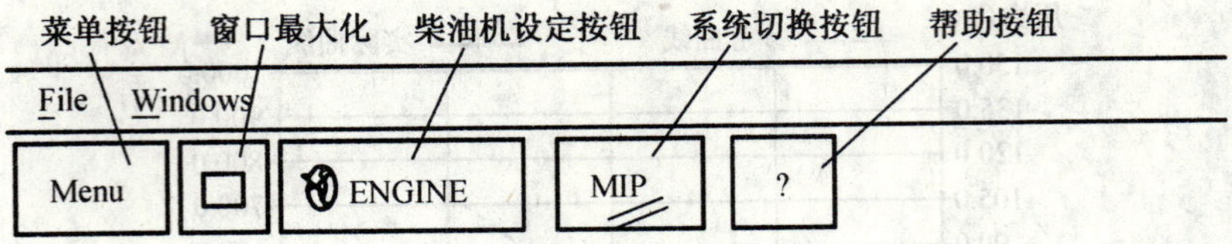

图 3-1-41 工具条

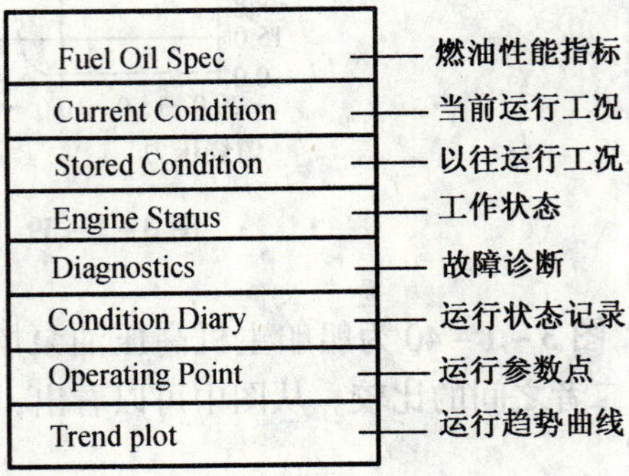

图 3-1-42 子菜单

分别为燃油性能指标按钮、柴油机当前运行工况按钮、柴油机以往运行工况按钮、柴油机工作状态按钮、故障诊断按钮、运行状态记录按钮、柴油机运行参数点按钮及运行趋势曲线图按钮。双击任意按钮，屏幕上将出现相对应的窗口。同时，在窗口的上边缘，将会有不同的工具条，工具条上的一些按钮功能与 NK-100 系统中所介绍的基本相似。

（二）燃油性能指标

在图 3-1-42 所示的子菜单中，单击燃油性能指标按钮，屏幕上将出现如图 3-1-43 所示的对话框。在该对话框中，可以输入有关燃油性能指标的一些参数，如燃油密度、燃油加装时的参考温度、含硫量、发热值、燃油黏度及其参考温度、燃油加装地点及有关说明。在填写过程中，可以利用鼠标或“Tab”及“Shift + Tab”上下移动光标。如果取消此项操作，可以单击“Cancel”按钮，系统将回到主菜单状态。当所有的填写结束后，单击“OK”按钮即可。PD-100 系统将利用这些性能指标参数，在分析柴油机的运行工况时进行综合考虑。

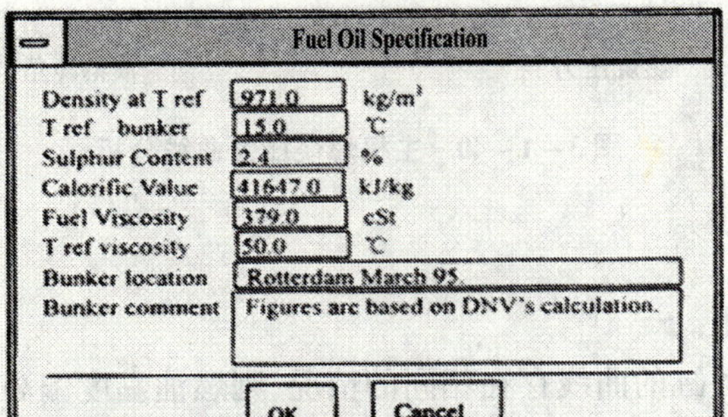

图 3-1-43 燃烧性能对话框

（三）柴油机当前运行工况

在图 3-1-42 所示的子菜单中，单击柴油机当前运行工况按钮，屏幕上将出现如图 3-1-44 所示的对话框。该对话框为柴油机测量参数输入选择对话框，在该对话框中，可以选择所要分析的柴油机当前运行状态参数，这些参数是由 NK-100 系统在对柴油机运行状态参数测量结束后输出到 PD-100 系统，作为分析柴油机运行工况的重要参数。当该项数据后面出现“＊＊＊Processed＊＊＊”信息时，表示当时 NK-100 系统在对柴油机运行状态参数测量结束后，没有将测量的数据输出到 PD－100 系统，此时将返回到 NK－100 系统，执行将当时的测量数据输出到 PD－100 系统的操作。如果当时 NK－100 系统测量柴油机运行状态参数结束后，没有将这些测量参数及时保存，则及时回到 NK－100 系统，也无法将当时测量数据输出到 PD－100 系统。因此，在该对话框中，所选择参数项后面不应出现“＊＊＊Processed＊＊＊”信息。由于无可选参数项，可以单击“Cancel”按钮，系统将回到主菜单状态。

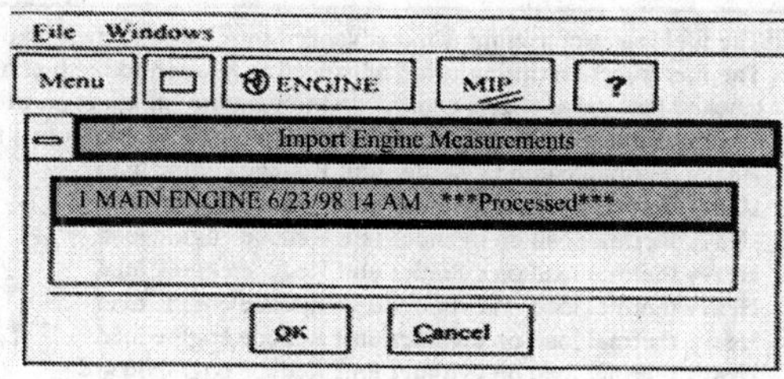

图 3－1－44　选择对话框

（四）柴油机以往运行工况

在图 3－1－42 所示的子菜单中，单击柴油机以往运行工况按钮，屏幕上将出现如图 3－1－45 所示的对话框。由于实船中 NK－100/PD－100 系统只监测单台柴油机，因此，通过该对话框，可以对以往任一时间所测量的柴油机运行工况参数进行选择，检查并核对所测量的柴油机的运行工况参数。

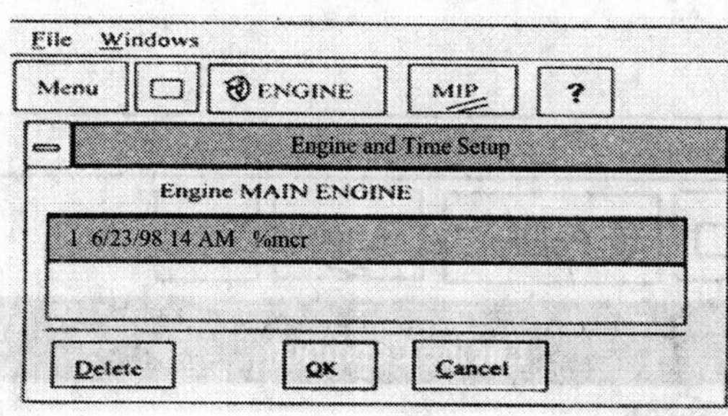

图 3－1－45　设置对话框

通常情况下，该对话框中将列出以往任一时间所测量的柴油机运行工况参数，选中某一参数后单击 OK 即可进入下一步操作。由于当前状态下只有一项，如要取消此项操作，可以单击“Cancel”按钮，系统将回到主菜单状态。如果要继续此项操作，单击“OK”按钮后，显示窗口将会出现如图 3－1－46 所示的对话框。

该对话框共分为上下两部分，上半部分为提示信息类型选择区，共有四类，分别为测量数据（Measured）、数据计算（Calculated）、参数偏差（Deviation）及诊断（Diagnostics），每个信息类型前的按钮为单选按钮，每次只能选择其中的一种。下半部分为参数信息显示框，所显示的参数信息与上面所选择的提示信息类型相一致。例如，在图 3－1－46 中，上半部分单选诊断，则下半部分即显示诊断信息。其中：

＃1信息（D4）为柴油机 No.2 气缸高压油泵喷油定时相对于所用的燃油质量来说提前角过大；＃3信息（D9）为柴油机 No.1 气缸喷油嘴卡阻引起燃油喷射压力过高；＃4信息（D13）为柴油机 No.1 气缸燃油喷射压力过高引起凸轮机械负荷过高……

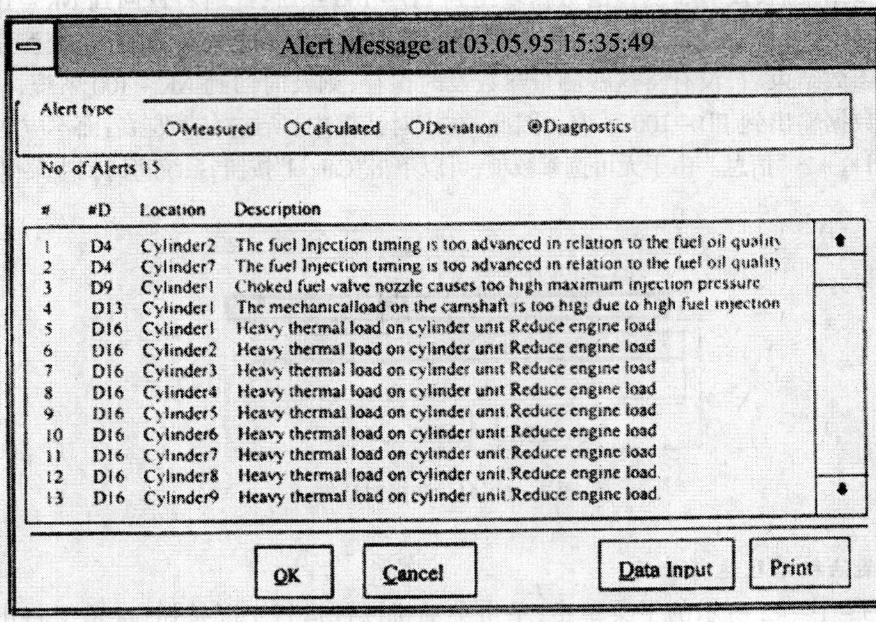

图 3－1－46　选择对话框

在图 3－1－46 显示状态下，如要取消上述操作，可以单击“Cancel”按钮，系统将回到主菜单状态。如果要继续此项操作，单击“OK”按钮后，显示窗口将会出现如图 3－1－47 所示的对话框。

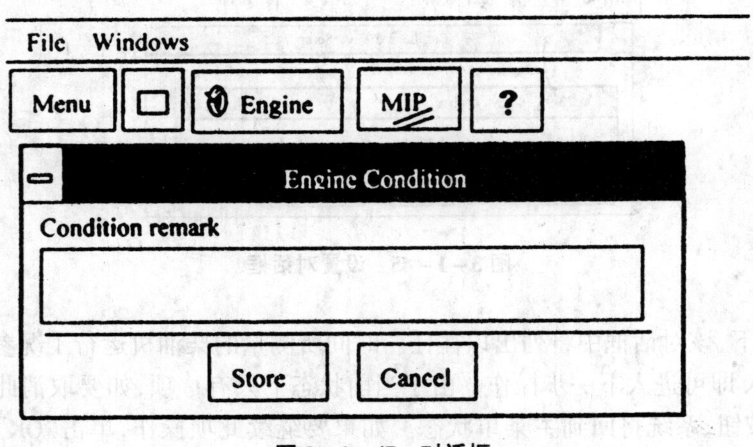

图 3－1－47　对话框

在该对话框中，如要取消操作，可以单击“Cancel”按钮，系统将回到主菜单状态。如果所有参数都经校对无误，则可单击“Store”按钮，所有的参数均将储存到系统的共享数据库里。如果要对所测量的数据重新校对，则选择并单击“Data Input”按钮，显示窗口将进入图 3－1－48 所示的数据输入窗口。

从图中可以看出，该对话框的上部，有两个选择区，左边的一个区为数据类型选择，分别为手动数据输入（Manual Data）及自动数据输入（Automatic Data），每个数据类型前的按钮为单选按钮，每次只能选择一种。由于实船绝大多数参数的测量传感器未与 NK－100/PD－100

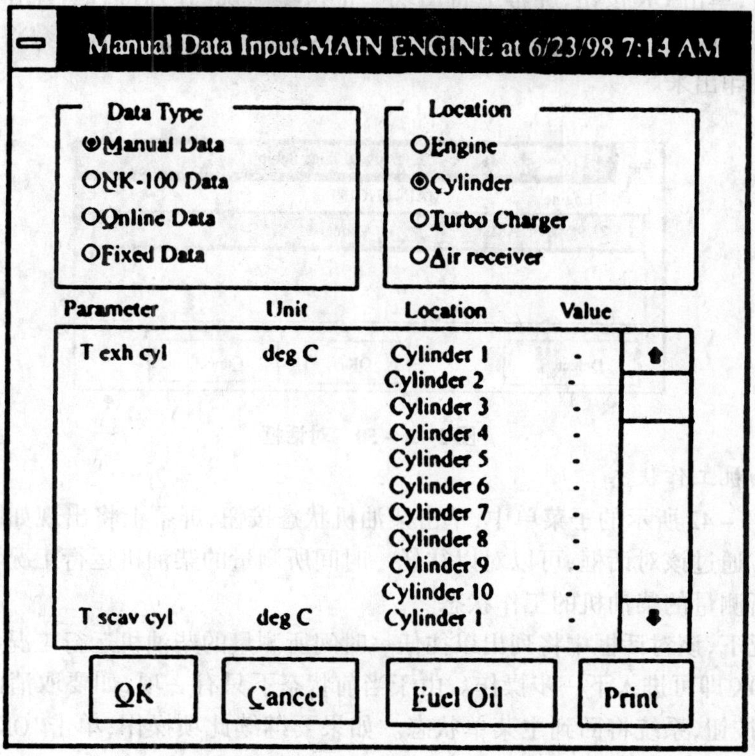

图 3-1-48　数据输入窗口

系统相连,故只能选择手动数据输入。右边的一个区为数据测量位置选择,共有四大类,分别为柴油机参数(Engine)、气缸部分参数(Cylinder)、增压器部分参数(Turbo Charger)及扫气系统参数(Air Receiver),每一类数据测量位置前的按钮为单选按钮,每次只能选择一种。每选择一类数据测量位置后,该对话框的下部参数框内将出现相应位置的参数测量点,操作者可以在每个测量点后面手动输入当前的工况参数,直到四大类相应的测量点工况参数全部输入完毕。

当确认所输入的参数全部正确后,单击"OK"按钮,将返回到主菜单窗口。如要核对燃油性能指标参数,则单击"Fuel Oil"按钮,显示窗口将返回到如图 3-1-43 所示的燃油性能指标参数对话框。如果单击"Print"按钮,屏幕上将出现如图 3-1-49 所示的对话框。在该对话框中,共有六个单选项。由于该系统选用移动式传感器,因此,在该对话框中,只有选择第一项手动数据报告(MANUAL DATA),如果选择其余几项,则无法得到完整的数据报告。

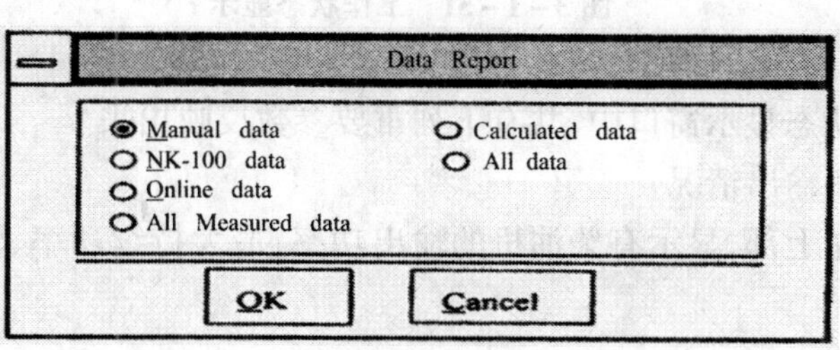

图 3-1-49　对话框

当选择结束后，单击 OK 按钮，屏幕上将出现一个供填写说明的对话框，操作人员可以在备注栏里填写有关说明性文字。填写结束后单击 OK 按钮，则上述所有参数将会以测量参数报告的形式打印出来。

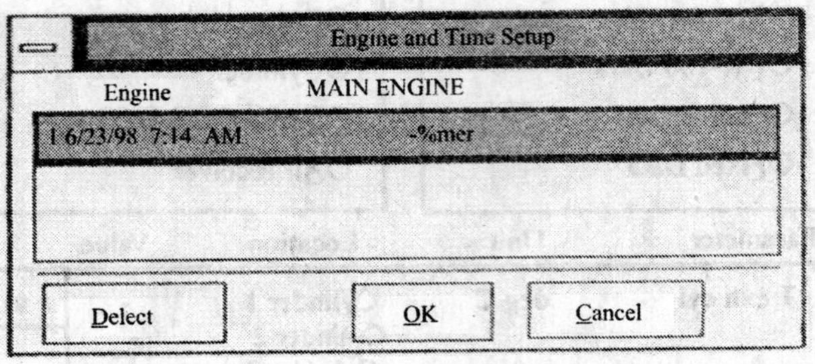

图 3－1－50　对话框

(五)柴油机工作状态

在图 3－1－42 所示的子菜单中，单击柴油机状态按钮，屏幕上将出现如图 3－1－50 所示的对话框。通过该对话框，可以对以往任一时间所测量的柴油机运行工况参数进行选择，检查并了解所测量的柴油机的工作状态。

通常情况下，该对话框中将列出以往任一时间所测量的柴油机运行工况参数，选中某一参数后单击 OK 即可进入下一步操作。由于当前状态下只有一项，如要取消此项操作，可以单击"Cancel"按钮，系统将回到主菜单状态。如果要继续此项操作，单击"OK"按钮后，显示窗口将会出现如图 3－1－51 所示的柴油机工作状态显示窗口。

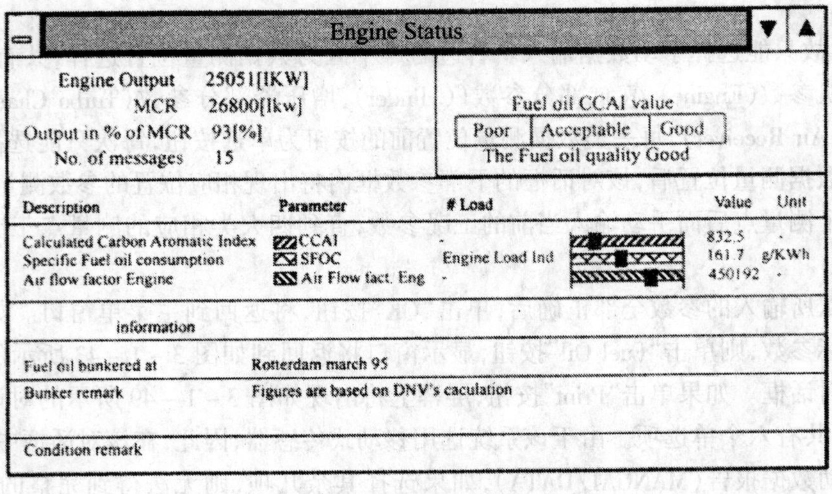

图 3－1－51　工作状态显示

在柴油机工作状态显示窗口中，共有下列重要参数反映出来。

1.柴油机的功率输出情况

在显示窗口的左上部，显示有柴油机的输出功率、最大持续功率、输出功率占最大持续功率的百分比等。

2.燃油质量指标

在显示窗口的右上部，显示有柴油机所燃用的燃油质量指标，用计算碳芳香度指数

CCAI(Calculated Carbon Aromatic Index)表示，CCAI 指数可以反映燃油的发火质量。

3.参数评价

碳芳香度指数 CCAI、燃油性能指标 SFOC(Specific Fuel Oil Consumption)、空气流动因素(Air Flow Factor Engine)。

4.附加信息

如燃油加装地点、供油方备注及柴油机工况备注。

如要将柴油机工作状态显示窗口中所反映出来的重要参数打印出来，只要按下工具条上的打印机按钮即可。

(六)柴油机运行参数点

在图 3 - 1 - 42 所示的子菜单中，单击柴油机运行参数点按钮，屏幕上将出现如图 3 - 1 - 52 所示的对话框。通过该对话框，可以查阅柴油机的运行参数点与典型曲线之间的相互关系。在该对话框的左下侧，通过下拉箭头，可以选择所要查阅的参数；对话框的下部的中间位置，通过下拉箭头，可以选择所要查阅的气缸编号；对话框的下部的右侧，通过下拉箭头，可以选择所要查阅的参数类型。如要取消该项操作，可以单击“Cancel”按钮，系统将回到主菜单状态，如果要继续此项操作，单击“OK”按钮后，显示窗口将会出现如图 3 - 1 - 53 所示的柴油机运行参数点窗口。

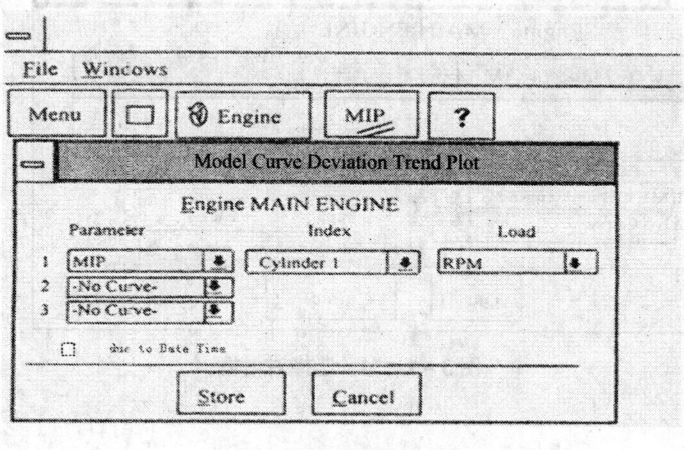

图 3 - 1 - 52　选择对话框

在柴油机运行参数点窗口中，以曲线的形式显示出柴油机运行参数曲线之间的相互关系。其中，粗实线表示典型模型曲线，红线表示上限，黄线表示下限。通过两者之间的相互关系曲线，可以评价柴油机的运行工况。

七、柴油机运行趋势曲线图

在图 3 - 1 - 42 所示的子菜单中，单击柴油机运行趋势曲线图按钮，屏幕上仍将出现如图 3 - 1 - 54 所示的对话框。通过该对话框，可以查阅柴油机的运行参数曲线之间的偏差，在该对话框的左下侧，通过下拉箭头，可以选择所要查阅的参数；在对话框的下部的中间位置，通过下拉箭头可以选择所要查阅的气缸编号；对话框的右下侧，通过下拉箭头，可以选择所要查阅的参数类型。如要取消该项操作，可以单击“Cancel”按钮，系统将回到主菜单状态。如果要继续此项操作，单击“OK”按钮后，显示窗口将会出现如图 3 - 1 - 55 所示的柴油

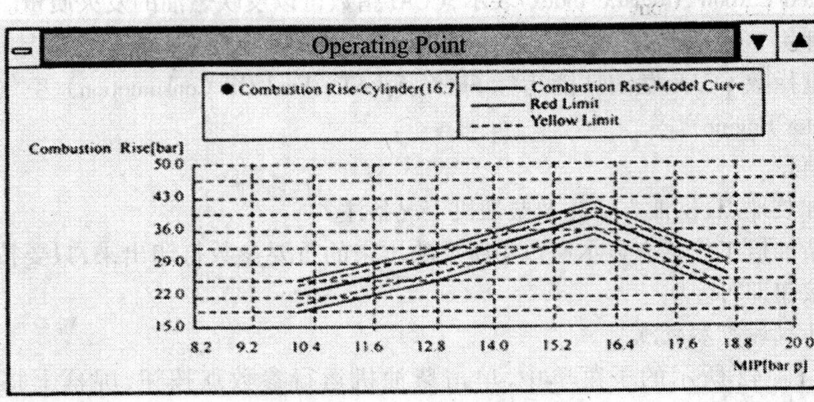

图 3-1-53 参数点显示

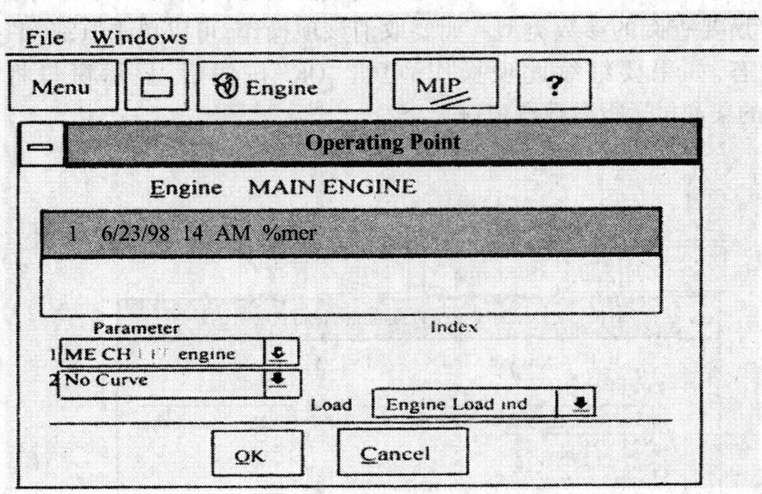

图 3-1-54 选择对话框

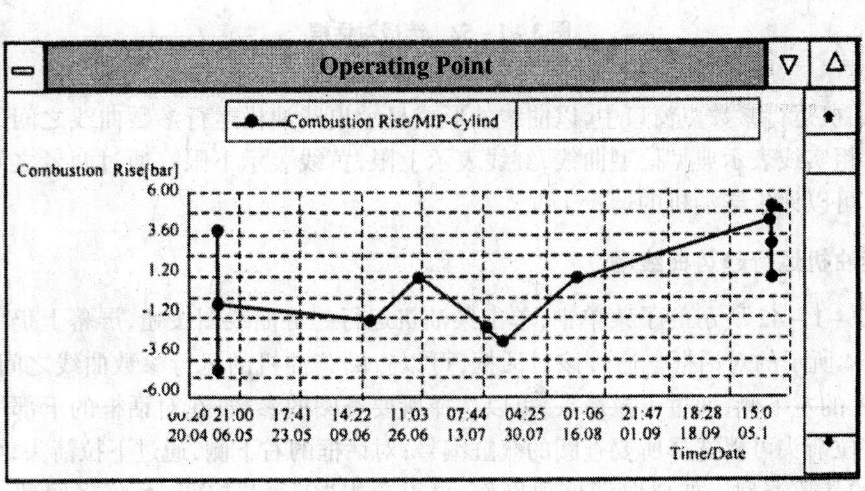

图 3-1-55 运行趋势曲线

机运行趋势曲线图窗口。

在柴油机运行趋势曲线图窗口中，以运行参数曲线与典型模型曲线之间的偏差来评价柴油机的运行工况。

第二节　SIPWA - TP/MAPEX - PR主机机械工况监测与诊断系统

一、SIPWA - TP/MAPEX - PR系统

（一）概述

由于自动控制技术及微机技术在船舶上的广泛应用，机舱自动化程度逐步提高，一些重要设备的参数一直处于被监测状态。但仍有一些比较特殊的重要部件，它们的运行工况无法随时掌握。例如，船舶主机运行时，缸壁的工作温度，活塞上下运动时活塞环的运行工况、磨损率及磨损发展趋势等参数。这些工况参数是轮机人员无法随时掌握的，以至于不能科学的分析，只能定期吊缸拆捡，根据拆检结果，推断其运行工况。从某种程度上讲，这种工作方法属于事后分析，有时带有盲目性，轮机管理人员处于一种被动的管理工作局面。

船舶主机在运行时能否监测活塞环及缸套表面的运行工况，并随时准确了解活塞环的磨损趋势呢？New Su1zer公司对这个问题进行了仔细的分析研究，并作出了令人满意的回答。New Su1zer公司在1978年研制成功一种能连续监测柴油机缸套及活塞环实际磨损的设备SIPWA（Sulzer Integrated Piston - ring Wear - detecting Arrangement），专门安装在该公司生产的Sulzer RT及RTA系列柴油机上，经过实船检验，取得了良好的效果。在此基础上，该公司对上述设备进行了改进，重新设计，并将新的监测设备定名为SIPWA - TP（Sulzer Integrated Piston - ring Wear - detecting Arrangement with Trend Processing），TP表示该系统带有趋向处理的意思。这套改进后的监测系统，可以在主机运行情况下，连续监测主机活塞环的运行工况，并将测得的数据存储在SEU（Sulzer Electronic Unit）电子单元里，通过微机控制，可以在显示屏上显示出活塞环的磨损模型，并能以曲线或图表的方式给出活塞环的磨损趋向，给轮机人员管理及检修主机提供了科学的依据。

（二）主要部件及数据处理

SIPWA - TP及MAPEX - RP系统主要由四个主要部件组成SIPWA - TP活塞环、传感元件、SEU单元及微机。

1.SIPWA - TP活塞环

为了给轮机管理人员提供准确的活塞环磨损资料，New Sulzer公司研制生产了一种能随时监测其磨损程度的活塞环，如图3 - 2 - 1所示。

图3 - 2 - 1为SIPWA - TP活塞环的外形结构图。普通的活塞环一般由具有良好导磁性的耐磨铸铁制成，而SIPWA - TP活塞环与缸套内壁的接触表面嵌入了一圈非导磁材料——黄铜。图3 - 2 - 1(b)为该活塞环的截面图。从该图中可以看出：该活塞环的嵌入体呈三角形。主机在工作时，活塞环外圆表面与缸套内壁产生相对运动，从而产生磨损。随着工作时间的增加，活塞环与缸套内壁相对运动工作面的磨损也逐渐增加，活塞环的厚度必将越来越小，嵌入体的宽度也将逐步变小。只要设法测得磨损后嵌入体的宽度，就可以确定活塞环的磨损量。

通常，主机在运行状态时，处于活塞环槽中的活塞环工作状态既有上下相对运动，又有绕气缸中心线的旋转运动。为了能监测活塞环的旋转状态，研制人员对 SIPWA－TP 活塞环中嵌入体的布置作了精心安排。方法是：该嵌入体沿着活塞环外圆周表面布置，并沿着活塞环轴向中心线螺旋上升。嵌入体的深度大于活塞环的最大允许磨损量。根据机型的不同嵌入体的深度一般为 2.0～3.5 mm。

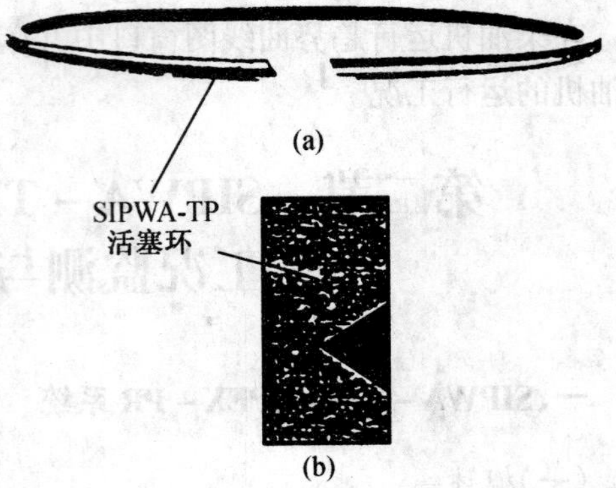

图 3－2－1　SIPWA－TP 活塞环结构图

通常，采用 SIPWA－TP 活塞环的 Sulzer RT 及 RTA 机型，其活塞共有 5 道活塞环。将 SIPWA－TP 活塞环布置在活塞的第一道环槽中，其余的四道活塞环均为普通的具有良好导磁性能的耐磨铸铁活塞环。活塞在上下运动过程中，由于活塞环存在旋转运动，则第一道活塞环某一点嵌入体相对于第二道活塞环上边缘的距离将随着活塞环的旋转状态而发生改变。安装在主机缸套上的传感元件连续监测第一道活塞环嵌入体上某一点与第二道活塞上边缘之间的距离变化。通过这种距离变化，反映出活塞在工作时的旋转运动状态。

SIPWA－TP 活塞环布置在第一道环槽内的理由是：第一道活塞环直接受到高温、高压燃气的作用，且在较差的润滑条件下被活塞带动相对于气缸内壁作往复运动，工作环境比其他各道活塞环恶劣，磨损率相对较大，具有一定的代表性。将 SIPWA－TP 活塞环布置在第一道环槽内，通过专门的传感器监测该活塞环的磨损率，才能真正体现主机活塞环的实际磨损率。

因此，在进行主机吊缸检修时，必须注意检查活塞环槽间隙，并且尽量使得测量值控制在说明书提供的允许值范围之内，防止超差作用。当出现超差情况时，应送专业厂对活塞进行修复，使活塞环槽的有关尺寸恢复至正常值。

2.传感元件

传感元件，包括温度传感器元件及活塞环磨损监测传感元件等。

(1)温度型传感元件

SIPWA 系统中，采用热电阻型(PT100)温度传感器测量主机缸套冷却水进、出口温度及扫气箱内扫气温度，采用两只热电偶型(NiCr－Ni)温度传感器测量主机前后缸壁温度。每只传感器均由电缆经各缸接线盒与安装在机舱集控室内的记录装置连接。这样，主机工作时各缸前后缸壁温度，冷却水进出口温度及扫气温度等均可以得到连续的监测和记录。

(2)活塞环磨损传感元件

活塞环磨损传感元件是根据电磁感应原理制成的。安装在缸壁上的传感器由永久磁铁铁芯及线圈构成。活塞上、下运动时，活塞环经过传感器时，其外表面与铁芯之间的气隙很小，磁阻也就很小，通过铁芯的磁通就很大；而当活塞本体外圆周表面经过传感元件时，由于两者之间的气隙较大，铁芯的磁通就较小，就会在线圈中感应电脉冲信号，同理，由于 SIPWA－TP 活塞环嵌有一非导磁材料，该非导磁嵌入体经过传感器表面时，也将有这种现象出现。根据线圈感应信号的时间间隔，可以确定活塞环的磨损量。

图 3－2－2 为活塞环磨损传感器的外型图。它是 New Sulzer 公司专门研制开发的一种

适用于高速场合的电磁感应传感器。该传感器安装在扫气口上方的缸套壁上。对直流型扫气的柴油机来说，扫气口附近的工作环境比较好，扫气口上部略高于扫气口处的缸套磨损相比来讲比较小。与活塞环的磨损率相比，在某一确定的时间周期内，缸套在该位置附近的磨损可以忽略不计。因此，SIPWA－TP 传感器安装在略高于扫气口的缸套上，可以比较准确地监测活塞环的运行工况，精确测量活塞环的磨损率。

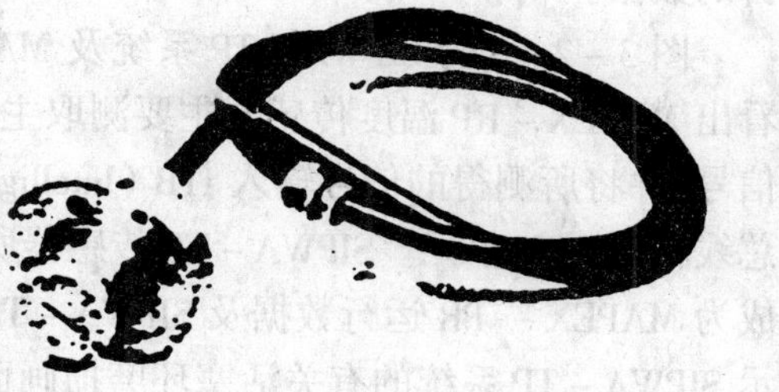

图 3－2－2　SIPWA－TP 传感器

经过精心加工的传感器，其工作表面呈圆弧状。并与缸套内壁表面相吻合，这样可以保证活塞环在缸套内上、下运动时既不会与传感器相碰擦，又可避免因传感器工作表面与缸套内表面不处于同一工作面而存在气隙，导致传感器测量信号不准确。在最初的设计中，传感器的感应线圈是用专门的树脂固定在传感器内，然而在实际运行中，传感器经长期工作之后，酸性燃烧产物有可能沿着树脂胶的结合面渗透至感应线圈，从而引起感应线圈的开路和短路。根据这一情况，New Sulzer 公司对该传感器重新设计，改进感应线圈的固定方法，把感应线圈固定在一密闭罩壳内，并使罩壳与感应线圈之间互相绝缘，提高感应线圈的工作寿命。

3. SEU 单元

SEU(即为 Sulzer Electronic Unit)单元是由四个部分组成的一个集成单元。这四个部分是 SIPWA－TP 传感器接口部分 SSE－40；SIPWA－TP 信号处理部分 SSI 50；计算机处理单元 SCU 20 及内部开关设定单元 P3060－05121F。

SEU 单元的主要功能是：采集 SIPWA－TP 传感器测得的信号，对所测得的信号进行预处理，将有关测量数据作定期储存。

SIPWA－TP 传感器测得的各缸活塞环的磨损信号，通过电缆将信号输入 SSE40，SSI50 单元作预处理。预处理时，首先将 SIPWA－TP 传感器测得的模拟量信号转换成数字量信号，然后送入 SCU20 单元。经过 SCU20 单元处理过的信号转变为活塞环运行工况的数据记录，存入 SCU20 单元中的数据存储器。储存在数据存储器内的主机各缸活塞环运行的数据可以随时输入微机内，通过微机的显示器作数据显示及主机各缸活塞环运行工况的监测。

4. 微机

微机是船舶柴油机监测系统中重要部件之一。通过微机的显示器，可以显示监测系统中有关运行数据、主机各缸活塞环运行工况及主机各缸缸壁温度曲线。SEU 单元中存储的有关主机运行参数自动存入微机的硬盘内，并且可以定时人工或自动存入微机的软盘。通过与微机相连的打印机，可以将微机屏幕显示的主机各缸活塞环运行工况、主机各缸缸壁温度曲线及有关报警记录等打印出来，供分析参考及保存。

SIPWA－TP 监测系统采用的微机为 IBM 工业控制计算机，CPU 为 Intel 80386，硬盘容量为 60MB，3.5 英寸单软驱，配置的操纵系统为 MS－DOS5.0。显示器为 IBM 工业控制用 14 英寸 VGA 彩色显示器，分辨率为 640×480，打印机为 Brother M1234 针式打印机，打印速度为 360CPS。

5. 系统框图

SIPWA－TP 系统及 MAPEX－RP 系统工作时，均需要测取有关信号，经过处理后获得各自的数据。

图 3－2－3 为 SIPWA－TP 系统及 MAPEX－RP 系统信号测量、处理框图。从图中可以看出 MAPEX－RP 温度传感器主要测取主机缸壁温度、缸套冷却水进/出口温度及扫气温度信号，并将所测得的信号输入 ITB（Intelligent Terminal Board）接口单元，然后由该单元经数据总线输入 SEU 单元。SIPWA－TP 传感器所测得的信号直接输入 SEU 单元。经过处理，分别成为 MAPEX－ PR 运行数据及 SIPWA－TP 数据，并存储在 SEU 单元中。通过微机，可以显示 SIPWA－TP 系统的有关活塞环磨损画面，同时也可以显示 MAPEX－PR 系统的缸壁温度画面及有关警报资料，而目，还可以将有关数据存入硬盘，可以用打印机将有关资料打印出来，还可通过调制解调器将数据经通信卫星传至船舶公司或数据网络，或通过通信卫星实现数据共享。

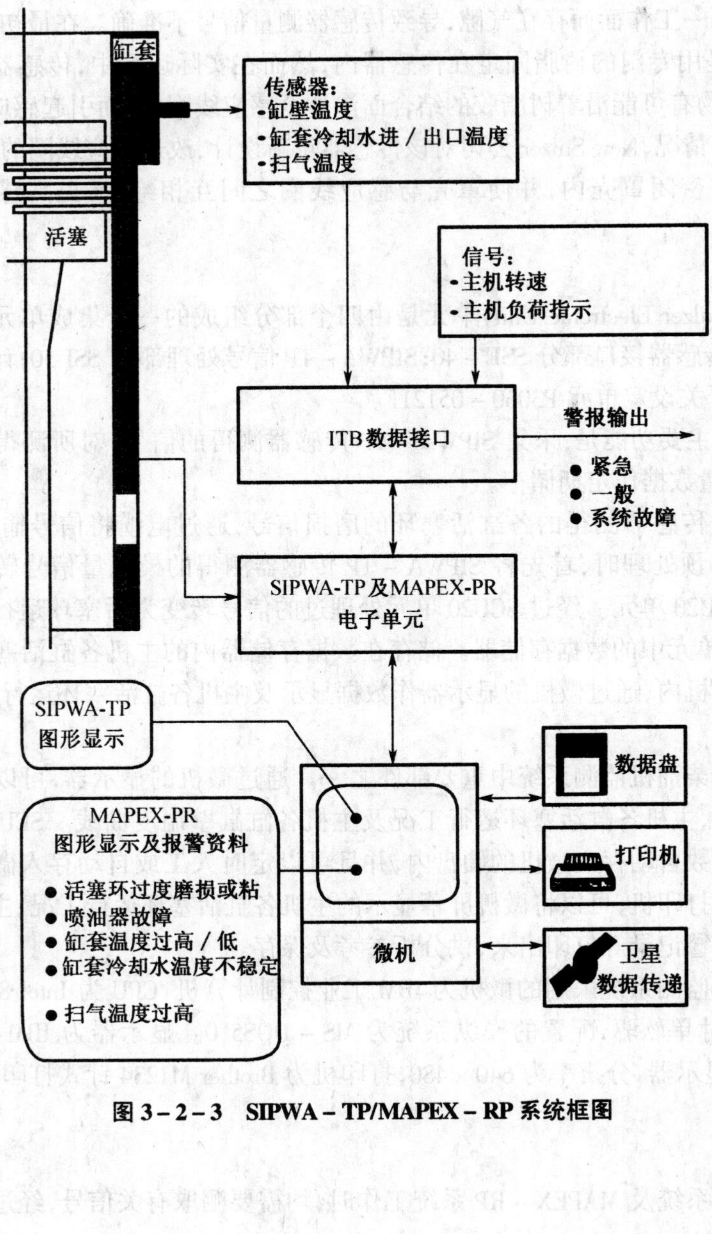

图 3－2－3 SIPWA－TP/MAPEX－RP 系统框图

二、SIPWA－TP 系统的主要功能

(一)SIPWA－TP 型系统

SIPWA－TP 型系统工作时主要检查主机活塞环的运行工况并能测量主机活塞环磨损量。

1.SIPWA－TP 系统数据的测量

图 3－2－4 为 SIPWA－TP 型系统工作时数据测量示意图。主机运转时，活塞上下运动，活塞环也随之上下运动，并经过安装在缸套扫气口上方的 SIPWA－TP 传感器的工作表面。二冲程柴油机每一转均具有一个工作循环，SIPWA－TP 传感器在膨胀冲程(即活塞下行时)测量一次数据。测量过程如下。

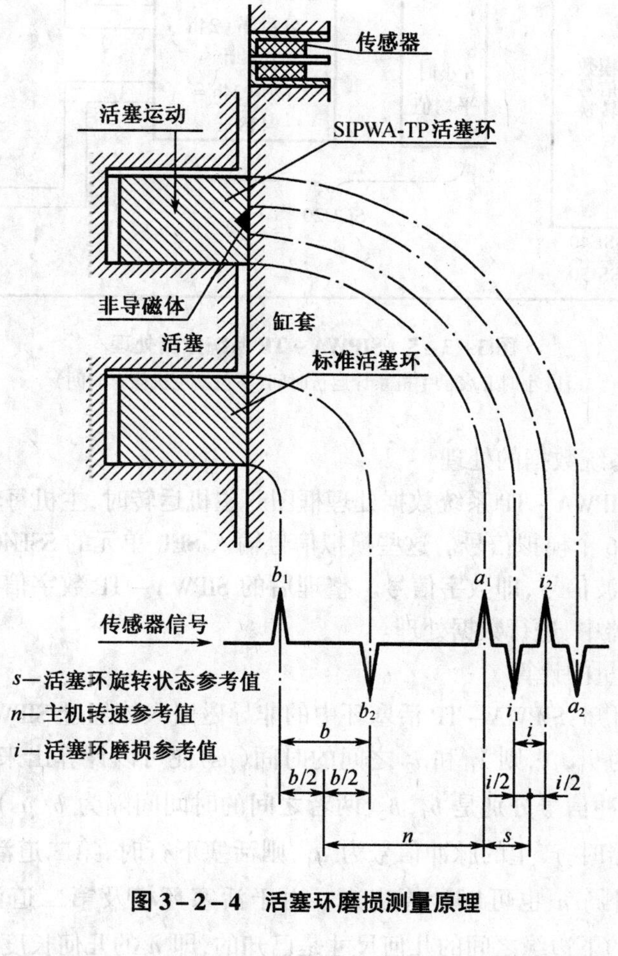

图 3－2－4 活塞环磨损测量原理

活塞下行时，第一道活塞环即 SIPWA－TP 活塞环紧贴在缸套内壁上，当它经过 SIPWA－TP 传感器表面时，其下边缘产生一正脉冲信号 α_1，布置在 SIPWA－TP 活塞环中的非导磁嵌入体下边缘则产生一负脉冲信号 i_1，上边缘产生一正脉冲信号 i_2，SIPWA－TP 活塞环的上边缘产生一负脉冲信号 α_2。第二道活塞环为标准活塞环，活塞下行时，该活塞环经过传感器工作表面，其下边缘产生一正脉冲信号 b_1，上边缘则产生一负脉冲信号 b_2，这样，主机每转一转，每缸均匀产生 6 个测量信号。根据各缸的测量信号，即可确定主机活塞环的运行

工况。

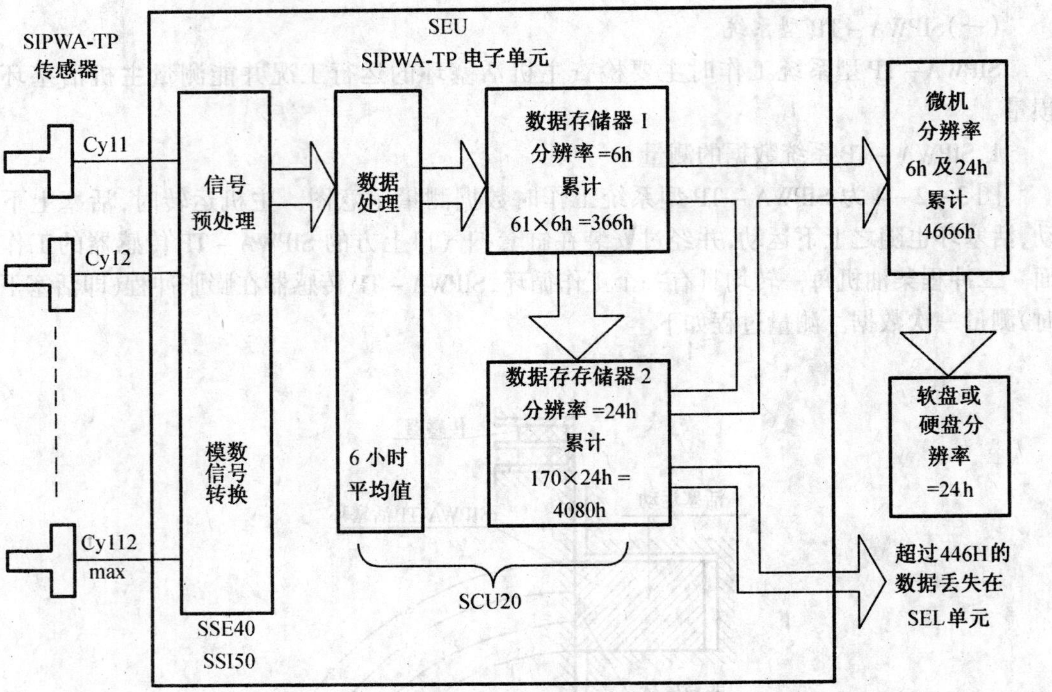

图 3-2-5 SIPWA-TP 系统数据处理

注:小时 h 表示主机累计运行时间(不包括主机停车时间)

2. SIPWA-TP 系统数据的处理

图 3-2-5 为 SIPWA-TP 系统数据处理框图。主机运转时,主机每转一转,各缸 SIPWA-TP 传感器均测得 6 个模拟信号。这些模拟信号输入 SEU 单元的 SSE40 及 SSI50 预处理器后,被整理成矩形方波信号,即数字信号。整理后的 SIPWA-TP 数字信号输入 SEU 单元中的 SCU20 数据处理器中,进行数据处理。

(1)活塞环磨损量的计算

从图 3-2-4 可知:SIPWA-TP 活塞环中的非导磁嵌入体经过 SIPWA-TP 传感器时产生的脉冲信号分别为 i_1, i_2,则 i_1 和 i_2 之间的时间(μs)便可以计算出来。第二道活塞环经过传感器时,产生脉冲信号分别是 b_1, b_2,两者之间的时间间隔为 b(μs)。SIPWA-TP 活塞环下边缘经过传感器时,产生的脉冲信号为 a_1,则活塞下行时,第二道活塞环中点($b/2$ 处)与 a_1 之间的时间间隔 n 也可以计算出来。由于活塞环槽及第二道活塞环的中心点至 SIPWA-TP 活塞环的下边缘之间的几何尺寸是已知的,即 n 的几何长度(mm)是已知的。根据 i 与 n 之间的时间比例关系,即可推出 i 与 n 几何长度之间的比例关系。由此可以确定 i 的几何长度(mm)。由于 i 对应着 SIPWA-TP 活塞环嵌入体的宽度,则根据 i 即可确定活塞环的磨损量(mm)。

(2)活塞环个各等分段的确定

为了能准确测量活塞环的磨损量,SIPWA-TP 活塞环被划分为 8 个等份。每一等份称为一等分段,每一等分段均有相应的编号。由于 SIPWA-TP 活塞环中的非导磁嵌入体在活塞环中呈螺旋上升状态,从图 3-2-4 中可以看出:活塞下行时,传感器可以测出 n 及 s 两者的时间间隔(μs),由于 n 及 SIPWA-TP 活塞环嵌入体螺旋状的几何尺寸(mm)均是已知的,则活塞环在环槽中旋转时,n 的几何尺寸是不变的。根据 n 和 s 的时间比例关系,即可确定 s 的几何长度(mm),由此可以确定活塞环各等分段及其编号。

(3)各等分段磨损量的确定

活塞环各等分段一旦确定后,则每一等分段均有各自相应的编号,每一等分段相应的磨损量 i(mm)即可同时确定。也就是说,每一等分段的编号均对应着各自的磨损量 i。

(4)主机转速的计算

对于某一确定的机型来说,由于主机曲轴及连杆的几何尺寸(mm)是一定的,图 3-2-4 中 n 的几何尺寸(mm)也是已知的,则根据传感器测得 n 的时间(μs),即可计算出主机转速(r/min)。

从上面可以看出:传感器所测量的信号经预处理后,可以得出主机各缸活塞环每一等分段的平均磨损量(mm),每缸活塞环的平均磨损量(mm)及主机运行时的最高转速(r/min)等。

3.数据的分辨率

SIPWA-TP 传感器测量的数据经过预处理后,输入 SEU 单元的 SCU20 中。主机每运行 6 h 记录一组数据,活塞环的磨损量便由这一组数据表示。主机持续运转,便有一连续的数据。每组数据的时间间隔为 6 h。通常认定这些数据的分辨率为 6 h。经过数据处理后,分辨率为 6 h 的运行数据储存在 SCU20 数据存储器 1 中,如图 3-2-5 所示。在该存储器中,可以连续记录 61 组数据。也就是说,该存储器的容量为 61×6=366 运行小时,即该存储器可以连续储存 366 h 的运行数据。当外部电源断电或出现故障时,由内部电池供电,可以保证存储器中的数据不至丢失。当存储器 1 中数据装满后,取最早存入该存储器的 4 组数据(分辨率为 6 h)的平均值,并将该平均值作为运行 24 h 的数据。通常认定该数据的分辨率为 24 h。将该数据储存在 SCU20 数据存储器 2 中。与此同时,存储器 1 中最早的 4 组数据自动丢失,以便该存储器具有足够的容量接受最新的数据。

在该存储器 2 中,可以连续记录 170 组分辨率为 24 h 的数据,也就是说,该存储器的容量为 170×24=4 080 h,即该存储器可以连续储存 4 080 h 分辨率为 24 h 的运行数据。同样,当外部电源断电或出现故障时,由内部电池供电,可以保证该存储器中数据不至丢失。当存储器 2 中数据装满后,最早存入该存储器的数据自动溢出丢失,以便该存储器具有足够的容量接受从存储器 1 来的分辨率为 24 h 的数据。

4.运行数据的监测

无论是最新的运行数据,还是已经储存在 SEU 单元存储器中的数据;也无论是分辨率为 6 h 或 24 h 的数据,还是它们的全部或其中的一部分,均可从 SEU 单元调至微机内存,并且可以通过微机显示器进行监测,总共可以显示 4080+366=4 446 h 的活塞环运行工况数据。同时,还可将上述数据存入微机的硬盘或软盘作为永久保存。

(二)SIPWA-TP 型系统主要功能

磨损监测系统主要是在主机运行状态下,连续监测主机活塞环的运行工况,测量活塞环的磨损程度。微机启动成功后,显示器上将自动出现 MAPEX-FAMILY 启动菜单画面,画面上共有六项选择菜单,分别是:TP,RP,AP,SM,M,H 等六项,其功能如表 3-2-1 所示。

表 3-2-1 MAPEX-FAMILY 启动菜单

名称	菜单命令	菜单内容	功能
MAPEX-FAMILY 系统启动菜单	TP	SIPWA-TP 监测系统	监视主机各缸活塞环的运行工况,测量活塞环的磨损量,确定主机气缸油的最佳消耗
	RP	MAPEX-RP 监测系统	监视主机各缸缸壁温度,喷油器(油头)工作性能,对所出现的异常工况进行记录并发出报警
	AP	MAPEX/SIPWA 系统数据自动处理	SIPWA-TP 系统和 MAPEX-RP 系统的数据将自动交换并处理
	SM	MAPEX-SM 系统	微机根据系统所测得的数据自动分析,作出备件及有关的维修保养计划(注:实船未安装该系统)
	M	返回 MAPEX-FAMILY 启动菜单	
	H	显示有关的帮助命令	

在 MAPEX-FAMILY 启动菜单的画面状态下,操作者可以根据自己的操作要求,输入 TP 至 H 六个选择菜单中的任一项,即可实现相应的功能。

1.SIPWA-TP 系统启动菜单

在 MAPEX-FAMILY 系统启动菜单中,选择并输入 TP,系统将进入 SIPWA-TP 系统启动菜单。该启动菜单共有两部分,第一部分共有三项菜单,分别为 TPA,TPC,TP24;第二部分也有三项选择菜单,称为通用菜单,它们分别是 TP,M,TPH。在 SIPWA-TP 启动菜单画面状态下,提示操作者可以根据自己的操作要求,输入 TPA 至 TPH 中的任意一项,即可实现相应的功能。它们各自的内容及功能如表 3-2-2 所示。

表 3-2-2 SIPWA-TP 系统启动菜单

名称	部分	菜单命令	菜单内容
SIPWA-TP 系统启动菜单	第一部分	TPA	活塞环磨损数据与软盘 A 交换
		TPC	活塞环磨损数据从磨损数据子目录中读写
		TP24	活塞环磨损数据的分辨率为 24 h,所有的数据均记录在硬盘中
	第二部分/通用菜单	TP	返回 SIPWA-TP 启动菜单
		M	返回 MAPEX-FAMILY 启动菜单
		TPH	显示 SIPWA-TP 系统有关命令开关的设置

值得注意的是,当从 SEU 单元中,调出数据进行工作时,只能选择 TPA 或 TPC。

2.SIPWA-TP 系统主菜单

在进入 SIPWA-TP 系统启动菜单后,无论选择 TPA,TPC 还是 TP24,系统均进入

SIPWA－TP 主菜单，如图 3－2－6 所示，选择菜单可以有两种方式，一种是利用上、下光标键来移动主菜单中的长方框到所需选择的菜单项，然后回车。另一种是选择主菜单中每个菜单项前面的高亮度字母。

主菜单共有九个选择项，它们分别是 T，A，S，G，R，E，W，M，X。它们各自的内容与功能如表 3－2－3 所示。

3．SIPWA－TP 系统子菜单

SIPWA－TP 系统主菜单中，每一项主菜单都有若干子菜单，如图 3－2－7 所示。

MAIN MENU
（T） Transfer data
（A） Average ring wear
（S） ring Segment wear
（G） Grcum Ferential ring wear pattern
（R） ring Rolation
（E） Engine speed
（W） Wearalarm protocol
（M） parameter Setting
（X） exit sipwa

图 3－2－6 SIPWA－TP 系统主菜单

表 3－2－3 SIPWA－TP 系统主菜单内容与功能

名称	菜单命令	菜单内容	功能
SIPWA－TP系统主菜单	T	数据传输	将 SEU 单元内的数据存入软盘 A 或 C：\ WEAR 子目录中，或从软盘或 C：\ WEAR 子目录及 SEU 单元中将主机有关磨损数据调至微机内存
	A	活塞环平均磨损量	以曲线的形式显示各缸活塞环平均磨损数据
	S	活塞环各等分段磨损量	在监测主机各缸活塞环磨损时，为保证测量准确，SIPWA－TP 系统将活塞等分成 8 等份。进入该选项，系统将以曲线的形式显示 SIPWA－TP 活塞环每一等份段的磨损量
	G	活塞环磨损模型	以条状模型显示主机工作时的 SIPWA－TP 活塞环与缸套内壁相接触面的每一等分磨损量
	R	活塞环旋转模型	主机在运行时，由于气体压力、惯性力、摩擦阻力、活塞横向振动和气口的挂壁等作用，活塞环在环槽中，产生横向和径向振动、转动以及扭曲振动。进入该选项时，可以很方便的从活塞环旋转模型图中观察主机各缸活塞环的旋转状态以及活塞环在环槽内是否被粘着或因失去弹性而折断
	E	主机转速	该选项为 SIPWA－TP 系统在主机运行时对主机的营运转速所作的连续记录。通过它可以对主机活塞环的磨损率及其他运行工况作辅助分析和参考
	W	磨损报警记录	该选项为 SIPWA－TP 系统在主机运行是监视主机各缸活塞环的运行工况。当某缸活塞环出现过度磨损时，SIPWA－TP 系统及时记录有关报警内容，同时产生活塞环过度磨损警报
	M	参数设定	该选项主要对 SIPWA－TP 系统内部的日期、时间、主机累计运行时间、船名、主机机型以及主机吊缸检修时活塞环换新的设定
	X	退出 SIPWA－TP 主菜单	

Auto [Manual] F10＝Menu Print W scale 3.5 Cylinder [1 12] ← scrol] →

图 3－2－7 SIPWA－TP 系统子菜单

子菜单选项主要有 Auto，Manu，Print，W，Cylinder，Scroll，F10 等，其各自的内容功能如表 3－2－4 所示。

表 3-2-4 SIPWA-TP 系统子菜单内容与功能

名称	菜单命令	菜单内容	功能
SIPWA-TP 系统子菜单	Auto	自动	自动刷新活塞环磨损数据
	Manu	手动	微机显示内存中原有的数据,活塞环磨损量数据不能得到及时刷新
	Print	打印	打印活塞环磨损曲线或图表
	W	磨损量坐标	改变活塞环磨损曲线纵坐标的范围
	Cylinder	气缸编号	显示主机各缸的活塞环磨损情况
	Scroll	前/后翻阅	向前或向后翻阅主机各缸活塞环磨损曲线图
	F10	功能键	由子菜单切换为下一节辅助菜单

4.SIPWA-TP 系统辅助菜单

在 SIPWA-TP 系统子菜单中,如果按下功能键 F10,SIPWA-TP 系统子菜单将进入下一级辅助菜单,如图 3-2-8 所示。

time scale:30000 1000 [400 h] headpage Wearpages Alarmpages

Runing h:3876 Update average points:12 Backward

Forward History

图 3-2-8 SIPWA-TP 系统辅助菜单

SIPWA-TP 系统辅助菜单主要选项有 time scale、Headpage、Wearpages、Alarmpages、Running h、Update、Average points、Forward、Backward、History 等。其各自的内容与功能如表 3-2-5 所示。

表 3-2-5 SIPWA-TP 系统辅助菜单内容与功能

名称	菜单命令	菜单内容	功能
SIPWA-TP 系统辅助子菜单	time scale	时间坐标	变换时间坐标中的运行时间范围
	hEadpage	表头页	记录船名、主机机型、当前工作日期、时间以及主机累计运行工作时间
	Wearpages	磨损记录页	记录主机各缸活塞环的磨损数据记录
	Alarmpages	警报记录页	记录活塞环过度磨损报警时的有关工况数据
	Running h	主机运行时间	查阅某一确切时间内活塞环的磨损记录命令
	Update	数据刷新	对测量数据刷新
	aVerage points	平均测量点	测量活塞环磨损曲线时,可以选择平均测量点的数目,最多为 20 个测量点
	Forward	向前翻阅	从当前主机运行时间起,向前翻阅最新出现过的警报记录
	Backward	向后翻阅	从当前主机运行时间起,向后翻阅以往的曾经出现过的警报记录
	History	警报历史记录	查阅活塞环磨损数据的历史警报记录

三、MAPEX－PR系统的主要功能

MAPEX－PR(Monitoring and maintenance performance enhancement with expert knowledge piston－running reliability indicator)系统是New Sulzer公司在SIPWA－TP监测及趋向分析系统的基础上,又开发一种连续监测大缸径二冲程柴油机活塞环的运行工况监测系统。该监测系统具有如下功能。

(1)作为一个监视及报警指示装置,可以随时显示活塞环及喷油器(油头)工作性能。

(2)当活塞环产生于摩擦或活塞环密封不良而引起缸壁温度过高时,该系统将会报警。

(3)该系统与SIPWA－TP一起构成一个完整的监测系统,可以使轮机管理人员随时准确随时准确掌握主机活塞环的运行工况。

SIPWA－TP、MAPEX－PR系统的出现,标志着微机故障诊断及趋向分析系统将逐步成为轮机管理人员在科学管理船舶柴油机时的一个非常有实用价值的工具。3800系列的全集装箱船上,船舶主机选用New Sulzer RTA机型,第一次选用SULZER公司研制的主机活塞环磨损监视系统SIPWA－TP和主机运行工况监测系统MAPEX－PR,为主机运行管理提供了科学依据。

MAPEX－PR系统工作时,将连续监测主机缸壁温度、扫气温度、缸套冷却水进出口温度、主机转速及负荷等运行工况,将所有的测量数据自动记录在SEU单元内,并且定时将SEU单元中的数据自动存入微机的硬盘或手动将数据存入软盘。MAPEX－PR系统数据的读写主要在SEU单元、微机内存、软盘及硬盘之间进行。

(一)数据的处理

1.MAPEX－PR系统数据的分辨率

MAPEX－PR系统工作时,通过温度传感器连续监测主机缸壁温度及活塞环的运行工况,每10 s检测一次运行数据,即数据的采样率为10 s,每隔30 s对检测的运行数据进行一次更新修正,并将该数据存入SEU单元。通常认定这些数据的分辨率为30 s,在微机显示器上,每幅画面可以显示分辨率为30 s约4 h的运行数据。

为了在微机显示器上显示24 h的运行数据,将连续记录的分辨率为30 s的数据每12 min取一平均值作为新一组数据。通常认定这些数据的分辨率为12 min。在SEU单元中,最多可连续储存48 h(运行)分辨率为30 s的数据。超出48 h(运行)时,最早存入的数据将被压缩成分辨率为12 min的数据。这样可以释放部分存储器的空间,以便能接受最新的分辨率为30 s的运行数据。在SEU单元中,最多可连续储存1 500 h、分辨率为12 min的运行数据。超过1 500 h(运行)时,最早存入的数据将自动溢出丢失,以便存储器能接受新的分辨率为12 min的数据。

2.数据处理与储存

图3－2－9为MAPEX－PR系统数据处理与储存框图。

由于SIPWA－TP系统与MAPEX－PR系统同时运行,两者所记录的主机累计运行时间相一致。MAPEX－PR系统每10 s采集一次温度传感器所测得的LWT(Line Wall Temperature缸壁温度)信号,每30 s更新修正一次,得到分辨率为30 s的数据,存入容量为300 kb的存储器中。由于该存储器只能记录分辨率为30 s共48 h(运行)的数据,故该存储器称为48 h存储器。当该存储器数据装满后,将分辨率为30 s的数据压缩成分辨率为12 min的数据存入容量为300 kb的存储器中,使48 h存储器继续储存最新的分辨率为30 s的数据。由于容

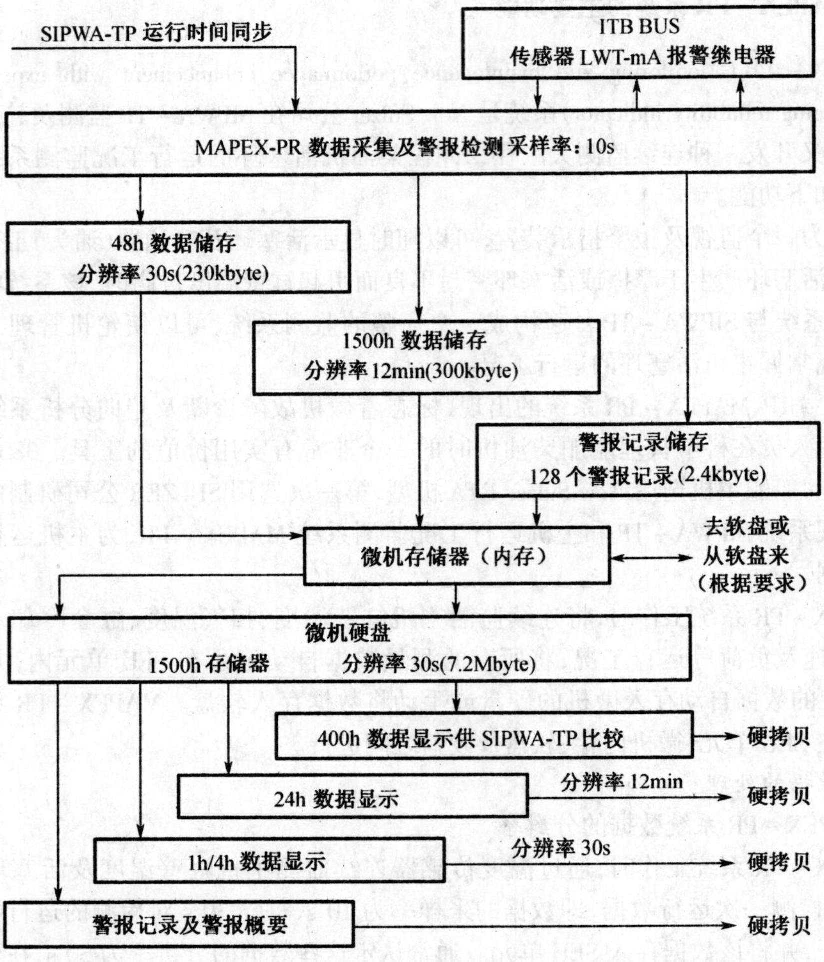

图 3-2-9 MAPEX-PR 系统数据处理框图

量为 300 kb 的存储器只能记录分辨率为 12 min 共 1 500 h(运行)的数据。故该存储器称为 1 500 h 存储器。当出现警报时,所有的警报内容存入容量为 2.4 kb 的警报记录存储器。该存储器最多可记录 128 个警报记录,当超过 128 个纪录时,最早存入的警报内容自动丢失,以便该存储器存放最新的警报内容。

无论是分辨率为 30 s 或 12 min 的数据,还是警报记录,都能随时从 SEU 单元调至微机内存,并自动将数据存入微机硬盘。根据操作者的要求,可以随时将微机内存中的数据存入软盘或从软盘中调出。

(二)MAPEX-PR 系统菜单与功能

1. MAPEX-PR 系统启动菜单

MAPEX 监测系统主要是在主机运行状态下连续监测主机缸壁温度及活塞环的运行工况。而 MAPEX-PR 系统可以在微机显示器上显示主机缸壁温度、主机转速、负荷等参数。在 MAPEX-FAMILY 启动菜单中,选择 PR 将进入 MAPEX-PR 系统启动菜单。主要有两个部分,起选项的内容与功能如下表 3-2-6 所示。

表 3-2-6　MAPEX-PR 系统启动菜单内容与功能

名称	部分	菜单命令	菜单内容	功　能
MAPEX-PR 系统启动菜单	第一部分	PRA	软盘 A	与软盘 A 交换数据
		PRC	硬盘 C	与硬盘 C
		PR4	压缩数据工作方式	数据压缩后进行读写的工作方式
	第二部分/通用菜单	PR	返回 MAPEX-PR 启动菜单	
		M	返回 MAPEX-FAMILY 启动菜单	
		PRH	显示 MAPEX-PR 系统有关命令开关的设置	

2. MAPEX-PR 系统主菜单

在进入 MAPEX-PR 系统启动菜单后，无论选择 PRA，PRC 还是 PR4，系统均进入 MAPEX-PR 主菜单，如图 3-2-10 所示，选择菜单可以有两种方式，一种是利用上、下光标键来移动主菜单中的长方框到所需选择的菜单项，然后回车。另一种是选择主菜单中每个菜单项前面的高亮度字母。

主菜单共有七个选择项，它们分别是 T，G，E，O，A，M，X。它们各自的内容与功能如表 3-2-7 所示。

MAIN MENU

(T)　Transfer data

(G)　Graphic display-standard mode

(E)　Graphic display-Envelope mode

(O)　Alarm Overview

(A)　Alarm Protocol

(M)　parameter Settings

(X)　exit mapex-pr

图 3-2-10　MAPEX-PR 系统主菜单

表 3-2-7　MAPEX-PR 系统主菜单内容与功能

名称	菜单命令	菜单内容	功　能
MAPEX-PR 系统主菜单	T	数据传输	将 SEU 单元内的数据存入软盘 A 或硬盘 C: \ LWT 子目录中，或从软盘或硬盘 C: \ LWT 子目录及 SEU 单元中将主机有关磨损数据调至微机内存
	G	标准图形显示方式	将 SEU 单元、软盘 A 或硬盘 C: \ LWT 子目录中的有关主机转速、负荷、缸壁温度等数据以标准图形方式显示出来
	R	包迹线图形显示方式	将主机有关数据以包迹线图形方式显示出来
	O	警报概要	将主机缸壁温度曾出现过的警报数据以概要的方式简要显示出来
	A	报警记录	将主机缸壁温度曾出现过的警报数据以图表的方式显示出来
	M	参数设定	该选项主要对 MAPEX-PR 系统内部的日期、时间、主机累计运行时间、船名、机型等进行设定
	X	退出 SIPWA-TP 主菜单	

3. MAPEX-PR 系统子菜单

MAPEX-PR 系统主菜单中，每一项主菜单都有若干子菜单，如图 3-2-11 所示。

Auto　Manual　F_{10} = Menu　Print　T-Scale　350　140　70　Cyl. [1-12]　next ← scroll →

图 3-2-11　MAPEX-PR 系统子菜单

子菜单选项主要有 Auto, Manu, Print, T, Cylinder, Scroll, F10 等，其各自的内容功能如表 3－2－8 所示。

表 3－2－8 MAPEX－PR 系统子菜单内容与功能

名称	菜单命令	菜单内容	功能
MAPEX－PR 系统子菜单	Auto	自动	自动刷新主机缸壁温度数据
	Manu	手动	微机显示内存中原有的数据，主机缸壁温度数据不能得到及时刷新
	Print	打印	打印主机缸壁温度曲线或图表
	T	温度坐标	改变主机缸壁温度曲线纵坐标的温度范围
	Cylinder	气缸编号	显示主机各缸的主机缸壁温度数据
	↵	回车键	前后页画面切换键
	Scroll	前/后翻阅	向前或向后翻阅主机某一时间前后缸壁温度记录
	F10	功能键	由子菜单切换为下一节辅助菜单

4. MAPEX－PR 系统辅助菜单

在 MAPEX－PR 系统子菜单中，如果按下功能键 F10，MAPEX－PR 系统子菜单将进入下一级辅助菜单，如图 3－2－12 所示。

```
time scale:   [4.5]  24  400h   ALARM – Pages   LWT–Pages
Running h : 3488   0136    Backward   Forward   History   Update   Stops
```

图 3－2－12 MAPEX－PR 系统辅助菜单

MAPEX－PR 系统辅助菜单主要选项有 time scale, Alarm－Pages, LWT－Pages, Running h, Update, Forward, Backward, History, Stops 等。其各自的内容与功能如表 3－2－9 所示。

表 3－2－9 MAPEX－PR 系统辅助菜单内容与功能

名称	菜单命令	菜单内容	功能
SIPWA－TP 系统辅助菜单	time scale	时间坐标	变换时间坐标中的运行时间范围
	Alarm－Pages	警报记录页	主机运行时，当出现缸壁温度不均匀或缸壁前、后温度相差较大时，系统立即报警并自动记录这一异常工况
	LWT－Pages	缸壁温度记录页	以图表的方式记录主机缸壁温度随着主机工况的变化情况
	Running h	主机运行时间	查阅某一确切时间内主机缸壁温度记录的命令
	Forward	向前翻阅	从当前主机运行时间起，向前翻阅最新出现过的警报记录
	Backward	向后翻阅	从当前主机运行时间起，向后翻阅以往的曾经出现过的警报记录
	History	警报历史记录	查阅主机缸壁温度报警数据的历史警报记录
	Update	数据刷新	对测量数据刷新
	Stops	主机停车状态	查阅主机缸壁温度记录及主机停车记录

第二编　船舶主机控制系统

第四章　主机遥控技术基础

主机遥控是船舶机舱自动化的核心部分，是现代化船舶实现无人机舱必不可少的重要条件，同时也是评价机舱自动化水平的核的指标。采用主机遥控既可以减轻人的劳动强度、避免人为的操纵差错，又能提高船舶的操纵性和经济性。

本章将主要介绍主机遥控系统的分类、组成、功能、气动阀件以及逻辑电路的基本知识。

第一节　概　　述

一、主机遥控的定义

主机遥控通常是指远离机侧（集控室或驾驶台）对船舶主机进行操作的一种工作方式。

随着技术的不断进步，主机遥控的概念已经从单纯操纵距离的延长发展为具有完整逻辑控制与安全保护功能的全自动化控制，实现无人机舱的条件就是要求能在驾驶台实现主机的自动遥控。

二、主机遥控分类

主机遥控系统根据螺旋桨类型不同可分为定距桨主机遥控和可变桨主机遥控，由于现代船舶绝大部分以定距桨为主，所以本书主要介绍与定距桨配合的柴油机主机遥控系统。

如果从其采用的技术手段来看，可以把主机遥控系统归纳成以下四种类型。

1.气动遥控

气动式主机遥控系统以压缩空气作为工作介质，主要由气动遥控装置和气动驱动机构构成，并配有少量的电动元件如电磁阀和测速电路等。它的主要特点是驱动功率大，工作可靠，结构简单、直观，便于掌握管理。但同时也存在信号传递滞后、不易实现复杂逻辑、对气源要求高（一般要求无尘、无水、无油）以及气动元部件容易出现漏堵等现象的缺点。近年来，国外在集成气路的研究上取得了突破，使气动式系统及气动机构又重新获得了生命力。

2.电动遥控

电动式主机遥控系统的遥控装置与驱动机构均由电动元部件构成。它的主要特点是结构紧凑，遥控距离不受限制，控制性能好，较灵活地实现复杂的逻辑功能。但这种系统具有执行机构的驱动功率小，控制电路复杂，对管理人员技术要求较高等缺点，常用于内河船舶和工程船舶。电动遥控系统可分为有触点继电器式和无触点集成电路式两种。

3.电动－气动（液压）遥控

电－气混合式主机遥控系统的遥控装置主要由电动元器件（如继电器、晶体管、集成电路等）构成，而驱动/执行机构则由气动元件或液压元件构成。这种结构充分发挥了电动式和气动（液压）式两种遥控系统的优点，是较完善的遥控系统。有些遥控系统中的调速回路和驱动机构也由液压部件构成。液压元件具有驱动功率大、工作可靠的特点，但存在泄漏和污染等问题，且造价较高。

4.微机(可编程控制器)-电动-气动(液压)遥控

微机式主机遥控系统实际上也属于电-气混合式主机遥控,其控制部分是采用微机,而驱动机构则采用气动(液压)或电动部件。微机式遥控系统的控制功能是由软件实现的,使用非常灵活,而且功能强大,可靠性高,操纵及维护也比较方便。近几年下水的船舶几乎全部采用微机控制,特别是基于微机原理的可编程序控制器(PLC)、计算机网络技术及集成驾驶台技术的的主机遥控系统应用越来越广泛。

二、主机遥控系统的组成

主机遥控虽说在技术设计方面多种多样,但都是以主机作为被控对象,并设有与这些基本功能相关的逻辑控制单元,从而组成一个完整的主机遥控系统。主机遥控系统是根据主机的特点及操作要求设计的,不同型号主机其主机遥控的具体控制细节时有差别但总体上主机遥控系统的结构组成大致可以分成以下 8 个项目,如图 4-1-1 所示。

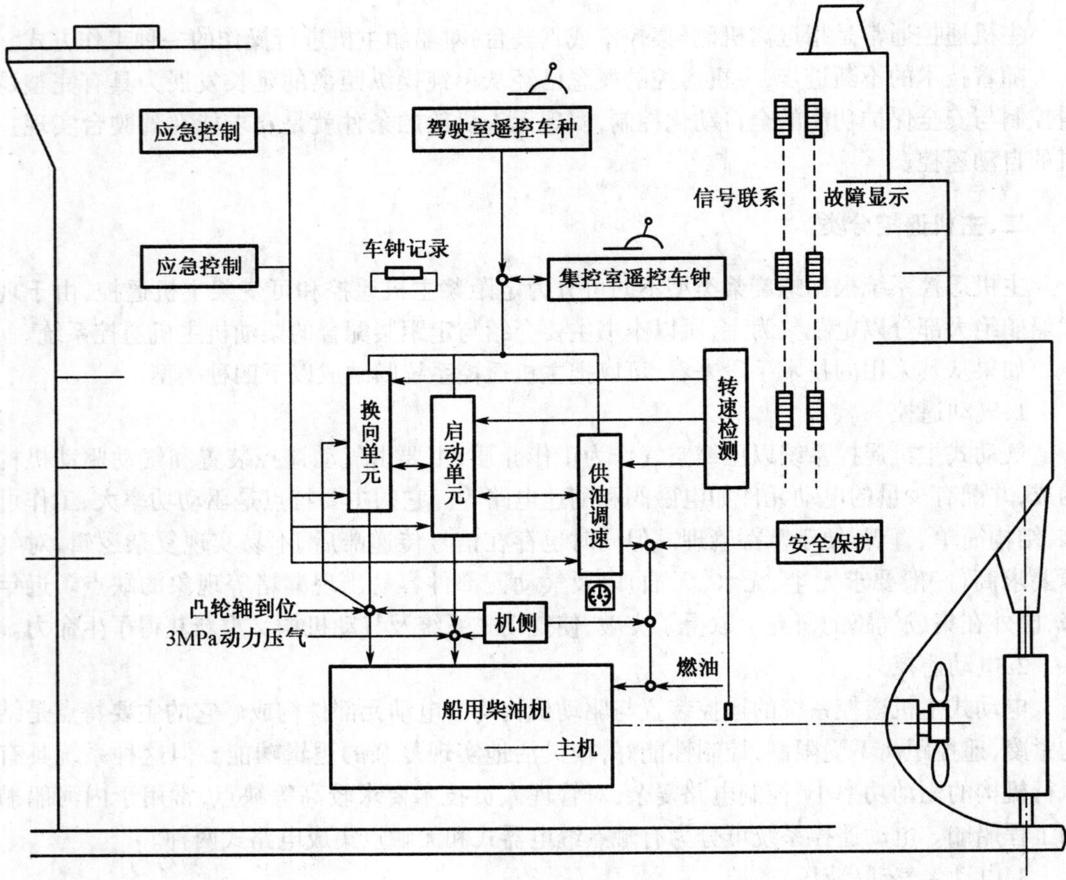

图 4-1-1 主机遥控系统的结构组成示意图

1.遥控车钟、辅车钟、车钟记录以及操纵地点的选用切换

在驾驶室、集控室、机旁三处都设有操纵台,操纵台上设有车钟、操作按钮、操纵地点的切换控制以及指示仪表、灯光显示等设备。辅车钟是驾、集两处对备车、运行和完车三种工

作状态进行信号联系的设备。不论是用遥控车钟下达指令还是用辅车钟给出信号联系,都要求给出打印记录。

各处车钟设备是依照以下切换原则来进行设计的:

(1)驾驶室遥控时,驾驶室车钟就是发出操纵主机的指令部件(可发出正车、倒车、停车指令和设定转速),而集控室/机旁的车钟则作为传令设备即为车钟信号联系的工具。操纵时,驾驶员扳动遥控车钟手柄送出车令信号,经自动遥控装置处理后形成控制信号,然后通过气动操纵系统作用于主机。对一些宽大油轮还可在驾驶室两侧增设操车设备。

(2)集控室遥控或机旁操纵时,驾/集或驾/机旁车钟设备,作为车钟信号联系的工具。集控室或机侧可以根据机舱出现的特殊情况,允许事先不经信号联系而把驾驶室遥控切换成集控室或机侧操纵。

(3)机旁操纵是最基本、最可靠的操纵方式。通常在遥控时不用,一旦驾、集两处失灵,或者在某些特殊情况下才予启用,因而机旁操纵又被称为机旁应急操纵。

操纵地点的切换是通过必要的信号联系和工作条件的变换来实现的。一般地,由机旁操纵切换到集控室(或驾驶台)、集控室与驾驶台相互切换需要满足转换条件。如在主机运行状态下进行驾控/集控(BR/ECR)的转换时,需要满足以下两个条件:即要求驾驶台和集控室两处的车令方向一致(同为正车、倒车或停车),并要求两处的设定转速大小也要相同,这样才能实现主机操纵地点的无扰动切换。而从驾驶台或集控室操纵切换到机旁操纵则是无条件的。因此,就操纵的可靠性而言,操纵地点的优先级顺序为:机旁操纵 > 集控室操纵 > 驾驶台操纵。

2.遥控操纵功能单元

不论哪种型号,主机遥控系统总是以其换向、启动、供油调速和停车等操调功能作为其主要功能单元,另外还要求转速检测系统提供必要的转速反馈信息。这些不同功能单元之间既各自独立、又密切相关,它们必须符合必要的逻辑条件才能发挥作用。在实际操作过程中,遥控车钟是根据航行需要任意操纵的,而主机却在各种因素的逻辑判断中根据指令要求和当时主机的实际工况以符合主机操纵规律的程序和限制件来操纵的,这种完美而又正确的遥控操作就由以上各遥控单元给定的协同关系来实现的。显然,遥控操纵功能单元是主机遥控系统的核心部分。

3.应急操纵设备

应急操纵主要包括应急运行、紧急停车及越控操纵。应急操纵是指在通常遥控操纵以外的又一种操纵方式,这种方式可以满足船舶主机运行中的一些特殊需要,例如主机的应急停车,应急启动,应急换向,加车过程中中断负荷程序而启用应急加速等等。

在通常停车操作不起作用的情况下可以给出紧急停车指令,它使燃油供应立即中断,同时发出报警信号。紧急停车在投入使用以后,必须进行复位操作,否则不允许重新启动主机。遥控系统必须优先执行应急操纵和紧急停车指令。

应急操纵还包括越控操纵方式(Override),也称为“强迫运行”,就是指航行过程中遥控系统的安全保护环节突然起作用,即主机出现自动减速(SLOW DOWN)或故障自动停车(SHUT DOWN),这时如果航道上不允许减速运行或自动停车,那么为了保护船舶就有必要使主机继续保持车钟给定的转速,在这种情况下可以给出越控指令,使安全保护暂停作用,强行使主机带着某种不安全因素继续作短时运行,同时给出报警信号,待航道情况允许减速或停车时,才撤除越控指令并使安全保护环节重新起作用。越控操纵还涉及到取消某些限制的功能,例如取消轮机长给定的限制指令等。

4.安全保护设备

安全保护设备是遥控操纵中为保护主机而特设的一个功能系统,不依赖于主机遥控装置的独立系统。这主要是考虑到主机在运行过程中有可能出现一些不正常情况,如:

(1)主机冷却系统、滑油系统、燃油系统的一些温度、压力、流量等热工参数出现反常情况;

(2)主机排气温度过高;

(3)增压器滑油油柜的液位过低;

(4)曲轴箱内油雾浓度越限;

(5)主机超速。

安全保护的功能就在于:当危险发生以后能够向遥控系统发送"故障减速运行(SLOW DOWN)"或是"故障停车(SHUT DOWN)"指令,同时给出报警信号。在机舱无人情况下,安保系统的重要作用是不言而喻的。

通常安保系统下达的减速运行和故障停车指令,还可以根据故障对主机的危害程度不同分成可越控和不可越控两类,例如:推力轴承高温、主机滑油失压等所给定的故障停车指令通常是不可越控的。

5.主机各重要部件工况的信号联系

信号联系的线路设计一般比较简单,却是主机遥控的一个组成部分。它能使值班人员对遥控系统和主机某些部件的工况做到心中有数,以有助于正确使用和维护主机遥控设备。信号联系环节所给出的声光显示设备大都被安排在驾、集和机侧的操纵台上,驾驶室的灯光显示还必须附有辉度调节。

列入信号联系的项目可以有以下一些:

(1)辅车钟信号联系;

(2)转车机是否与主机啮合的信号;

(3)遥控地点的选用信号;

(4)主机凸轮的正、倒车占位工况;

(5)油门是否在零位;

(6)转速转向指示;

(7)电源和气源情况(包括遥控压气和动力压气的压强指示);

(8)安全保护信号;

(9)应急用车信号。

6.系统的故障报警设备

故障报警设备是遥控系统、车钟系统、安保系统是否正常工作的一个监视设备,除此之外还要监视遥控电源,动力气源和遥控气源是否正常,启动是否失败,换向有没有问题,主机是否超负荷等等。如果某一项有故障发生,那么该故障报警设备应立即给出声光报警信号。

应该提到一旦主机遥控系统发生故障,还必须通过机舱集中监测系统给出相应的报警信号。

7.模拟测试设备

由于遥控系统比较复杂,一旦发生故障,想很快查出故障是比较费劲的,如果有了模拟测试设备,就可以使检测工作的效率大为提高。模拟测试是由设在遥控系统各关键环节的测试环节组成的，这些反映运行工况和运行参数的显示器或指示灯都集中安排在模拟测试显示屏上，供值班人员进行观察和查找故障。

模拟测试设备还可以对遥控系统进行主动检测和调校，以便及早发现故障，以此保证主机遥控的可靠和安全。需要注意的是对模拟测试设备应按规定定期进行校核。

8. 电源、气源以及其他辅助设备

整个系统要求对车钟、主机遥控、安全保护分别独立地解决它们的电源供应，要求提供动力压气、遥控压气和安保压气，其中遥控压气应该有独立气源。其他还必须设置各种限位切换开关以提供工况反馈信号。

以上8个基本功能单元，可以分别采用气动、液压、电动、微机等技术的单独或综合设计，从而构成不同类型的主机遥控。

三、主机遥控系统的主要功能

主机遥控系统尽管型式多样，且各种设计具有各自的特点，但它们都遵循共同的设计思路和基本工作原理，都用来实现逻辑程序控制、转速与负荷控制、安全保护控制及模拟测试等四个基本功能。

（一）逻辑程序控制与自动控制

1. 换向逻辑功能

（1）停车时的换向逻辑功能

在遥控操纵地点（驾驶台或集控室）扳动车钟时，如将车钟从停车位置扳至正车位置，这时主机遥控系统将发出启动指令，但是在启动主机前，遥控系统将首先判断一下"能不能"启动，即判断车令与凸轮轴位置是否一致，如果两者一致，即可进行正常的启动；当车令和主机凸轮轴的实际位置不相符时，必须进行自动换向，换向完成后（此时车令与凸轮轴位置一致）送出允许启动的信号。

（2）运行中的换向逻辑功能

当大型低速主机在某一转向（如正车运行）运行时，突然改变车令转向（将车钟手柄从正车位置扳到倒车位置），就会使主机转向及凸轮轴位置均与车令相反。遥控系统就经停油逻辑判断后控制主机停油，使主机转速下降。当主机转速下降到正常换向转速时，自动将凸轮轴位置从正车换到倒车。随后，当主机转速下降到制动转速时，遥控系统控制空气分配器投入工作，同时打开主启动阀。此时主机车令为倒车，凸轮轴也处于倒车位置（换向完毕），但与主机的实际转向（倒车）相反。因此，空气分配器控制气缸启动阀在活塞的压缩冲程打开，将来自主启动阀的3 MPa压缩空气引入气缸，强迫活塞下行，即进行强制制动，使主机转速迅速下降，并减小至零。然后，在主机的转向程序与车令、凸轮轴位置一致后，进行反向的启动，即倒车启动。启动成功后，按倒车加速程序控制将主机转速调节到车令设定值。

2. 启动逻辑功能

（1）正常启动

在有动车指令且主机凸轮轴位置与车令一致时，此时需要进行启动。但是遥控系统能不能对主机的启动准备条件进行逻辑鉴别。但满足启动主机所需的各项准备条件时，控制空气分配器投入工作，打开主启动阀，进行压缩空气启动，启动空气压力为3MPa。当主机转速达到发火转速时，自动完成油－气切换（对油气并进的系统可提前喷油）。如点火成功，则向转速控制环境提供启动转速设定值，随后主机就进入加速程序控制。

(2)重复启动逻辑功能

在启动过程中点火失败时,遥控系统能够自动实现三次(或四次)试启动,试启动成功后便转入主机加速程序。如果三次(四次)试启动失败时,遥控系统将自动停止启动过程,同时发出启动失败报警。排除故障后,需要将车钟手柄扳回到停车位置,以实现启动失败故障复位,然后才能进行下一次启动。

(3)重启动逻辑功能

在应急启动、倒车启动或有重复启动的情况下,为改善主机的启动条件、提高启动成功率,遥控系统将自动增加启动油量或者自动地提高点火转速进行启动。正常启动称轻启动,重启动与正常启动不同,增加了启动油量或提高了启动转速,故称重启动。不同的主机遥控系统,重启动的逻辑条件及实现方法可能是不一样的。

(4)慢转启动逻辑功能

主机停车时间超过规定时间(30~60 min)时,气缸壁会因四周的润滑油下沉而干燥,这时如直接启动会造成润滑不良。为此,在停车时间超过规定时间后再次启动主机时,遥控系统将自动控制主机首先进行满转启动,即首先让主机自动缓慢转动1~2转,以便在缸壁四周建立一层油膜,这个过程常称为“布油”,随后再转入正常启动。若慢转启动失败,遥控系统将不再进行正常启动并发出相应的报警。值得一提的是,如果在停车期间停过电,重新启动也需慢转启动。

3. 制动逻辑控制功能

如前所述,对于大型低速柴油机运行过程中的车令突然改变(正车→倒车或倒车→正车),主要的控制调节过程为:停油减速→换向→制动→反向启动→反向加速。制动的前提是换向完毕。制动可分为两种:能耗制动和强制制动。大型低速柴油机一般只设置强制制动,中速柴油机的遥控系统一般先进行能耗制动,然后再进行强制制动。

所谓能耗制动是指在换向完成后,只让空气分配器工作,主启动阀关闭。这时主机转向是正车转向,凸轮轴位置与车令都是倒车。因此,当某缸活塞上行(压缩冲程)时,空气分配器使此缸气缸启动阀开启,气缸内的气体经过气缸启动阀至主启动阀的放气口排入大气,使主机起压缩机作用,消耗其能量,降低其转速,实现制动目的。

强制制动是指让主启动阀和空气分配器同时开启。此时,高压空气在各缸的启动阀前等待,当某缸活塞上行时,空气分配器控制此缸气缸启动阀开启,高压空气迅速进入正在上行的气缸内,强行阻止活塞运行,进行强制制动,使主机转速迅速减小为零。

4.转速与负荷逻辑控制功能

主机的转速与负荷控制是一个包含加减速程序控制、转速限制、转速调节、负荷限制等环节在内的综合控制回路。从原理上讲,主机转速控制系统为闭环控制系统,通过比较主机的给定转速(车令转速设定值)与主机实际转速值,调速器得到偏差后发出调节指令,执行机构得到指令后调节油门开度,最终改变主机转速实际值,实现主机转速的无差调节。然而,由于主机的工作条件恶劣、运行工况复杂,加之进行遥控操纵的驾驶员并不熟悉主机的性能和操纵规律,因此必须设置一些限制环境,以确保设定转速和油量信号符合主机的运行规律,同时还要慢转应急操纵和船舶安全的要求。

(1)加减速速率限制功能

驾驶台遥控时,车令设定转速的变化往往不能满足主机的操纵要求,如出现中速区主机加速过快、高速区主机热负荷过载现象。为了正确操纵主机,遥控系统必须对车令设定转速的变化率(机转速增长速度)进行处理和限制,实现自动加减速程序控制。

①车令设定转速的速率限制

当主机在中速区加速时,无论驾驶员将车钟手柄推的多快,限制环节都是以预先调定好的速率来发生转速设定信号,以防加速过快。速率限制的持续时间一般为几十秒,且可以实现加速慢、减速快的控制。

②程序负荷

当主机进入高负荷去加速时,遥控系统便自动地对主机的加速过程进行长时间的慢加速实现控制,以避免主机因加速过快而出现较低的热负荷,防止主机超负荷。所以这个阶段也称为热负荷限制,这段时间大概是 30 ~ 55 min。

(2)转速限制功能

车钟发出转速设定值后,经过加减速速率限制后,还不能保证主机运行的安全高效,必须对转速进行进一步的限制。转速限制功能主要包括临界转速的自动避让、最小转速限制、轮机长最大转速限制和故障减速限制等。

①临界转速自动避让

当车令设定转速处于主机临界转速区时,系统可自动地将设定转速限制在临界转速区之外;当设定转速经过主机临界转速区时,能自动实现快速穿越,以保证主机的安全。

②轮机长最大转速限制

在非应急运行工况下,当主机设定转速值大于轮机长手动设定的最大转速值时,遥控系统对车令设定转速进行限制,以确保主机转速不超过轮机长所设定的最大运行转速。由于主机倒车工况较正车差,有些遥控系统还设置有数值上较正车小的最大倒车转速限制。

③最低稳定转速限制

当车令设定转速值小于主机最低稳定转速时,为防止主机因不能稳定运行而熄火,遥控系统自动地将设定转速限制在机最低稳定转速上。

④故障减速限制

故障减速是值当主机出现安全方面的故障时,遥控系统自动将主机的转速限制在规定的转速上(通常在半速左右)。

(3)转速调节功能

在正常工况下,主机转速的调节是通过调速器完成的。调速器根据主机设定转速与实际转速之间的偏差,按照比例积分(PI)或比例积分微分(PID)规律控制供油量,克服负荷等外部扰动的影响,将主机转速自动保持在设定值上。常用的调速器有液压型(PGA 型)调速器、电子调速器等两大类。PGA 型调速器采用 PI 作用规律,通过调节旋钮可改变 PB、TI 的大小。而微机控制的数字调速器采用 PID 调节规律,其参数 PB,T_I,T_D 都是变量,是根据主机的负荷变化和转速变化等因素实时计算得到。

在海上定速航行时,为了减少调速执行机构的频繁动作可以引入转速死区控制方式。如主机转速变化在预设的转速死区范围(如 ± 2 r/min)内波动,燃油齿条的位置将不发生变化,燃油供油量维持恒定不变,从而有效地提高了调试系统的稳定性和使用寿命。

在恶劣海况下,数字调速器将自动增大比例增益,加强调速器对偏差的反应强度,抑制因大风浪引起的主机转速过大的波动。同时引入微分作用规律,可以在螺旋桨开始潜出或潜入水面时进行预调节,使主机转速相对稳定,避免主机转速过大或飞车。

(4)负荷限制功能

负荷限制也称为燃油限制,实际上在主机转速调节中,调速器是根据转速偏差的大小来调节油门开度从而决定供油量的,但供油量大小的决定因素不光是主机转速调节器,还有其他一些限制因素起作用,以保证主机不会因供油量过大而超载。这些限制因素主要有以下内容。

①转矩限制

在某一转速下主机的油量过大时,会使主推进轴的扭矩加大,造成机械负荷过载。因此,遥控系统将自动地限制主机的供油量,即根据车令设定转速或主机实际转速给出一个相应的供油范围,从而将主机的转矩限制在允许的范围内。限制转矩的方法有两种,一种是实际转速限制油量,另一种是设定转速值限制油量。

②增压空气压力限制

主机低速运行时,增压器输出的增压空气压力较低,此时如果给主机注入太多的燃油,就会出现油多气少的现象,导致燃烧不充分而冒黑烟。为此,主机遥控系统将自动按照增压空气压力的大小来限制主机的最大允许供油量,即"有多少气给多少油",保证燃油的充分燃烧,同时也可防止主机受热件的过热现象。

③轮机长手动燃油限制

轮机长手动燃油限制亦称手动最大油量限制,它是由轮机长根据海况和主机的运行状况予以设定的,以实现主机的最大负荷(即最大油量)限制来保证主机安全高效运行。

若主机供油量超过轮机长设定的最大供油量,这时主机遥控系统将自动地将主机供油量限制在轮机长所设定的最大油量上。手动最大油量限制范围一般为额定油量的50%~100%,在应急情况下,可以通过按"应急按钮"予以取消。

④启动供油的限制

在主机启动时,如供油量太小,点火不易成功;供油量太大,会产生爆燃。所以启动转速设定是为了便于启动主机而由遥控系统特别设定的一个值。启动期间,由启动转速设定值提供持续一段时间(几秒钟)的启动油量。启动转速设定值一般介于"SLOW"和"HALF"之间而与车钟手柄无关。根据启动方式不同,也有正常启动供油量和重启动供油量两种,后者的供油量要大一些。

⑤螺旋桨特性限制

为了使上述调速和限制特性与主机螺旋桨推进特性相匹配,可以按螺旋桨的特性规律来限制主机的供油量,以此来修正原有负荷的限制特性,使之接近理想限制特性。

2.紧急操纵功能

(1)应急运行

为了保证主机安全高效运行、延长其使用寿命,主机遥控系统设置了许多限制,如上述的最大转速限制和最小转速限制等。然而,在应急情况下,为了保证船舶的安全,必须解除或放松主机原有的限制,进行应急运行。应急运行下,可以取消慢转启动、负荷程序、最大油量等限制,进行应急换向、应急启动和应急加速。

(2)应急停车

在遥控系统正常停车失灵时,为了确保主机能立即断油停车,按下"应急停车 "按钮,遥控系统就会通过应急停车回路迫使主机立即断油停车,同时发出报警。在应急停车后重新启动主机前,必须对应急停车信号进行复位,否则主机仍不能供油。

(3)越控

当主机因某种故障而出现自动停车,但从船舶的安全角度出发又不允许主机停车时,为了保障船舶安全,应采取“舍机保船”措施,实现强迫运行。遥控系统进入“越控”时将暂时取消主机故障自动停车控制,迫使主机带病运行,同时发出越控报警。当然,对于一些比较严重的故障,如主机滑油失压、超速、飞车等不运行实现越控。

3.安全保护功能

当发生危及主机运行安全的故障(如滑油低压、轴承高温、曲柄箱油雾浓度过高等)时,安全保护装置将根据其危害程度自动控制主机进行减速运行或者停车,同时发出相应的报警,显示安全保护系统动作的原因,确保主机安全运行。

4.模拟测试功能

主机遥控系统设置了模拟试验设备,操作人员可以通过模拟试验来检测遥控系统的功能及运行工况,也可对遥控系统中的设定参数进行测试及调整。具体操作为,通过车钟、电位器、开关等装置,形成和实际信号作用相同的模拟车令设定转速、模拟实际转速、模拟凸轮轴位置等信号送入主机遥控系统,从而检验包括遥控装置和操纵系统在内的功能及运行情况,也可对系统的设定参数进行调整,在系统发生故障时,也可通过模拟试验来查找故障的部位。

微机型系统具备完备的系统自检功能和故障诊断功能,系统自检包括在线自检和离线自检,两种自检都能在系统发生故障时提供故障信息报警。和离线自检相比,在线自检的功能较弱,因为此时主机遥控系统的主要工作是对主机的正常控制。而离线自检的功能可以很强,因为此时的遥控系统空闲,只有自检功能在单独运行。

第二节　数字逻辑电路

一、逻辑代数

在船舶主机的自动控制中,实际上可以分为两种参数的控制:连续量和开关量。所谓连续量就是在反馈控制时,被控量、偏差值和调节器输出信号都是连续变化的。如气缸冷却水温度控制系统中的温度,燃油黏度控制系统中的黏度都属于连续量。开关量是另外一类变量,主要为相对的两种状态,如水泵的工作状态:运行/停止;指示灯的状态:亮/灭。对这类变量的控制一般称为逻辑控制或开关量控制,主要研究的是输出开关量与输入开关量的因果关系。一件事物的因果关系一定具有某种内在的逻辑规律,即存在着逻辑关系。事物的原因即为这种逻辑关系的自变量,称为逻辑变量。而由原因所引起的结果则是这种逻辑关系的因变量,称为逻辑函数。

逻辑代数是描述、分析、简化逻辑关系的数学工具。和普通代数一样,逻辑代数也用 A,B 等字母表示变量及函数,所不同的是,在普通代数中,变量的取值可以是任意实数,而在逻辑代数中,无论是输入变量还是输出变量,每一个变量只有 0,1 两种取值,因而逻辑函数也只能有 0 和 1 两种取值。在逻辑代数中,0 和 1 不再具有数量的概念,仅是代表两种对立逻辑状态的符号。如水泵的运行用“1”表示,停止状态用“0”表示;指示灯亮用“1”表示,灭用“0”表示。任何事物的因果关系均可用逻辑代数中的逻辑关系表示,这些逻辑关系也称逻辑运算。实现各种逻辑关系的回路称为逻辑回路。逻辑回路主要包括组合逻辑回路和时序逻辑回路。

二、组合逻辑回路的基本知识

组合逻辑回路的主要特点是，一个逻辑回路输出信号的状态（信号有或无）仅与输入信号当前的状态有关，而与这些信号以前的状态无关。比如，在主机遥控系统中，换向逻辑回路是否输出换向信号取决于是否满足换向的逻辑条件，即主机是否停油、是否有动车指令、车令与凸轮轴位置是否不一致、主机转速是否低于换向转速。只有满足换向逻辑条件（因），换向逻辑回路才能输出换向信号去执行换向动作（果）。如果没有满足换向逻辑条件，就不会输出换向信号，凸轮轴仍保持不变。

（一）基本逻辑关系

基本的逻辑关系有3种，即与逻辑、或逻辑、非逻辑；与之相对，在逻辑代数中，基本的逻辑运算也有3种：与运算、或运算、非运算。

1. 与逻辑

与逻辑的逻辑关系为所有原因均满足条件时结果成立。在逻辑代数中，与逻辑又称逻辑乘。如图4-2-1所示用2个串联开关控制一盏灯电路，很显然，若要灯亮，则2个开关必须全都闭合。如有一个开关断开，灯就不亮。如用 A 和 B 分别代表2个开关，并假定闭合时记为1，断开时记为0，F 代表灯，亮为1，灭为0，则这一逻辑关系可用表4-2-1表示。此表是将 A，B 两个变量的所有变化组合的值及对应的 F 值依次列出，称为真值表。由表1-4-1可见，与逻辑可表述为：输入全1，输出为 l；输入有0，输出为0。把与运算的逻辑回路称为与门，其逻辑号如图4-2-2所示。与逻辑的函数表达式为 $F = A \cdot B$，其中，"·"为逻辑乘符号，也可省略。

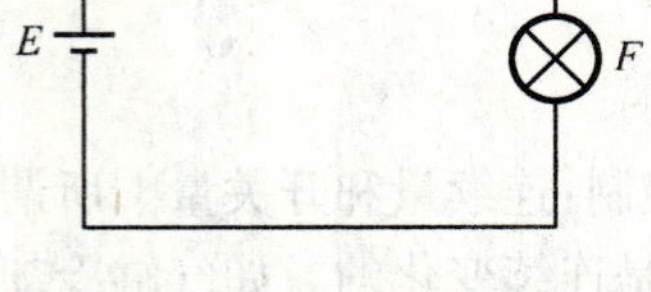

图4-2-1 "与逻辑"电路图

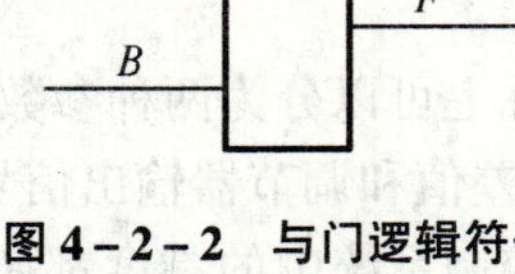

图4-2-2 与门逻辑符号

表4-2-1 与真值表

A	B	F
0	0	0
0	1	0
1	0	0
1	1	1

2. 或逻辑

或逻辑的逻辑关系为当所有原因中的一个原因满足条件时结果就成立。在逻辑代数中，或逻辑又称逻辑加。图4-2-3所示的是用2个并联开关控制一盏灯电路，为或逻辑电路。可看出，2个开关中只要有一个闭合，灯就亮；如果想要灯灭，则2个开关必须全断开。或逻辑关系的真值表见表4-4-2，由表可得，或逻辑可表述为：输入有1，输出为1；输入全0，输出为0。把或运算的逻辑回路称为或门，其逻辑号如图4-2-4所示。或逻辑的函数表达式为：$F = A + B$，其中，"+"为逻辑加符号。

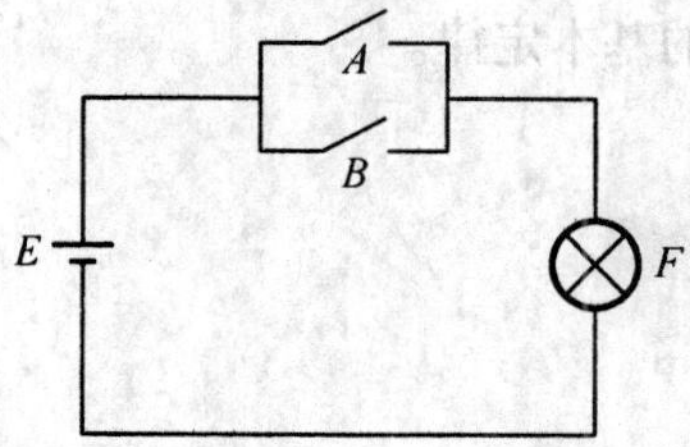

图 4-2-3　“或”逻辑电路图

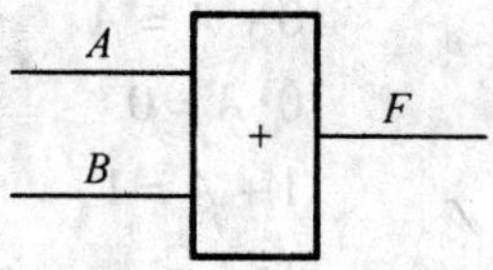

图 4-2-4　或门逻辑符号

表 4-2-2　“或”逻辑真值表

A	B	F
0	0	0
0	1	1
1	0	1
1	1	1

3.非逻辑

非逻辑的逻辑关系是结果总是与原因相反，即只要某一原因满足条件，则结果就不成立。例如图 4-2-5 所示的控制灯电路，图中开关与灯的状态是相反的，开关闭合，灯就灭，如果想要灯亮，则开关需断开。非逻辑真值表见表 4-2-3，由表可得，非逻辑可表述为：输入为 0，输出为 1；输入为 1，输出为 0。把非逻辑运算的逻辑回路称为非门，其逻辑号如图 4-2-6 所示。非逻辑的代数表达式为：$F=\bar{A}$。

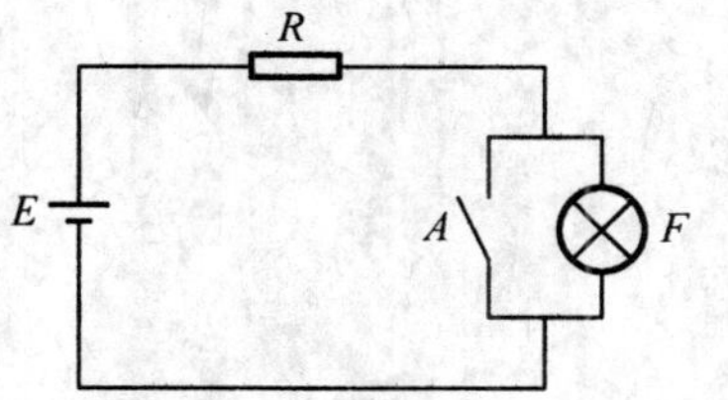

图 4-2-5　“非逻辑”电路图

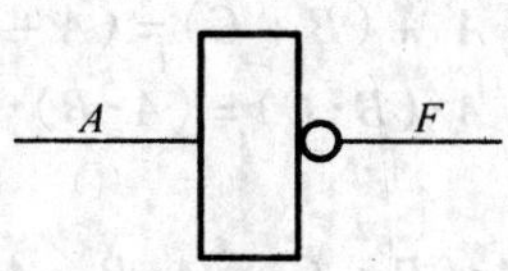

图 4-2-6　非门逻辑符号

表 4-2-3　非真值表

A	F
0	1
1	0

4.其他逻辑运算

有了上面三种基本逻辑运算后，就可以组成各种各样的逻辑运算或逻辑回路。例如与非运算（与非门），或非运算（或非门）等，其逻辑符号如图 4-2-7、图 4-2-8 所示，真值表如表 4-2-4、表 4-2-5 所示。

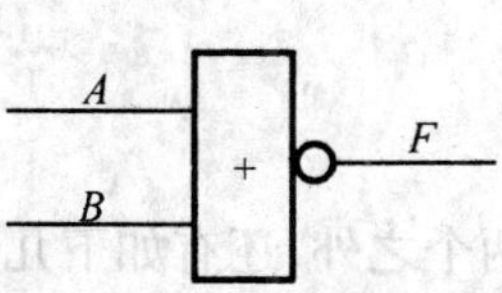

图 4-2-7　与非门逻辑符号

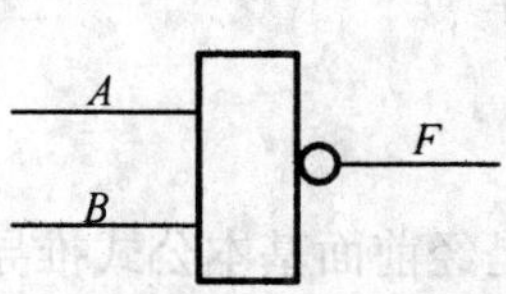

图 4-2-8　或非门逻辑符号

表 4-2-4　与非真值表

A	B	F
0	0	1
0	1	1
1	0	1
1	1	0

表 4-2-5　或非真值表

A	B	F
0	0	1
0	1	0
1	0	0
1	1	0

(二)逻辑代数基本定律

根据逻辑变量和逻辑运算的基本定义,可得出逻辑代数的基本定律。

1. 0—1律

$$0+A=A$$
$$0\cdot A=0$$
$$1+A=1$$
$$1\cdot A=A$$

2.重叠律

$$A+A=A$$
$$A\cdot A=A$$

3.互补律

$$A+\bar{A}=1$$
$$A\cdot\bar{A}=0$$

4.交换律

$$A+B=B+A$$
$$A\cdot B=B\cdot A$$

5.结合律

$$A+(B+C)=(A+B)+C$$
$$A\cdot(B\cdot C)=(A\cdot B)\cdot C$$

6.分配律

$$A\cdot(B+C)=A\cdot B+A\cdot C$$
$$A+(B\cdot C)=(A+B)\cdot(A+C)$$

7.否定律

$$\bar{\bar{A}}=A$$

8.反演律(摩根定律)

$$\overline{A+B}=\bar{A}\cdot\bar{B}$$
$$\overline{A\cdot B}=\bar{A}+\bar{B}$$

9.吸收律

$$A+AB=A$$
$$A\cdot(A+B)=A$$

吸收律是经前面基本公式推导而得的,除以上介绍的两个之外,还有如下几个也是常用的基本公式。

$$AB+A\bar{B}=A$$
$$A+\bar{A}B=A+B$$
$$AB+\bar{A}C+BC=AB+\bar{A}C$$

证明上述各定律可用列真值表的方法,即分别列出等式两边逻辑表达式的真值表,若两个真值表完全一致,则表明两个表达式相等,定律得证。当然,也可以利用基本关系式进行代数证明。

(三)组合逻辑分析

组合逻辑是指,在逻辑回路中,输出变量的状态仅取决于输入变量当前的状态而与以前的状态无关。前面介绍的各种逻辑回路(与门、或门、非门、与非门、或非门等)是组合逻辑回路基本单元。组合逻辑分析是指,有一张逻辑图,我们写出它的逻辑表达式,分析逻辑回路的功能,并运用逻辑代数基本公式对其逻辑表达式进行化简,再画出化简后的逻辑表达式所对应的逻辑图。下面举例说明组合逻辑的分析。

例如,有一开关电路如图 4-2-9(a)所示。写出它的逻辑表达式,并画出与非形式的逻辑图。

由图中可见,A,B,C 是触点开关,是输入变量,F 是继电器,是输出变量,继电器 F 通电条件是,A,B,C 这三个开关至少有一个是断开的。A 是常开触点,没有动作断开,有动作闭合,而 B,C 是常闭触点,有动作断开,没有动作闭合。这样就可写出逻辑表达式为

$$F=\bar{A}+B+C=\overline{\overline{\bar{A}+B+C}}=\overline{A\cdot\bar{B}\cdot\bar{C}}$$

其逻辑回路图如图 4-2-9(b)所示。

三、时序逻辑回路

时序逻辑回路包含有记忆单元,所以时序逻辑回路的输出不仅与当前的输入有关,还与过去的输入有关。所以,组合逻辑回路与时序逻辑回路的区别就是是否包含有记忆单元。

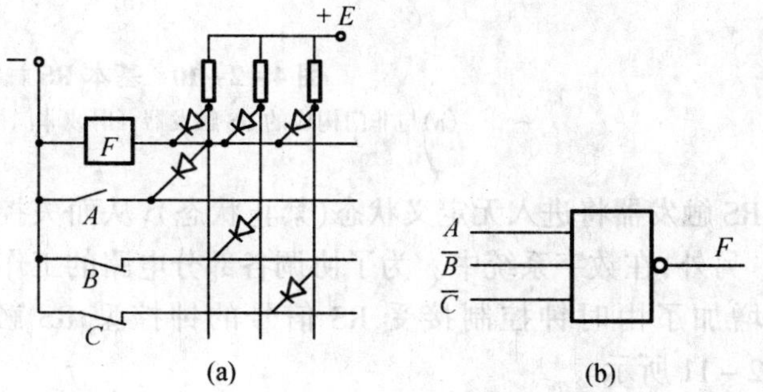

图 4-2-9　开关电路及逻辑图

时序逻辑回路可以分为两大类:同步时序逻辑回路与异步时序逻辑回路。同步时序逻辑回路有统一的时钟脉冲,只有在时钟脉冲到来时记忆回路的输出状态才能改变,且只改变一次。若时钟脉冲没有到来,即使输入信号有了改变,也只能改变组合逻辑回路的外部输出状态,而不会改变记忆回路的输出状态。异步时序回路没有统一的实钟脉冲,无论是组合逻辑回路的外部输出状态,还是记忆回路的输出状态都是由输入信号引起的。下面将介绍常用的时序逻辑回路。

(一)触发器

触发器在接口电路中具有非常重要的作用,不论是输入/输出时数据的锁存,还是各种联络信号的产生、保持,都离不开触发器。

1.基本 RS 触发器

基本 RS 触发器(新名称为 SR 触发器)是最简单的触发器,由两个反馈连接的与非门或者或非门构成,如图 4-2-10 所示。

RS 触发器有两个输入端:R 和 S。R 为复位端(Reset),其有效时置输出端 $Q=0$;S 为置位端(Set),其有效时置输出端 $Q=1$。

RS 触发器有两个输出端:Q 和 $\bar{Q}$,一般用 Q 代表触发器的状态,$Q=0,\bar{Q}=1$ 叫复位状态;$Q=1,\bar{Q}=0$ 叫置位状态。

2.钟控 RS 触发器

对于基本 RS 触发器,只要 R 或 S 端产生变化,就可能引起状态翻转。这使得干扰信号很容易使触发器发生误翻转,而且更为严重的是:若干扰信号恰好使得两个输入端同时有

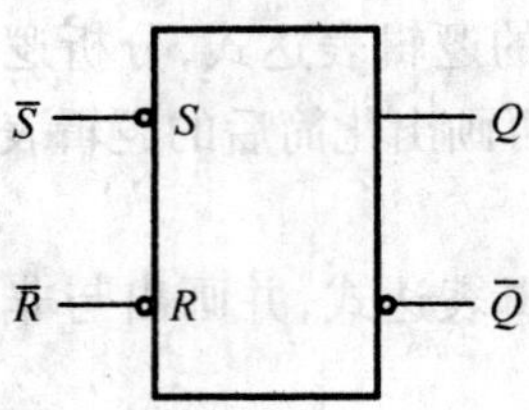

输 入	输 出
$\overline{S}$=1(无效),$\overline{R}$=0(有效)	Q=0
$\overline{S}$=0(有效),$\overline{R}$=1(无效)	Q=1
$\overline{S}$=1(无效),$\overline{R}$=1(无效)	Q保持原状态不变
$\overline{S}$=0(有效),$\overline{R}$=0(有效)	$Q=\overline{Q}$=1(禁止状态)

(a)

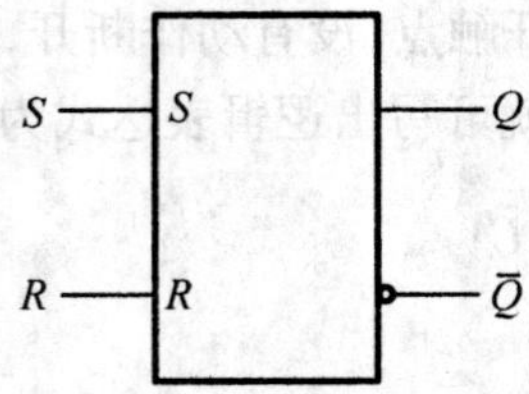

输 入	输 出
S=0(无效), R=1(有效)	Q=0
S=1(有效), R=0(无效)	Q=1
S=0(无效), R=0(无效)	Q保持原状态不变
S=1(有效), R=1(有效)	$Q=\overline{Q}$=1(禁止状态)

(b)

图 4-2-10 基本 RS 触发器

(a)与非门构成的 RS 触发器;(b)或非门构成的 RS 触发器

效,RS 触发器将进入无定义状态(禁止状态),从而失控。因此,基本 RS 触发器抗干扰能力差。另外,在数字系统中。为了协调各部分电路的工作,任何操作均应按预定时间完成。因此,增加了由时钟控制接受 RS 信号的钟控型 RS 触发器,也称同步 RS 触发器。如图 4-2-11 所示。

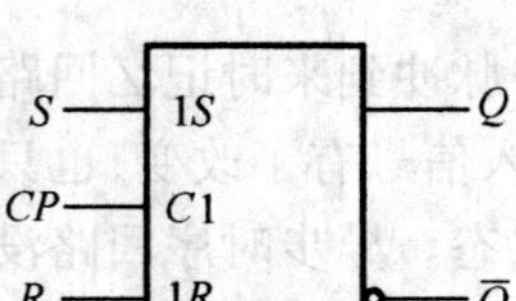

在CP=0 期间:
不接受 RS 上的输入,触发器状态不变。
在CP=1 期间:
接受 RS 端的输入,根据基本 RS 触发器的规则决定输出状态。

图 4-2-11 时钟控制 RS 触发器

注:国标符号中的"C1"含义:"C"—控制关联标记;"1"—表示以 1 标记的输入端受其控制,图中为 1S 和 1R。

同步 RS 触发器虽然受时钟控制,但在 CP = 1 期间都能接受 RS 信号,所以触发器的状态可能会随 RS 信号的变化而产生多次翻转。为了更加便于控制,需要这样一种触发器,即每来一个触发脉冲其状态最多翻转一次,而且状态的翻转时间只在触发脉冲的上升沿或下降沿。边沿触发的 RS 触发器具备上述特点,其实质是由两个 RS 触发器构成的主从型触发器。边沿触发的 RS 触发器如图 4-2-12 所示。

3.D 触发器

因为 RS 触发器存在禁用状态,改进的方法是将一个输入信号送到其输入端 S 处,同时将这个信号"非"一次再送到其输入端 R,就形成了 D 触发器。D 触发器在计算机接口电路的设计中得到极为广泛的应用。D 触发器的符号如图 4-2-13 所示。

根据 D 触发器的输出特性,在 CP = 1 期间输出 Q 随输入 D 变化而变化;在 CP = 0 期间

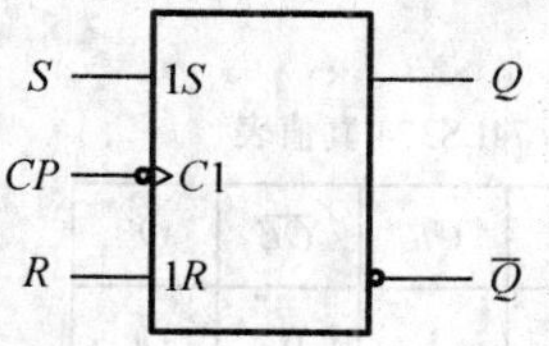

在 CP 下降沿处而不是在 $CP=1$ 期间接受 RS 输入，其他同上面的时钟控制触发器。

图 4-2-12　主从型 RS 触发器

注：国标符号中"＞"为边沿触发标记，CP 上的圆圈表示下降沿触发。

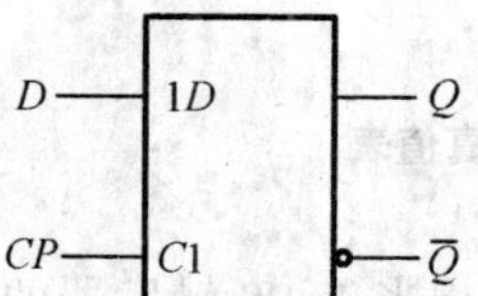

在 $CP=0$ 期间：
　D 触发器状态不变。
在 $CP=1$ 期间：
　输出 Q 的状态由输入端决定，即 $Q=D$。

图 4-2-13　时钟控制触发器

上一次的输出状态(也就是输入信号 D 的状态)维持不变，故 D 触发器又称为锁存器、暂存器。D 触发器也有边沿触发型的，而功能更强大的还带有直接置 0(R)、置 1(S)引脚。

用 D 触发器可构成简单的输入/输出接口，74LS273 是常用的 D 触发器之一，它内部由八个 D 触发器构成，其引脚及真值表如图 4-2-14 所示。

74LS273 用写低电平来复位，利用 CP 脉冲上升沿将八个输入端 $D_0 \sim D_7$ 的状态锁存在 8 个输出端 $Q_7 \sim Q_0$。

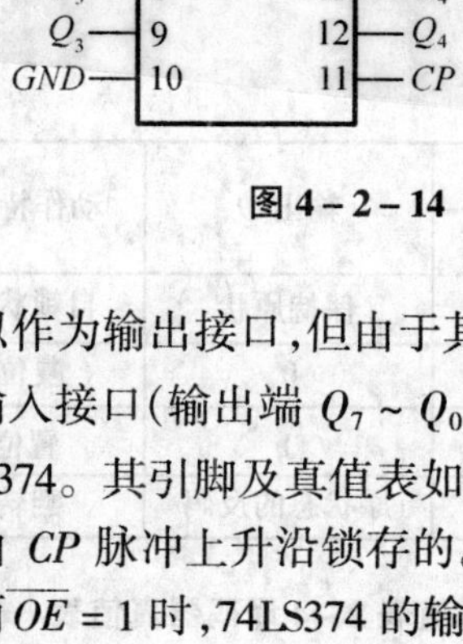

74LS273真值表

$\overline{S}$	CP	D_x	Q_x
0	×	×	0
1	↑	1	1
1	↑	0	0

图 4-2-14　74LS273 引脚与真值表

74LS273 可以作为输出接口，但由于其输出端 Q_X 的逻辑状态只能为 0 或 1，不能呈高阻态，故不能用作输入接口(输出端 $Q_7 \sim Q_0$ 不能直接挂在系统总线上)，为此可改用具有三态输出功能的 74LS374。其引脚及真值表如图 4-2-15 所示。

74LS374 是由 CP 脉冲上升沿锁存的。$\overline{OE}$ 是允许输出端，只有当 $\overline{OE}=0$ 时。74LS374 的锁存才能输出；而 $\overline{OE}=1$ 时，74LS374 的输出呈高阻态。

4. JK 触发器

JK 触发器如图 4-2-16 所示，也是由 RS 触发器改进而成的，但它增加了计数功能，是

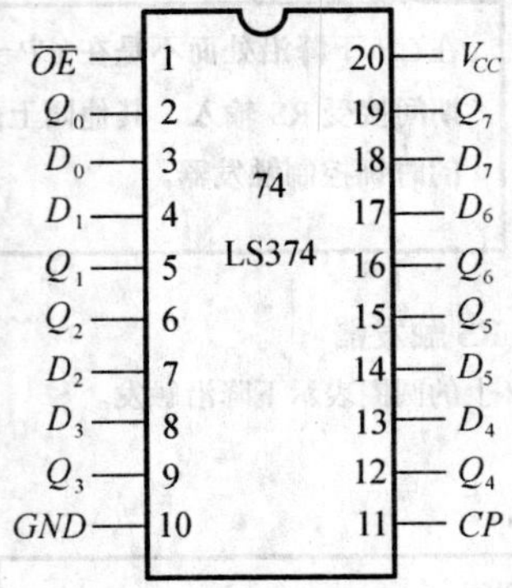

74LS374 真值表

D_x	CP	$\overline{OE}$	Q_x
1	↑	0	1
0	↑	0	0
×	×	1	高阻

图 4-2-15　74LS374 引脚与真值表

功能最全的一种触发器。JK 触发器的输入端 J,K 分别相当于 RS 触发器的输入端 S,R 的功能,但当 J,K 同时有效时,输出状态发生翻转,而不是 RS 触发器的禁止状态。时钟控制信号的作用与 RS 触发器相同,仅在信号有效期间 J,K 端的输入才能被接受。

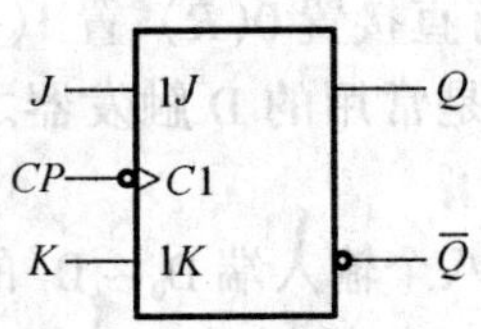

输入		输出 Q	动作特征
J	K		
0	0	保持原状	自锁状态
0	1	0	复位
1	0	1	置位
1	1	原状态的反码	翻转

图 4-2-16　主从型 JK 触发器(下降沿触发)

(二)译码器

译码器在存储器及接口电路的设计中是必不可少的部件。译码器有二进制译码器、十进制译码器、显示译码器等多种,此处仅简要介绍最常用的二进制译码器。

二进制译码器常用的有 2~4 译码器和 3~8 译码器。以 2~4 译码器为例,其符号及真值表如图 4-2-17 所示。

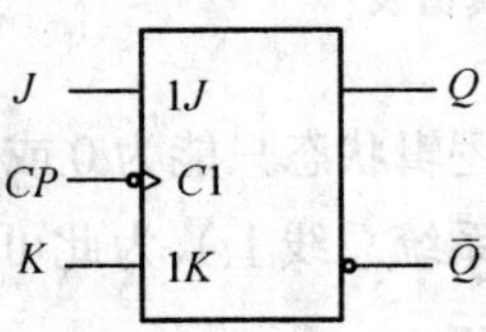

输入		输出 Q	动作特征
J	K		
0	0	保持原状	自锁状态
0	1	0	复位
1	0	1	置位
1	1	原状态的反码	翻转

图 4-2-17　2~4 译码器及其真值表 2~4 译码器真值表

译码器中最常用的产品是 3~8 译码器 74LS138,它有三个片选控制端,这三个片选控制端内部是"与"的关系,只有同时有效时,译码器才能工作。74LS138 引脚及真值表如

图 4－2－18 所示。

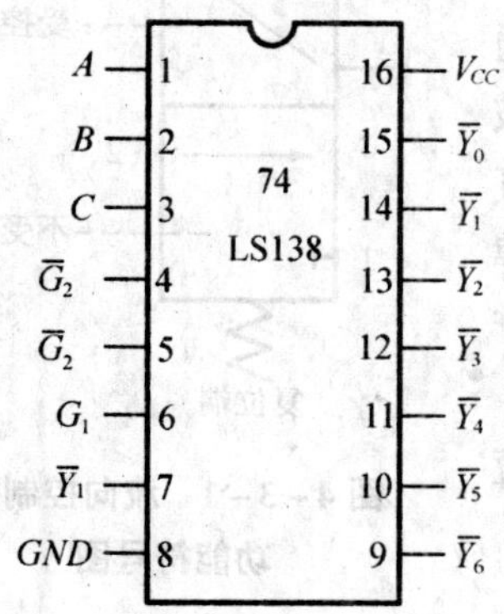

74LS138 真值表

输入						输出							
G_1	$\overline{G}_{2A}$	$\overline{G}_{2B}$	C	B	A	$\overline{Y}_7$	$\overline{Y}_6$	$\overline{Y}_5$	$\overline{Y}_4$	$\overline{Y}_3$	$\overline{Y}_2$	$\overline{Y}_1$	$\overline{Y}_0$
0	×	×	×	×	×	1	1	1	1	1	1	1	1
×	1	×	×	×	×	1	1	1	1	1	1	1	1
×	×	1	×	×	×	1	1	1	1	1	1	1	1
1	0	0	0	0	0	1	1	1	1	1	1	1	0
1	0	0	0	0	1	1	1	1	1	1	1	0	1
1	0	0	0	1	0	1	1	1	1	1	0	1	1
1	0	0	0	1	1	1	1	1	1	0	1	1	1
1	0	0	1	0	0	1	1	1	0	1	1	1	1
1	0	0	1	0	1	1	1	0	1	1	1	1	1
1	0	0	1	1	0	1	0	1	1	1	1	1	1
1	0	0	1	1	1	0	1	1	1	1	1	1	1

图 4－2－18　74LS138 引脚及其真值表

第三节　常用气动元部件

在气动式主机遥控系统中，各种遥控功能都是由气动元件组成的气动逻辑回路来实现的；而在电－气混合式或微机式主机遥控系统中，也需要气动元件作为执行元件。所以人们常把船舶上的气源比喻为“生命之源”，没有气源的船舶就是一艘“死船”。因此气动技术是实现主机遥控的一种最常见的基本手段。在遥控气路设计中采用了种类繁多的气动阀件及其辅助设备（如气源、控制阀、执行气动元件等），掌握这些阀件及其辅助设备对熟悉气动遥控显然是十分必要的。从功能来分，常用的气动阀件根据阀的用途可分为流向、流量和压力三大类，它们都应在－20～70 ℃环境里能正常工作。从阀的控制方式来分可分为手操、机控、气控及电磁阀四种。从结构组成特点来看，可以分为柱塞式和膜片式两大类。下面将介绍最常见阀件的名称、功能、符号及工作状态。

一、常用气动阀件介绍

气动控制元部件的基本功能以及在气路上各元部件之间的相互关系都可以用相应的功能符号来表示，如果不熟悉这些常用符号是很难进一步分析和掌握遥控气路。但在掌握这些阀件功能符号的同时需要注意以下两点，其一是这些符号不能理解为是它们的结构缩影；其二是气路系统原理图上画出的元部件布局并不是它们的实际安装位置。以下将分类介绍这些气动元部件。

1.流向控制阀

流向控制阀主要用于控制管路中气流的通断及气流的流动方向,属于逻辑控制元件。如图 4-3-1 所示,这类阀件总是有一个控制端和一个不受控端即复位端,这类符号具有以下三个共同特征(1)画有外接气路的方框被称为工作部位,其外接气路的连接可以用符号表示最常见的是管路、通大气或是被阻塞;(2)控制端一侧方框内画出的气路通道被称为受控通道;(3)不受控端(复位端)一侧方框内画出的气路通道被称为不受控通道。这类阀件具有的流向控制规律是:受控时受控通道进入工作部位;不受控时不受控通道进入工作部位。

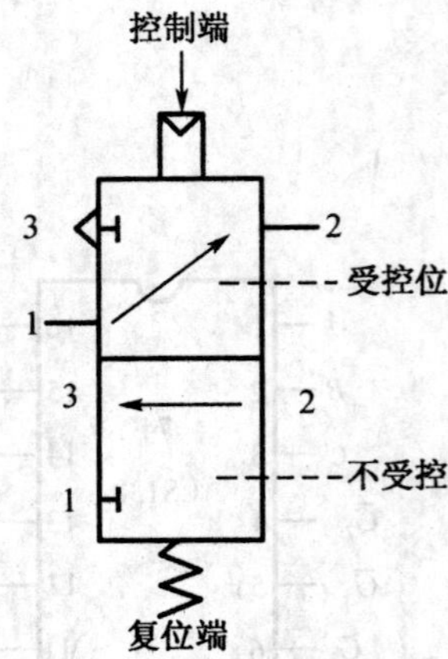

图 4-3-1　流向控制阀功能符号图

常用流向控制阀介绍如下,在具体应用这些符号时,应注意用箭头表示气路的流向安排。

(1)二位三通阀

如图 4-3-1 所示,二位三通阀有两个阀位(即受控与不受控状态)和三个通路(1,2,3 气口)。二位三通阀的功能符号可分解成四个部分:最上面的是阀的控制端,用来表示阀的控制方式。最下面的一般是阀的复位端,用来鉴别阀的复位方式。中间两部分是阀的主体,分别表示两个阀位,其中靠近复位端的方框表示了阀在不受控状态下的气路流通情况,而靠近控制端的方框表示了阀受控后的气路流通情况。在方框中"→"表示相应的两个通路相通,而箭头并不表示气体的流动方向,也可逆箭头方向流动。"┤"表示该通路被阻断(不通)。"＞"表示该通路与大气相通。另外受控阀位(模块)上表示的通道号与不受控阀位上表示的通道号是对应的。相同通道号为同一气口。因此,为了简便,在气路图中仅标出某一阀位的气路。气路画在受控阀位上与画在不受控阀位上是等同的,不影响阀的受控状态。

二位三通阀的控制方式有机控、手操、气控、双气控及电磁控制等几种,功能符号如图 4-3-2(a)~(e)所示。这些两位三通阀的功能基本是类似的。在控制端有信号时,两位三通阀工作在上位,这时 1,2 气口相通,输出气口 2 有控制压力信号,这时阀的工作状态由靠近控制端的方框指示(工作在上位);当控制端没有信号时,在复位弹簧的作用下,两位三通阀工作在下位,这时 2,3 气口与大气相通,输出端没有控制压力信号,这时阀的工作状态由靠近复位端的方框指示(工作在下位)。双气控阀的控制与其他几种阀有所不同。它有两个控制输入,阀件的动作与否取决于两个控制信号的大小,类似于电路中的比较器。当气口 d 的控制压力大于或等于气口 e 的控制压力时,阀件受控,工作于上位;而当气口 d 的控制压力小于气口 e 的控制压力时,阀件复位,工作于下位。利用这一特性,双气控阀可用来判别两个气压信号的大小,如气动临界转速避让回路中常利用双气控阀来判别车令设定转速是否进入临界转速区。

(2)单向止回阀

单向止回阀具有单向流动性能,类似于电路中的二极管,其功能符号如图 4-3-3 所示。图中"0"表示阀芯,"＞"表示阀座。由图可见,功能符号以简明的手法描述了气体只能从阀座流向阀芯方向(即从 A 流到 B),而不能逆流。

(3)双向止回阀

双向止回阀用于"或"逻辑运算,俗称"梭阀",类似于电路中的或门电路。双向止回阀有

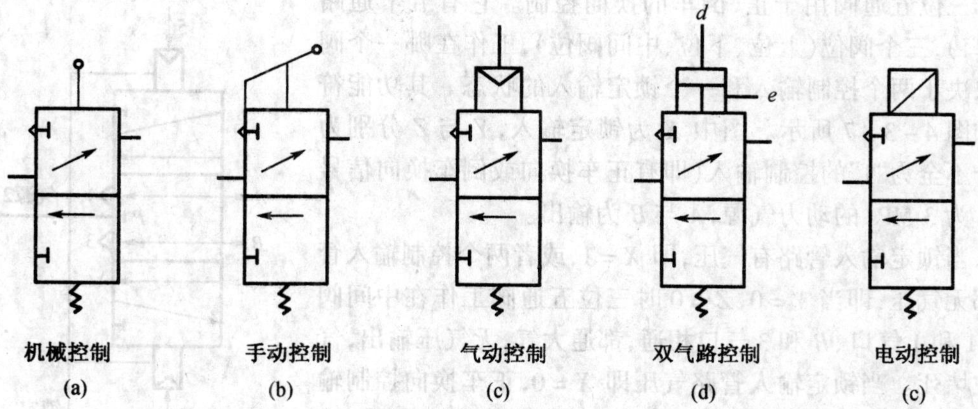

图 4-3-2 二位三通阀不同控制方式功能符号图

两个阀座,一个阀芯,所以也称之为双座止回阀,如图 4-3-4 所示。图中,只要 A,B 两个输入管路中的一个有气压,输出管路 C 就有气压;只有当 A,B 两个输入管路同时无气时,输出管路 C 才无气压,即 $C=A+B$。

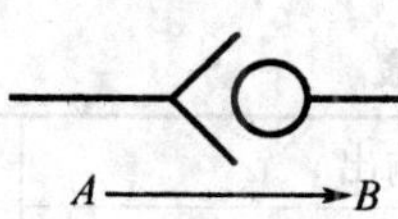

图 4-3-3 单向止回阀

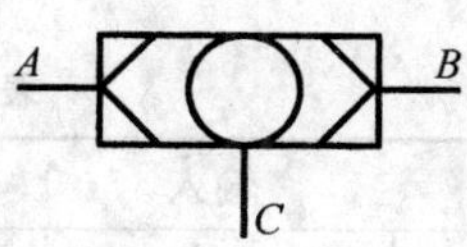

图 4-3-4 双向止回阀

(4)联动阀

联动阀又称双压阀,用于"与"逻辑运算,类似于电路中的与门电路,它也有两个阀座,有一个联动双阀芯,如图 4-3-5 所示。由图可见,只有当 A,B 两个输入管路都有气压,输出管路 C 才有气压;而只要 A,B 两个输入管路中的一个无气压,输出管路 C 就无气压,即 $C=A\times B$。

(5)速放阀

速放阀的作用是当输入管路无气压时,把输出管路内的气体快速地放入大气中,以改善气控信号的传递滞后现象。速放阀的结构原理及功能符号如图 4-3-6 所示。图中 A 为输入,B 为输出。当输入端 A 有气压信号时,橡胶膜片 2 被顶起封住通大气口 4,使输出端 B 的气压信号就地泄放,而不必经输入端 A,再经较长的管路泄放,这就避免了信号泄放的滞后。

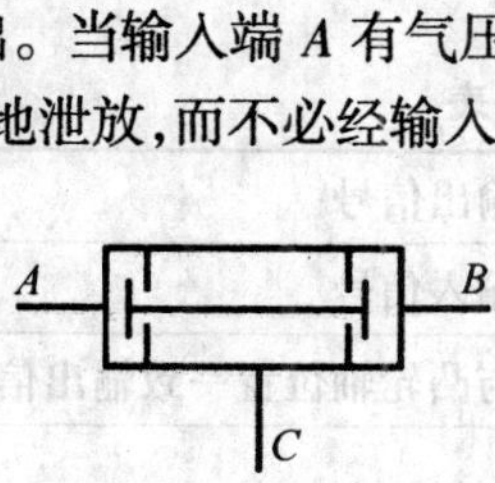

图 4-3-5 联动阀

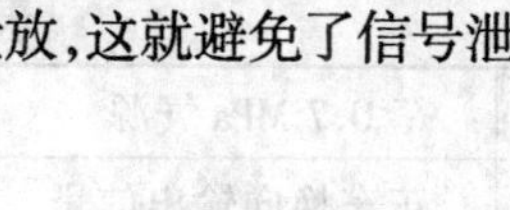

图 4-3-6 速放阀

(6)三位五通阀

三位五通阀用于正、倒车的换向控制。它有五个通路(气口),三个阀位(上位、下位、中间阀位),工作在哪一个阀位取决于两个控制输入和一个锁定输入的状态。其功能符号如图4-3-7所示。图中 X 为锁定输入,Y 与 Z 分别为两个不全为"1"的控制输入(即有正车换向或倒车换向信号),P 为3 MPa的动力气源,A 与 B 为输出。

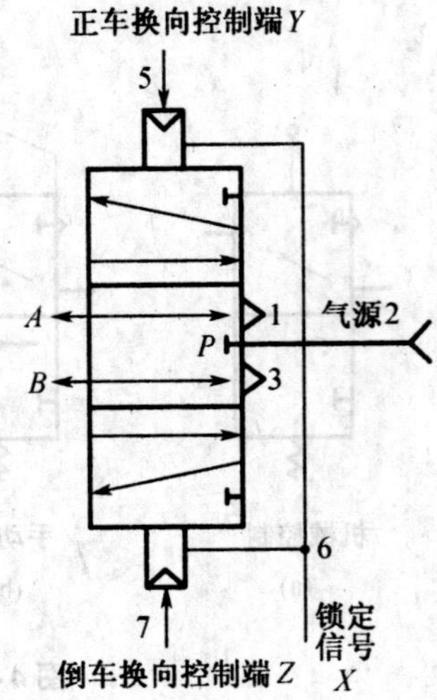

图4-3-7　三位五通阀

当锁定输入管路有气压,即 $X=1$,或者两个控制输入管路都无气压,即当 $Y=0, Z=0$ 时三位五通阀工作在中间阀位,A 和1气口、B 和3气口相通,都通大气,无气压输出,气源被堵死。当锁定输人管路气压即 $X=0$,正车换向控制输入管路有气压即 $Y=1, Z=0$,三位五通阀工作在上阀位,输出管路 B 仍通大气(与3号气口通),无气压输出,输人管路 A 与气源 P 相通,输出3 MPa的正车换向气压信号。在倒车换向时,Z 有气,Y 无气压 即 $Z=1, Y=0$,X 无气压即 $X=0$,三位五通阀工作在下阀位,这时管路 A 通大气(与1号气口通),管路 B 与气源 P 相通,有气压输出。下表列出了三位五通阀的切换状态,其中1表示有气压,0表示无气压。

表4-3-1　三位五通阀工作性能表

输入			输出		工作阀位
$Y(5)$	$Z(7)$	$X(6)$	A	B	
0/1	0/1	1	0	0	中间阀位
0	0	0	0	0	中间阀位
1	0	0	1	0	上阀位
0	1	0	0	1	下阀位

(7)四位八通阀

四位八通阀也称多路阀,它是专为气动换向控制而设计的阀件。主要用于换向逻辑的鉴别和启动逻辑的鉴别,如图4-3-8所示。由图可知它有4个位置,8个气路通道,各气口信号名称和信号如下表所示。

表4-3-8　多路阀输入信号表

1号气口	0.7 MPa气源	2号气口	倒车换向输出信号
3号气口	正车换向输出信号	4号气口	倒车车令输入信号
5号气口	正车车令输入信号	6号气口	车令转向与凸轮轴位置一致输出信号
7号气口	通大气	8号气口	通大气

Ⅰ位为倒车启动位。此时凸轮轴处倒车位置,若车令也为倒车,则此信号可通过多路阀的4~6接口去启动回路实现倒车启动。

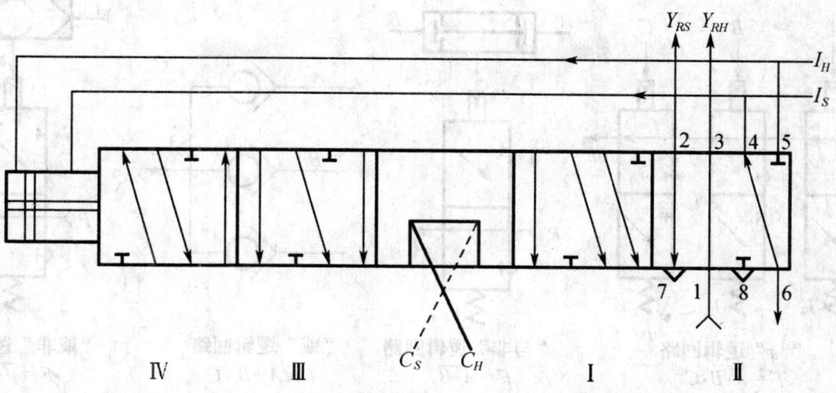

图 4-3-8　四位八通阀

Ⅱ位为正车换向位。凸轮轴处倒车位置(多路阀为Ⅰ位)时,若车令为正车,此信号无法进入接口 6 去启动主机,而是作用于左端活塞将多路阀推至Ⅱ位,把气源接通正车换向气路实现正车换向。

Ⅲ位为正车启动位。此时凸轮轴处正车位置,若车令也为正车,则此信号可通过多路阀 5~6 接口去启动回路实现正车启动。

Ⅳ位为倒车换向位。凸轮轴处正车位置(多路阀为Ⅲ位)时,若车令为倒车,此信号无法进入接口 6 去启动主机,而是作用于左端活塞,将多路阀推至Ⅳ位,把气源接通倒车换向气路,实现倒车换向。

Ⅱ,Ⅳ位换向完毕时,通过凸轮轴移动带动多路阀上的机械反馈装置,分别将多路阀置Ⅲ位和Ⅰ位,以实现正车和倒车启动。故Ⅱ,Ⅳ位仅为换向时的过渡位。

例:若车钟手柄由正车拉至倒车运行位,则多路阀的运行过程是:Ⅲ→Ⅳ→Ⅰ;反之,若车钟手柄从倒车拉至正车时,多路阀的运行过程为:Ⅰ→Ⅱ→Ⅲ。

多路阀除了具有自动换向控制功能外,还可在自动控制失灵的情况下通过操作杆直接拨槽口来完成阀位的切换,以实现手动换向控制。

(8)逻辑阀件的组合

在对气路进行控制时,通常需实现较复杂的控制逻辑,如“与非”、“或非”等,这时可以将上述气控阀、单向止回阀、双向止回阀和联动阀进行不同的组合,可以实现各种逻辑控制功能,如图 4-3-9 所示。

2. 流量控制阀

流量控制都是通过气路中的节流元件来实现,这些节流元件可以是恒气阻、可调气阻或变气阻,其中前两种用的较多。此外,流量控制阀还常常同气容元件配合在一起使用组成一个阻容延时环节,即节流盲室,从而达到延时调控的目的。

(1)单向节流阀

单向节流阀是由一个单向阀与一个节流元件构成的组合阀件,它具有反向节流特性,常用于单向延时控制,如图 4-3-10 所示。图中 V_1 为单向节流阀,当气体从 A 流向 B 时,单向阀导通,无节流作用。而当气体从 B 流向 A 时,因单向阀反向而被截止。所以气体只能通过节流元件,即气阻 R 流到 A,具有节流作用。在图 4-3-10 的单向延时气路中,当 A 端

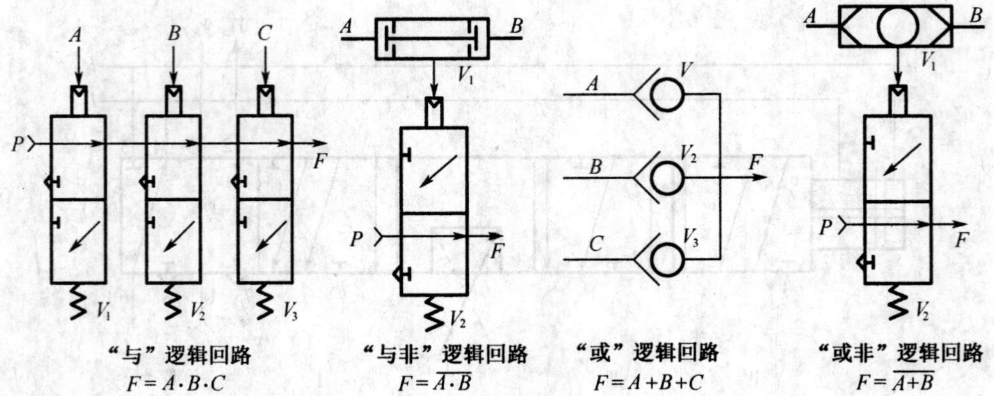

图 4-3-9 组合逻辑回路

建立压力时，由 V_1 处于正向导通状态，所以 V_2 立即受控。而当 A 端压力撤销时，因 V_1 反向节流，气容 C 内的气体需经气阻 R 逐渐释放，所以气容内的压力不会突变，V_2 仍受控，直到气容压力小于 V_2 的释放压力时，V_2 才动作，切换到不受控阀位。调节单向节流阀中的气阻 R 可改变 V_2 释放的延时时间。

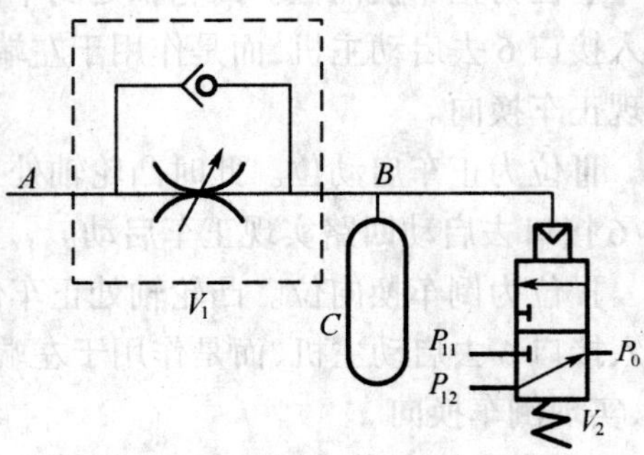

图 4-3-10 单向节流阀

(2)分级延时阀

分级延时阀也是一种组合阀件，它由气压设定阀与节流元件构成。其功能符号如图 4-3-11 所示。

分级延时阀具有以下工作特点。

①当输入压力 p_i 小于设定压力 p_s 时，分级延时阀因气压设定阀的旁通无节流作用。

②当输入压力 p_i 上升到大于设定压力 p_s 时，由于气压设定阀的定压作用，输入压力 p_i 只能通过节流元件到达输出端，因此具有节流作用。

③当输入压力 p_i 从大于设定压力 p_s 快速下降时，定压阀打开，输出压力 p_0 通过定压阀回到输入端，所以也无节流作用。

由上特点可见，分级延时阀具有分段节流特性，当它与气容配合使用时就可实现分级延时。分级延时阀故此得名。调整定压调节螺钉可改变分级延时阀的设定压力 p_s，从而调节开始延时的压力。分级延时阀可通过调节节流调节螺钉(气阻的阻值)来调整。

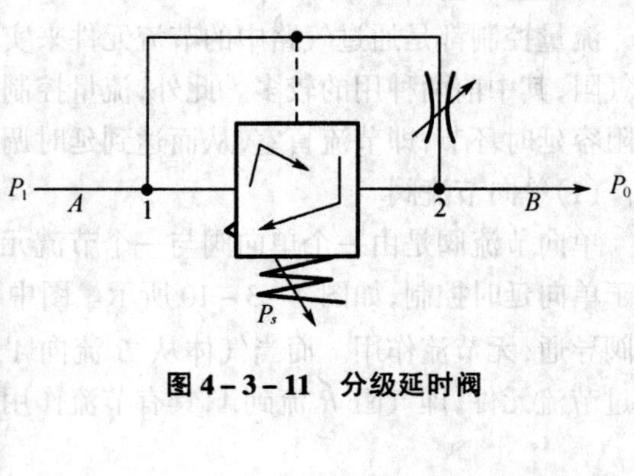

图 4-3-11 分级延时阀

3.压力控制阀

常见的压力控制阀有减压、定压和调压三大类，它们或用来发送某些特定的指令，或是限定某个定压输出，或者气输出压气是可调的。压力控制阀与流向控制阀有所不同，流向控制阀主要用于控制有无气压，它属于气动开关量元件。而压力控制阀主要是控制压力的大小，属于气动模拟量元件（比例元件），它在主机遥控中主要用于供油调速回路，实现调压、定压和压力跟踪等方面的控制。

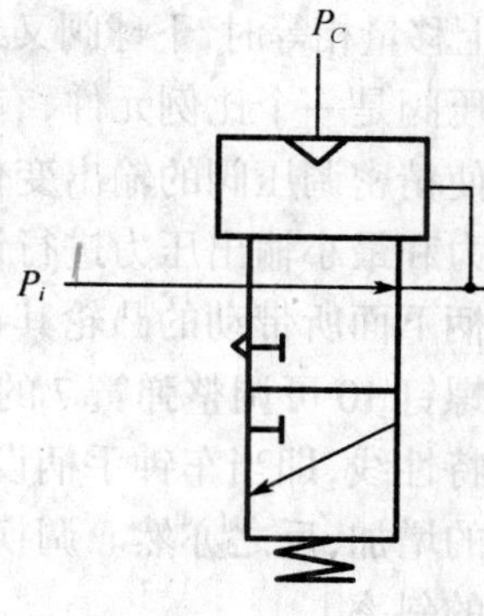

图 4－3－12　比例阀

（1）比例阀

比例阀的主要作用是隔离跟随，其结构原理和功能符号如图 4－3－12 所示。

比例阀是在膜片式两位三通阀的基础上增设了一个负反馈孔而成，与二位三通阀的主要区别是在输入压力 p_i 大于控制压力 p_c 的情况下，阀件受控后输入压力 p_0 不等于输入压力 p_i，而等于控制压力 p_c，忽略两者间的固有压差，即输出压力 p_o 跟随控制压力 p_c 而变化。然而当输入压力 p_i 小于控制压力 p_c 时，受控后输出压力 p_o 等于输入压力 P_i，与二位三通阀相似。

（2）精密调压阀

精密调压阀实质上是一个气动定值器，常用于车令设定转速的发信号。精密调压阀的输入是滚轮的上、下位移，输出是同此位移成比例的气压信号。车钟手柄凸轮的动作使它发送出与转速成正比的气压信号，并经过阀件及调速器，最后使燃油调节轴发生偏转，从而拉动燃油泵齿条改变供油量，达到调速的目的。

精密调压阀结构原理和功能符号如图 4－3－13 所示。滚轮 1 与车钟手柄凸轮相接触，当车钟手柄向加速方向扳动时，经滚轮使顶锥 2 下移，克服弹簧张力使滑阀 3 下移，进排气球阀 4 中的下球阀仍压在下滑阀 5 的阀座上，封住通大气口。上球阀会离开上滑阀 3 的阀座。气源经上球阀与阀座之间的间隙与输出端 B 相通，输出气压信号增大。该增大的压力信号一方面作为转速设定信号输出，另一方面经反馈孔（如图中虚线部分所示）进入膜片 6 的上部，压缩弹簧 7 使下滑阀连同球阀一起下移。当下滑阀的下移量与顶锥 2 的下移量相等时，上球阀又被压在上滑阀 3 的阀座上，截止气源的进入，使输出端 B 压力不再增加。可见输出压力是与弹簧 7 的压缩量，即顶锥 2 的下移量成比例。当车钟手柄向减速方向扳动时，在弹簧 8 的作用下，顶锥 2、上滑阀连同进排气阀一起上移，下球阀会离开阀座，使输出端 B 和大气口 C

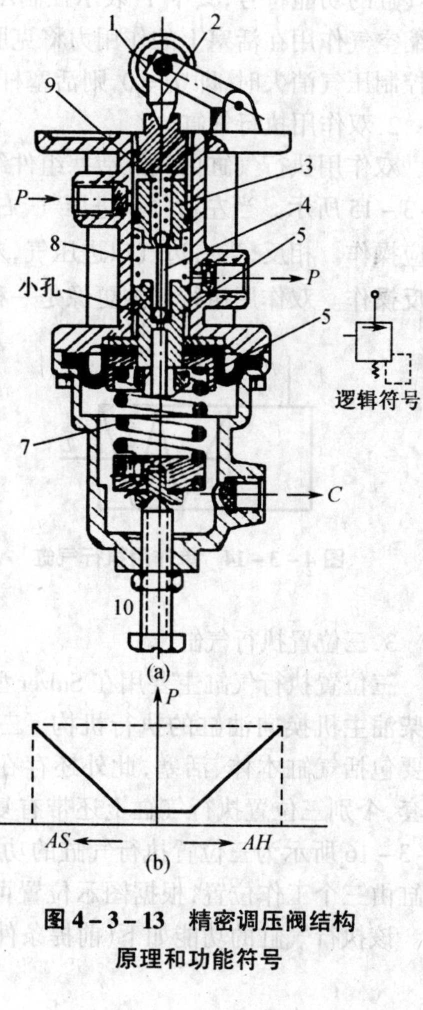

图 4－3－13　精密调压阀结构原理和功能符号

相通，输出压力降低，经反馈孔使膜片 6 上部空间压力降低，靠弹簧 7 的张力使下滑阀上移，直到下滑阀的上移量相等时，下球阀又封住大气口，使输出压力稳定在比原来低的数值上。

精密调压阀是一个比例元件，有较高的调压精度。一旦压力调定后，它就始终供给恒定的气压。为使精密调压阀的输出变化范围能与调速器的输入变化范围相匹配，有时需对其最大输出压力和最小输出压力进行调整。图 4－3－13(b)所示给出了该阀的输出特性线。由于车钟手柄下面所带动的凸轮其正、倒车边是对称的，所以正、倒车转速设定的特性是一样的。调整螺钉 10 可调整弹簧 7 的预紧力，即可上下平移输出特性线，即拧紧螺钉 10 可向上平移输出特性线，即当车钟手柄设定在相同的速度档时，其输出压力信号，也就是主机转速会有一定的增加，反之亦然。调换不同刚度的弹簧 7，或改变它的有效工作圈数，可改变输出特性线的斜率。

三、气动执行器

气动执行器在遥控气路上常常用来作为压气和机械位移之间进行信息变换的执行环节。常见的气动执行器主要有单作用执行气缸、双作用执行气缸和三作用执行气缸。

1.单作用执行气缸

单作用执行气缸时由气缸活塞组件及复位弹簧组成。如图 4－3－14 所示为单作用执行气缸的功能符号，其中 P 表示控制压气信号，L 表示活塞杆。当控制空气进入即 $P=1$ 时压缩空气作用在活塞上的作用力将克服弹簧的弹力，推动活塞运动，完成预定的操作过程；当控制压气消失时，即 $P=0$，则活塞杆在弹簧弹力作用下复位。

2.双作用执行气缸

双作用执行气缸由气缸活塞组件组成，但活塞将气缸分成了两个部分，其功能符号如图 4－3－15 所示。当左边气口进压气，右边气口通大气时，即 $p_1=1, p_2=0$ 活塞杆向右，执行相应操作。相反，当右边气口进压气，左边气口通大气时，即 $p_1=0, p_2=1$ 活塞杆向左，执行相反操作。双作用执行气缸更像是一种压力比较器。

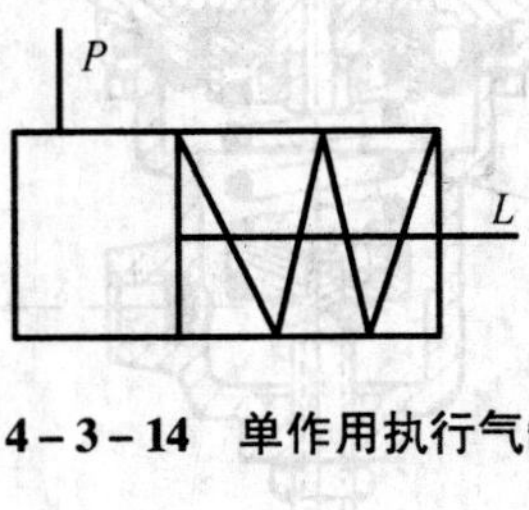

图 4－3－14 单作用执行气缸

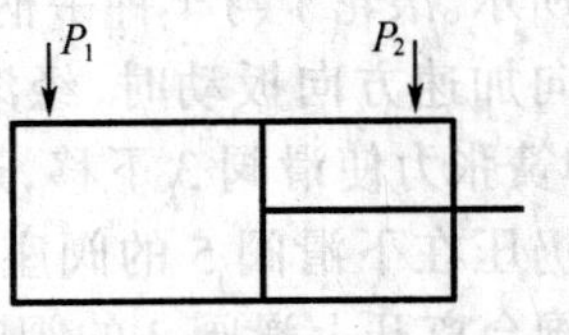

图 4－3－15 双作用执行气缸

3.三位置执行气缸

三位置执行气缸主要用在 Sulzer 型主机上作为推动柴油主机换向油缸的执行机构。三位置执行气缸主要包括气缸本体、活塞，此外还存在两个活动的气缸套，个别三位置执行气缸上还带有复位弹簧。如图 4－3－16 所示为三位置执行气缸的功能符号，该执行气缸由三个工作位置，根据图示位置可分位左、中、右位。该执行气缸的功能如下(前提条件是 $p_0=1$)：

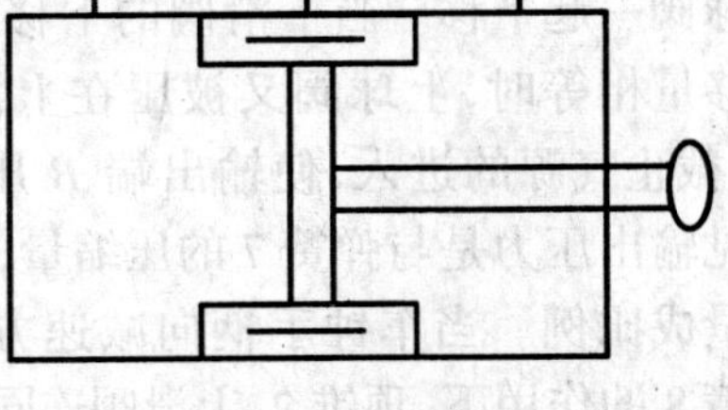

图 4－3－16 三位置执行气缸

$p_1=1, p_2=0$ 活塞右移；

$p_1=0, p_2=1$ 活塞左移；

$p_1=0, p_2=0$ 活塞居中。

四、遥控气源

在气动主机遥控中，常用 3 MPa 的压缩空气作为换向和启动的动力气源，用 0.7 MPa(或 0.8 MPa)的压缩空气作为其遥控气源或称控制气源。0.7 MPa(或 0.8 MPa)的遥控气源可由 3 MPa 的空气瓶减压而获得，也可由单独的气源设备供给。但无论采用哪一种方式，为了保证气动主机遥控系统能正常工作，遥控气源必须是稳定而洁净的。它首先需经过净化处理，以滤去空气中的灰尘杂质，去除水分及油污，然后再经过稳压(减压)处理才可使用。

鉴于遥控气源的重要性和安全可靠性的要求，遥控气源中的过滤器和减压阀常成双配备，并由气源选择阀来选用。遥控气源的管路图如图 4－3－17 所示。

图中，两个空气瓶 1 内的 3 MPa 压缩空气经各自的截止阀 2 和单向止回阀 3 引入过滤器 4，由过滤器 4 初步净化后送到气源选择阀 5。气源选择阀 5 的两个输出气口上接有两条具有同样过滤器 6 和减压阀 7 的气路，过滤器 6 将 3 MPa 的压缩空气进一步净化后由减压阀 7 减至 0.7 MPa(或 0.8 MPa)，最后再经各自的单向止回阀 8 送到遥控系统中，用作遥控气源。气源装置的四种工况由气源选择阀来选定。

如图 4－3－17 所示，气源选择阀也称为四位四通阀，总共有四个工作位置，四个气口(a,b,c,d)。当气源选择阀切换到Ⅳ位，由过滤器 4 来的 3 MPa 压缩空气截止(b 气口截止，c,d 气口通大气)，上、下过滤减压支路均通大气(不工作)，无气源输出，遥控系统不工作，因此该工况主要用于停泊状态。气源选择阀切换到Ⅲ位，上支路通大气(c 气口通大气)，下支路投入工作(d,b 气口通)，输出 0.7 MPa 遥控气源。气源选择阀切换到Ⅱ位，下支路通大气(d 气口通大气)，上支路投入工作(c,b 气口通)，输出 0.7 MPa 遥控气源。可见，Ⅲ位和Ⅱ位都是单路工作(一路工作，另一路备用)，因此适用于海上航行状态。在海上航行中若工作支路故障或需清洗滤器，可切换到备用支路。气源选择阀处于Ⅰ位，上、下支路同时投入工作(c,d 气口同时与 b 气口相通)。它主要用于进出港时供气，以满足进出港时主机操纵频繁，耗气量大的要求，确保进出港时的操作安全。气源选择阀工作情况如表 4－3－1 所示。

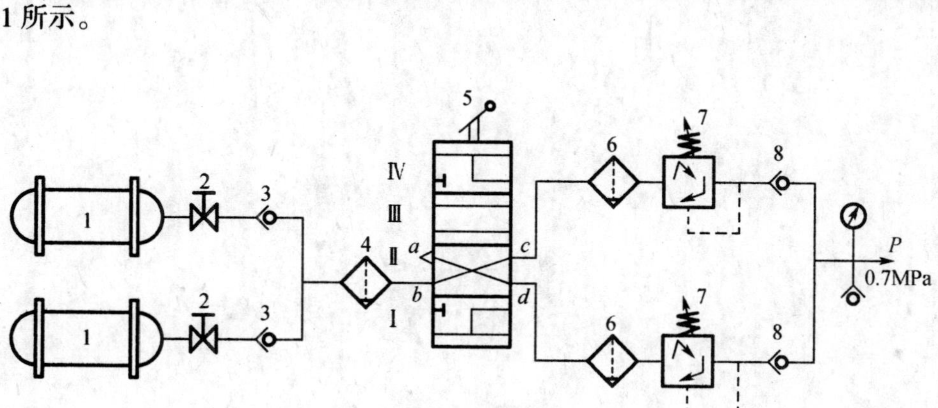

图 4－3－17　遥控气源的管路图

表 4-3-1　气源选择阀工作情况表

工作位置	气口相通情况	气源工作情况	适用场合
Ⅰ	$b\rightarrow c,d$；a 堵死	上、下支路均工作	进出港
Ⅱ	$b\rightarrow c$；$a\rightarrow d$	上支路工作、下支路不工作	海上航行
Ⅲ	$b\rightarrow d$；$a\rightarrow c$	下支路工作、上支路不工作	海上航行
Ⅳ	$a\rightarrow c,d$；b 堵死	上、下支路均不工作	停泊

第五章　气动式主机遥控系统

气动式主机遥控系统使用压缩空气作为工质，系统由各种气动阀件构成，结构简单可靠。气路无需回气管路，而是将回气放入大气中，并且不会造成空气的污染。因为具有这些优点，气动遥控系统在船舶主机遥控系统中获得比较广泛地应用。

本章将介绍主机遥控系统的基本环节，如启动、制动、换向以及主机的转速和负荷控制环节，并通过气动遥控系统实例来加深对主机遥控系统工作原理的理解。

第一节　启动逻辑控制

启动逻辑回路是主机遥控系统各种逻辑和控制回路之一。其基本功能是，当有开车指令时，能自动检查是否满足启动的逻辑条件；当所有的启动逻辑条件均得到满足时，能自动输出一个启动信号去开启主启动阀，对主机进行启动；当主机达到发火转速时，进行气油切换，自动撤销启动信号，关闭主启动阀，结束启动，使主机在供油状态下运行。用于完成这一基本功能的逻辑回路称为主启动逻辑回路。根据遥控系统类型和功能的不同，通常还在主启动逻辑回路的基础上增加重复启动、重启动及慢转启动等功能，分别称为重复启动逻辑回路，重启动逻辑回路和慢转启动逻辑回路。

一、主启动逻辑回路

主启动逻辑控制是指能完成遥控启动功能的最基本的逻辑控制。该控制回路应具有下述功能：检验启动准备条件；鉴别启动逻辑，并在满足主启动诸逻辑条件时，自动控制主启动阀开启，进行压缩空气启动；在主机转速达到发火转速时，自动完成气－油转换。主启动的逻辑条件包括启动鉴别条件和启动控制条件。启动逻辑鉴别条件用于判别"需不需要"启动；启动控制条件用于判别"能不能够"启动。

1.启动逻辑鉴别条件

启动鉴别逻辑是指能自动判定车令与凸轮轴位置是否一致。启动逻辑鉴别条件包括以下内容。

(1)有动车车令，即车钟不在停车位置，而在正车位置或者倒车位置。

(2)车令转向与主机凸轮轴位置一致。

当发出开车指令时，只有车令与凸轮轴位置一致才允许启动，否则是不准发启动信号的。通常用 I_H 和 I_S 分别表示正车车令和倒车车令，用 C_H 和 C_S 分别表示凸轮轴在正车位置和在倒车位置。若用 Y_{SL} 表示启动的鉴别逻辑，则其逻辑表达式可写为

$$Y_{SL} = I_H \cdot C_H + I_S \cdot C_S \tag{5-1}$$

Y_{SL} ="1"表示车令与凸轮轴位置一致，满足启动鉴别逻辑；Y_{SL} ="0"，说明车令与凸轮轴位置不一致，不满足启动鉴别逻辑，不准发启动信号。

2.启动控制条件

启动控制条件是主机能否动车的先决条件，要使主机启动成功，必须同时满足下述所有

条件。

(1)盘车机必须脱开,用 TG 表示,$TG=1$ 表示脱开。

(2)主启动阀处于“自动”位置,用 MV 表示,$MV=1$ 表示“自动”位置。

(3)启动空气压力在正常范围内,用 P_A 表示,$P_A=1$ 表示正常。

(4)遥控控制空气压力正常,用 P_O 表示,$P_O=1$ 表示正常。

(5)遥控控制电源电压正常,用 ES 表示,$ES=1$ 表示正常。

(6)主机滑油压力正常,用 P_L 表示,$P_L=1$ 表示正常。

(7)操作部位切换到位,用 PS 表示,$PS=1$ 表示已完成操作部位切换。

(8)模拟试验开关位置处于“工作”位置,用 TS 表示,$TS=1$ 表示“工作”位置,$TS=0$ 表示“试验”位置。

(9)故障停车已复位,用$\overline{ST}$表示,$\overline{ST}=1$ 表示已复位,$\overline{ST}=0$ 表示未复位。

(10)无三次启动失败信号,用$\overline{F_3}$表示,$\overline{F_3}=1$ 表示无三次启动失败,$\overline{F_3}=0$ 表示在重复启动过程中,经三次启动均未成功。

⑪启动限时信号未到,用$\overline{T_M}$表示,$\overline{T_M}=1$ 表示未到限时时间,$\overline{T_M}=0$ 表示达到启动限时时间。

⑫启动转速小于发火转速,用 n_s 表示,$n_s=1$ 表示小于发火转速 n_I,$n_S=0$ 表示高于发火转速 n_I。

以上的启动控制条件多数是在“备车”时完成的,因此启动控制条件又常被称为启动准备逻辑条件。上述诸启动准备条件,在不同的主机遥控系统中有所不同,可根据实际情况作适当的增减。但所有的准备条件都应该全部满足,即各条件间满足“与”的逻辑关系。

若用 Y_{SC}表示满足启动准备条件,则启动控制条件的逻辑函数表达式为

$$Y_{SC} = TG \cdot MV \cdot P_A \cdot P_O \cdot P_L \cdot ES \cdot PS \cdot TS \cdot \overline{ST} \cdot \overline{F_3} \cdot \overline{T_M} \cdot n_S \quad (5-2)$$

式中,要使 $Y_{SC}=1$,必须保证等式右边的每项均为“1”,只要其中一个条件不满足,Y_{SC}就输出“0”,封锁主机启动。

3.主启动逻辑回路

在启动逻辑鉴别条件和启动控制条件均满足时,将可送出启动信号。用 Y_{SC}表示满足主启动条件,则主启动逻辑式就是上述两个逻辑式的合成,即

$$Y_{SC} = Y_{SL} \cdot Y_{SC} \quad (5-3)$$

根据该逻辑表达式可画出主启动逻辑回路图,如图 5-1-1 所示。

二、重复启动逻辑回路

重复启动是指对主机启动失败后所进行的再次启动,重复启动逻辑回路是附加在主启动逻辑回路上进行工作的。在重复启动过程中,总的启动次数一般为 3 次。启动失败有两种情况,一是在启动过程中,主机一直达不到发火转速;二是主机能达到发火转速,但停止启动后,主机转速又降为 0。重复启动的逻辑功能是,

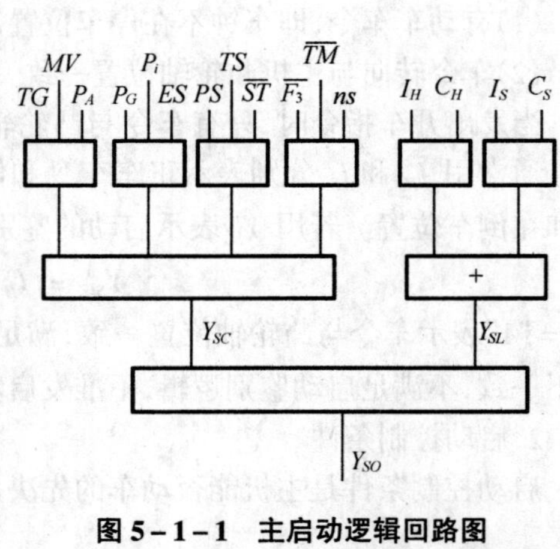

图 5-1-1 主启动逻辑回路图

当满足启动逻辑条件时，发出启动信号。若启动成功则撤销启动信号，终止启动，主机由启动状态转为在供油下的正常运行状态；若启动不成功，需记录启动失败次数，同时中断几秒钟后进行再次启动，如此进行三次启动。如果三次启动均未成功，要终止启动，发出启动失败的声光报警信号，说明启动回路有故障。故障修复后，要把车钟手柄扳回到停车位置，即故障停车复位后，方可再次启动主机。

1.启动失败的原因

(1)换向失败

从前面知识知道，启动逻辑条件是车令和凸轮轴位置相一致。如果不一致必须进行换向，换向完成后方能启动。而换向失败必将引起启动操作失败。换向失败是指在规定时间内未能完成换向。其原因可能是未能满足换向逻辑条件，或虽满足条件但未能完成换向；可能由于换向控制阀失控；换向设备(机构)被阻碍；油压、油位过低；控制空气压力不足或电源有故障等。

(2)点火失败

点火未成功(失败)是指在启动过程中，主机的转速已达到发火转速 n_I，并进行了气-油转换(即切断启动空气，供给燃油)，但由于燃油未能正常燃烧，主机转速又下降到低于点火转速或停转，属这种情况称点火失败。引起点火失败的原因是多方面的，但主要是燃油系统的故障和燃烧条件不良所致。

点火失败现象很容易判断，如果能判断是由于点火失败引起启动失败，可进行几次再启动，以力求在有限次数内启动成功。所以一般所说的重复启动是指在这种情况下的再启动。

(3)不能启动

不能启动是指在启动操作中，主机转速一直达不到发火转速$_I$，这种现象称不能启动。其原因可能是主启动阀或空气分配器失控；主轴承与轴“咬死”；气缸与活塞“咬死”；桨缠绕到异物等。这种现象很容易与点火失败区别开。在这种情况下，一般不宜再自动进行重复启动。但也有的遥控系统允许进行重复启动。

2.重复启动的控制方式

重复启动逻辑回路大致有两种实现方式，即纯时序控制方式和转速时序控制方式。

(1)纯时序控制方式

在由纯时序控制的重复启动回路中，基本思想是设立三个计时器，例如 T_1，T_2 和 T_3，分别对一次启动持续时间、两次启动间隔时间和三次启动总时间进行计时。当满足启动条件而打开主启动阀进行第一次启动时，T_1 和 T_3 同时开始计时，当 T_1 计时结束时，使主启动逻辑回路停止启动，同时 T_2 开始计时，当 T_2 计时结束时，重新使主启动逻辑回路发出启动信号进行第二次启动，同时 T_1 开始计时，如此重复循环。当 T_1 第三次计时结束时，T_3 也正好计时结束，循环终止。此时，只有进行停车复位后才可能进行启动操作。由此可见，在这种控制方式下，重复启动的进程完全是由 T_1，T_2 和 T_3 三个计时器的计时长短决定的。如果 T_1 设为 3 s，T_2 设为 3~5 s，则 T_3 就应设为 15~19 s。

应指出的是，这种控制方式由于采用纯时序的方法，没有考虑转速因素，因此，不论启动成功与否，该时序回路总是重复工作三次为止。只不过在第一次或第二次启动成功的情况下，由于转速超过发火转速，启动条件已消失，主启动逻辑回路已将主启动阀关闭，重复启动逻辑回路的输出不起作用罢了。

(2)转速时序控制方式

采用时序-转速逻辑控制方式的重复启动逻辑回路需要两个计时器 T_d 和 T_M 以及计数器 F_3。其中，T_d 控制两次启动间隔，T_M 控制一次启动最长时间，F_3 记录启动失败次数。其工作过程为当满足启动条件进行启动时，如果转速达到发火转速，那么由于启动条件消失，主启动逻辑回路自然会停止启动；如果达到发火转速后，转速又下降到低于发火转速，即启动失败，那么 F_3 加 1，同时 T_d 开始计时，T_d 计满(如 5 s，即启动间隔结束)后进行第二次启动，如此最多可进行三次，直到 F_3 计满 3 次，终止整个启动过程。另外，在每次启动时 T_M 总被启动，如果某次启动持续时间超过其规定时间(8～10 s)后仍无法达到发火转速，则说明主机或系统存在无法启动故障，也将终止整个启动过程。

总之，采用这种控制方式的重复启动过程中，其启动持续时间由转速决定，启动间隔和一次启动最长时间由计时器控制，而重复启动次数则由计数器控制。因此，随着启动的成功，重复启动逻辑回路也将停止工作。

3. 重复启动回路实例分析

为加深对上述控制方式的理解，现举一例加以分析以了解其应用。

如图 5-1-2 所示为 MAN-V-40/54 主机气动遥系统中采用纯时序控制的重复启动逻辑回路。当有开车指令且车令与凸轮轴位置一致时，即满足启动逻辑鉴别条件，管 8 接通气源为 1 信号，管 12 通主启动逻辑回路，即 12 为 1 信号，给出启动指令，打开主启动阀启动主机，管 12 为 0 信号，关闭主启动阀停止启动，在满足启动鉴别逻辑之前(如车钟手柄在停车位置)，管 8 为 0 信号，管 12 必定通大气，气瓶 A445/1，A445/2，A445/3 均通大气，阀 A301/2，A301/3 控制端为 0 信号，均复位使右位通。阀 A301/1 控制端经阀 A301/2 和 A301/3 的右位放大气，阀 A301/1 复位左位通。

当满足启动条件时，管 8 为 1 信号，经单向节流阀 A406/2 向气容 A445/1 和 A445/2 充气。这个气阻和气容所组成的惯性环节对阀 A301/3 控制端压力信号的建立起延时作用。通过调整 A406/2 的节流程度使阀 A301/3 控制端压力达到该阀的动作压力正好为三次启动总时间。管 8 的 1 信号经阀 A301/1 的左位输出，使管 12 为 1 信号，它一方面去打开主启动阀启动主机，另一方面经分级延时阀 A436/2(不经 A406/1 节流)节流向气容 A445/3 充气。启动 3 s 左右(时间可通过调整阀 A436/2 进行改变)主机仍达不到发火转速时，气容 A445/3 压力足以使阀 A301/2 动作，该阀左位通。气源经该阀左位达到阀 A301/1 控制端使其右位通，管 8 的 1 信号被截止，管 12 的 1 信号泄放。一方面中断对主机的启动，另一方面气容 A445/3 中的气压经 A406/1 节流放大气，经 3～5 s(两次启动间隔时间)气容压力可降低到使阀 A301/2 复位压力。这时阀 A301/2 又右位通，阀 A301/1 控制端再经阀 A301/2 右位放大气。阀 A301/1 复位左位通，则管路 8 的 1 信号再经阀 A301/1 左路输出使管 12 为 1 进行第二次启动，并再经阀 A436/2 向 A445/3 充气，使阀 A301/2 控制端压力不断升高。这样，就会使启动、中断启动重复进行。

当三次启动均未成功时，管 8 的 1 信号经阀 A406/2 向 A445/1 和 A445/2 充气压力已达到阀 A301/3 动作压力，使其左位通。这时不论阀 A301/2 是左位通还是右位通，阀 A301/1 控制端均通气源使其右位通，管 8 的 1 信号截止，管 12 保持 0 信号，终止启动，发启动失败的声光报警信号。

排除故障后，要想再次启动主机，必须把车钟手柄扳到停车位置，使管 8 放大气为 0 信号，气容 A445/1 和 A445/2 放大气，阀 A301/3 复位右位通，才能重新启动主机。

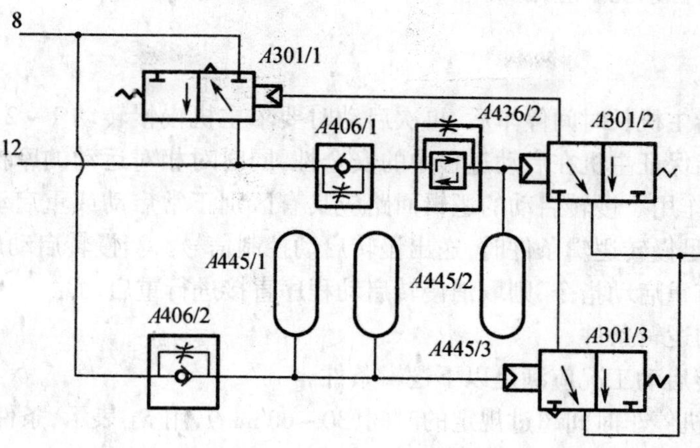

图 5-1-2　纯时序重复启动控制气路原理图

三、重启动逻辑回路

所谓重启动是指增加启动供油量或提高发火转速的启动过程,目的在于提高启动的成功率。重启动逻辑回路必须能区分正常启动和重启动逻辑条件。在正常条件下,送出正常启动油量或正常发火转速信号。在重启动条件下,送出重启动油量或重启动发火转速信号。

1.重启动逻辑条件

重启动是在一些特殊条件下的启动。

①必须满足启动逻辑条件,即满足启动的鉴别逻辑条件和启动准备条件。因为重启动也是启动,因此启动的各种逻辑条件重启动同样也必须满足。即 $Y_{SO}=1$。

②必须有应急启动指令(发出开车指令的同时按应急操作按钮)或重复启动信号 F(第一次启动为正常启动,第二次、第三次启动应为重启动以保证启动成功),或有倒车启动指令 I_S(由于倒车启动时所承受的阻力较大,性能不如正车)。

③启动转速未超过重启动发火转速 $n_H=1$。

$$\text{重启动的逻辑表达式}\quad Y_{SH}=Y_{SC}\cdot(I_E+F+I_S)\cdot n_H \qquad (5-4)$$

在上述的重启动逻辑条件中,关于倒车启动是否采用重启动,不同机型不尽相同。有的机型正、倒车启动功能一样,在表达式中可取 I_S 消这一项。有的机型是在运行中完成倒车换向后的启动采用重启动。

2.重启动实现方案

实现重启动的方案主要有两种,分别是增加启动油量和提高发火转速。

(1)增加启动油量

增加启动油量的重启动方案是指发火转速不变,增加启动供油量。在常规的主机遥控系统中,多数采用这种方案。在这种方案中,由于启动供油量较多,有可能在启动过程中主机发生爆燃。

(2)提高发火转速

提高发火转速的重启动方案是指启动供油量不变,提高启动的发火转速。这种方案中,主机启动是平稳的,但要消耗较多的启动空气。提高发火转速的重启动方案也常在微型计算机组成的主机遥控系统中应用。

四、慢转启动

慢转启动是指主机长时间停车后，再次启动时要求主机慢慢转动 1 ~ 2 转，然后再进行正常启动。这样能保证主机在启动过程中的安全性，同时对相对运动的摩擦部件起“布油、润滑和试启动”的作用。慢转启动的逻辑回路应具有区别正常启动或重启动以及进行慢转启动的功能，在满足慢转逻辑条件时，送出慢转启动控制信号。当慢转启动成功后自动转入正常启动。如果有重启动指令，则取消慢转启动程序直接进行重启动。

1.慢转启动的逻辑条件

主机进入慢转启动工况应满足以下逻辑条件。

(1)启动前主机停车时间超过规定的时间(30 ~ 60 min)，用 S_{Td} 表示，条件满足 $S_{Td}=1$；或者在停车期间系统曾失电，用 $\overline{SP}$ 表示。条件满足 $\overline{SP}=1$。

(2)没有应急取消慢转指令，用 I_{SC} 表示，条件满足 $I_{SC}=1$。

(3)主机没有达到规定的转数 1 ~ 2 转或规定的慢转时间，用 R_1 表示，条件满足 $R_1=1$。

(4)没有重启动信号，用 $\overline{HS}$ 表示，条件满足 $\overline{HS}=1$。

(5)满足启动的逻辑条件，包括启动鉴别逻辑条件和启动的控制(准备)条件，用 Y_{SO} 表示，条件满足 $Y_{SO}=1$。

因此，用 Y_{SLO} 表示慢转启动的指令信号，则慢转的逻辑表达式为

$$Y_{SLO} = \overline{SP} + S_{Td}) \cdot I_{SC} \cdot R_1 \cdot \overline{HS} \cdot Y_{SO} \tag{5-5}$$

2.慢转启动控制方案

控制主机进行慢转启动的方法主要是控制在主机启动初期控制进入主机气缸内的进气量。大多方案则是以此为设计的出发点。常见的慢转启动控制方案主要有以下两种。

(1)控制主启动阀开度的方案

图 5-1-3 所示的是控制主启动阀开度的慢转启动回路的工作原理图。该回路是主启动阀和控制气路组成，其中主启动阀内带有小活塞，用以控制主启动阀的开度。

在慢转启动逻辑条件满足时 *SLO* 触点闭合，电磁阀 V_{SL} 通电，启动空气经该阀右路作用在主启动阀控制端的小活塞上面把小活塞压下。在进行慢转启动时同样是要满足启动条件的，因此必定有启动信号。阀 V_C 下路通，小活塞下方的压缩空气经 V_C 放入大气。启动空气把主动阀阀芯顶起，但因小活塞的限制作用，主启动阀开度较小，且通大气口没有被完全封住，因此启动系统空气压力较低，主机只能慢慢转动。

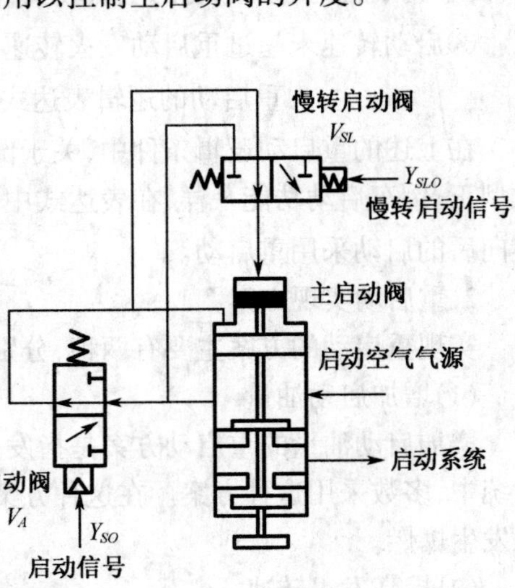

图 5-1-3 控制主启动阀开度慢转启动工作原理图

当主机转动 1 ~ 1 转后，慢转启动信号取消。电磁阀 V_{SL} 断电左路通。小活塞上面的控制空气也经 V_C 放入大气。这时主启动阀全开。启动系统压力升高，主机转入正常启动。

启动成功后,取消启动信号,阀 V_C 上路通。小活塞的上面和下面均通启动空气,关闭主启动阀,启动系统的空气经主启动阀放气口排大气,结束启动。

(2)控制主阀和辅阀的方案

图 5-1-4 给出的是控制主阀和辅阀的慢转启动回路工作原理图,图中阀 V_A 是辅阀,阀 V_A 是辅阀控制阀,用于控制慢转启动。阀 V_B 是主阀,阀 V'_B 是主阀控制阀,用于控制正常启动。主阀和辅阀在结构上的区别是其流通孔径不同,主阀孔径大于辅阀。SLC 是慢转启动控制电磁阀。

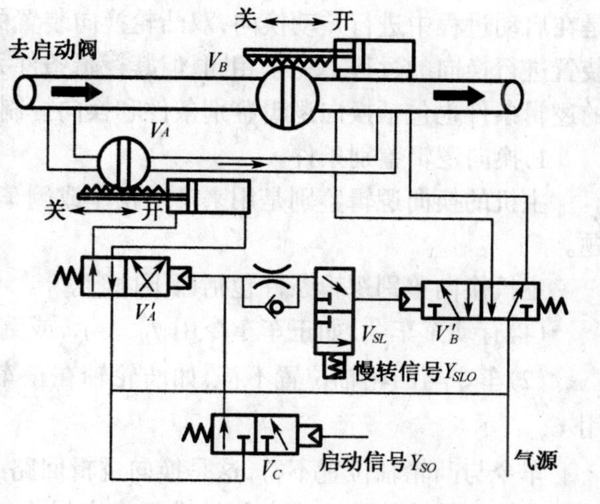

图 5-1-4 控制主阀和辅阀的慢转启动回路工作原理图

假定慢转启动条件已经形成且有启动信号,即 SLO 触点闭合,V_C 受控,则电磁阀 SLC 通电下路通,阀 V_C 右路通,气源 P 经阀 V_B 右路作用到阀 V_A 的控制端,阀 V'_A 右路通。在控制辅阀 V_A 的气缸中,活塞左面通气源右面通大气,活塞右移把辅阀打开。由于阀 SLC 下路通,阀 V'_B 控制端通大气复位使其右路通,于是在控制主阀 V_B 的气缸中,活塞右面通气源左面放大气使主阀关闭。这时只有辅阀打开,空气量较少,压力较低,主机只能慢慢转动,即实现慢转启动。

当主机转过 1~2 转后,慢转启动信号取消,电磁阀 SLC 断电上路通,阀 V'_B 控制端通气源该阀左路通,于是在控制主阀的气缸中,活塞左面通气源右面通大气,这时主阀、辅阀均被打开进行正常启动。

当启动成功后,启动信号取消,阀 V_C 复位左路通。这时,阀 V'_A 和 V'_B 控制端均通大气复位。阀 V'_A 左路通关闭辅阀,阀 V'_B 右路通关闭主阀,结束启动过程。启动系统的启动空气经关闭的主启动阀放大气。

第二节 换向和制动逻辑控制

当船舶全速航行遇到紧急情况时,若把车钟手柄拉至停车位,遥控系统会发出停油动作,但由于船舶的惯性很大,船舶滑行距离很长,主机转速也会因为螺旋桨的水涡轮作用而保持相当长的时间,这对于紧急避碰是极为不利的。为了解决这个问题,现在的主机遥控系统(除变矩桨船舶外)一般都设有换向与制动功能。

一、换向逻辑控制

所谓的换向是指在定距桨船舶中通过改变空气分配器、燃油及排气凸轮轴的位置将主机的转向从正车换到倒车,或从倒车换到正车。主机的换向操作主要有两种情况:一种是在停车状态下换向;另一种是在运行过程中换向。无论哪一种情况下的换向操作,换向逻辑回路应具有同样的逻辑判断或识别能力,即当有开车指令时,根据车令和凸轮轴的实际位置,换向逻辑回路首先判断是否需要换向操作。如果需要就会自动输出一个换向信号，对主机进行换向，换向完成后，自动取消换向信号，并为后续的逻辑动作提供换向完成信号。

根据主机结构的不同，主机换向又有单凸轮换向和双凸轮换向之分。单凸轮换向装置是在启动过程中进行差动换向；双凸轮换向装置的换向操作则是移动凸轮轴。这两种换向装置进行换向的过程不完全相同，但其逻辑条件大体相同。同启动逻辑条件一样，换向控制的逻辑条件也包括换向逻辑鉴别条件和换向控制条件两部分。

1.换向逻辑鉴别条件

主机的换向逻辑鉴别是用来产生正车或倒车的换向指令。主要解决要不要换向这个问题。

主机换向鉴别逻辑条件包括以下内容。

(1)有动车车令，如正车车令用 I_H 表示，或倒车车令用 I_S 表示。

(2)车令与凸轮轴位置不符，如凸轮轴在正车位置，用 C_H 表示；或凸轮轴在倒车位置，用 C_S 表示。

车令与凸轮轴位置不符，这是换向逻辑回路必须具有的逻辑鉴别功能。只有车令与凸轮轴位置不符才能输出换向信号进行换向操作。如果用 Y_{RL} 表示满足换向鉴别信号，那么满足这项逻辑条件的逻辑表达式为

$$Y_{RL} = I_H \cdot C_S + I_S \cdot C_H \tag{5-6}$$

由船舶柴油机凸轮轴的结构特点可知凸轮轴只有两个位置，即正车位置和倒车位置，而无停车位置，停车时主机凸轮轴处于停车前运转状态下的位置，如主机在正车运行状态下停车，则停车后主机凸轮轴处于正车位。因此凸轮轴的正车位置和倒车位置是可互相求反的，所以式(5-6)又可写成

$$Y_{RL} = I_H \cdot \overline{C}_H + I_S \cdot \overline{C}_S \tag{5-7}$$

$Y_{RL}=1$ 表示满足换向的鉴别逻辑条件，即车令与凸轮轴位置不符。

2.换向控制条件

在判定主机需要换向的条件满足后，能否换向成功则需要判定换向控制条件。

(1)停油逻辑条件

在鉴别换向逻辑条件成立后为确保主机的运行安全必须停油。主机能否停油是由停油逻辑回路根据停油逻辑条件判断决定的。停油逻辑条件包括以下内容。

①车令与凸轮轴位置不符，即满足换向鉴别逻辑条件 $Y_{RL}=1$。

②车令与主机转向不符，即 $Y_{RW}=I_H \cdot R_S + I_S \cdot R_H = 1$(式中：$R_S$ 表示主机处于倒车转向，R_H 表示主机处于正车转向)。

③有停车指令 $I_{ST}=1$，其中停车指令包括正常停车、应急停车和故障停车三种情况。

④主机进行模拟试验时 $\overline{TS}=1$，此条件在采用模拟试验方式二时适用，模拟试验的相关知识将在后续章节加以介绍。

以上各条件只要有一个条件满足，则主机就会给出停油指令，把油门推向零位。以上各条件实现“或”逻辑关系。若用 $Y_{RT}=1$ 表示停油气缸有信号作用，则停油的逻辑表达式为

$$Y_{RT} = Y_{RL} + Y_{RW} + I_{ST} + \overline{TS} \tag{5-8}$$

(2)转速条件

主机在运行中换向的转速条件需要分两种情况给予考虑，其一是正常换向时主机转速

下降到允许换向转速，用 n_R 表示；其二是应急换向时主机转速下降到应急换向转速，用 n_{ER} 表示。有应急操作信号时，其应急换向转速 n_{ER} 要比正常允许换向转速 n_R 高，使主机在较高的转速下就能完成换向操作。

(3)顶升机构抬起条件

在双凸轮换向的主机中，特别是四冲程中速机，为便于移动凸轮轴，需要把进排气阀的顶杆抬起，使顶杆下面的滚轮离开凸轮轴，换向完成后，顶杆下落，使其滚轮落在另一组凸轮片上。但对于换向过程中气阀顶杆下面的滚轮靠沿凸轮片的斜面从一个凸轮片滑向另一个凸轮片的情况，就不需要顶升机构。主机进排气阀顶升机构已被抬起 $D_{UP}=1$。

以上换向的逻辑条件是逻辑“与”的关系，用 $Y_R=1$ 表示满足换向逻辑条件，则其逻辑表达式为

$$Y_R = Y_{RL} \cdot Y_{RT}(n_R + n_{ER}) \cdot D_{UP} \tag{5-9}$$

3.双凸轮换向逻辑图

根据换向的逻辑表达式可画出如图 5-2-1 所示的逻辑图。图中 DO 是停油装置，当满足停油条件且经停油装置已把油门推向零位时，停油装置自动向换向回路送出一个停油信号。G_H，G_S 分别是控制正车换向和倒车换向的与门阀。当要求正车换向时，与门 G_H 输出 1 信号，打开换向控制阀 V_H，把凸轮轴从倒车位置推向正车位置。在换向过程中，Y_R 必定保持 1 信号。若在规定的时间内(10～15 s)换向控制阀 V_H 或 V_S 没有关闭，即凸轮轴换向没有到位，延时单元 T_d 输出 1 信号，发出换向失败报警。若在规定时间内完成换向，或门 R_F 输出 1 信号，自动向气动回路送去一个允许启动的信号。

二、制动逻辑控制

制动是指主机在运行中完成换向后，为使主机更快停下来，以使进行反向启动所采取的操作措施。要使船舶制动，可利用主机倒转，使螺旋桨产生负推力来阻止船舶前进，使之尽快减速。主机从正车运行变换为倒车运行的时间越短，船舶制动效果越明显。为改善船舶的制动效果，缩短主机从换向到启动间的时间，在主机遥控系统中设置了主机制动逻辑控制。主机制动常采用能耗制动和强制制动两种方式。

1.基本概念

(1)能耗制动的概念

能耗制动通常用在中速机的应急换向过程中，在主机凸轮轴应急换向到车令转向位置后，由于惯性作用，主机仍按原转向运转，导致主机转向与凸轮轴位置相反。此时若控制空气分配器投入工作(主启动阀不打开)，则空气分配器将按反定时时序控制各气缸启动阀开启，即在气缸活塞上行冲程时打开该缸的气缸启动阀，将气缸活塞下行时吸入的空气从气缸启动阀经主启动阀泄放大气，使主机处于压缩机工作状态，以此来消耗其能量，达到能耗制动的目的。能耗制动适用于主机转速较高的情况，在主机转速不太高时，其制动效果就不明显，且要消耗较多的启动空气。因此，在主机转速降到发火切换转速时，遥控系统将自动转为强制制动(如 MAN－V－40/54 主机遥控系统)。同理，对一些大功率低速柴油主机的遥控系统，由于主机转速本来就不高，所以一般不设置能耗制动，仅采用强制制动。

(2)强制制动的概念

强制制动是用于中速机的正常换向过程中或能耗制动后的制动，以及低速机的应急或

正常换向过程中的制动。强制制动在主机凸轮轴换向到位(或能耗制动后),主机转向尚未改变,并且转速较低时,在控制空气分配器投入工作的同时,打开主启动阀,使3 MPa的启动空气经主启动阀、气缸启动阀进入主机,强制阻止活塞上行,迫使主机快速减速至零。

然而,无论是能耗制动还是强制制动,都是利用主机转向与凸轮轴位置相反时空气分配器的反定时特性来实现的。因此,两种制动都只能在主机换向过程中才可能出现。反之,在非换向的正常停车、应急停车或故障自动停车中都不可能出现制动过程。

2.制动的逻辑条件

(1)能耗制动逻辑

由能耗制动的基本概念可知在具有能耗制动的遥控系统中,系统进入能耗制动的逻辑条件包括以下内容。

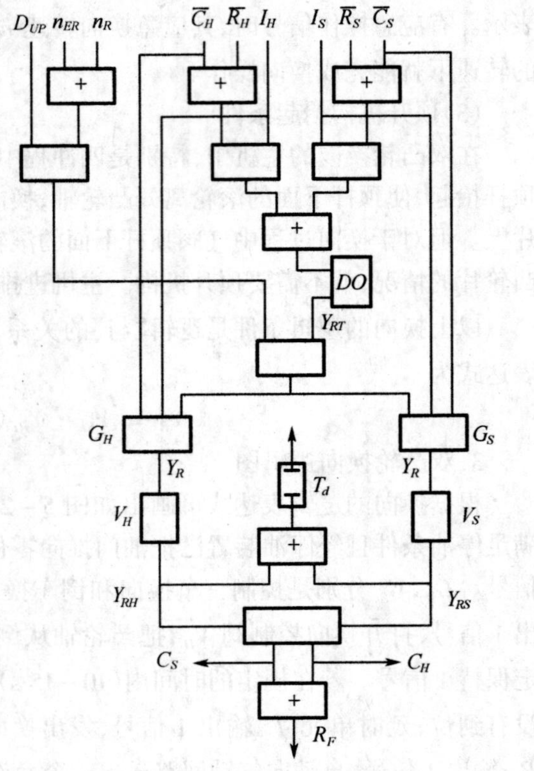

图 5-2-1 双凸轮换向逻辑图

①符合制动鉴别逻辑即车令与主机转向不符,该条件用于判别是否需要制动,用Y_{BL}表示,则制动鉴别逻辑表达式可写为

$$Y_{BL} = I_H \cdot R_S + I_S \cdot R_H \tag{5-10}$$

②换向完毕,车令与凸轮轴位置一致,用符号 Y_{RF} 表示。实质上换向完毕逻辑就是启动鉴别逻辑,所以由可用 Y_{SL}表示,即

$$Y_{RF} = Y_{SL} = I_H \cdot C_H + I_S \cdot C_S \tag{5-11}$$

③已经停油,用符号 Y_{RT} 表示。

④主机转速高于启动空气切断转速(发火切换转速)n_I,用符号$\overline{n_S}$表示。($\overline{n_S} = 1$ 表示主机转速高于启动空气切断转速)

⑤有应急运行指令,用符号 I_E 表示,即在改变车令转向同时按下“应急运行”按钮。

若用 $Y_{BRO} = 1$ 表示满足能耗制动逻辑条件,则能耗制动的逻辑函数表达式为

$$Y_{BRO} = Y_{BL} \cdot Y_{RF} \cdot Y_{RY} \cdot \overline{n_S} \cdot I_E \tag{5-12}$$

由上式可知,当同时满足上述五项逻辑条件时,即各条件为“与”逻辑关系,能耗制动逻辑 Y_{BRO} =“1”表示遥控系统进入能耗制动工况,直到转速降到启动空气切断转速之下 $n_{\bar{I}}$ =“0”时结束能耗制动,自动转为强制制动。

(2)强制制动逻辑

强制制动有三点与能耗制动不同:其一是,对所有主机,只要在运行中完成换向后,都能进行强制制动,而不必有应急操纵指令;其二是,只有主机低于发火转速时才能进行强制制动;第三是,空气分配器与主启动阀均投入工作,气缸在压缩冲程进启动空气,强迫主机停止运行。因此强制制动的逻辑条件有以下内容。

①车令与主机转向不符，即符合制动鉴别逻辑，$Y_{BL}=1$。

②换向完毕，车令与凸轮轴位置一致，$Y_{RF}=1$。

③已经停油，$Y_{RT}=1$。

④主机转速低于启动空气切断转速，$n_I=1$。

以上各条件同样为"与"的逻辑关系，即要实现强制制动的逻辑控制各条件缺一不可。若用 $Y_{BRF}=1$ 表示遥控系统进入强制制动工况，则强制制动逻辑函数表达式可表示为

$$Y_{BRF} = Y_{BL}\cdot Y_{RF}\cdot Y_{RT}\cdot n_I \tag{5-13}$$

式中，前三项与能耗制动完全相同，其中第一、第二项是主机进入制动工况的必要条件。它表示只有在主机凸轮轴换向到位，但主机转向尚未换到车令转向情况下，才可能进入制动工况。最后一项为强制制动的充分条件。只有在主机转速较低的时候才可进行强制制动。当上述条件在部满足时，$Y_{BRF}=1$，遥控系统进入强制制动工况。

强制制动与能耗制动的主要区别是主机的转速条件，这从上述逻辑表达式中可清楚地看出来。正常启动与强制制动的主要区别在于车令与转向是否一致。当强制制动使主机转速下降到零后，车令与转向一致，这时就自动转入正常启动过程。因而，强制制动回路在主机遥控系统中常常不单独设立，而是附加于启动回路上利用启动回路的功能实现强制制动的目的。

3.制动逻辑回路图

制动逻辑回路是由能耗制动和强制制动两部分组成的，故制动逻辑回路的表达式为

$$Y_{BR} = Y_{BRO} + Y_{BRF}$$

从制动角度看，当主机转速下降到零(认为车令与转向已经一致)时，因 Y_{BL} 为 0，Y_{BR} 为 0，即制动过程结束。但为了使主机在符合车令的方向启动，不能因强制制动的结束而封锁气动回路，这就需要一个记忆单元，把启动与制动两个逻辑回路连接在一起，其逻辑图如图 5-2-2 所示，途中停油装置未画出，主机在运行中需要改变运行方向时，必须改变车钟手柄的设定方向，其间车钟手柄必定经过停车位置，此时 I_H，I_S 均为 0，RS 触发器的 R 端为 0，S 端为 1，其输出端 Q 为 0。当车钟手柄扳到位时，由于车令与凸轮轴位置、车令与主机转向均不一致。R 端与 S 端均为 1 信号，触发器输出端 Q 保持 0 信号不变。这时，换向逻辑回路根据换向逻辑条件对主机进行换向操作。

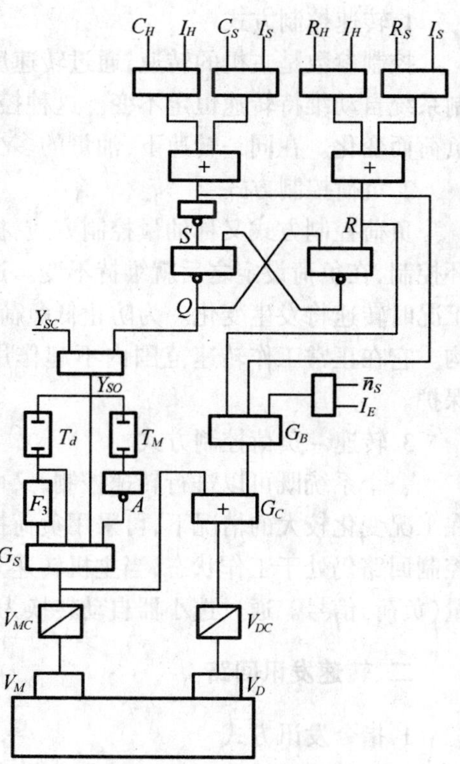

图 5-2-2　制动逻辑回路图

换向完成后，S 端为 0，R 端为 1，触发器输出端 Q 为 1，如果主机转速高于发火转速，n_I 为 0，$Y_{SC}=0$，与门 G_s 输出为 0，主启动阀 V_M 处于关闭状态。如果有应急操纵指令 I_E 为 1，与门 G_B 输出 1，使空气分配器 VD 投入工作，进行能耗制动。当主机转速降到低于发火转速时 n_I，为 1，G_B 输

出 1,该 1 信号一方面经或门 G_C 输出 1,保持空气分配器继续工作,另一方面经 V_{MC} 打开主启动阀 V_M,对主机进行强制制动。当转速下降到零时,紧接着对主机进行反向启动,当达到发火转速时,n_I 为 0,$Y_{sc}=0$,$Y_{so}=0$,撤销启动信号,主机在供油下运行。

应当指出的是,能耗制动是在较高转速上的一种制动方式,效果较为明显,此时如采用强制制动,不仅要消耗过多的启动空气,而且不易制动成功。而在较低的转速范围内采用强制制动,对克服螺旋桨水涡轮作用,使主机更快地停下来是很有效的。在中速机中,往往是采用能耗制动和强制制动相结合的制动方案;在大型低速柴油机中,主机从停油到换向完成,其转速已降到比较低的范围,可只设强制制动而不必设能耗制动逻辑回路。

另外,对于一个实际的遥控系统,理论上都是可以实现强制制动的,而能否实现能耗制动则要看其空气分配器能否单独控制。如果主启动阀和空气分配器均由一个启动控制阀控制,则无法实现能耗制动。

第三节 转速与负荷控制

转速和负荷控制是指以最佳的动态过程使主机的转速达到车令所设定的转速,或使主机在设定的负荷上运行。转速与负荷控制回路实际上是一个反馈控制系统。本节将从指令发讯方式、加速速率限制、程序负荷限制、临界转速回避、负荷限制及调速器与调速回路等方面介绍该反馈控制系统。

一、控制方式特点

1.转速控制方式

控制参数是主机的转速,通过转速反馈构成闭环控制系统,在转速设定值确定之后,控制系统自动维持转速恒定不变。这种控制方式能保证转速运行在给定值,但供油量随外界负荷而变化。在同一转速下,油量的多少不能确定,主机的热负荷是随机变动的。

2.负荷控制方式

负荷控制方式又称油量控制方式,控制参数是负荷(油量),通过执行器位置反馈形成闭环控制,在负荷设定之后就维持不变。这种控制方式能保证主机的热负荷基本不变,但在变工况时转速将发生变化。为防止低负荷(如螺旋桨露出水面)时转速过高,通常设有限速机构。它在正常工作转速范围内不起作用,当转速超过极限转速时,将油门关小,进行限速保护。

3.转速 - 负荷控制方式

一个系统既可以进行转速控制,又可实现负荷控制。在正常情况下,可选择转速控制;在工况变化较大的情况下,可采用负荷控制。通常,这种控制方式在采用负荷控制时,转速控制回路仍处于工作状态,当主机转速升高的一定值时,转速控制的供油信号小于设定的油量(负荷)信号。通过选小器自动转换为转速控制方式,将主机油门关小,避免主机超速。

二、转速发讯回路

1.指令发讯方式

主机遥控系统指令发讯方式很多,但大致可归纳为三类,即气动式、电位器式和继电器式。无论采用何种形式,遥控车钟都是由车钟操纵件、转向车令发讯及转速车令发讯三部分组成。

在气动遥控系统中，车钟手柄下面联动一个凸轮，扳动手柄凸轮随之转动。凸轮控制一个转速设定精密调压阀。手柄扳到不同的速度挡，通过凸轮使顶锥产生不同的位移，调压阀就会输出一个与之成比例的气压信号，作为转速的设定值。气动转速指令发讯器的逻辑符号及输出特性如图 5-3-1 所示。从图中可见，控制调压阀凸轮的正车边和倒车边是对称的，调压阀正、倒车输出特性是一样的。调压阀输出特性线可上、下平移，其斜率也可调整。

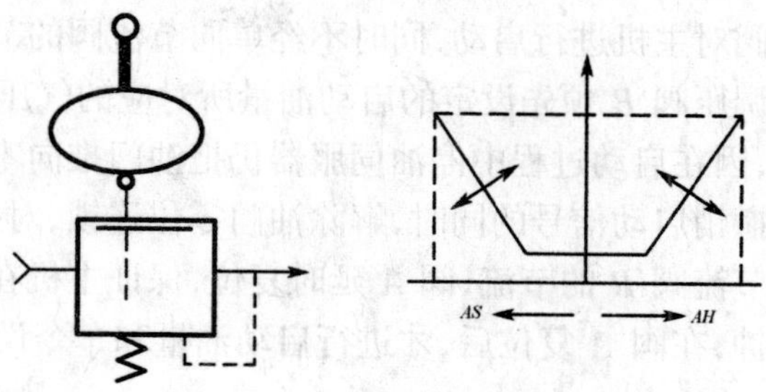

图 5-3-1　气动转速指令发讯器的逻辑符号及输出特性

2.转速指令发送

根据操作者的要求，车钟手柄是可以任意扳动的，也就是转速是可以任意设定的。但是要把这个信号发送出去，以改变对主机的供油量，需要满足一些逻辑条件，如：

①必须有正车或倒车车令，即和 $I_H=1$ 或 $I_S=1$；

②车令与主机转向必须一致，即 $Y_R=I_H \cdot R_H+I_S \cdot R_S=1$；

③无自动停车信号，即$\overline{RT}$为 1。

这些条件是“与”的关系，只有满足了这些逻辑条件，才能将转速指令发送到系统中。至于怎样保证上述条件得到满足，则因具体系统而异。实际上，在许多遥控系统中，并不专门设置这样的逻辑回路，只是将上述逻辑概念融合到系统的设计之中，使上述条件在系统中得到分散落实而已。

3.启动油量的设定

启动油量是指在主机启动时，为保证启动成功而供给主机的初始油量。启动油量一般是一个常量，它比微速甚至比慢速的供油量还要多一些，但也不能过多，否则爆燃现象严重。显然在启动过程中，靠车钟手柄任意设定转速所对应的供油量是不行的，而应该是预先调好的一个定值。因此，在供油回路中要设有启动供油回路，启动供油量是预先调整好的数值。

根据供油时刻的不同，主机的启动分为两种类型：“油-气并进”和“油-气分进”。

“油气-并进”是指，在启动的同时就解除油门零位连锁，提供启动油量，启动成功后，再转换为车令所设定的油量。而“油-气分进”则指，启动过程中停油伺服器仍把油门推向零位，在达到发火转速，切断启动空气的同时提供启动油量，并维持启动油量数秒钟后，再切换为车令设定的转速值。

图 5-3-2 所示的是“油-气并进”的一种实现方案。图中 B 是调压阀，调整它使其输出一个对应启动油量的气压信号。在有停车指令或车令与主机转向不一致的情况下 S 为 0，阀 A 左位通，启动油量信号经阀 A 左位、转速限制环节 P_L 向气容 C 充气。所以在满足启动逻辑条件前，就把启动油量稳定地送至调速器转速设定波纹管，因停油伺服器动作，强行把油门推向零位，启动油量是不能供到主机的。在启动过程中，油门零位连锁被解除，在调速器作用下，立即对主机供启动油量。虽然此时 S 为 1，阀 A 右位通进行启动油量和转速设定信号的切换，但因气容在充、放气过程中其压力变化有延时，故可基本保证在启动过程中供启动油量不变，以后随着气容内压力的逐渐变化，主机转速才会逐渐达到车令设定的转速

值。

图5－3－3所示则为“油－气分进”的典型实现。当有启动信号时，一方面去开启主启动阀对主机进行启动，同时不经单向节流阀的节流直接向气容 C 充气，S 为1，阀 A 上位通。由调压阀 B 预先设定的启动油量所对应的气压信号，经阀 A 上位送至调速器转速设定波纹管，因在启动过程中停油伺服器仍把油门推向零位，该油量供不到主机，当达到发火转速时，在撤销启动信号的同时，解除油门零位连锁，对主机供启动油量。由于气容在放气时要经单向节流阀 R 的节流，阀 A 延时复位，保证主机在启动成功后，能在启动供油量下稳定运行数秒钟，在阀 A 复位后，才进行启动油量和车令设定转速值的切换。

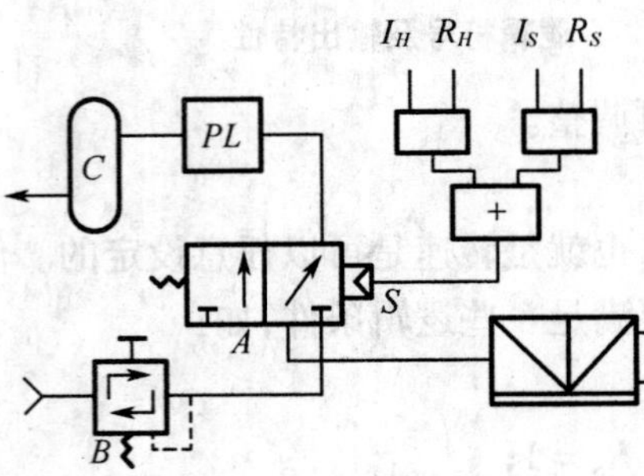

图5－3－2 油气并进启动供油回路

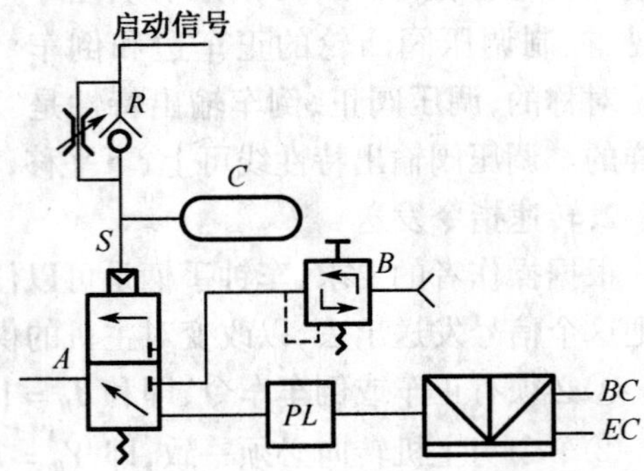

图5－3－3 油气分进启动供油回路

在重启动情况下，如果是采用提高发火转速的方案，其启动油量设定回路与上述没有大的区别；如果是采用增加启动供油量的方案，可设置两个调压阀，一个设定正常启动油量，一个设定重启动油量，经电磁阀转换即可。

三、转速控制

转速限制回路是为防止主机在加速过程中因加速过快导致超负荷而设置的。在加速时，车钟手柄可能从低速挡立即扳到高速挡，其转速设定值近似阶跃增大。如果把该信号直接送至调速器的输入端，则在调速器PI作用下必有一个阶跃的输出，主机转速会很快增加，这在正常操作情况下是不允许的。为此，在转速发讯回路的输出端与调速器输入端之间，要设置各种转速限制回路，其输出信号才是转速的给定值。转速给定值的变化规律是预先设定的时间函数。在低负荷区加速时，转速给定值，或者说主机实际转速可快一些增大，我们常把低负荷区加速时的转速限制称为“加速速率限制”。而在高负荷区，通常是在70%额定转速以上再加速时，转速的给定值要慢慢增加，我们常把这个加速过程称为“程序负荷”。在减速时，可取消某些限制实现“快减速”。

1.加速速率限制

加速速率限制是指在低负荷区加速时，对主机转速增加速率所进行的限制。

在气动遥控系统中，加速速率限制一般是用分级延时实现的，如图5－3－4所示。当车令与转向一致时，S 为1，阀 A 右位通，实现了启动油量和手柄设定油量的切换。车令设定的转速信号经阀 A 右位、分级延时间 B 向气容充气。当设定转速低于额定转速30%左右时，该信号不经阀 B 的节流直接向气容 C 充气，主机转速可迅速升高。当设定转速高于额定转速30%以上时，该信号要经阀 B 的节流再向气容 C 充气，这时，主机转速的增加要稍慢一些。减速时气容内气压信号不经阀 B 中节流孔的节流，而直接减小了的设定信号，实现快减速。

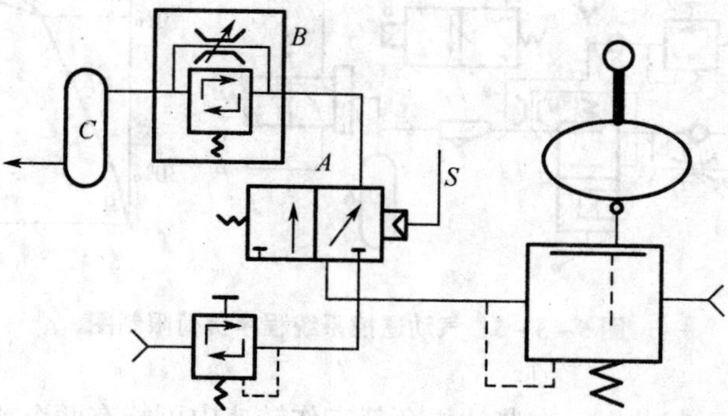

图 5-3-4　气动遥控系统加速速率限制图

2.程序负荷

当主机转速达到额定转速的 70% 以上时，它已进入高负荷区，主机已经承受很高的机械负荷和热负荷，此后的加速过程必须严格加以限制，防止超负荷。在该区内保持加速速率限制的加速速率尚嫌过快，故必须设置一个特殊的时间程序，使之慢慢加速，即为程序负荷。

在气动遥控系统中，一般是通过节流元件和气容组成的惯性环节实现的，如图 5-3-5 所示。图中调压阀 2 设定程序负荷的起始转速，即它的最大输出为程序负荷开始转速值所对应的气压信号。当输入信号小于这个调整值时，输出与输入相等。P_i 是车令设定转速值。当该信号小于程序负荷开始转速（如额定转速的 70%）时，只经分级延时阀 1 的节流，通过阀 2 向气容 6 充气。气容内的压力升高较快，再经比例阀 7 送至调速器转速设定波纹管，这就是加速速率限制，如图中 b 线所示。当车令设定转速大于程序负荷开始转速时，该信号不仅要经分级延时阀 1 的节流，还要经单向节流阀 3 的节流，再经节流选择阀 4 的上位向气容 6 充气。气容内压力升高较慢，如图中 c 线所示，从港内全速到海上全速大约需 25 min，称为快程序。如果把节流选择阀转至下位通，则单向节流阀 3 的输出还要经节流阀 9 的节流，这时气容内压力升高很慢，如图中 c' 线所示，其程序负荷时间大约需 55 min，称为慢程序。选择何种程序取决于操作者的要求和主机的承受能力。在应急操纵情况下，电磁阀 8 通电右位通，分级延时阀输出信号直接向气容充气，取消程序负荷，按加速速率的限制可一直加速到海上全速。其加速过程如图中的斜线 e 所示。在减速时，气容内的气压信号经速放阀 5 就地泄放，因不经阀 3 和阀 1 节流，可实现快减速，如图中斜线 d 所示。

在电动遥控系统中，有的程序负荷是用程序计数器实现的，当主机转速增加到程序负荷开始转速时，启动程序计数器使之按预先调定的工作频率开始计数，每计一个数就增加一份油量，直到主机转速达到车令设定的转速为止；也有一些电动遥控系统采用积分器来实现程序负荷，其原理从略。

对于微机控制的主机遥控系统，不论是加速速率限制还是程序负荷都是由软件编程实现的。

3.临界转速的回避

柴油机轴系都有其固有的自振频率，当外界强制干扰频率（直接与主机转速有关）与其

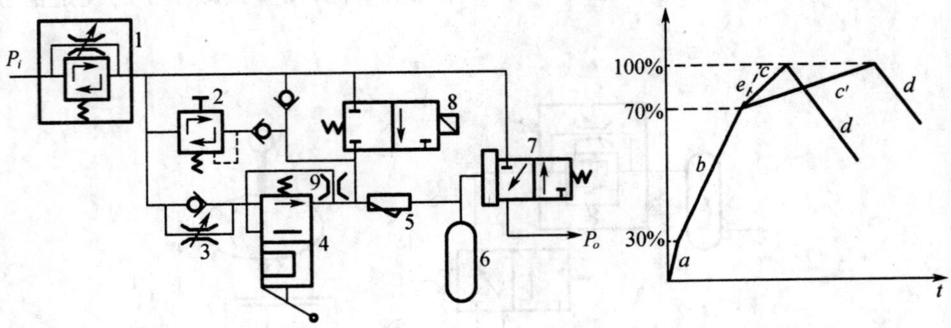

图 5-3-5 气动遥控系统程序负荷限制图

自振频率相同时，将引起共振。在柴油机全部工作转速内可能有两个或两个以上共振区，其中最大的共振区称为临界共振区，对应的主机转速叫临界转速。柴油机在临界转速区工作时，产生的扭转振动应力将超过材料的允许应力，造成曲轴的扭伤或折断，或者造成组合式曲柄组合件的相对滑移。因此，柴油机在运行期间必须避开临界转速区，其原则是，不在临界转速区内运行，快速通过临界转速区。回避临界转速的方式有三种：一是避上限，转速设定值落在临界转速区时，自动使主机在临界转速的下限值运行；二是避下限，转速设定值落在临界转速区时，自动使主机在临界转速的上限值运行；三是避上、下限，加速时避下限，减速时避上限。在实际应用中，为使该环节结构简单，多采用避上限。

在气动遥控系统中，临界转速的回避是用气动阀件组成的逻辑回路实现的，其工作原理如图 5-3-6 所示。图中 1、3 是调压阀，输入信号小于调定值时，输出等于输入；输入信号大于调定值时，输出保持调定值不变。阀 1 调定值是临界转速的下限值 P_a；阀 3 调定值是临界转速的上限值 P_b。2 是双气路控制的两位三通阀，P_s 是转速设定值。

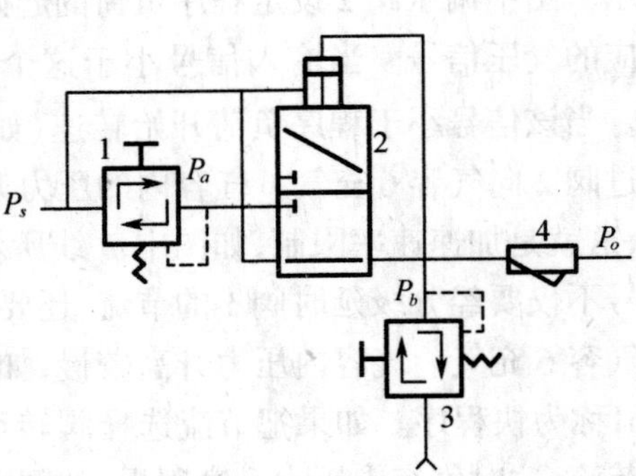

图 5-3-6 气动临界转速回避原理图

该回路是按避上限方式工作的。转速设定值小于临界转速下限值时，$P_a = P_s$，阀 2 上位通，P_s 经阀 1、阀 2 上位和速放阀 4 输出，$P_o = P_s$。转速设定在临界转速区时，$P_s > P_a$，阀 1 输出 P_a 不变，阀 2 上位通不变，$P_o = P_a$，主机在临界转速下限值运行。设定转速 P_s 大于临界转速上限值时，阀 2 下位通，其输出 P_o 由临界转速的下限值立即跳变到大于临界转速上限值的 P_b，从而快速通过临界转速区。同理，在减速过程中，当 $P_s > P_b$ 时，阀 2 下位通，$P_o = P_s$，而当 $P_a < P_s < P_b$ 时，即转速设定在临界转速区时，阀 2 上位通，P_s 截止，$P_o = P_a$。$P_s < P_a$ 时，$P_o = P_s$。所以在减速时也是避上限，且可快速通过临界转速区。

4.最小转速限制

最小转速限制的目的是为了保证主机运行转速不低于其最低稳定转速。因为主机转速减小时，每循环的喷油量就会随之减少。当主机转速减小到最低稳定转速之下时，主机每循环的喷油量减小到一定程度后，各缸供油量的均匀性变得很差，甚至发生有些气缸不喷油或不着火燃烧，致使主机的转速不稳定。而且，主机在很低的负荷运行时，燃烧不良，会使燃烧室表面严重积碳或使未燃烧的柴油沿气缸壁流入曲轴箱，致使润滑油变稀。同时低负荷使温度降低而产生的低温腐蚀加剧。因此，必须限制主机的最低运行转速，以保障主机的运行安全。

5.轮机长最大转速限制

轮机长最大转速限制是指轮机长限制船舶在海上定速航行时主机最大转速。一般主机应在额定转速下运行，但由于主机的长期使用，某些性能指标下降，或主机的某些小故障不能及时排除时，主机是不能在额定转速上运行的，只能在低于额定转速下运行。轮机长设定了最大转速后，当车令设定转速超过最大转速则主机只能运行在轮机长限定的最大转速上而不会过载。当由应急操纵指令时轮机长设定的最大转速限制将被取消，实际转速将同车令要求相一致。

在转速限制回路中除以上介绍一些限制功能外，通常还设有倒车最大转速限制、故障降速转速限制等限制功能。倒车最大转速限制是防止因倒车车钟设定转速太大而使倒车转速太高的限制，一般倒车最大转速限制为正车额定转速的80%。故障降速转速限制是指当主机发生某些故障时，主机降速到所允许的低转速值。在有应急操纵指令时，将取消故障降速功能，不允许主机降速。

以上转速限制的逻辑回路将在后续实例章节中进行介绍。

四、负荷控制

1.增压空气压力限制

增加空气压力限制的目的是避免主机加速过程中出现的冒黑烟现象，防止主机排气温度过高，受热件过热。主机在加速时，若主机喷油量增加过快，则由于涡轮增压器的滞后效应，使增压空气压力不能及时增加，造成油多气少，燃烧过量空气系数过小，燃烧不完善，导致排黑烟严重，主机的排气温度升高，热负荷超过允许值。因此，为避免主机冒黑烟，防止热负荷超载，必须按增压空气压力的大小来限制主机的喷油量，使主机油量与增压空气压力同步增加，以保证燃烧过程中具有足够的燃烧过量空气系数。为此，主机遥控系统中均设置增压空气压力限制环节，使主机所允许的最大供油量随废气涡轮增压器的输出压力升高而按比例逐渐增大。

图5-3-7示出了增压空气压力限制特性。横坐标 P_K 为增压空气压力，纵坐标 F_{km} 为增压空气压力所限制的最大供油量。在增压空气压力 P_K 较低时，$P_K \leqslant P_N$（P_N 为起控压力），为使主机能正常运行，增压空气压力限制环节提供一个起始油量 F_m，作为主机的最小供油量（如Sulzer主机），或者作为主机正常启动供油限制值（如MAN40/54主机），即 $F_{km}=F_m$，为一常数，由于 F_m 与 P_K 无关，所以在主机启动阶段，无压力限制作用，但这时增压空气压力限制仍起着主机最大启动油量限制作用。当增压空气压力 $P_K>P_N$ 时，增压空气压力限制所允许的最大油量 F_{km} 就会随着 P_K 升高而按比例增大，即 $F_{km}=F_m+k\Delta P_K$（其中 $\Delta P_K=P_K-P_N$）。

主机加速时，起始增压空气压力较低，如 $P_K=P_{K1}$，增压空气压力限制所允许的最大油量 $F_{Km}=F_{km1}$。这时调速系统只能以 F_{km1} 的油量控制主机加速。然而随着主机喷油量增大，主机转速逐渐提高，废气涡轮增压器的输出压力 P_K 也将随之升高，当 $P_K=P_{K2}$ 时，F_{km} 增大到 F_{km2}。由此可见，增压空气压力限制只能限制主机加速过程中喷油量的增加速率，使主机油量增长与增压空气增长同步，而不能限制主机的最大供油量。所以主机遥控系统中设置轮机长最大油量限制手轮。通过限制最大增压空气压力来限制主机的最大负荷。

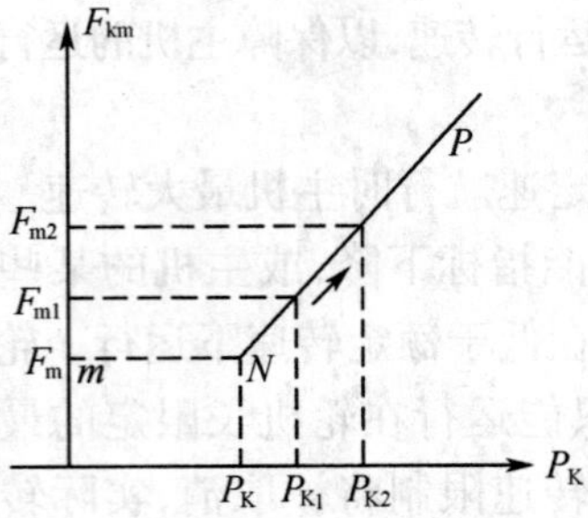

图 5-3-7　增压空气压力限制特性曲线

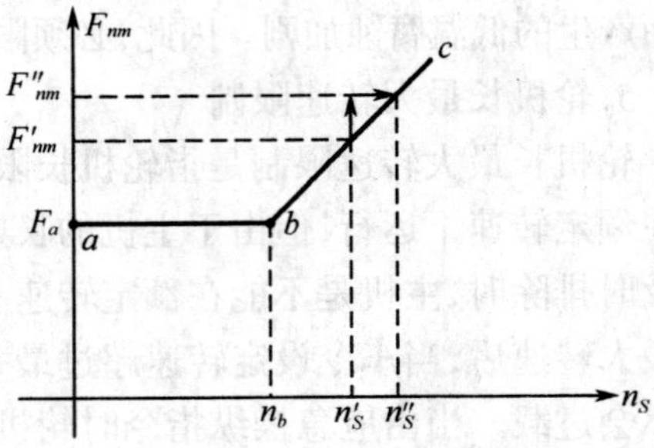

图 5-3-8　转矩限制特性曲线

2.转矩限制

转矩限制的目的在于限制主机的机械负荷,限定其热负荷,防止主机超负荷运行。由于主机在稳定运行时,它所发出的扭矩与螺旋桨所需的扭矩相等。螺旋桨的阻力矩越大,主机的喷油量越大。由此可见主机转矩过大是由于主机在某一转速下的喷油量过多造成的。因此主机遥控系统普遍采用转速限制油量的方法来实现转矩限制,故有时也将转矩限制称为转速限制。

转矩限制有设定转速限制油量和主机实际转速限制油量两种方法。设定转速限制油量方法的最大允许供油量由设定转速大小确定,相对于某一设定转速就有一确定的最大允许供油量,这个最大允许供油量不随主机转速变化而变,所以是一种"极值"限制。与此相反,实际转速限制油量方法的最大允许供油量由主机实际转速值来确定。因此,随着主机转速的升高,最大允许供油量也随之增大,可在整个加速过程中限制主机的"供油量",所以是一种"过程"限制。"过程"限制具有动态限制特性,可使主机的加速过程变得缓慢,使主轴承免受高负荷冲击,也有利于热负荷限制,同时还可补偿增压空气压力限制的作用。

实际转速限制油量方法主要是限制主机供油量(转矩)的上升速率,而设定转速限制油量则是限制设定转速下的最大供油量(转矩)。设定转速限制油量方法的转矩限制特性如图5-3-8所示。图中,横坐标 n_s 为设定转速,纵坐标 F_{nm} 为转矩限制所允许的最大供油量。整个特性曲线可看成由起始段和转速限制段两部分组成。在设定转速较低,$n_s n_b$ 时,转矩限制处于起始工作段(即 $a \to b$ 段),于是,转矩限制环节所允许的最大油量 F_{nm} 保持在起始值 F_a,不随设定转速 n_s 而变化。这时只要主机的供油量不超过 F_a,转矩限制就不起作用。反之,若超过 F_a 则将主机供油量限制在 F_a,以限制主机负荷。起始值越小,开始限油的主机负荷值越小,转矩限制作用提前。通常主机开始限油的负荷值调整在60%额定负荷左右,即 F_a 为60%油量。可见起始段主要用来确定主机开始限油的负荷值。然而在设定转速 n_s 上升到 n_b 时($n_s > n_b$),转矩限制环节进入转速限制段($b \to c$ 段)。于是,转矩限制环节所允许的最大油量 F_m 将随设定转速的升高而增大。当设定转速为 n'_s 时,所对应的最大允许油量 F'_{mn}。若这时将车钟手柄推至 n''_s 则最大允许油量立即从 F'_{mn} 增大到 F''_{mn}。可见,转速限制段主要由设定转速大小来确定所允许的最大油量。调整 $b \to c$ 段的斜率,可改变限制作用强度。斜率减小,转矩限制作用加强。

第四节　气动遥控系统实例分析(一)

气动主机遥控系统的类型很多,但在20世纪70年代中期,由德国“西门子”公司生产并装配在MAN－V－40/54A型柴油机上的气动遥控系统具有一定的典型性。MAN－V－40/54A型柴油机主机是可逆转四冲程中速机,采用双凸轮换向。该主机可在驾驶台遥控,也可在集中控制室遥控,它们是共用一套由气动阀件组成的各种逻辑回路和控制回路实现的。所有阀件分装在A,H,M三个阀箱中,其中A箱是启动控制箱,H箱是转速控制箱,M是机旁件箱。现介绍这种遥控系统的组成、功能及各种逻辑回路的联系。

一、气源装置及操纵部位转换

1.气源装置

MAN－V－40/54A型柴油机气动遥控系统的气源处理装置如图5－4－1所示,它提供两种气源,即高压气源H_P为3.0 MPa,用作执行机构如启动、换向操作的气源;另一种是控制空气气源L_P为0.7 MPa,作为各种气动阀件的工作气源。选择阀1有四个位置,如选择Ⅰ位,则由主空气瓶来的压缩空气HP经选择阀Ⅰ位,再经下面的滤器Ⅲ滤清后,一路经或门阀作为高压气源H_P送至执行机构,另一路经减压阀3减压,输出0.7 MPa的控制空气L_P;把选择阀1从Ⅰ位转至Ⅱ位,上下气源处理装置同时使用;转至Ⅲ位,用上面的气源处理装置;转至Ⅳ位,主空气瓶来的压缩空气被截止,上下气源处理装置均通大气。压缩空气必须除尘除水,要定期放掉滤器中的脏物和残水。保持气源清洁是保证遥控系统能正常工作,提高使用寿命的关键。

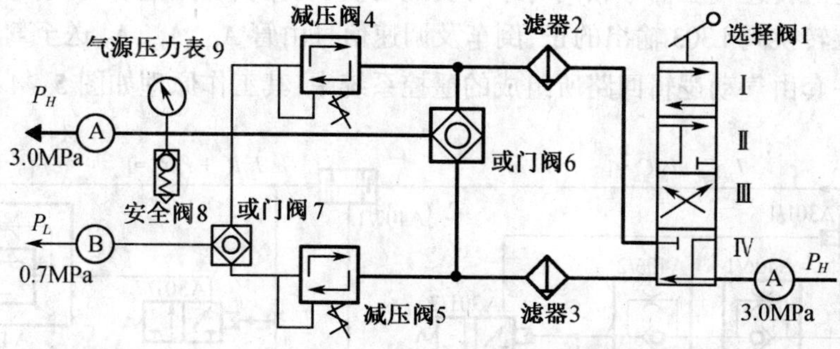

图5－4－1　MAN－V－40/54A型柴油机气源处理装置示意图

2.操纵部位的转换

操纵部位转换原理如图5－4－2所示。装在集中控制室操纵台上的操纵部位转换阀L303有两个位置,扳至驾控位时上位通,集中控制室操车手柄EC设定的信号被截止,驾驶台操车手柄BR设定的正、倒车及调速信号经阀L303上位输出。把阀L303扳至EC位置是集控位时下位通,驾驶台的操车信号被截止,由集中控制室遥控主机。

注意只有在小气缸854中的小活塞向左推直至转换连锁解除后才能进行操纵部位转换阀,这时要求L603/2必须输出1信号。设驾驶台发送的正、倒车信号为B_H,B_S;集中控制室发送的正、倒车信号为E_H,E_S,则阀L603/2输出1的逻辑表达式为

$$\begin{aligned} L603/2 &= (E_H + B_S)\cdot(E_S + B_H) + (\overline{E_H + B_S})\cdot(\overline{E_S + B_H}) \\ &= E_H B_H + E_S B_S + \bar{E}_H \bar{B}_H \bar{E}_S \bar{B}_S \end{aligned} \tag{5-14}$$

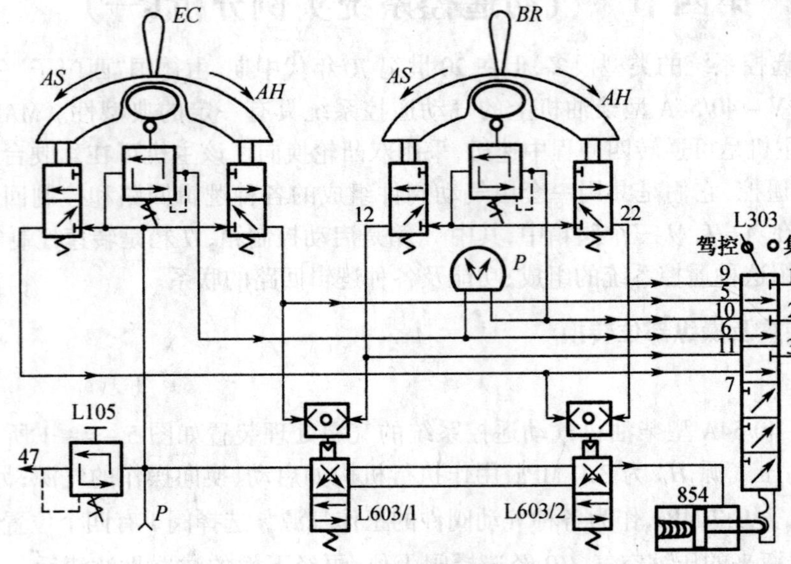

图 5-4-2　操纵部位转换原理图

对上面的逻辑表达式应注意到 $E_HE_S=0$，$B_HB_S=0$ 因在同一操纵部位发正车车令就不会有倒车车令，发倒车车令就不会有正车车令。这样，通过该逻辑表达式说明，当驾驶台和集中控制室操车手柄均在停车位（$\overline{E}_H\overline{B}_H\overline{E}_S\overline{B}_S=1$）、均在正车位（$E_HB_H=1$）或均在倒车位（$E_SB_S=1$）时才可进行操纵部位转换。在实际转换操作时，双针压力表 P 双针重合，即两个操车手柄设定的转速气压信号相同时才可实现切换，确保实现无扰动切换。

操纵部位转换阀 L303 输出的正、倒车及调速信号由管 A_{14}，A_{13}，A_{30} 送至驾驶台和集中控制室共用的一套由气动逻辑回路所组成的遥控系统中，其工作原理如图 5-4-3 所示。

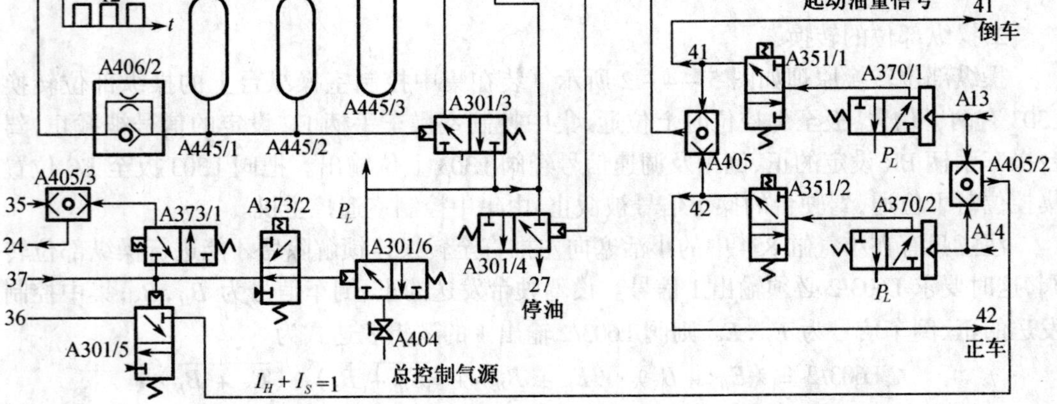

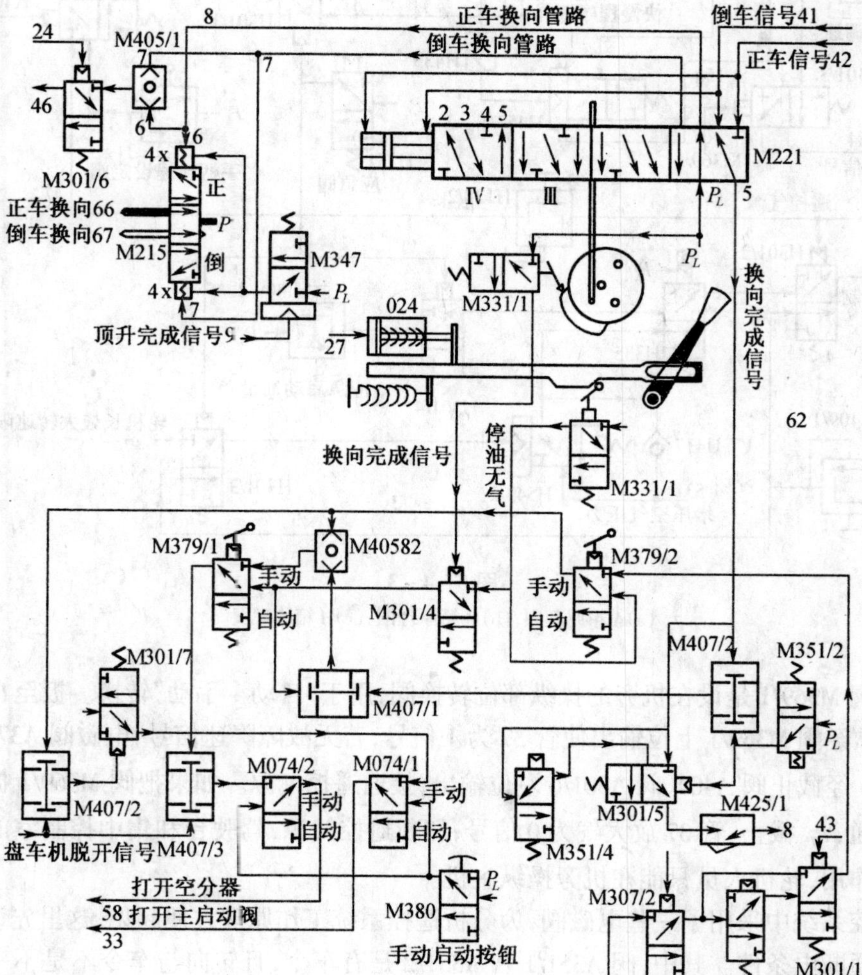
正车换向管路
倒车换向管路
倒车信号41
正车信号42
M405/1
M301/6
M215
正
倒
正车换向66
倒车换向67
M347
顶升完成信号9
M221
M331/1
换向完成信号
停油无气
M379/1
M40582
M301/4
M379/2
手动
自动
M301/7
M407/1
M407/2
M351/2
M407/3
M074/2
M074/1
M351/4
M301/5
M425/1
盘车机脱开信号
打开空分器
打开主启动阀
M380
手动启动按钮
M307/2
M351/1
M301/1

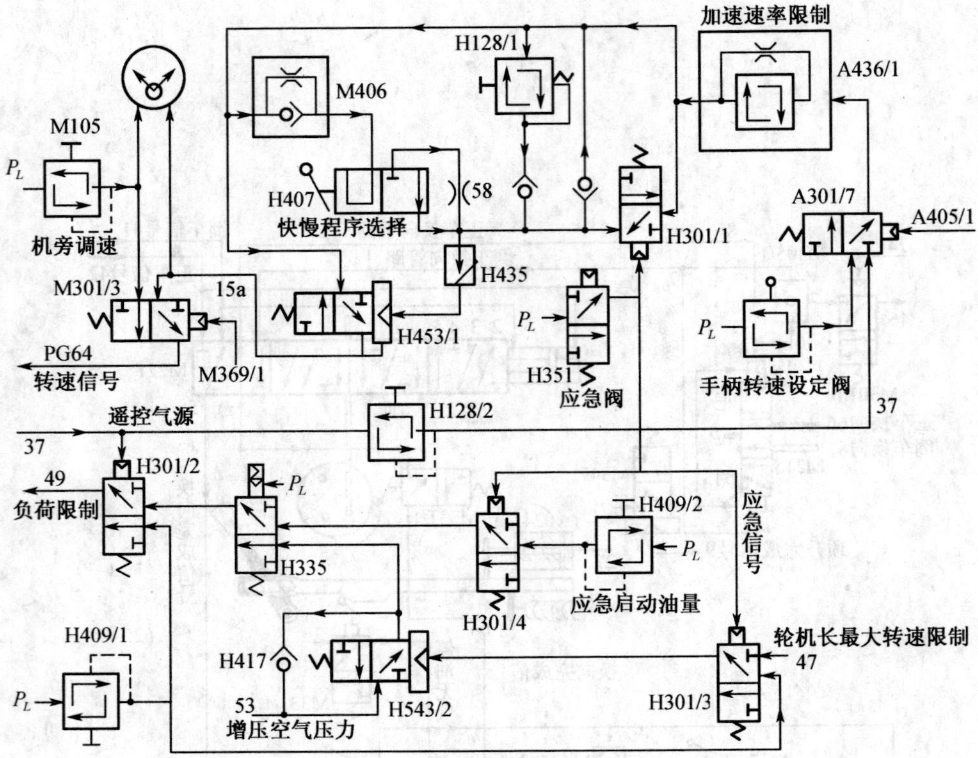

图 5-4-3

(a)A 箱原理图;(b)M 箱原理图;(c)H 箱原理图

图中阀 M369/1 是设在机旁的操纵部位转换阀,用于“自动-手动”转换。扳至自动位置上位通,L_P 经阀 M369/1 上位输出使管 37 为 1 信号,若无故障降速信号,电磁阀 A373/2 断电下位通,L_P 经截止阀 A404、阀 A301/6 左位输出,接通遥控气源。如果把阀 M369/1 扳到手动位置下位通,L_P 截止,管 37 放大气为 0 信号,切断遥控气源,驾驶台和集中控制室的操车手柄将不起作用,轮机人员只能在机旁操纵主机。

在遥控系统中采用了一些电磁阀,为分析遥控系统工作原理方便起见,这里先说明一下各电磁阀通断电条件。其中,阀 A351/1 和 A351/2 是有车令,且转向与车令不是不一致时通电($I_H\bar{R}_S + I_S\bar{R}_H = 1$)上位通,否则,断电下位通;阀 M351/2 是车令与转向不一致通电($I_HR_S + I_SR_H = 1$)上位通,否则,断电下位通;阀 A373/1 是低于换向转速或按应急操纵按钮后低于应急换向转速通电($n < n_S$)左位通,否则,断电右位通;阀 M351/1 和 M351/4 是主机低于发火转速通电($n < n_I$)上位通,高于发火转速断电下位通。

二、停油与换向

1.停油

要实现停油,管 27 必须是 1 信号才能经停油气缸 024 把油门推向零位。这就要求与门阀 A407/1 输出 0 信号使阀 A301/4 左位通。阀 A407/1 有两个输入端,一端接管 8,它是由多路阀 M221 接口 6 经管 62 输出的信号。显然,有车令,且车令与凸轮轴位置一致时为 1,否

则为0。另一端接管43,即车令与转向一致为1,否则为0。故管27输出1的逻辑表达式为

$$P_{27}\overline{(I_H C_H + I_S C_S)(I_H R_S + I_S R_H)} = \bar{I}_H \bar{I}_S + I_H C_S + I_S C_H + I_H R_S + I_S R_H \quad (5-15)$$

这里要注意到:$\bar{I}_H = I_S$, $\bar{I}_H = \bar{I}_S$, $R_H = \bar{R}_S$, $R_S = \bar{R}_H$, $C_H = \bar{C}_S$, $C_S = \bar{C}_H$。从上式可见,只要操车手柄在停车位置,或车令与凸轮轴位置不一致,或车令与转向不一致均会使管27为1信号停油。因此,只要与门阀A407/1输出0就满足停油逻辑条件。当A407/1输出1时,将解除油门零位连锁,允许向主机供油。当油门已被推至零位时,阀M331/1上位通,接该阀输出端的管35为0信号,满足换向需停油的逻辑条件。

2.换向

多路阀M221是换向鉴别逻辑阀。管42、管41分别接操车手柄的正、倒车指令,有正车指令管42为1,管41为0;有倒车指令管41为1,管42为0。当车令与凸轮轴位置一致时,阀M221处于Ⅲ位或Ⅰ位,其接口2和3均通大气输出0信号,这是不允许换向的。只有车令与凸轮轴位置不一致,接口2和3将有一个输出1信号,如当凸轮轴在正车位置而车令为倒车时,管41为1信号,阀M221被推至Ⅳ位通,接口3通大气,接口2经阀M221的1-2连通气源输出1信号,一方面或门阀M405/1输出为1,同时作用于阀M215的下控制端Y5。当凸轮轴在倒车位置而有正车指令时,管42为1信号,阀M221工作于Ⅱ位,接口3输出1信号,阀M405/1仍输出1,阀M215的上控制端Z5为1。三位四通阀M215是换向条件检测阀。其中,已经停油时管35为0,低于换向转速时,阀A373/1通电左位通输出为0信号,故或门阀A405/3输出为0,经管24使阀M301/6下位通,阀M405/1输出的1信号经阀M301/6下位输出使管46为1。该1信号送至顶升机构把进排气阀阀杆抬起(见图5-4-4),同时管9为1信号使阀M347下位通。这时阀M215的连锁信号4x才经阀M347的下位泄放,解除对阀M215的连锁,方可进行换向操作。比如要进行正车换向,Z5为1,Y5为0,阀M215上位通,正车换向油缸通气源,倒车换向油缸通大气,凸轮轴从倒车位置向正车位置移动,在凸轮轴移动过程中,通过机械反馈机构把阀M221的阀芯从右向左拨动,换向到位时,阀芯正好被反馈到Ⅲ位,在此位置,倒车的0信号被截止,正车1信号与接口6通使管62为1信号,标志换向已完成,即车令与凸轮轴位置一致。同时,接口3和2均通大气,撤销阀M215控制端信号,管46为0信号,进排气阀顶杆落在正车凸轮片上,管9为0信号,4x通气源,又把阀M215锁在中路通位置,换向操作结束。在换向过程中,随着凸轮轴的移动,拨动阀M221阀芯的反馈凸轮也在转动,阀M331/2在凸面作用下右位通,输出为0,换向到位时,阀M331/2复位左位通,输出为1,为制动作好准备。

三、制动

MAN-V-40/54A型主机属于中速机,遥控系统安排有能耗制动功能,当然它也和其他机型一样,设有强制制动回路。制动是在换向已经完成且车令与转向不一致的情况下进行的。能耗制动与强制制动的区别在于,一是要有应急操纵指令 I_E;二是主机转速高于发火转速。在能耗制动中,只让空气分配器投入工作,而主启动阀是关闭的,当能耗制动到低于发火转速时,空气分配器和主启动阀均投入工作,进行强制制动,当转速降为零时,接着进行正常启动。

1.能耗制动

假设主机正在全速正车运行,操车手柄也在全速正车位,如果此时立即扳到倒车某速度挡,同时按下应急操纵按钮,则主机首先停油、降速并在较高的转速 $n_{ER} > n_R$ 下,阀 A373/1

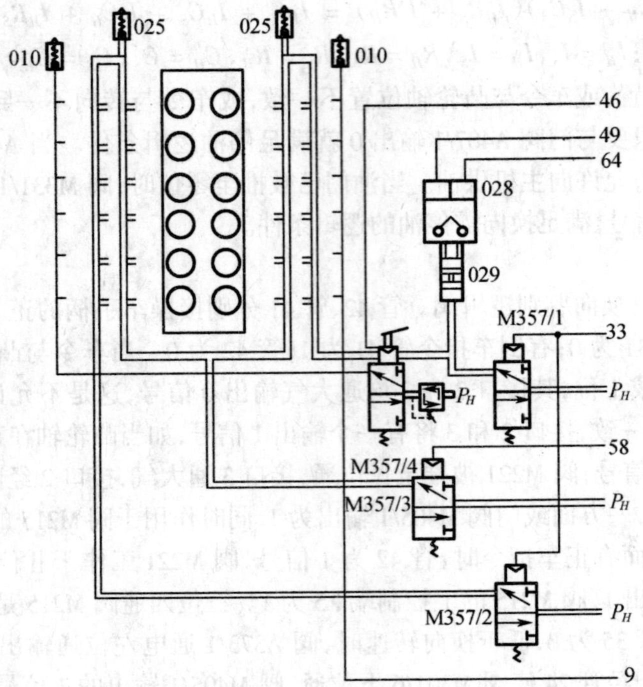

图 5-4-4　机旁遥控系统接口气路图

通电输出为 0 信号进行换向操作。换向完成后，由于车令与转向不一致，阀 M351/2 通电下位通输出为 1，且主机转速高于发火转速，阀 M351/4 断电下位通。这时，虽然管 62 为 1 信号，但它被截止在阀 M351/4 的下位，管 8 为 0 信号，不可能进行启动操作。此时与门阀 M407/2 输出为 1，由于油门已在零位，阀 M331/1 输出为 0，换向已完成，阀 M331/2 输出为 1 并经阀 M301/4 下位输出，使与门阀 M407/1 输出 1 信号，经或门阀 M405/2 和阀 M379/1 下位(自动时下位通)输出。盘车机脱开，管 61 为 1，与门阀 M407/3 输出为 1，经手动控制的两位三通阀 M074/1 上位(自动时上位通)使管 58 为 1 信号，它作用于图 5-4-4 中阀 M357/3 使其输出气源信号 P_H，让空气分配器投入工作，而管 33 为 0 信号，关闭主启动阀对主机进行能耗制动，主机转速迅速下降，当转速下降到低于发火转速时，能耗制动结束。

2.强制制动

强制制动与启动共用一个逻辑回路，不同的是，强制制动是在车令与转向不一致，且在停油状态下进行的。

低于发火转速，阀 M351/4 通电上位通，管 62 的 1 信号经阀 M351/4 上位和阀 M301/5 右位输出使阀 M307/2 上位通，且管 8 为 1 信号，经重复启动逻辑回路使管 12 为 1(重复启动回路后述)，经阀 M307/2 上位、M301/1 下位(此时管 43 为 0 信号)输出，管 S 为 1 信号，经阀 M379/2 下位(自动时下位通)输出分两路：一路经阀 M405/2 输出 1，保持空气分配器的工作；另一路经与门阀 M407/2 输出 1，阀 M301/7 输出为 1，经手动控制的两位三通阀 M074/2 上位输出使管 33 为 1，去打开主启动阀(图 5-4-4 阀 M357/1)进行强制制动。当转速下降为零时，强制制动结束，接着进行正常启动。

四、启动

当主机转速为零时，遥控系统就认为车令与转向一致，阀 M351/2 断电下位通输出通大气为 0 信号，使阀 M301/5 左位通。管 62 的 1 信号经阀 M301/5 左位直接输出，保持管 8 为 1 及阀 M307/2 上位通，把用于强制制动的阀 M351/4 旁通。此时因车令与转向一致，故阀 A351/1 和 A351/2 通电上位通，管 43 为 1 信号，阀 M301/1 上位通。此时与门阀 A407/1 两个输入端均为 1，管 27 经阀 A301/4 右位放大气。解除油门零位连锁. 允许供启动油量。故该主机的启动方式是属于油气并进的。

1.正常启动

要启动主机，必须满足启动的逻辑条件。不同的机型、不同的遥控系统其启动逻辑条件会有差异，但基本的和重要的条件是必须满足的。比如，在本系统中只有满足启动鉴别逻辑，管 62 才为 1 信号，管 8 为 1，否则管 8 为 0 是不能启动的。只有盘车机脱开管 61 为 1，允许打开主启动阀和空气分配器，否则也不准许启动。启动转速条件由电磁阀 M351/1 检测，只有低于发火转速通电上位通，来自管 12 的 1 信号经阀 M307/2，M351/1 和 M301/1 的上位送至管 S 对主机进行启动。启动成功高于发火转速时，阀 M351/1 断电下位通，经阀 M307/2 输出的 1 信号被截止，管 S 经阀 M301/1 上路，M351/1 下路放大气，停止启动。如果有三次启动失败信号，阀 A301/3 控制端为 1 信号，其输出为 1。此时，不管阀 A301/2 是左位还是右位通均输出为 1，阀 A301/1 右位通，管 8 的 1 信号截止，管 12 通大气。管 S 为 0 信号而不能启动。其他的启动逻辑条件应在备车时使其得到满足，启动前轮机人员应注意有关仪表的读数和状态指示灯。

2.重复启动

当操车手柄在停车位置、车令与凸轮轴位置不一致、换向完成且高于发火转速等状态时，管 62、管 8 均为 0 信号，气容 A445/1，A445/2 和 A445/3 均放大气，其相对压力近似为零，阀 A301/2 和 A301/3 复位右位通。阀 A301/1 控制端信号经阀 A301/2 和 A301/3 右位放大气左位通。

当换向完成且低于发火转速时，管 8 为 1 信号，它直接经单向节流阀 A406/2 向气容 A445/1 和 A445/2 充气计时，同时经阀 A301/1 左位输出，一路经管 12 送至启动系统对主机进行启动，另一路经分级延时阀 A436/2 向气容 A445/3 充气计时，若在规定的时间（如 3 s）内，主机仍未达到发火转速，气容 A445/3 内压力已升高到能使阀 A301/2 动作的压力使其左位通，气源经阀 A301/2 左位输出，使阀 A301/1 控制端为 1 信号右位通。管 8 的 1 信号被截止，管 12 经该阀右位放大气，管 S 为 0 信号停止启动。同时气容 A445/3 内压力信号经单向节流阀 A406/1 节流而不经分级延时阀 A436/2 节流逐渐泄放，3 ~ 5 s 后，阀 A301/2 复位，阀 A301/1 控制端又为 0 信号回到左位通，进行第二次启动，在进行第二次启动的同时，气容 A445/3 再次充气计时。如此可进行三次自动启动。如果三次启动均失败，则气容 A445/1 和 A445/2 充气压力足以使阀 A301/3 动作，左位通输出 1 信号。此时阀 A301/2 必定输出 1 信号，阀 A301/1 保持右位通，管 8 的 1 信号被截止，管 12 放大气，终止启动并通过检测电路发出声光报警，说明启动回路已发生故障。故障修复后，必须把操车手柄扳到停车位置进行停车复位，使管 62 为 0 信号，管 8 经速放阀就地泄放，气容 A445/1 和 A445/2 放大气，使阀 A301/3 控制端为 0 信号右位通，方可解除三次启动失败的连锁实现主机的再次启动。

调整分级延时阀 A436/2 节流阀的开度，可调整一次启动的持续时间；调整单向节流阀

A406/1 节流阀的开度,可调整连续两次启动的间隔时间;而对单向节流阀 A406/2 的调整应使阀 A301/3 延时动作的时间正好等于三次启动均失败的总时间。

通过上面的分析可知,该重复启动逻辑回路是按时序原则安排的,其逻辑功能与图所示的逻辑回路是一样的,只是这里的重复启动回路是用气动阀件组成的。

3.启动油量的设定

启动油量和运行油量的切换是由阀 A301/7 实现的。当操车手柄在停车位置或车令与转向不一致时,阀 A301/7 控制端为 0 信号右位通。调压阀 H128/2 调定的对应启动油量的气压信号由管 48,经阀 A301/7 左位、分级延时阀 A436/1,再经程序负荷设定阀 H128/1 向气容 H438 充气,并经比例阀 H453/1、管 15a 送至 PG 调速器转速设定波纹管。但是,此时满足停油条件,油门被强行推至零位,该启动油量是供不到主机上的。当解除油门零位连锁时,调速器立即对主机供启动油量,尽管这时阀 A301/7 的控制端为 1,已进行了启动油量和运行油量的切换,但因气容 H438 充放气时其压力变化有延时,故对主机供启动油量可维持一段时间。启动成功后,气容 H438 中的压力将会随操车手柄设定的转速信号逐渐变化,转入正常的调速过程。

五、调速

该主机是采用 PG 型调速器作为转速控制单元。分级延时阀 A436/1 起加速速率限制的作用,操车手柄设定的转速信号经阀 A301/7 右位输出。当该信号低于额定转速的 30%时,阀 A436/1 不节流经管 15、调压阀 H128/1 直接向气容 H438 充气,主机转速可快速增加,若转速设定值在额定转速的 30%~70%之间时,该信号要经阀 A436/1 节流再向气容 H438 充气,主机的加速会稍慢一些,这就是加速速率限制。当转速设定值高于额定转速的 70%,即在高负荷区加速时,该信号已高于程序负荷开始值设定阀 H128/1 的调定值,所以它不仅要经阀 A436/1 的节流,还要经阀 H406 的节流,再经节流选择阀 H407 的右位向气容充气,主机加速比较慢。

如果把节流选择阀 H407 转至左位通,还要经节流阀 58 的节流,主机加速更慢。把节流选择阀转至右位通,称为快程序负荷;转至左位通,称为慢程序负荷,从港内全速到海上全速他们分别需要 25 min 和 55 min,这就是程序负荷。

在该遥控系统的转速与负荷控制和限制回路中,设有增压空气压力限油功能,该功能是通过 PG 型调速器内增压空气压力限油环节实现的。来自扫气箱的增压空气压力信号经管 53 由比例阀 H453/2 输出,并经阀 H335 下位、阀 H301/2 上位由管 49 送至 PG 调速器中的增压空气压力限油波纹管。在某个增压空气压力下,限定了一个最大的供油量。随着增压空气压力的升高,才允许对主机多供油。在启动时,增压空气压力近似等于零,通过调整该限油环节针阀的初始开度允许供正常启动油量,而不受增压空气压力的限制。轮机长对主机的最大转速限制是通过限制最大增压空气压力来实现的。在集中控制室操纵台上,设有一个调压阀 L105(见图 5-4-2),轮机长根据主机运行状况可调整此阀设定一个允许的最大增压空气压力信号,由管 47 经阀 H301/3 下位送至比例阀 H453/2 的控制端,该阀输出不能超过设定的最大增压空气压力允许值,这就间接地限定了主机的最大转速,也限制了主机的最大负荷。

在应急操纵情况下,比如在改变操车手柄位置的同时按下应急操纵按钮,主机将在应急状态下运行。一方面主机在较高的转速下完成换向,进行能耗制动;另一方面电磁阀 H351

通电输出 1 信号。它的作用有三：一是阀 H301/1 下位通，取消程序负荷，主机可按加速速率限制的速度加速到操车手柄所设定的转速上。二是重启动。电磁阀 H335 通电条件是有应急操纵指令且低于发火转速，即在应急启动情况下，它通电上位通。这时由阀 H409/2 预先调定的气压信号经阀 H301/4，H335，H301/2 的上位由管 49 送至 PG 调速器增压空气压力限油波纹管。该气压信号使针阀的开度比原调定的允许供正常启动油量的开度要大，允许供重启动油量。启动成功后(高于发火转速)，阀 H335 复位，增压空气仍起限油作用。三是取消轮机长最大转速限制，由于阀 H301/3 上位通，轮机长设定的最大增压压力被截止，由阀 H409/1 调定的较高的气压信号送至比例阀 H453/2 的控制端，允许主机在额定负荷，甚至超负荷情况下运行。

六、机旁操纵

当遥控系统发生故障时，轮机人员必须到机旁，把设在机旁的操纵部位转换阀 M369/1 扳到手动位置，气源被截止，供遥控系统气源的管 37 泄放。阀 A301/5 和 A301/6 复位，操车手柄输出的正倒车信号由或门阀 A405/2 输出，经阀 A301/5 下位由管 36 送至阀 M369/1 把该阀锁在手动位置。经截止阀 A404 来的控制空气 L_P 被截止在阀 A301/6 的右位，其输出放大气，阀 A370/1 和 A370/2 输出端管 41 和管 42 均通大气。使正倒车信号不可能送到遥控系统，同时也取消了重复启动的功能。这时可用机旁的手柄和旋钮来操纵主机。

在机旁换向时，是用手柄直接扳动多路阀 M221 的阀芯。比如，要进行倒车换向，可把阀芯扳到Ⅳ位，接口 2 为 1 信号，进行倒车换向操作，换向完成时，阀芯仍被反馈到Ⅰ位。在手动操纵时，接口 6 即管 62 保持 0 信号，故换向完成后不能进行自动启动。凸轮轴换向到位后，阀 M331/2 输出 1 信号。要启动主机，需按下阀 M379/2 的启动手柄使其上位通，该 1 信号经阀 M379/2 上位送至启动系统对主机进行启动。启动成功后，松开手柄该阀自动复位，切断空气停止启动。机旁启动也可用按钮 M380，这时要把阀 M074/1 和 M074/2 扳至手动位下位通，按下阀 M380 按钮，阀上位通启动主机，启动成功后，松开按钮该阀自动复位停止启动。

机旁调速是用调压阀 M105 进行的。因此时阀 M301/3 控制端为 0 信号左位通，由管 15a 来的调速信号被截止，调压阀 L105 输出的气压信号直接送到调速器转速设定波纹管，控制主机转速。也可以用调油手柄不经调速器直接控制油门开度，对主机进行负荷控制。

七、模拟试验

为了检验遥控系统的功能，调试有关参数及检查遥控系统故障，一般在集中控制室都设有主机遥控模拟板。该遥控系统的模拟试验装置如图 5-4-5 所示。模拟试验只能在停车时进行。

在模拟试验前必须关掉主启动阀，其检验开关 S_1 闭合，然后把图 5-4-5(a)中的模拟试验开关 1 由工作位Ⅱ转至试验位Ⅰ，使图(b)中的触头 a，b，c 均合于右，一方面接通模拟试验电路的电源，指示灯 L_5 亮；另一方面把测速发电机 T 从系统脱开，由模拟量设定旋钮 2 通过电位器来模拟主机的转速和转向。

1.换向与启动的功能试验

图中 4 和 5 分别为凸轮轴在正车和倒车位置指示灯。6 是启动状态指示灯，在启动过程中灯 6 亮，停止启动时灯 6 灭。现假定灯 4 亮，说明凸轮轴在正车位置。先将旋钮 2 向正

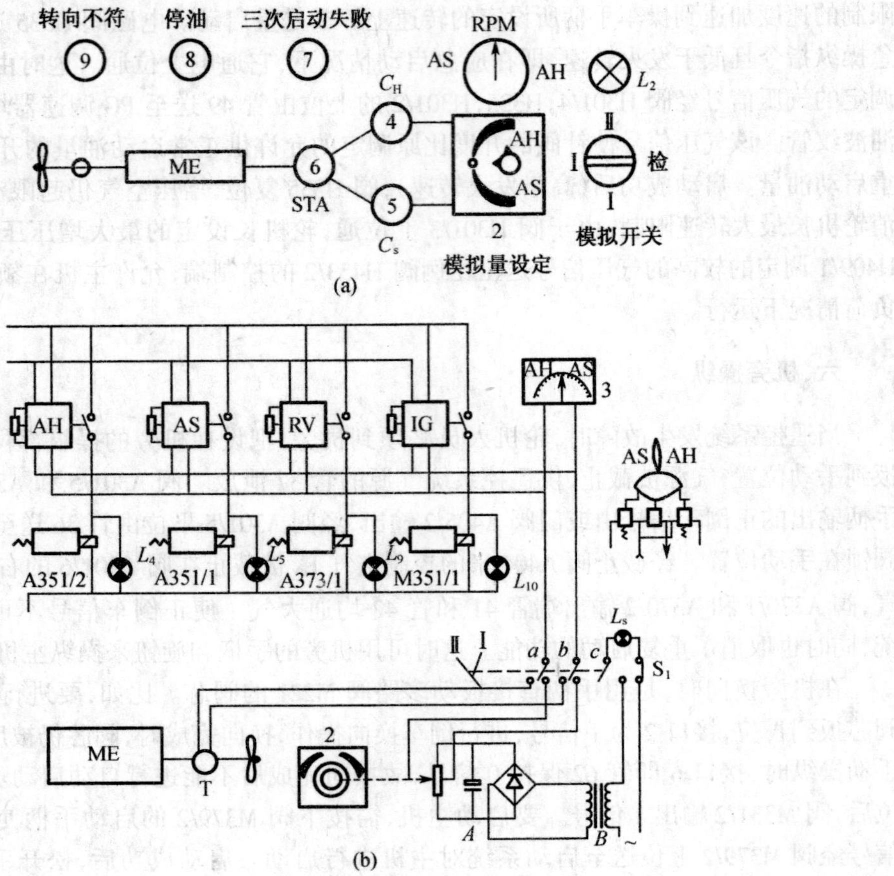

图 5-4-5 模拟试验板及模拟电路原理图

车方向转动很小的数值,约 10 r/min 左右(由转速表 3 指示),表明主机是在正车 10 r/min 下运行。然后把操车手柄扳到倒车位置,由于车令与转向不一致,指示灯 9 亮(检测开关装在图 5-4-3 中的管 43 上)。由于低于换向转速开始换向过程,灯 4 灭,换向完成时灯 5 亮。此时由于车令与转向不一致且低于发火转速,灯 9 和灯 6 同时亮,表明在对主机进行强制制动。然后把旋钮 2 转至停车位置,车令与主机转向一致,灯 9 灭,灯 6 继续亮(检测开关装在图 5-4-3 的 S 管路上),表明正在启动主机。再把旋钮 2 转至倒车 10 r/min 左右位置上,表明是低于发火转速。这时,要观察在重复启动过程中灯 6 亮灭情况,并对亮和灭的时间进行计时(注意在强制制动时灯 6 已亮)。在灯 6 第三次亮再灭后,灯 7 亮(检测开关装在阀 A301/3 的输出管路上)表明三次启动均失败,封锁启动回路终止启动。灯 6 亮的时间(一次启动时间),灯 6 灭的时间(两次启动间隔时间)及三次启动总时间(灯 7 亮)可分别通过对分级延时阀 A436/2、单向节流阀 A406/1 和单向节流阀 A406/2 的调整来改变。把操车手柄扳到停车位置,灯 7 灭,说明已进行了停车复位,可再次启动主机。

2. 发火转速的模拟与调整

把模拟旋钮 2 转至零位(表示主机不转),再把操车手柄扳到正车或倒车位置,待灯 6 亮时(表明主机在启动),立即将旋钮 2 向增速方向转动直到灯 6 灭为止(电磁阀 M351/1 断电下位通,管 S 通大气),此时转速表的读数即为发火转速。这种检查必须在 3 s 内完成,否则灯 6 会因启动失败自动熄灭，而产生错觉。当发现发火转速不符合要求时，可调整发火转速设定电位器进行调整。调整后再进行复查，直到符合要求为止。

3.换向转速的模拟与调整

当凸轮轴处于正车位置时灯 4 亮，将模拟旋钮 2 转至正车较高的转速值上。再把操车手柄扳至倒车位置，因车令与凸轮轴位置不符，车令与转向不符，灯 9 和灯 8 同时亮(灯 8 的检测开关装在停油气缸所动作的油门杆上)，然后慢慢朝减速方向转动旋钮 2 直到灯 4 灭为止。这时转速表的读数就是换向转速，如果换向转速不符合要求，可通过调整相应的电位器加以改变。

该模拟试验装置尚可模拟和检查其他项目，从略。

八、管理要点

对气动遥控系统的管理是比较简单的，只要把气源管好，使控制空气无尘、无水、无脏物，遥控系统工作是可靠的，一般不会发生故障。但是，如果气源处理不当，使控制空气中有水和脏物，阀会生锈，阀芯被卡住不能动作或动作不到位、阀中密封圈会过早老化或产生严重的擦痕，失去密封作用而发生漏泄。在遥控系统中，只要有一个气动阀件出现这种情况，遥控系统都会出现某种故障。

一般在气动遥控箱中都有一块配好管接头的压力表，用于检查各种气动阀件输入输出是否正常。

控制空气压力是 0.7 MPa，一般高于 0.55 MPa 遥控系统能正常工作，低于 0.5 MPa，说明某阀件未动作到位或漏泄严重，遥控系统可能出现故障。遥控系统出现故障时，应立即到机旁进行手动操作。如果机旁也不能操纵主机，则故障是出在执行机构上；若机旁操纵正常，故障是出在遥控系统。

因遥控系统阀件很多，不可能一一检查，应根据故障现象尽量缩小检查范围，以便更快找到出故障的阀件。

检查故障一般是在停车情况下进行的，要充分利用遥控模拟板与之配合，图中指示灯号数就是对应模拟板上的指示灯。关于调速回路的故障诊断也可建立类似的流程图，请读者试画之，这里作一些简单的说明。

启动时不能供油。其故障现象是，主机能达到发火转速，撤销启动信号后，转速会下降至零，听不到主机发火声音，其故障原因可能有：一是，油门零位连锁未解除，管 27 保持 1 信号。要检测阀 A407/1 输出是否高于 0.55 MPa，若高于 0.55 MPa，则故障出在阀 A301/4，它卡在了右位；若低于 0.5 MPa，则要检测阀 A407/1 两个输入端，哪一端压力太低，故障就出在哪一路。二是，调速器中增压空气压力限油环节的针阀预先调节的开度太小，或螺钉与反馈杆之间间隙调整太小。这种现象在调速器修复或重新调整后可能发生。三是，调速器上的停车电磁阀通电。这可能是因上次故障停车没有按停车复位按钮所致。

启动成功后不能进行启动油量和运行油量的切换。其故障现象是主机不能加速。其可能原因是阀 A301/7 卡在左位。在运行期间加速较困难且主机转速有波动。可能原因是管 64 与调速器接头之间漏气，或者燃油系统有故樟，经检查，如果这些情况完好，故障就可能出在调速器本身，需拆到试验台进行修复和重新调试，并拖出调速器的特性曲线。

还有其他一些故障现象，这里不一一列举，读者可在管理实践中总结。

第五节 气动遥控系统实例分析(二)

主机气动操纵系统是用来执行主机启动、换向、制动、停车及调速等控制指令的系统，是主机遥控系统的执行部分，也是主机遥控装置与主机之间的控制接口。操纵系统主要由安装在集控室操纵台、主机机旁和气动阀箱内的众多气动阀件组成，还包括液压阀件、气缸、油缸、传动连杆、压力开关、位置开关等。操纵系统是整个主机遥控系统中故障率最高的环节之一，也是主机遥控系统日常维护管理最重要的内容之一。

在采用微机控制的主机遥控系统中，气动操纵系统较之早期的产品有很大的改进，更趋于简单和合理。譬如，目前的 MANB&W 柴油机主机气动操纵系统在集控室遥控时，大多数阀件的状态和驾驶台遥控时是相同的(如停油、启动、正车、倒车电磁阀等)，调速过程也是由电子调速器来完成的。各类主机均有相应的气动操纵系统，其中最具影响力的是 MANB&W 和 SULZER 柴油机主机操纵系统。限于篇幅，以下仅以 MITSUI MAN B&W 12K90MC－C 柴油机主机气动操纵系统为例进行介绍，如本书附图所示，它是对标准的 MITSUI MAN B&W 12K90MC－C 柴油机主机气动操纵系统稍作改进后得到的。在系统图中，从左往右依次是停油、换向、启动和调速控制部分，层次非常清楚。

一、系统中使用的部件

系统中使用的部件如表 5－5－1 所示。

表 5－5－1 系统使用的部件名称和功能

代号	名称	功能
1	球阀	控制空气手动截止阀
2	压力开关	控制气源压力太低时报警，报警压力为 0.55 MPa
3	球阀	排气阀空气弹簧气源手动截止阀
4	压力开关	主机完车后，如控制空气未泄放则报警，报警压力为 0.05 MPa
6	压力表	指示控制空气压力
7	电磁开关	当换向气缸 13 在正车位置时动作
8	电磁开关	当换向气缸 13 在倒车位置时动作
9	球阀	手动关闭到换向气缸 13(正车)的气源
10	二位三通阀	送空气到换向气缸 13，使其换向到正车位置
11	二位三通阀	送空气到换向气缸 13，使其换向到倒车位置
13	换向气缸	使燃油泵滚轮分别换向至正车或倒车位置
14	二位三通阀	使启动空气分配器按正车方向起作用
15	二位三通阀	使启动空气分配器按倒车方向起作用
16	球阀	手动切断安全空气气瓶 125 的气源
17	压力传感器	安全空气压力太低时报警，报警压力为 0.55 MPa
18	压力开关	主机完车后，如控制空气未泄放则报警，报警压力为 0.55 MPa

表 5-5-1(续 1)

代号	名称	功能
19	压力表	指示安全空气压力
20	60 L 控制空气瓶	保证操纵系统有足够的气压,减少滞后时间
21	球阀	放残水
22	安全阀	气压为 0.8 MPa 时打开
23	双向止回阀	发送断油信号
25	二位三通阀	控制高压油泵泄油阀
26	二位三通阀	主启动阀泄漏时,防止空气进入空气分配器,启动时则允许通过
27	二位五通阀	控制主启动阀和辅启动阀打开或关闭
28	二位三通电磁阀	控制慢转,阻止主启动阀在慢转期间打开
29 ~ 31	双向止回阀	分别用于实现正车换向、倒车换向和启动的"遥控/机旁""或"逻辑控制
32	单向节流阀	延迟阀 26 和阀 27 控制信号的泄放,延迟时间可调(1 s) 延迟目的:确保由启动空气供气的气缸在供油时完成启动
33	二位三通阀	当盘车机脱开时,引导来自 60 L 气瓶的控制空气至阀 26 和阀 27
34	二位三通阀	使启动空气分配器按正车定时起作用
35	二位三通阀	使启动空气分配器按倒车定时起作用
36	二位三通阀	有停车信号时,控制阀 34、阀 35 的供气
40	二位三通电磁阀	阀停车和倒车运行时受控、改变送至 VIT 执行器 52 的控制信号
41	开关	当转换机构处于遥控(驾驶台或集控室)位置时,送出信号至操纵系统
42	电子调速器执行器	三相无刷伺服马达,拉动油门杆控制燃油泵的油门开度
43	P/I 转换器	将扫气压力信号转换为 4 ~ 20 mA 电流信号送到电子调速器
45	减压阀	机旁操纵期间,将预设的控制压力引入 VIT 执行器 52
48	开关(在机旁操纵台上方的面板上)	在机旁应急操纵期间,当调油手柄处在 STOP 位置时,使 SHUT DOWN 功能复位
51	压力表	指示送至 VIT 执行器 52 的控制压力
52	VIT 执行器	根据平均指示压力等调整喷油定时
53	I/P 转换器	在摇控方式下,将来自于调速器的电信号转变成气压信号,控制 VIT 执行器 52 的控制压力
54	二位三通阀	在遥控方式和手动方式转换时,改变给 VIT 执行器的信号
59	减压阀	停车和倒车时,向 VIT 执行器 52 送提供预设的固定压力
60	开关	当调油手柄在 STOP 位置时,给调速器发送 SHUT DOWN 信号
61	开关	当调油手柄在 STOP 位置时,使 SHUT DOWN 复位(在安保系统面板上)
62	电位器	集控室控制时,改变送至调速器的转速设定信号
63	开关	当调油手柄在 START 位置时动作,提供启动信号给阀 90

表 5-5-1(续 2)

代号	名称	功　　能
64	开关	当调油手柄在 STOP、START 及 STOP 和 START 之间的任何位置时动作，向阀 84 提供停车信号
70	集控室车钟	包括换向手柄及正车、倒车控制开关
78	开关	位于集控台集控室控制时，使慢转电磁阀 28 受控
79	开关	位于集控台集控室控制时，取消调速器内的限制
80	开关	用于驾驶台控制和集控室控制的转换信号送至驾驶台控制系统、调速器和安保系统
83	压力开关	当主机在遥控方式时，给信号至操纵系统
84	二位三通电磁阀	驾驶台或集控室给出停车命令时，输出信号给阀 23
86	二位三通电磁阀	驾驶台或集控室给出正车命令时，输出信号给阀 10、阀 14 和阀 34
88	二位三通电磁阀	驾驶台或集控室给出倒车命令时，输出信号给阀 10、阀 14 和阀 35
90	二位三通电磁阀	驾驶台或集控室给出启动命令时，输出信号至阀 33
100	二位五通阀	将控制空气引至机旁应急手动控制系统或遥控系统
101	手动二位二通阀（机旁启动阀）	在机旁应急手动控制时，引导启动信号到阀 25、阀 33、阀 36、阀 102，阀 117 并供空气至阀 105，提供启动和停油信号
102	手动二位二通阀（机旁停车阀）	在机旁应急手动控制时，引导停车信号到阀 25、阀 36、阀 117 并供空气至阀 105
103	双向止回阀	机旁操纵时发送断油信号
104	单向节流阀	机旁应急手动控制时，在启动后使正车或倒车信号保持作用 6 s
105	手动二位五通阀（手动换向阀）	在机旁应急手动换向时，引导正车或倒车换向信号至阀 10 或阀 11
106	压力开关	机旁应急手动控制主机时，在安保系统中解除遥控系统的复位功能和取消功能
107	压力开关	机旁应急手动控制主机时，给操纵系统发出信号
111	手动二位二通阀	在手动打开和关闭主启动阀时，吹扫主启动阀的执行气缸
115	二位三通阀	盘车机啮合时，闭锁启动
116	开关	如果盘车机啮合，使驾驶台控制面板给出指示
117	二位三通阀	有停车信号时，控制阀 14、阀 15 的供气
118	二位三通阀	手动关闭至启动空气分配器的控制空气
119	开关	当空气分配器关闭时，使驾驶台控制面板给出指示
120	开关	送出信号至操纵台，使指示灯指示主启动阀是否在工作位置
121	开关	送出信号至操纵台，使指示灯指示主启动阀在工作或关闭状态，并在主启动阀关闭时送信号至车钟系统和通信系统
122	启动空气压力传感器	如果启动空气压力太低，阻止驾驶台启动的可能性

表 5-5-1(续 3)

代号	名称	功能
124	气控双向止回阀	快速放气阀
125	20 L 空气瓶	减少安保系统的时间迟延
126	球阀	泄放安全空气管路中的水分
127	二位三通电磁阀	当出现 SHUT DOWN 信号时(来自于安全系统),使高压油泵上的泄放阀起作用
128	双向止回阀	发送断油信号
137	止回阀	至排气阀空气弹簧,并防止排气阀空气回流
138	压力传感器	压力低于设定值 0.55 时报警
148	三位四通阀	用于手动操纵或复位高压油泵提开装置
149	提升装置气缸	提升喷油泵滚轮导筒,使其离开凸轮
150	减压装置	将启动空气减压到 0.7 MPa
151	压力开关	(1)当停车信号起作用时,撤销来自于安保系统的测速传感器故障报警信号;(2)停车期间的报警闭锁;(3)停车时,使阀 190 有电
152	二位三通手动球阀	控制阀 153 的气源
153	二位五通电磁阀	控制来自于电子调速器的 LCDCL 控制信号,即按负荷变化控制气缸注油
176	开关 (在集控室车钟内)	当车钟手柄在正车位置时,一该开关动作,在启动和启动后的稳定期间经手柄 80 向阀 86 提供正车信号
177	开关 (在集控室车钟内)	当车钟手柄在倒车位置时,一该开关动作,在启动和启动后的稳定期间经手柄 80 向阀 88 提供正车信号
179	球阀	手动关闭到换向气缸 13(倒车)的气源
180 182	安全阀	在 0.8 MPa 时打开
181 183	单向节流阀	倒车换向时,阀 11 的节流作用使得换向气缸 13 延时放气(阀 183 在正车换向时起作用)
190	二位三通阀	输出至排气阀气封
217	减压阀	减压值为 0.55
218	截止阀	用于控制空气的接通和关闭完车后,应将此阀打升
219	滤器	在主启动管路
220 221	二位三通电磁阀	减缸运行时用阀 220 控制 4,5,6,7,8,9 六个缸,用阀 221 控制 1,2,3,10,11,12 六个缸
226	双向止回阀	控制高压油泵泄油阀

二、系统的主要气路

3.0 MPa 的高压空气经减压装置 150 减压后分二路,分别输出大小均为 0.7 MPa 的控制空气和安全空气。

1.控制空气

1路:经手动截止阀3、减压阀217、单向止回阀137,接到排气阀的气动活塞下部,作为排气阀空气弹簧使用,压力开关138用于低压报警监视。

2路:经手动截止阀1后分三路,第一路经遥控/机旁选择阀100为电磁阀箱内的停车电磁阀84、正车电磁阀86、倒车电磁阀88、启动电磁阀90提供控制空气。

第二路为减缸运行电磁阀220、阀221提供气源。对于气缸数较多的主机,当主机进港低速(如小于30 r/min)运行时,可按下DGS 8800e数字调速器面板上的“CYL CUT - OUT”按钮,调速器发出信号控制电磁阀组(阀220和阀221)的切换,如使第一组缸(如4#,5#,6#,7#,8#,9#缸)处于减缸状态(高压油泵不向气缸喷油),第二组缸(如1#,2#,3#,10#,11#,12#缸)处于喷油运行状态。2 min(可调)后,自动使第一组缸处于喷油运行状态、第二组缸处于减缸状态,如此一直交替进行。

第三路到代号为20的60 L气瓶,该气瓶是控制操作的主气源,气瓶出口主要有4个分支。

分支1:向主机曲轴箱油雾浓度探测器提供气源。

分支2:经阀152送至阀153,实现气缸油润滑控制(LCDL)。

分支3:到盘车机连锁阀115,当盘车机啮合时,阀33的气源被锁住,主机无法启动。

分支4:分成6路:

(1)经阀190提供排气阀密封空气;

(2)去阀148等待;

(3)去燃油凸轮换向控制阀10和阀11等待;

(4)经阀111去慢转电磁阀28和启动控制阀27等待;

(5)去阀25等待,用以控制高压油泵的泄油阀;

(6)去VIT控制单元。

2.安全空气

经手动控制阀16下位到20 L安全气瓶,“安全空气”送至电磁阀127等待。

三、集控室操纵

集控室操纵是理解气动操纵系统原理的关键,以下主要按停车、启动、正车换向、倒车换向四种情况进行分析。

1.准备工作

在启动主机之前,必须做好各项准备工作,以保证在遥控启动主机时,遥控系统和主机都能正常工作。

备车时,主机遥控系统操作部位的选择开关通常转换到“集控室”,这样备车、冲车、试车工作既安全又方便,不会因为驾驶台的误操作而引起不良后果。集控室备车过程中应该重点完成的工作包括以下内容。

(1)开启控制空气和安全空气

①开启手动截止阀3和手动截止阀1,关闭完车手动截止阀218。

②开启二位三通阀16(下位通)。

(2)脱开盘车机

二位二通阀 115 上位通,控制空气送至二位三通阀 33 等待。

(3)启动主滑油泵、凸轮轴滑油泵、增压器滑油泵

观察各种滑油压力是否正常,必要时复位有关的报警指示。

(4)检查气缸注油器注油情况

(5)启动冷却水泵

观察各缸冷却水温度、压力和流量是否正常、必要时复位有关的报警器。

(6)将主启动阀和慢转启动阀的止动板提起到"工作"位置

止动板在"工作"位置时压动开关 120,集控室操纵台上相应指示灯亮;开关 121 用来提供主启动阀止动板在"关闭"位置的完车状态指示。

(7)开启启动空气分配器的控制阀 118,使其工作在下位

(8)启动和检查燃油系统

观察主机燃油温度、黏度、压力是否正常,必要时复位有关的报警指示。

(9)将辅助鼓风机控制开关置于"自动"位置

(10)在机旁应急操纵台

将冲击手轮 P 转至"遥控"位置,将"遥控/机旁"转换阀 100 手柄扳至"遥控位置"。

(11)在集控室

将集控室车钟(70)手柄放在停车位置,将"驾控/集控"开关(80)扳至"集控"位置。

2.停车

集控室的调油手柄在"STOP"位置或处于"STOP"位置和"START"位置之间时,开关 64 动作,使得停车电磁阀 84 得电,控制空气经阀 84 的上位送至双向止回阀 23 的右位,阀 23 分两路输出。

第一路:加至阀 25 的控制端使阀 25 受控。控制空气经阀 25 上位、阀 128、阀 124、阀 226 送到各缸高压油泵的顶部,将高压油泵的泄油阀打开,实现断油。

第二路:加至阀 117 和阀 36 的控制端,使阀 117 和阀 36 受控,为空气分配器换向做好准备。图示系统主机有 12 个缸,安装有两个空气分配器,故用两组阀(阀 117、15、14 和阀 36、35、34)进行控制。

3.正车启动

当驾驶台发出正车车令后,值班人员应根据驾驶台的车令,将集控室的车钟手柄移到正车相应位置,然后将调油手柄从"STOP"移到"START"位置(13 夹角)。此时,正车电磁阀 86、停车电磁阀 84 和启动电磁阀 90 同时得电。除了燃油泵停油外,还应完成下列控制。

(1)车钟手柄移到正车位置时,车钟下的凸轮使开关 176 动作,正车电磁阀 86 受控,控制空气经阀 86 上位、阀 29 输出,分成两路。

一路加至正车控制阀 14、阀 34 的控制端,使两阀受控,为空气分配器换向做好准备。

另一路使阀 10 受控,控制空气经阀 10 上位、阀 9、阀 181(不节流)、阀 180 进入换向气缸 13。如果此时燃油滚轮不在正车位置,则推动活塞带动拨叉将滚轮推至正车位置。

(2)开关 63 动作,使启动电磁阀 90 受控。控制空气经阀 90 上位、阀 31 加至阀 33 的控制端,使阀 33 受控工作在上位。由于盘车机已脱开,盘车机连锁阀 115 不受控,则控制空气经阀 115 左位、阀 33 上位、阀 32(不节流)后分成两路。

第一路:使主启动控制阀 27 受控,工作在上位。

①如果进行慢转启动控制,慢转电磁阀 28 得电工作在上位。控制空气经阀 27 上位后,

一路被阻止在阀 28 上位,主启动阀控制气缸无驱动空气,主阀被关闭;另一路由右向左进入辅阀控制气缸,推动活塞将辅启动阀打开,进行慢转启动。

②如果不进行慢转启动控制,慢转电磁阀 28 失电工作在下位,控制空气经阀 27 上位后,一路经阀 28 下位由右向左进入主阀控制气缸,推动活塞将主启动阀打开;另一路由右向左进入辅阀控制气缸,推动活塞将辅启动阀打开。因而,主阀和辅阀同时打开,实现正常启动。

第二路:使空气分配器控制阀 26 受控,工作在下位。

来自于启动阀的 3 MPa 启动空气经阀 26 下位后,再经阀 147 和阀 34 进入空气分配器,将空气分配器内的各缸控制阀柱塞推出,与换向凸轮接触,使空气分配器按正车方向工作。3 MPa 启动空气按空气分配器的分配通到各缸的气缸启动阀,主机在压缩空气作用下旋转,进行启动。

注意:如果主机停车超过 30 min,建议使用集控台上的“慢转开关”启用慢转功能。待慢转启动结束后,再转入正常启动。手动慢转启动操作最好按不同转向各慢转一圈,先正车后倒车,在慢转期间要注意观察示功考克和燃油泵换向滚轮的动作情况。

正车慢转启动的操作步骤分为以下几步。

①将集控室操纵台上的慢转选择开关置于“IN”位置,开关 78 动作,使慢转电磁阀 28 得电。

②将车钟手柄推至正车位置(如“微速”挡)。

③将调油手柄由“STOP”位置推至“STA RT”位置。

④待主机旋转 1 ~ 2 转后,应进行以下操作。

将调油手柄由“START”位置扳回“STOP”位置;将车钟手柄扳回“STOP”位置;将慢转选择开关从“IN”扳回”OUT”位置。

(3)启动成功后的加油(气/油转换)

当主机达到发火转速时,将调油手柄由“START”位置推到对应设定转速的刻度位置,此时开关 63 和开关 64 动作,使启动电磁阀 90、停车电磁阀 84 失电,则有:

①停车电磁阀 84 失电,使得阀 117 和阀 36 失控工作在下位,使空气分配器的气源被切断;阀 23 无输出,阀 25 失控工作在下位,阀 226 无输出,高压油泵将高压燃油喷入气缸,解除油门零位连锁。

②启动电磁阀 90 失电,使得阀 33 失控工作在下位,阀 26、阀 27 控制端信号经单向节流阀 32 延时 1 s 后,再经阀 33 下位放大气,则有:阀 26 工作在下位,从而切断空气分配器的供给空气;阀 27 工作在下位,主启动阀和慢转启动阀随即关闭。一单向节流阀 32 延时 1s 的目的是使主启动阀和气缸启动阀延迟关闭,从而保证启动空气有足够的持续时间。

此后,通过齿轮机构驱动调油手柄内“车令转速电位器 62”的动触点滑动,输出转速设定电压信号(如 - 10V ~ + 10V)给电子调速器,再由电子调速器输出控制信号到电动执行机构 42,调节油门开度,主机开始加速,直到达到所要求的设定转速。

4.倒车换向和启动

驾驶台发出倒车指令后,轮机员应先将调油手柄拉到“STOP”位置,集控室车钟手柄移到相应的倒车位置,当主机转速降到换向转速时,再将凋油手柄移到“START”位置,开关 63 动作使启动电磁阀 90 得电,此时主机仍保持正车运转,阀 90 得电后,压缩空气进入主机实现强制制动和反向启动。主要过程如下所述。

(1)将调油手柄拉到“STOP”位置,开关64动作,控制空气通过阀84,23,25,128,124,226等便得高压油泵的泄油阀打开,主机开始停油减速。此时,阀117受控,空气分配器仍在正车位置。

(2)车钟扳至倒车位置时,开关177动作,使倒车电磁阀88得电,控制空气经阀30后分两路输出。

第一路;使倒车控制阀11受控,控制空气经阀11上位、阀79、阀183进入换向气缸13,推动活塞拉动滚轮连杆的头部左移,使滚轮连杆的倾斜方向发生变化,即改变滚轮与燃油凸轮的相对位置,以完成燃油凸轮的倒车换向。

第二路:使启动空气分配器的倒车控制阀15、阀35导通。

(3)将调油手柄移到“START”位置,开关63动作,通过阀90,31,33,32,27,26等使得启动阀和慢转启动阀同时开启;3 MPa的高压空气经阀15和阀35到气分配器各缸控制阀将分配器内的柱塞推至上沿,使柱塞滚轮与分配器壳体沿曲线接触,按倒车定时将各缸的气缸启动阀打开,使高压空气进入气缸,此时主机由于惯性仍在正车方向运转,而空气分配器是按倒车定时控制各缸启动阀的,因此,用压缩空气实现的是强制制动而不是启动。待主机转速降至零以后,压缩空气实现的是倒车启动。

(4)待主机在倒车方向达到发火转速时,就可将调油手柄从“START”推到“FUEL RANGE”的相应位置上。这时,停车指令压气和启动指令压气将因开关64,63释放而同时消失,与此同时主机将经过油气并进、稳定运行,而后自动转换成通常的加减车操纵。

四、驾驶台操纵

驾控时,需要将集控室操纵台上的转换开关由“ECR”转到“BC”位置,开关80的触头均合向“W/H”位置,集控台上的车钟和调油手柄均不起作用。

驾驶台遥控主机时,通过驾驶台上的遥控车钟(既是车钟又是调油手柄)发出“正车”、“倒车”、“停车”、“启动”等逻辑程序控制指令及设定转速信号。主机遥控装置(如图中的RMS单元)对逻辑控制指令进行相关的逻辑运算和判断后,送出信号去控制停车电磁阀84、正车电磁阀86、倒车电磁阀88和启动电磁阀90,实现各种逻辑程序控制。转速设定信号则由主机遥控装置处理后送至电子调速器。

微机控制的主机遥控系统(如AUTOCHIEF - IV系统)的各种功能由软件程序编制,停车、启动、换向、制动等逻辑控制信号由微机的开关量输出接日电路送至停车电磁阀、正车电磁阀、倒车电磁阀、启动电磁阀的线圈回路。转速设定信号则送至电子调速器(如DGS 8810e)。容易看出,除了电磁阀控制信号的来源不同之外,驾驶台遥控的操纵过程与前述的集控室操纵基本相同,此处不再赘述。

五、机旁应急操纵

如果主机遥控装置或气动操纵系统发生故障(如调速器故障、电磁阀故障、气动阀件故障等)使驾驶台控制和集控室控制均失效,则可将操纵场所转换至机旁,在机旁操纵台上对主机进行应急操纵,如图5-5-1所示。

1.操纵场所的转换

一般情况下,应在停车情况下实现转换,转换步骤如下:

(1)检查并确认换向阀105的位置与应急车钟的车令方向相同。

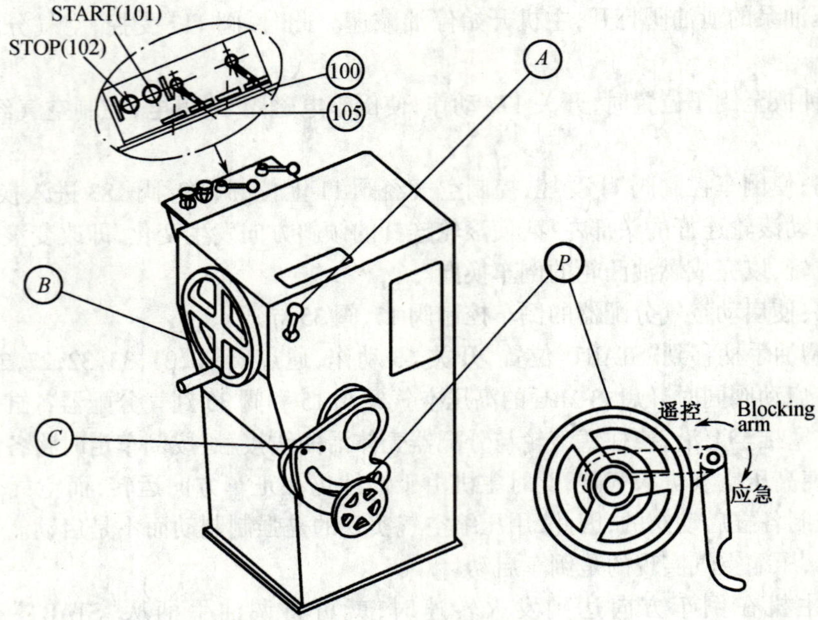

图 5-5-1 机旁应急操纵示意图

(2)检查并确认停车阀 102 在停车位置。

(3)脱开锁紧手柄 A,使调油手轮 B 放松。

(4)将冲击手轮 P 的连锁臂从“遥控”位置拉到“应急”位置。

(5)转动调油手轮 B,即移动转换装置 C 里面的扇形板使冲击手轮 P 正好能嵌入二块转板的中心锥孔中,逆时针快速转动冲击手轮 P,从而使调速器与调油轴脱开,调油手轮可以直接控制调油轴;

(6)将选择开关由“REMOTE”转到“EMERGENCY”,使阀 100 工作在上位。此时,遥控所用的电磁阀(阀 86,88,90,84 等)的控制空气被切断,控制空气直接供给与机旁应急控制有关的阀件(如阀 101、阀 102)等。

上述工作完毕后,就可以在机旁对主机进行操纵。

2.停车

按下停车按钮,则控制空气经停车阀 102 上位、阀 103 后分两路。

第一路经阀 104(不节流)到换向阀 105 等待。

第二路经阀 23 后,又分两路。

一路使阀 25 受控,控制空气经阀 25 上位、阀 128、阀 124 到各喷油泵的泄油阀,使喷油泵停止喷油。

另一路使阀 117、阀 36 受控。

3.正车启动

(1)将换向开关扳到“AHEAD”位置。换向阀 105 工作在下位,控制空气经阀 105 后到阀 29,再分两路。

第一路:使阀 10 受控,控制空气经阀 10 上位、阀 9、阀 181 送到换向气缸 13。

第二路:使阀 14、阀 34 受控。

(2)按下启动按钮。阀 101 受控,控制空气经阀 101 上位后分三路。

第一路:使阀 102 工作在下位,管路空气经阀 102,泄放大气。

第二路:经阀 103 输出后,一路经阀 104、阀 105 下位、阀 29 使阀 10 受控,控制空气经阀 9、阀 181 到燃油凸轮的换向气缸 13;另一路去阀 23,其输出使阀 25 受控实现断油,实现启动停油连锁,同时使阀 117 和阀 36 受控。

第三路:经阀 31 使阀 33 受控,如盘车机已脱开,控制空气经阀 33 的上位、阀 32(不节流)后分两路。

阀 27 受控,将主启动阀和辅启动阀打开,使高压空气到气缸启动阀等待。

阀 26 受控,高压空气经该阀向空气分配器供气,即高压启动空气经阀 117 和阀 36 上位,再经阀 14 和阀 34 使空气分配器换向,按正车定时打开气缸启动阀启动主机。

(3)当主机达到发火转速时,松开"启动"按钮。阀 101 不受控则有:

①阀 23 无输出,使得阀 25 工作在下位,喷油泵向气缸供油;阀 117、阀 36 失控,切断空气分配器的控制气路。

②阀 33 不受控,经阀 32 延迟 1 s 后,使得阀 26 工作在上位,切断向启动空气分配器的供气;阀 27 工作在下位,关闭主启动阀和辅启动阀。

阀 32 延迟 15 s 的目的是使主启动阀延迟关闭,以保证有足够的启动空气持续时间。

③节流阀 104 的延时为 6 s,因而阀功 5 管路中的正车换向空气在 6 s 后泄放,使换向气缸放气。延迟 6 s 的目的是确保所有缸的燃油凸轮都能换向到位。

(4)将调油手轮放在"启动油量"位置保持 6 s 左右,随后按照驾驶台发来的转速指令转动调油手轮,以调整转速。

六、VIT 控制

MAN B&W 型柴油机配备了可变喷油定时机构(Variable Injection Timing Unit,简称 VIT),即随着柴油机负荷的改变,自动调整燃油泵的喷油提前角,使得柴油机在部分负荷时仍有较高的最高燃烧压力,从而改善部分负荷时的经济性。在本系统中,电子调速器按照主机的油门开度、平均指示压力等因素输出的 VIT 控制信号 4 ~ 20 mA 电流信号经 I/P 转换器 53 换成 0.05 ~ 0.5 MPa 气信号,控制 VIT 执行机构 52 的机械动作。

(1)遥控工况下的 VIT 控制

当主机正转时,电磁阀 40 不受控。I/P 转换器 53 输出的 0.05 ~ 0.5 MPa 气信号,经阀 54 上位、阀 40 右位进入 VIT 执行器 52。

当负荷在 5%MCR 范围以下变化时,I/P 转换器 53 的输出较大(0.16 ~ 0.32 MPa 之间),VIT 执行器 52 动作,使燃油泵正时齿条移动,供油提前角随负荷的增大而增大。当负荷在 90%MCR 时,供油提前角达到最大。

当负荷 > 90%MCR 时,I/P 转换器 53 的输出逐渐降低,VIT 执行器 52 动作,使燃油泵正时齿条反向移动,供油提前角随负荷的增大而减小。

当主机反转或停车时,阀 40 处于受控状态。I/P 转换器 53 输出的气信号被阻断,调压阀 59 输出的固定压力信号经阀 40 左位进入 VIT 执行器 52,供油提前角不变。

(2)机旁应急操纵时的 VIT 控制

阀 54 受控工作在下位,由调压阀 45 输出的固定压力信号经阀 40 左位进入 VIT 执行器 52,供油提前角不变。

第六章　电气混合式主机遥控系统

电气混合式主机遥控系统种类繁多，其共同特点是，在集中控制室遥控主机是通过一套半自动的气动逻辑和控制回路完成的；在驾驶台遥控主机时，利用单车钟手柄发送各种车令，送至由电子线路所组成的逻辑和控制回路，并输出控制主机换向、制动、启动、调速及安全保护等电信号，经电/气转换器转换成气压信号，再经集中控制室的半自动气动逻辑回路对主机进行各种操作。

本章主要介绍与 SULZER RND 型低速柴油机配套的 AUTOCHIEF－Ⅲ型主机遥控系统。

第一节　电气混合式主机遥控系统概述

一、遥控系统组成

AUTOCHIEF－Ⅲ型主机遥控系统是挪威 NORCONTROL 公司的产品。该系统的组成及其分布情况如图 6－1－1 所示。AUTOCHIEF－Ⅲ系统采用无触点的电子装置与气动装置相结合实现遥控操纵。除主机的换向和停油逻辑外，大部分逻辑功能的判断、处理都是由电子装置完成的，并由气动系统来执行操作。主机的调速是由电子转速给定和限制来完成程序加减速控制及各种转速限制处理。调速器可以采用 PGA 型调速器，也可以采用电子调速器。当采用 PGA 调速器时，在转速限制回路和调速器之间需要设置电－气转换器，其输出为 50 kPa～500 kPa 的转速设定气压。当采用电子调速器时，转速限制回路的输出信号直接

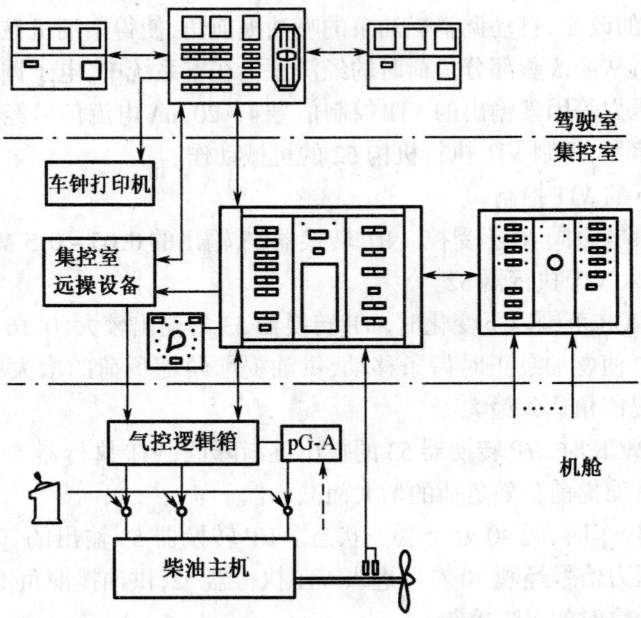

图 6－1－1　AUTOCHIEF－Ⅲ型主机遥控系统组成示意图

送到调速器,但在调速器之后需设置电-气或电-液伺服器来控制主机的转速。

驾驶室是利用整个电气控制系统进行全面自动遥控,而集控室是利用气动操纵系统来操纵主机。在驾驶室遥控和集控室遥控失灵的情况下,可在机旁手动操纵主机。

二、遥控系统操作面板

在驾驶室,设有遥控操纵台,该操纵台上设备的安排情况如图所示,这些设备主要有:遥控车钟;下达各种操调指令的操作按钮;必要的显示仪表;有关信号联系或故障报警的灯光显示;亮度调节旋钮等。

其中遥控车钟的设计很有特色,其一,操纵手柄可以绕操纵杆转动90度,手柄处于横向位置,用以实现驾驶室自动遥控,若手柄扳到纵向位置,该车钟就只能下达车钟指令联系信号。其二,在推拉遥控车钟手柄的时候,刻有SLOW,HALF,FULL等符号的指示盘也将随之一起转位,相应各挡的指示灯会给出常亮显示。其三,在给出变速指令时,它既可以发送阶跃变化的挡级指令,也可以给出连续操调的转速指令。

在设有弦侧操纵台时,操纵台上除了设有车钟设备以外,还有启动压气的压力指示、主机转向/转速指示以及简单的声、光信号联系等设备。

在集控室,除了遥控操纵台以外,还设有AUTOCHIEF -Ⅲ电气控制箱,它包括全部遥控功能的插件线路板,从其面板安排来看,共划分成以下五个单元。

面板A设有显示和操纵设备,其中包括轮机长转速限制的操作旋钮,在内部设有启动逻辑判断线路以及由逻辑判断给定的指示灯驱动线路。

面板B主要设有用于供油调速用的各个控制线路,而面板上是空白的。

面板C设有RPM显示和操纵设备,包括车钟给出转速指令的显示。转速限制的数字读出按钮以及有6大项的LED信息显示,具体的内容有:故障停车;故障减速运行;启动失败;遥控系统有故障;给出启动闭锁控制的若干有关因素;断油停车。同时还设有模拟测试、报警控制以及遥控系统内部信息的传输线路接口。

面板D设有某些功能扩展的控制线路。

面板E上主要设有辅车钟、应急操纵等显示和操作部件,该部位设有的插件板主要是相应的控制线路。

第二节　转速控制环节

在电动主机遥控系统中,转速控制系统主要由转速设定值发送器、转速检测装置、调速器和控制对象组成。当采用PGA调速器时,在转速限制回路和调速器之间需要设置电-气转换器。当采用电子调速器时,转速限制回路的输出信号和转速反馈信号直接送到调速器,但在调速器之后需设置电-液伺服器来控制主机的转速。

一、转速设定值发送器

在用电子器件或用微型计算机组成的遥控系统中,常用电位器作为转速指令发讯器,其工作原理及输出特性如图6-2-1所示。环形电位器两端接正电源,中间抽头接地。车钟手柄带动一个滑动触点,与环形电位器接触。把车钟扳到中间位置,即停车位时,其输电压信号 $U_0=0$。随着车钟手柄设定在不同的速度挡上,就会输出一个相应的电压信号 U_0。

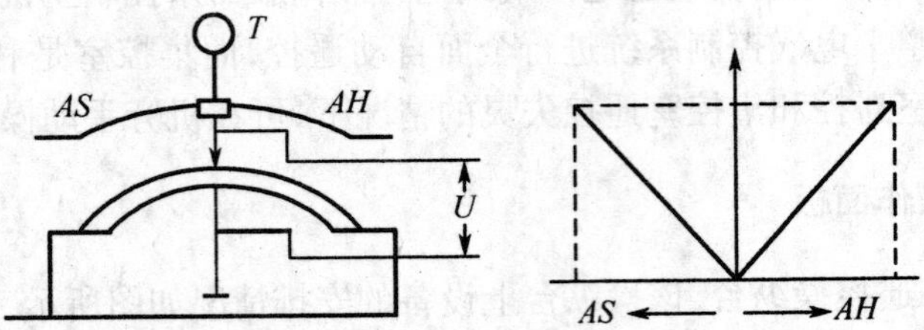

图 6-2-1 电位器式转速指令发讯器工作原理图及输出特性

二、转速检测装置

在主机遥控系统中,检测主机实际上有两个用途,一是供转速表显示用或打印用,另一是供控制用,如提供转速反馈、启动转速、换向转速和加速速率转换转速等。

目前,船上常用的检测装置有测速发电机、电磁接近开关和光电式转速传感器等。测速发电机又分为直流和交流,这两种测速发电机均有应用,它通过链条或齿轮箱被主机转轴带动,因此测速发电机电压与主机转速成正比。其他类型转速检测装置可参考相关书籍。

三、电子调速器

在主机遥控系统中所采用的调速设备基本上可分为两大类即全制式液压型调速器和电子调速器。PG 型调速器是全制式液压型调速器的一种,可用于气动主机遥控系统,也可用于电-气结合型系统中。在用于电气型遥控系统时需添加电-气转换设备。电子调速器主要用于电气主机遥控系统或微机遥控系统中。PG 型调速器的结构和工作原理在船舶柴油机课程中已有讲述,这里仅以电子调速器为例加以介绍。

在电动主机遥控设计中,转速给定指令不仅可以经过电-气变换将信号送入 PG 型调速器中,也可以直接和电子调速器配用。20 世纪 90 年代起,电子调速器在船舶的使用逐渐增多。电子调速器种类很多,功能各异,这里仅介绍一种较为典型的实例,其组成和工作原理如图 6-2-2 所示。图中,A_1,A_2 组成比例积分运算器;A_4,A_5 是电压比较器,调速器的输出 U_0 接在它们的反相端;$R_1 \sim R_8$ 是反馈电阻;$S_3 \sim S_8$ 是电子开关,输入高电平时闭合,输入低电平时断开。电子开关的开关状态不同,其 A_1 和 A_2 的反馈电阻值不同,即改变了 A_1 和 A_2 的放大倍数。

比例积分控制可简化为如图 6-2-3(a)所示。转速给定值 U_S 和实际值 U_R 均加在 A_1 的反相端。实际上 A_1 反相端输入的信号就是转速的偏差值,若 $r_3 = r_4$,则 A_1 的放大倍数,$U_1 = -K_1 \cdot (U_S - U_R)$;$A_2$ 是比例积分运算放大器,其放大倍数为 $K_2 = r_2/W_1$,积分时间 $T_i = c \cdot r_2$,则 $U_0 = -K_2 \cdot \left(U_1 + \dfrac{1}{T_1}\int U_1 \mathrm{d}t\right)$,把 U_1 代入 U_0 表达式中可得 $U_0 = K \cdot \left[U_S - U_R) + \dfrac{1}{T_1}(U_S - U_R)\mathrm{d}t\right]$,式中,$K = K_1 \cdot K_2$,可见,只要有转速偏差值,就会有比例积分的调速控制。由于调速控制是一个闭环,消除转速偏差的作用过程快慢不仅取决于偏差值的大小有关,而且还同比例积分环节的有关参数选用有关。如改变反馈电阻 r_1 和 r_2 可改变 PI 控制电路的输出特性。

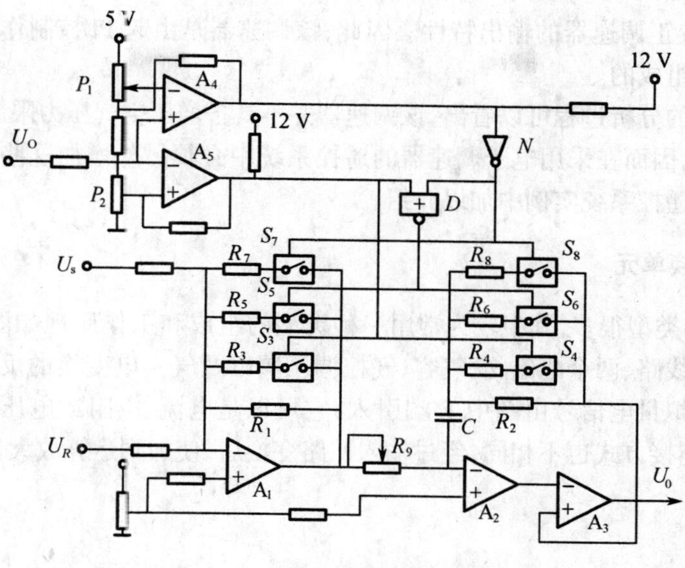

图 6-2-2　电子调速器原理图

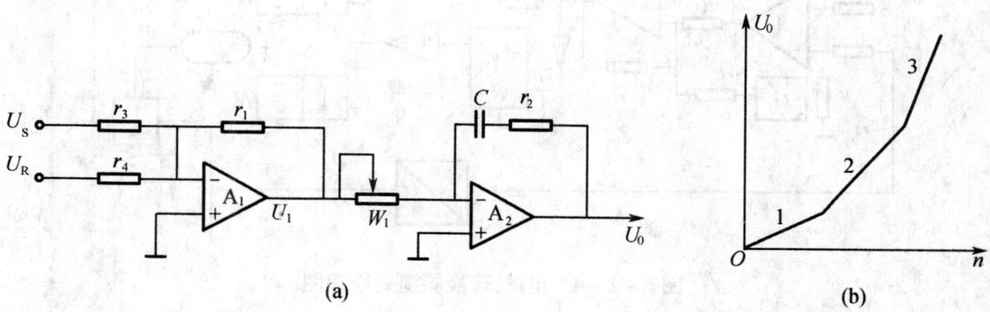

图 6-2-3　电子调速器控制原理及调速器输出特性曲线

当转速给定值 U_S 较小时，PI 控制器输出的 U_0 也较小，这个值比 A_4，A_5 同相端由电位器 P_1 和 P_2 调定的参考电压均小时，A_4，A_5 均输出高电平，电子开关 S_3，S_4 闭合，S_5 ~ S_8 仍断开，这时，R_3 ~ R_8 中只有电阻值最小的 R_3，R_4 分别与电阻 R_1 和 R_2 并联在反馈回路中，其反馈电阻值最小，放大倍数 K 也最小，调速器输出特性如图 6-2-3(b)中斜线 1 所示。

随着转速给定 U_S 的增大，U_0 也增大。当该值增大到大于 A_5 同相端，小于 A_4 同相端参考电压时，或非门 D 输出高电平，电子开关只有 S_5，S_6 闭合，电阻值居中的 R_5，R_6 分别与 R_1，R_2 并联在反馈回路中，由于反馈电阻值的增大，其放大倍数 K 也相应增大。调速器输出 U_0 特性线斜率增大，如图中斜线 2 所示。

当 U_S 增大到使 U_0 比 A_4，A_5 同相端参考电压都大时，A_4，A_5 均输出低电平，电子开关只有 S_7，S_8 闭合，电阻值最大的 R_7，R_8 分别与 R_1，R_2 并联在反馈回路中，此时放大倍数最大，调速器输出 U_0 的特性如图中斜线段 3 所示。

可见，该调速器输出特性是用三根折线逼近螺旋桨推进特性的，调整 P_1 和 P_2，可调整折线转折点的位置，常把开关 $S_3 \sim S_8$、电阻 $R_3 \sim R_8$ 及电压比较器 A_4，A_5 所组成的电路称为校正电路，用来校正调速器的输出特性。因此，该调速器是由起 PI 控制作用的基本电路和校正电路两部分组成的。

通过对上述的分析过程可以看出，该调速器并不具备增压空气压力限制、最大转矩限制等负荷控制功能，因而在采用电子调速器的遥控系统中必须另外增加这些限制回路。这部分内容将在电动遥控系统实例中加以介绍。

四、电/气变换单元

电/气转换器类型很多，其中较为常用一种类型的组成和工作原理如图 6－2－4 所示。它是由变换控制线路、两个电磁阀、气容、气控调压阀以及气－电变换的反馈环节组成。遥控系统给出的模拟量电信号由图中 E 端引入，它可以是电流、电阻或电压信号。不同输入电量，其接线的连接方式也不相同，经过输入回路变换后，使加到运算放大器 V_1 的反向端为电压信号。

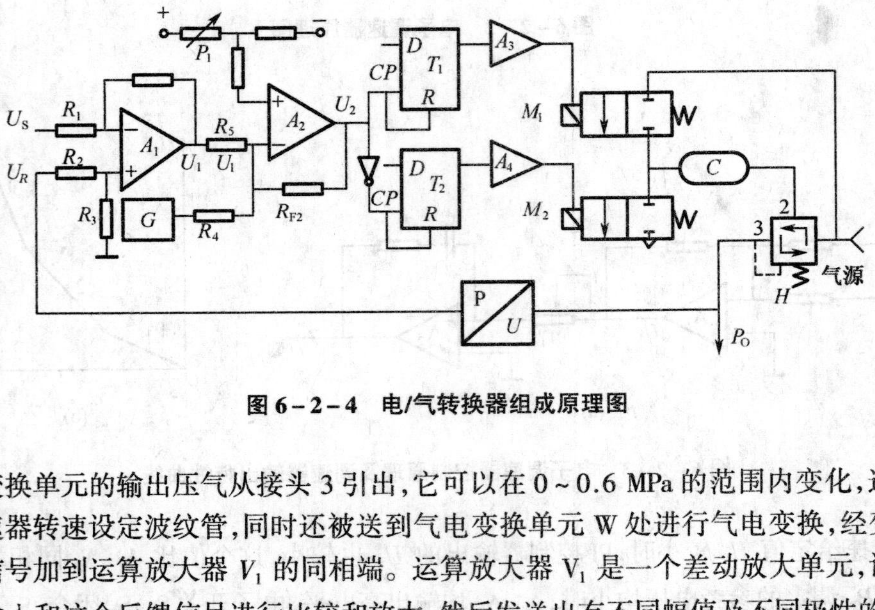

图 6－2－4 电/气转换器组成原理图

该变换单元的输出压气从接头 3 引出，它可以在 0～0.6 MPa 的范围内变化，这个信号接在调速器转速设定波纹管，同时还被送到气电变换单元 W 处进行气电变换，经变换后输出电压信号加到运算放大器 V_1 的同相端。运算放大器 V_1 是一个差动放大单元，该单元根据给定输入和这个反馈信号进行比较和放大，然后发送出有不同幅值及不同极性的加、减车信号。差动放大的输出加到 V_2 反相端，该反相端同时接受变换控制线路振荡发生器 G 送来的一连串振荡信号。从原理上讲，运算放大器 V_2 可用来实现带数相加，其输出分别送至触发器 T_1，T_2，这两个触发器设定阀值的极性是不相同的，同常设定 T_1 对加车极性信号有效，T_2 对减车极性信号有效。则两触发器之一一旦触发将经过功率放大器（V_3，V_4）使其对应的电磁阀（M_1，M_2）受控，进行相应的加减车操作信号输出。

当输出的气压信号 P 相当于转速给定值时，运算放大器 V_1 两输入端电压相等输出 $V_1 = 0$，V_2 的输出等于振荡发生器 G 输出 U_G，但其幅值很小，达不到触发器动作电压。触发器 T_1 和 T_2 均复位输出低电平，电磁阀 M_1 和 M_2 均断电右位通，气源和放大气口均被截止，气容 C 内的气压信号不变。H 是调压阀，其功能是输出端 3 始终与输入端 2 相等，故 P 保持不变。

在快加速过程中，运算放大器 V_1 反相端电压相等 U_E 比同相端电压 U_R 大，V_1 输出幅值较大的负极性电压值。不论 U_G 是正还是负脉冲信号，V_2 均为幅值较大的正极性电压值，触发器 T_2 保持复位状态。触发器 T_1 解除复位状态，T_1 输出高电平，电磁阀 M_1 通电，左位通，气源向气容充气。P 值不断增大，U_R 也不断增大。当 U_E 与 U_R 差值不大时，V_1 负极性电压值较小，它与 U_G 负极性脉冲信号叠加后，触发器 T_1 的 CP 端保持 1 信号，Tl 输出保持高电平。电磁阀 M_1 保持通电，而与 U_G 正脉冲信号叠加后，T_1 的 CP 端由 1 跳变为 0，并对 T_1 复位使其输出为低电平，电磁阀 M_1 断电。可见，在 U_E 比 U_R 大得较多的情况下，电磁阀 M_1 一直通电，气源连续向气容充气。当 U_S 与 U_R 差值较小时，随着 U_G 正、负脉冲的变化而断续通电，气源断续向气容充气。直到 $U_E = U_R$ 为止。减速时，分析过程与加速相反。

五、电/液伺服器

在采用电子调速器的遥控系统中，调速器输出的电压控制信号必须进行信号变换才能送至控制油门杆动作的执行机构，这种伺服机构通常有两种形式：(1)气动伺服机构，即采用气动执行机构去动作油门，在这种控制方式中，需要把调速器输出的电信号转变成气压信号，再送至气动伺服器，此种工作方式应用较少，这里不再介绍；(2)电/液伺服器，绝大多数遥控系统是采用液压执行机构，它需要把调速器输出的电信号转换成液压信号，经放大后去执行调油任务，这就是电/液伺服器。电/液伺服器是由两部分组成，即电/位移转换环节和位移/液压放大环节。两个环节的综合就成为电/液伺服器。实际上它就是一个油门定位器。Hagenuk 电/液伺服器是一种较为常用的伺服机构，下面就介绍其组成和工作原理。

1. Hagenuk 电/液伺服器组成和工作原理

Hagenuk 电/液伺服器是根据闭环仪表原理进行设计的，图 6-2-5 给出它的结构组成情况，伺服器可接受 0~10 mA，或 4~20 mA 的直流电流信号，该信号是电子调速器输出的，只不过电子调速器输出的是电压信号，要经过电压/电流(U/I)转换器，才可获得 0~10 mA 或 4~20 mA 电流信号。输出杠杆的位移变化可用来控制油门开度。

如图 6-2-5 所示电机 13 带动主阀 8 高速旋转，同时也带动先导泵 14、主泵 15 和平衡泵 16 三个泵工作。先导泵 14 排出的油压经滤器 23 进入由先导阀 4 控制的主阀的上、下路油口 24 和 22。当先导阀 4 处于中间平衡位置时，先导阀上、下控制边缘刚好把油口 24 和 22 打开少许，使其压力油流回低压油柜。这时，主阀 8 处于中间位置，主阀上的凸面封住 A 口和 B 口，主泵打出的高压油被封住在主阀两凸面之间。先导阀与主阀之间的动作关系是，主阀始终跟踪先导阀移动，电/液伺服器的工作过程就是依据这一动作特点进行。

电子调速器经变换后的电流信号送至与先导阀连在一起的力线圈 N 中，在永久磁场 M 中载流线圈会产生一个向下的电磁力。这个力与流过力线圈 N 的电流大小成比例。

加速时，电流增大，力线圈和先导阀克服反馈弹簧 2 的拉力下移。关闭油口 24，开大油口 22。主阀腔室 24 油压大于腔室 22 的油压，主阀在这一油压差作用下跟踪先导阀下移，直到油口 24 和 22 的开度相等为止。由于主阀 8 下移，A 口与低压油箱相通，B 口通主泵打出的高压油。该压力油顶开联锁阀 T_1 的单向阀进入动力油缸活塞 9 的下部空间。同时，B 口输出的高压油顶开联锁阀 T_2 中的单向阀，使活塞 9 上部空间的油压经 A 口流回低压油箱，动力活塞和活塞杆一起上移，即向加油方各移动，随着活塞的上移，将增大反馈弹簧的拉力使力线圈和先导阀逐渐上移，封住油口 22，开大油口 24，于是主阀又跟踪先导阀上移。当力

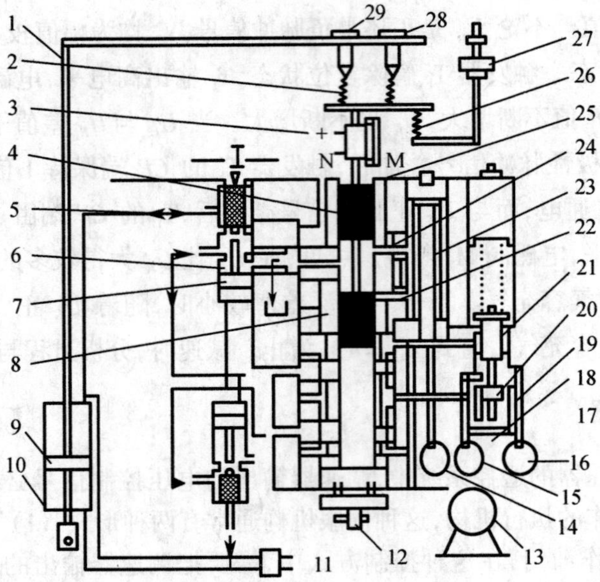

图 6－2－5 Hagenuk 电/液伺服器组成和工作原理图

线圈受到向下的电磁力与反馈弹簧向上的拉力相等时，力线圈和先导阀又回到中间的平衡位置。这时，主阀也必定跟踪到中央平衡位置，主阀上的两个凸面又把 A 口和 B 口封住，动力活塞不再移动，油门就稳定在新的开度上。

减速时，流过力线圈的电流减小，其向下的电磁力减小。在反馈弹簧的拉力下，力线圈与先导阀一起上移，封住油口 22，开大油口 24，使主阀跟踪先导阀上移，直到油口 24 和 22 开度一样为止。主阀上移 *B* 口与低压油箱相通，A 口通主泵打出的高压油，则动力油缸中活塞 9 连同活塞杆一起下移，减小主机油门降速。活塞杆下移时，减小了反馈弹簧的拉力。当电磁力与反馈力相等时，先导阀又回到中央的平衡位置，主阀也必定跟踪到中央平衡位置，主阀上的两个凸面又封住 A 口和 B 口，动力活塞不再下移，油门开度就稳定在比原来小的位置上。

平衡泵的作用是补充主泵供给的压力油，起稳定压力作用。当力线圈接收一个较大电流变化信号时，A 口和 B 口会有较大的开度，压力油会大量进入动力活塞 9 的上部或下部空间，油压会降低。这时平衡泵打出的压力油顶开单向阀予以补充，在 A 口和 B 口开度很小或全被封住的情况下，主泵打出的油压升高。这时高压油会顶开活塞阀，使一部分油流回低压油箱。

2. 零位和量程的调整

电/液伺服器的零点，是指当输入电流为 0 mA(或 4 mA)时，动力活塞所在位置应保证供最低稳定转速油量，若零点不准，可通过螺钉 27 调整调零弹簧 26，改变力线圈的初始位置来调整。电/液伺服器的量程，是指当输入电流为 10 mA(或 20 mA)时，动力活塞所在位置应保证供主机在额定转速下的油量，若量程不准，可通过螺钉 28 和 29 加以调整，增大反馈弹簧的预紧力，负反馈强可增大量程，反之，量程减小。Hagenuk 电/液伺服器在出厂时零位和量程已经调好，使用时不要轻意扭动有关螺钉。经较长时间使用，确实发现零点和量程不准，方可进行调整。

第三节　AUTOCHIEF－Ⅲ系统逻辑程序控制

驾驶室遥控时，AUTOCHIEF－Ⅲ系统的大部分功能由电子控制装置来完成，其主要功能包括逻辑程序控制和转速与负荷控制。逻辑程序控制包括换向、启动及制动等控制。

一、换向和制动逻辑回路

1.换向逻辑回路

SULZER型主机是采用单凸轮液压差动换向，只要车令与凸轮轴位置不一致且满足停油条件时，遥控系统就会输出一个换向信号对主机进行换向操作。换向逻辑回路如图6－3－1所示。图中25D和25C分别为正、倒车电磁阀；I_H，I_S和I_{ST}分别为正车、倒车和停车车令。主机在换向前，先要判断车令与凸轮轴位置是否一致，只有不一致才能输出换向信号，待换向完成后方可启动主机。

当车钟手柄置停车位置时，$I_{ST}=1$，经驱动器G_3使晶体管T_3导通，停车发光二极管LD_3亮。同时停车继电器STO通电，其常闭触头STO－1和STO－2均断开，正、倒车电磁阀25D和25C断电。在驾驶台遥控主机时，其操纵部位转换阀已转到“驾控”位，阀1E动作上位通，0.7 MPa的控制空气经1E的上位一方面成为阀25D和25C的气源，另一方面作用于阀29B和29A的控制端，使其分别为右位通和左位通，集中控制室操纵手柄控制的正、倒车控制阀1D和1C的输出分别被截止在阀29B的右位和29A的左位，故集中控制室操纵手柄是不能进行正、倒车换向操作的。此时因驾驶台车钟手柄是在停车位置，电磁阀25D和25C断电，则阀29B和29A的输出均经阀25D和25C放大气。三位气缸处于中间位置，换向阀被拉到停车位置。正、倒车换向的油压信号a和b均泄放于低压油槽，换向伺服器无油压信号，故C管也无油压信号。阀27F控制端为0信号上位通，停油气缸右边的空气经应急停车阀24A下位（无应急停车信号）、阀27F上位放大气，在弹簧作用下，把油门推向零位，使主机停油。

停车前，如果凸轮轴在倒车位置，现把驾驶台车钟手柄扳到正车某速度挡，则$I_H=1$，$I_S=0$，$I_{ST}=0$，晶体管T_3截止，LD_3熄灭；停车继电器STO断电，触头STO－1和STO－2均闭合。$I_H=1$，晶体管T_1导通，正车发光二极管LD_1亮，同时电磁阀25D和正车继电器AH由V_p经STO－1，D_1，D_4，T_1都通电。阀25D通电右位通，气源经25D右位和29B右位送至三位气缸右面空间，左面空间仍通大气，进行正车换向。正车继电器AH通电，其常开触头Ah闭合，接通24 V驾驶台电源的负极，因$U_1\geqslant U_2$，二极管D_4截止，使AH和25D由驾驶台电源直接供电而保持通电状态，不必经过导通的晶体管T_1，防止长时间流过T_1较大的电流而把T_1烧坏，此时流过T_1的仅是使LD_1发光的很小的电流。

三位气缸右面通气源，把换向阀的换向杆拉至左边的正车位置AH，阀芯逆时针转过一个角度，使正车油路a通高压油，倒车油路b仍通低压油槽。由于正车油路的高压油加到换向伺服器，使凸轮轴相对曲轴转动一个差动角而至正车位置，换向完成后，换向伺服器中的管路C通高压油，于是阀27F控制端为1信号下位通，气源经阀27G下位（车令与转向一致，其控制端有高压油信号）、阀27F下位、24A下位送至停油气缸右面空间，解除油门零位联锁，允许向主机供油。

倒车换向过程与上述相同，只是$I_S=1$，晶体管T_2导通，由电源V_p供电使倒车继电器

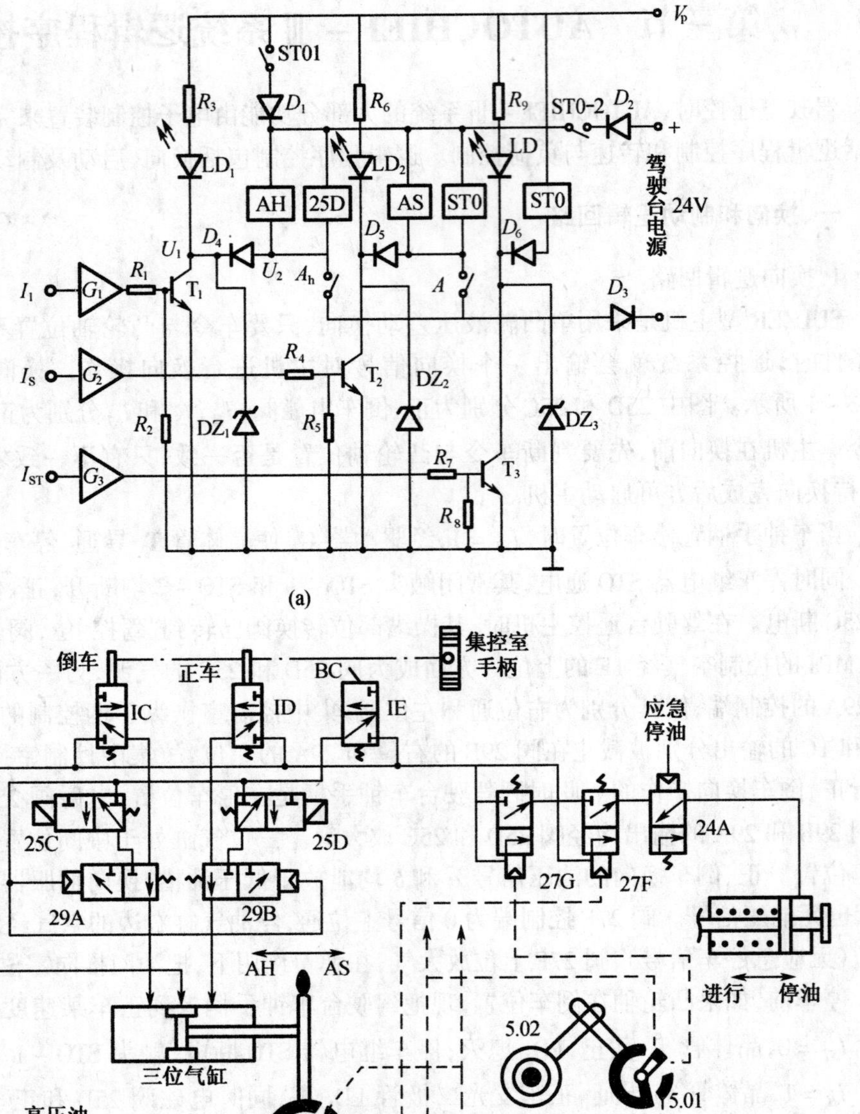

图 6-3-1 换向逻辑回路

AS 和倒车电磁阀 25C 通电，继电器 AS 通电使其常开触头 As 闭合，继电器 AS 和电磁阀 25C 直接由驾驶台电源供电而把晶体管 T_2 旁路。此时 T_2 仅流过点亮倒车指示灯 LD_2 的很小电流，保护 T_2 不会因长期流过较大电流而烧坏。电磁阀 25C 通电，使三位气缸左面空间通气源，把换向杆推至右边的倒车位置 AS，油管 b 通高压油，管 a 通低压油槽，经换向伺服器使凸轮轴相对曲轴转过一个差动角而至倒车位置。换向完成后，油管 C 通高压油使阀 27F 下位通。

主机在正常运行期间,若驾驶员改变车钟手柄设定的运行方向,如把车钟手柄从正车运行位扳到倒车位,或者从倒车运行位扳到正车位时,主机要在运行中进行换向。比如,在把车钟手柄从正车运行位扳到倒车位的过程中,必定要经过停车位置,停车指令 I_{ST} 由 0 跳变为 1,再由 1 变为 0,当 = 1 时,继电器 STO 通电,常闭触头 STO－1 和 STO－2 均断开。正、倒车继电器 AH 和 AS 及正、倒车电磁阀 25D 和 25C 均断电。当车钟手柄扳到倒车位时,$I_{ST}=0$,$I_H=0$,$I_S=1$。继电器 STO 断电,常闭触头 STO－1 和 STO－2 均闭合,对主机进行倒车换向。

不过,换向完成后,车令与主机转向是不一致的,必须保持对主机的停油。在运行中完成倒车换向后,主机仍在正车方向运行,b 管通倒车的高压油被转向联锁装置中的阀 5.01 封住,通低压油槽的正车管路的油路送至阀 27G 的控制端使其上位通,主机保持停油,主机停油后,主机要降速并进行制动操作,当主机转速下降到零并进行倒车启动时,车令与转向一致,阀 5.01 的阀芯将逆时针转过一个角度。封住正车油路 a 的通路,倒车油路 b 高压油送至阀 27G 的控制端使其下位通,气源才能经 27G,27F,24A 的下位送至停油气缸的右面空间,解除油门零位联锁,可以对主机供油。

2.制动逻辑回路

该主机属于大型低速柴油机,在遥控系统中,只设强制制动而没有能耗制动,其强制制动回路如图 6－3－2 所示。

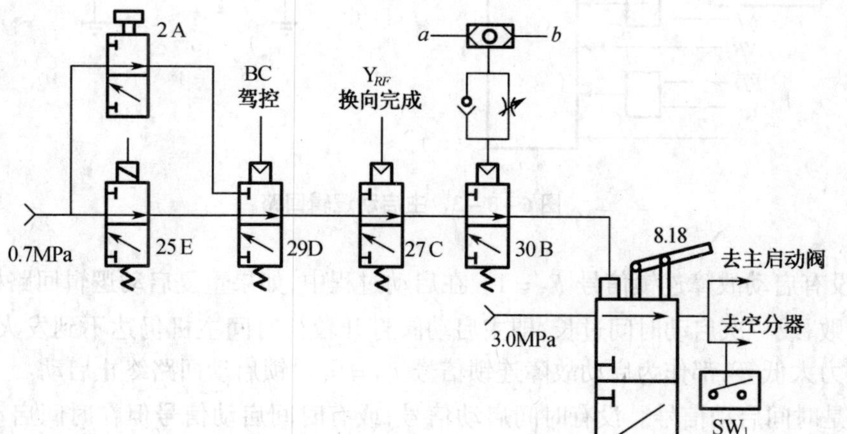

图 6－3－2　强制制动与启动逻辑回路

当满足启动逻辑条件且主机转速低于强制制动转速时,电磁阀 25E(见图 6－9)通电上位通,0.7 MPa 的控制空气经阀 25E 上位、29D 上位("驾控"时控制信号为 1)、阀 27C 上位(换向完成时其控制信号为 1,它是接在图 6－7 中阀 27F 的控制端)及阀 30B 上位(有开车指令,油管 a 和油管 b 必定有一个是 1 信号),使启动控制阀 8.18 上位通,3.0 MPa 的启动空气进入启动系统,对主机进行强制制动。

在制动过程中,由于车令与主机转向不一致,阀 27G 上位通,保证在制动过程中停油。当主机转速降为 0 时,接着进行正常启动,此时车令与转向一致,解除油门零位联锁可以供油。当主机达到发火转速时，电磁阀25E断电下位通，启动控制阀8.18复位，启动空气被截止，启动系统空气放大气，结束启动。在启动系统的管路上装有一个压力开关SW1，在启动过程中该开关闭合，向启动逻辑回路送去一个"时间启动"信号。

二、启动控制逻辑回路

在该主机遥控系统的启动逻辑回路中，设有主启动逻辑回路、时间启动逻辑回路、重复启动逻辑回路及启动故障检测与连锁回路等。其中，设置时间启动逻辑回路是该遥控系统与其他主机遥控系统的重要区别之一。主启动逻辑回路如图6-3-3所示。图中与非门G_4是启动逻辑回路判别启动逻辑条件的，它有8个输入端，只有这些输入信号均为1，即满足所有启动逻辑条件，与非门G_4才输出0，允许对主机进行启动。这8个输入信号是：

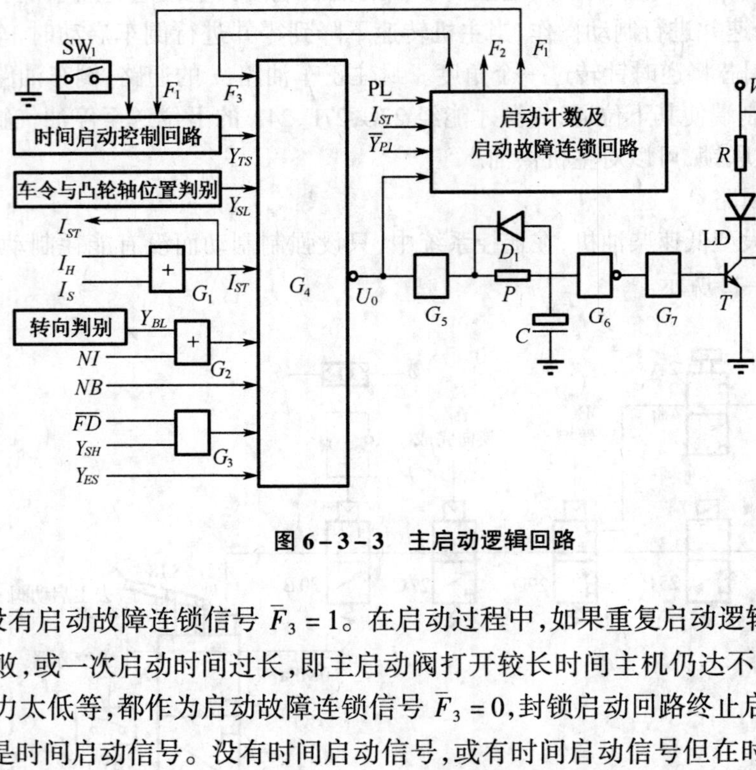

图6-3-3 主启动逻辑回路

$\bar{F}_3$：没有启动故障连锁信号$\bar{F}_3=1$。在启动过程中，如果重复启动逻辑回路检测到三次启动均失败，或一次启动时间过长，即主启动阀打开较长时间主机仍达不到发火转速，或启动空气压力太低等，都作为启动故障连锁信号$\bar{F}_3=0$，封锁启动回路终止启动。

Y_{TS}：是时间启动信号。没有时间启动信号，或有时间启动信号但在时间启动计时时间之内$Y_{TS}=1$。有时间启动信号且超过时间启动的计时时间，$Y_{TS}=0$。在时间启动失败后，将撤销时间启动信号使$Y_{TS}=1$，允许进行正常启动。

Y_{SL}：启动鉴别逻辑。车令与凸轮轴位置一致，$Y_{SL}=1$；不一致$2Y_{SL}=0$。该信号表明，只有换向完成才能发启动信号，否则不允许启动主机。

$\bar{I}_{ST}$：车钟手柄不在停车位置，$\bar{I}_{ST}=1$。该信号表明，要启动主机必须有开车指令，或者有倒车车令$I_S=1$；或者有正车车令$I_H=1$，车钟手柄在停车位置，$I_{ST}=0$，不能启动主机。

Y_{BL}：制动的鉴别逻辑。车令与转向不一致，$Y_{BL}=1$，车令与转向一致，$Y_{BL}=0$。该信号与制动转速N_B和发火转速N_I配合起来完成对主机进行强制制动、启动和停止启动的逻辑判别。主机在运行中完成换向后，$Y_{SL}=1$，$Y_{BL}=1$，或门G_5输出1。此时由于车令与转向不一致，主机停油降速。当主机转速下降到低于制动转速时，$N_B=1$（高于制动转速$N_B=0$），满足启动逻辑条件，实际上是对主机进行强制制动，当主机转速下降到零后进行正常启动。虽然 $Y_{BL}=0$，但只要主机低于发火转速 $N_I=1$（一般 $N_B\geqslant N_I$），或门 G_2 仍输出 1，满足启动逻辑条件。当主机达到发火转速时，或门 G_2 输出 0，封锁了启动回路停止启动。

$\overline{FD}$：测速装置的故障时信号。测速发电机是用于检测主机的转向和实际转速的，该装置无故障时，$\overline{FD}=1$，有故障时，$\overline{FD}=0$。$\bar{I}_{SH}$ 是故障停车信号，该信号来自安全保护系统，无故障停车信号 $\bar{I}_{SH}$ 为 1，有故障停车信号 $\bar{I}_{SH}=0$，只有这两个信号均为 1，G_3 输出才为 1 时，才允许启动。

$\bar{I}_{ES}$：应急停车信号。无应急停车信号，$\bar{I}_{ES}=1$，当驾驶台按应急停车按钮后，$\bar{I}_{ES}=0$，尽管车钟手柄不在停车位置也不能启动主机。

在启动逻辑条件全部得到满足后，G_4 输出 $Y_S=0$，G_6 输出 1，经放大器 G_7 输出 1 使晶体管 T 导通，发光二极管 LD 亮，表明主机在启动过程中，同时电磁阀 25E 通电上位通（图 6-8），对主机进行强制制动和启动。当主机达到发火转速时，$N_I=0$，且车令与转向一致 $Y_{BL}=0$，故 G_2 输出 0，使 $\bar{Y}_S=1$，G_5 输出 1，并经变阻器 P 向电容 C 充电；当充电到电压超过 G_6 动作的门槛电压时，G_6 输出 0，晶体管 T 截止，电磁阀 25E 断电停止启动。阻容环节组成的延时电路的作用是，撤销启动信号 $\bar{Y}_S=1$ 后，延时关闭主启动阀，这对在启动过程中油气分进的主机来说，可获得较短的油气并进时间，该延时时间可调，对于油气并进的启动过程，可把延时时间调整到接近于零。

1.车令与凸轮轴位置的判别回路

车令与凸轮轴位置判别回路如图 6-3-4 所示。图中，TI_H 和 TI_S 分别为正、倒车车令，EC_H 和 EC_S 分别为凸轮轴在正、倒车位置；SI_H 和 SI_S 分别为在模拟实验中所发了的正、倒车车令；SC_H 和 SC_S 分别为模拟凸轮轴在正、倒车位置。TEST 是模拟实验开关位置信号，把开

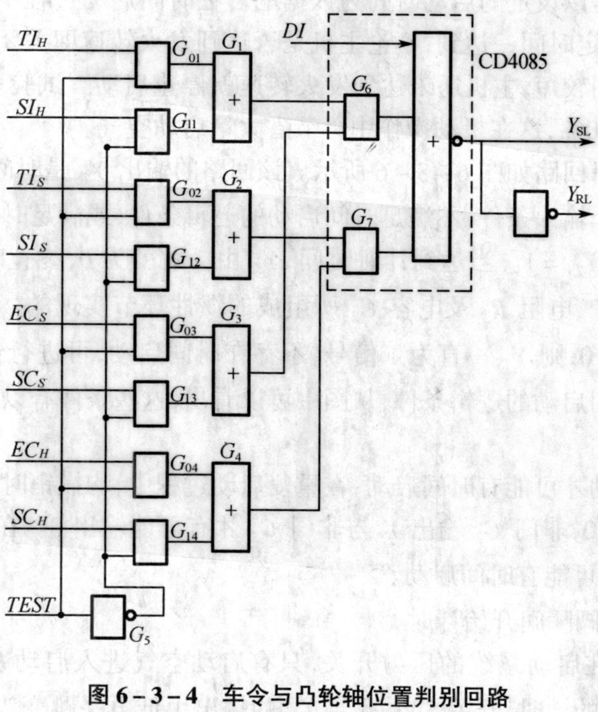

图 6-3-4　车令与凸轮轴位置判别回路

关转至“实验”位置，TEST = 1，用模拟车钟和模拟凸轮轴位置来测试遥控系统换向和启动逻辑回路工作是否正常。把开关转至“工作”位置，TEST = 0，可对主机进行正常遥控。

把开关转至“工作”位置时，G_5 输出 1，使与门 G_{01}，G_{02}，G_{03} 和 G_{04} 的一个输入端为 1，只要车令与凸轮轴位置一致，比如有正车指令且凸轮轴在正车位置，则 G_{01} 和 G_{04} 输出 1，G_{02} 和 G_{03} 输出 0，它们的输出经或门 G_1 ~ G_4 送至双与或非门 CD4085。其中，与门 G_6 和 G_7 均输出 0，或非门 G_8 输出 $Y_{SL} = 1$，允许启动，否则，若车令与凸轮轴位置不一致，G_6 和 G_7 必定有一个输出为 1，$Y_{SL} = 0$，不满足启动鉴别逻辑，不能启动。图中 DI 是启动的准备逻辑条件，满足启动准备逻辑条件 DI = 0，Y_{RL} 是换向鉴别逻辑。做模拟实验时，TEST = 1，G_5 为 0。封锁与门 G_{01} ~ G_{04}，使与门 G_{11} ~ G_{14} 的一个输入端为 1，模拟车令和模拟凸轮轴位置信号经与门 G_{11} ~ G_{14} 及或门 G_1 ~ G_4 输出模拟信号并送至 CD4085。

2.车令与转向判别回路

车令与转向判别回路如图 6-3-5 所示。I_H，R_H 分别是表示正车车令和主机在正车方向；I_S 和 R_S 分别表示倒车车令和主机在倒车方向运行。显然，当车令与转向一致时，与门和 G_3 必定有一个输出为 1，Y_{BL} 为 0，只有车令与转向不一致，G_2 和 G_3 输出才会全为 0，$Y_{BL} = 1$。主机在停车或转速极低（螺旋桨在水流冲击下的转动）时，为 R_1，Y_{BL} = 0，该遥控系统认为车令与转向一致。

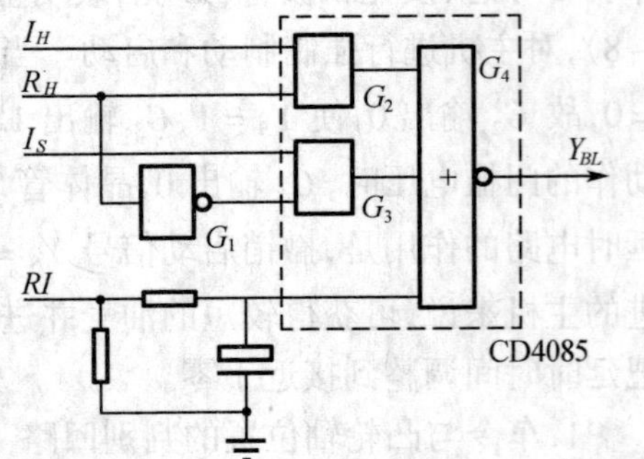

图 6-3-5 车令与转向判别回路

3.时间启动逻辑回路

时间启动是相对正常启动而言的。在正常启动过程中，何时停止启动是以主机转速为依据的。时间启动是以设定的启动时间为依据的。在时间启动过程中，从主启动阀开启的瞬间就进行计时，设定时间一达到，不论主机是否达到发火转速即关闭主启动自停止启动。一般设定的启动时间较短，主机还未达到发火转速就停止启动。试验表明热车时间启动的成功率可达 85% ~ 90%，这在机动操作中可节省大量启动空气。

时间启动的逻辑回路如图 6-3-6 所示。该回路的输出 Y_{TS} 是时间启动信号，并作为主启动逻辑回路的一个输入条件，不满足时间启动的逻辑条件，或满足时间启动逻辑条件且在启动计时时间之内，$Y_{TS} = 1$。当达到计时时间，Y_{TS} 由 1 跳变为 0，终止时间启动。时间启动的计时是由电位器 P、电阻 R_3 及电容 C_2 所组成的惯性环节实现的。如果与非门 G_3 输出保持 1，G_4 输出保持 0，则 Y_{TS} 一直为 1 信号，不存在时间启动，可进行正常启动。要进行时间启动必须满足时间启动的逻辑条件，从图中可以看出，这些条件有以下内容。

(1)第一次启动

只有第一次启动才可能有时间启动，在重复启动过程中，均撤销时间启动功能。因为在第一次启动时，$F_1 = 0$，非门 G_2 输出 1，与非门 G_3 才有可能输出 0。在重复启动时，$F_1 = 1$，G_3 输出保持 1，则不可能有时间启动。

(2)打开主启动阀瞬间开始计时

图中 SW_1 是装在启动系统的压力开关，只有启动空气进入启动系统对主机进行启动时，才进行时间启动的计时，开关 SW_1 闭合，G_1 的输出由低电平跳变为高电平，如果是第一

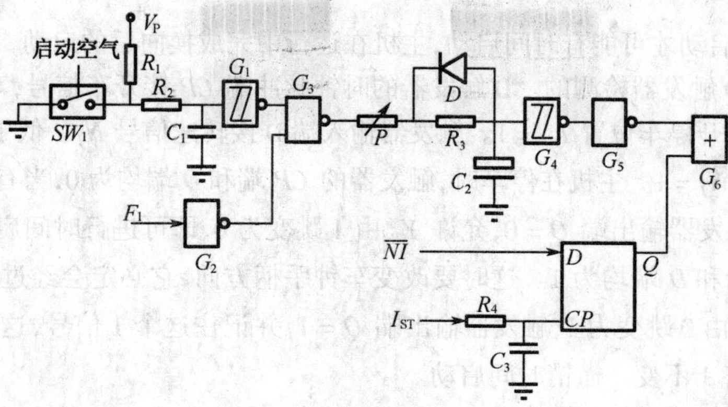

图 6-3-6　时间启动的逻辑回路

次启动，G_2 为 1 信号，则 G_3 输出 0，电容 C_2 只经电位器 P 放电。当 C_2 电压降低到 G_4 动作的门槛电压时，G_4 输出 1，Y_{TS} 由 1 跳变为 0。图 6-3-7 中 G_4 输出 $\bar{Y}_S=1$，电磁阀 25E 断电停止启动。

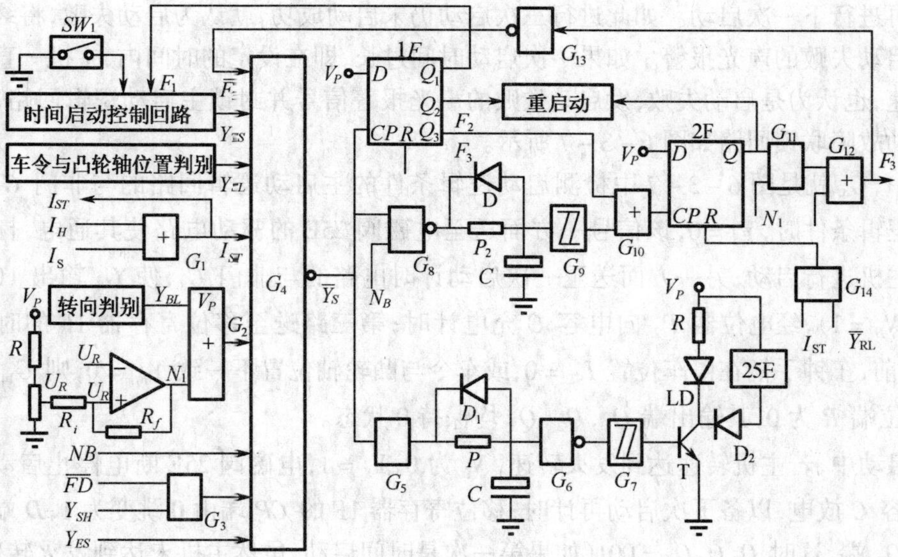

图 6-3-7　重复启动和启动故障连锁回路

可见，从电容 C_2 放电开始到输出由 0 跳变为 1，这段时间就是时间启动的设定时间，该时间可通过电位器 P 进行调整。时间启动一旦终止，因 Y_{TS} 输出为 0，$\bar{Y}_S=1$，切断启动空气使开关 SW_1 断开，G_1 输出 0，G_3 输出 1，并经电位器和电阻 R_3 向电容 C_2 充电。当 C_2 上电压升高到 G_4 动作的门槛电玉时，其输出由 1 跳变为 0，Y_{TS} 保持 1，解除对主启动逻辑回路的封锁，允许进行下一次的正常启动。电容 C_2 充电延时时间就是第一次时间启动失败到第二次正常启动之间的间隔时间。在重复启动过程中，虽然开关 SW_1 仍会闭合，但因 $F_1=1$，G_2 输出为 0，G_3 输出保持 1 信号，不可能再有时间启动。

(3)停车启动

只有在停车时启动才可能有时间启动,主机在运行中完成换向后的启动,将撤销时间启动,这个条件是由D触发器检测的。D触发器的时钟脉冲端 CP 接开车信号,车钟手柄在停车位置时 $\bar{I}_{ST}=0$,离开停车位置 $\bar{I}_{ST}=1$。触发器输入端D接转速信号 $\bar{N}_I$。低于发火转速 $\bar{N}_I=0$,高于发火转速 $\bar{N}_I=1$。主机在停车时,触发器的 CP 端和 D 端均为0,当有开车指令时,$\bar{I}_{ST}$ 由0跳变为1,触发器输出端 $Q=0$,允许 Y_{TS} 由1跳变为0,即可进行时间启动,主机在运行中,触发器 CP 端和 D 端均为1。这时要改变车钟手柄方向,它必定会经过停车位置,$\bar{I}_{ST}$ 先由1跳变为0,再由0跳变为1,触发器输出端 $Q=1$,并记住这个1信号,这样不论 G_5 输出1还是0,Y_{TS} 保持1不变。撤销时间启动。

4.重复启动及启动故障连锁逻辑回路

AUTO-CHIEF-Ⅲ型主机遥控系统设置有重复启动逻辑回路,允许对主机进行三次启动。如果满足时间启动的逻辑条件,则第一次启动为时间启动,第二次启动为正常启动,第三次启动为重启动。若不满足时间启动的逻辑条件,则第一次和第二次启动均为正常启动,第三次启动为重启动。除时间启动外,正常启动和重启动都以主机的转速为依据。在主机达到发火转速停止启动后,其转速又下降到低于发火转速时,说明启动没有成功,间隔一段时间后再进行下一次启动。如此进行三次启动仍未启动成功,就认为启动失败,将终止启动并发出启动失败的声光报警。如果一次启动时间过长,即在设定的时间内,主机一直达不到发火转速,也认为是启动失败,发启动失败的声光报警信号并封锁主启动逻辑回路,重复启动和启动故障联锁回路如图6-3-7所示。

图中,G_4 就是图6-3-7中检测启动逻辑条件的主启动逻辑回路的与非门 G_4。当满足启动逻辑条件时,$\bar{Y}_S=0$,该信号一方面送至电磁阀25E的驱动电路使其通电,打开主启动阀对主机进行启动;另一方面送至一次启动计时电路的与非门 G_8,使 G_8 输出1(低于制动转速 $N_B=1$),经电位器 P_2 向电容 C 充电计时;第三路送至移位寄存器1F的时钟脉冲端,启动前,车钟手柄在停车位置 $\bar{I}_{ST}=0$,或车令与凸轮轴位置不一致 $\bar{Y}_{RL}=0$,则 G_{14} 输出0。1F的复位端 R 为0,其输出端 Q_1,Q_2,Q_3 均保持0状态。

在启动中,若主机转速达到发火转速,N_I 为0,$\bar{Y}_S=1$,电磁阀25E断电停止启动;G_8 输出0,电容 C 放电,以备下次启动再计时;移位寄存器1F的 CP 端由0跳变为1,D 端的1信号送至 Q_1 端,这时 $Q_3Q_2Q_1=001$(如果第一次是时间启动,虽然主机未达到发火转速,但因 $Y_{TS}=0$,$\bar{Y}_S$ 也会从0跳变为1,与上述情况相同)。由于 $Q_1=F_1=1$,撤销时间启动。在第二次启动且主机达到发火转速时,1F的输出状态 $Q_3Q_2Q_1=011$,$F_2=1$,为第二次启动失败后进行第三次的重启动做准备。

当第三次启动主机且达到发火转速时,1F的输出状态 $Q_3Q_2Q_1=111$,$F_2=1$,使 D 触发器2F的 CP 端由0跳变为1,其输出端 $Q=1$。如果第三次启动又失败,即主机转速又低于发火转速时 $N_I=1$,与门 G_{11} 输出1使 $F_3=1$,发出启动失败的声光报警信号。同时 G_{13} 输出0信号封锁主启动回路终止启动,启动故障修复后,再次启动主机前,必须对1F和2F复位,即把车钟手柄扳到停车位,或让车令与凸轮轴位置不一致,使1F和2F的复位端 R 为0,1F的输出状态又恢复为 $Q_3Q_2Q_1=000$,2F输出 $Q=0$,使 $F_3=0$,撤销启动失败的报警信号,$F_3=1$,解除对主启动回路的封锁。

在一次启动过程中，如果主机一直达不到发火转速，G_8 输出保持高电平，并经 P_2 持续向电容 C 充电计时。当计时达到设定时间（一般调整为 8 ~ 11 s），电容上的电压已升高到 G_9 动作的门槛电压，其输出为 1，2F 的 CP 端由 0 跳变为 1，$Q=1$，$F_3=1$，$\bar{F}_3=0$，同样发出启动失败报警信号，并封锁启动主回路。启动空气压力正常 = 0，启动空气压力太低 $P_L=1$。也会发启动失败报警，封锁主启动回路。

在重复启动过程中，前一次启动失败后，必须间隔一段时间才能进行下一次的启动。该功能是由运算放大器 A 组成的施密特电路实现的。电路的输出就是主启动回路输入的转速条件 N_I。A 的反相端接主机实际转速所对应的电压值 U_n，同相端接经电位器调定的对应于发火转速的电压值 U_{R1}，A 的输出 $U_0(N_I)$ 经 R_f 和 R_i 的分压接在同相端，这是正反馈。停车时 $U_n\approx 0$，$U_n<U_{R1}$，A 输出正极性电压值 U_0^+，此时 U_R 为

$$U_{RH}=\frac{R_i}{R_f+R_i}U_0^+ +\frac{R_f}{R_f+R_i}U_{R1}$$

U_0^+ 相当于 $N_I=1$，可对主机进行启动。在启动过程中，随着转速的升高，U_n 增大。当 $U_n>U_{RH}$时，A 的输出由 U_0^+ 翻转为 U_0^- 相当于 $N_I=0$，停止启动，这时 U_R 值为

$$U_{RL}=\frac{R_i}{R_f+R_i}U_0^- +\frac{R_f}{R_f+R_i}U_{R1}$$

显然 $U_{RH}>U_{RL}$。如果启动没有成功，U_n 只有下降到 U_{RL}，而不是 U_{RH}，才能进行一下次启动。这样，主机实际转速所对应的电压值从 U_{RH}下降到 U_{RL}所需时间，就是两次启动的间隔时间。通常把 U_{RH}与 U_{RL}之间的差值叫回差Δ。

$$\Delta=U_{RH}-U_{RL}=\frac{R_i}{R_f+R_i}(U_0^+-U_0^-)$$

式中，U_0^+，U_0^- 为 A 的正、负极性的工作电压，若其工作电压极性相反，绝对值相等，则回差

$$\Delta=\frac{2R_i}{R_f+R_i}U_0^+$$

如果 A 的负极性工作电源接地，则 $U_0^-=0$，其回差

$$\Delta=\frac{R_i}{R_f+R_i}U_0^+$$

调整电阻 R_i 和 R_f 可调整回差Δ，即可调整两次启动的间隔时间。

5.重启动逻辑回路

重启动逻辑回路如图 6 - 3 - 8 所示。Y_S 和 Y_{SH}分别为正常启动和重启动信号。在正常启动过程中，$Y_{SH}=0$，G_3 为 0，二极管 D 截止。因 $Y_S=1$，N 点电位是稳压管 DZ 的稳压值，经电位器 P_N 的分压输出的电压值 U_{SS}是对应正常启动的供油量。当满足重启动逻辑条件时，$Y_{SH}=1$，G_3 为 1 经 P_H 和 R_2 分压使 H 点电位高于稳压管的稳压值，二极管 D 导通，抬高了 N 点的电位，DZ 截止。N 点电位提高后，经 P_N 分压其输出的电压值 U_{SS}就对应了重启动的供油量。可见，调整 P_N 可调整正常启动油量；调整 P_H 可调整重启动油量。

图中虚线框内是判别重启动逻辑条件电路。由图可知，具备下列三个条件之一者就会发出重启动信号：其一是有应急操纵指令，$I_E=1$，则 $Y_{SH}=1$。其二是第二次启动达到发火转速时 $F_2=1$，$\bar{F}_2=0$，它接在 D 触发器置 1 端 S，触发器输出端 $Q=1$，$Y_{SH}=1$。它为第二次启动失败，进行第三次启动前做好供重启动油量的准备。其三是主机在运行中完成换向后的

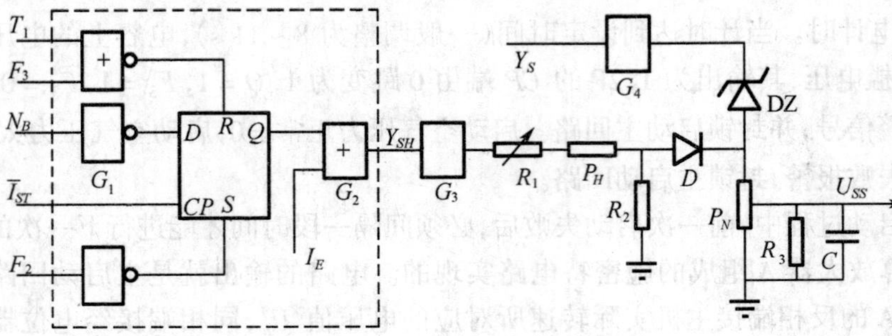

图 6-3-8 重启动逻辑回路

启动。当主机高于制动转速时 N_B 为 0，触发器输入端 $D=1$。如果把车钟手柄从原方向扳到另一个方向，手柄必定会经过停车位置，故 $\bar{I}_{ST}$ 会从 0 跳变为 1，触发器输出端 $Q=1$，则 $Y_{SH}=1$。可见，满足上述三个条件之一，$Y_{SH}=1$，就要进行重启动。当有三次启动失败信号 $F_3=1$，或没有开车信号（车钟手柄在停车位置）$T_1=1$，这两个信号经或非门接在触发器复位端 R，都将撤销重启动信号。

第四节 AUTOCHIEF - Ⅲ系统转速与负荷控制

转速与负荷控制回路是一个复杂的和综合的控制系统，其框图如图 6-4-1 所示。

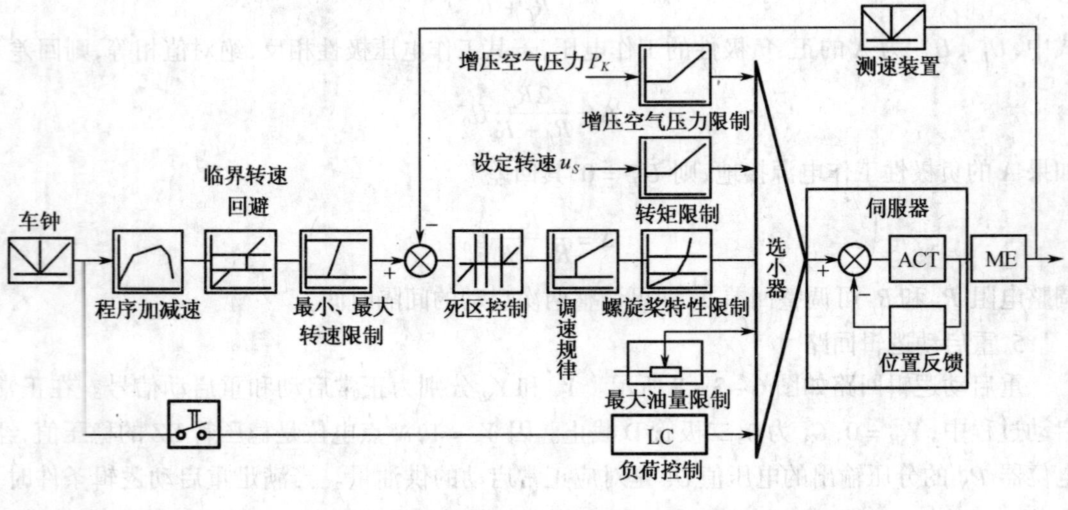

图 6-4-1 转速与负荷控制回路原理框图

车钟手柄设定的转速信号，首先要经过程序负荷回路，使主机在高负荷区加、减速时，其速率能按事先安排好的规律进行。然后再经各种转速限制，如自动回避临界转速、最小转速限制、轮机长对主机最大转速限制、倒车最大转速限制、故障降速的转速限制及加速速率限制等，输出一个主机转速给定值。它与主机实际转速相比较得到转速偏差值作为调速器的输入信号，经过调速器的 PI 运算，输出一个控制信号去改变油门开度，控制供油量。在控制供油量的回路中，还要受到增压空气压力限制、转矩限制及最大油量限制等。最终以这些控制与限制信号中最小的信号送到执行机构，推动主机油门杆。

一般常把调速器之前的控制与限制称为转速的控制与限制。而把后面的控制与限制称为负荷控制与限制。船舶在恶劣的气候下航行时，可闭合负荷控制开关，车钟手柄设定的转速信号经负荷控制器 LC，选小器 MIN 直接驱动主机油门杆，这样就把对主机的转速控制转变为负荷控制。死区控制是指偏差而言的，在稳定运行过程中，由于外界负荷的变化，主机转速会产生波动，如果是在死区范围内，调速器无输出变化。在大风浪天气中操车时，应把死区调小，主机转速油很小的变化时就会使调速器输出油变化，以防止主机超速。下面介绍转速与负荷控制与限制回路中一些环节的功能。

一、加速速率限制环节

加速速率限制是指主机在港内全速以下加速的限制，其作用是防止转速的偏差值阶跃变化，保证主机能平稳的加、减速。图 6-4-2 所示为电动加速速率限制回路，图中运算放大器 A_1 接成电压比较器，其同相端和反相端分别接成转速设定信号 U_{I1} 和该加速速率限制环节的输出信号 U_{01}。A_2 是接成负反馈的运算放大器，其反相端电压总是高于同相端电压 U_{01}，故运算放大器 A_2 始终输出 0 信号。

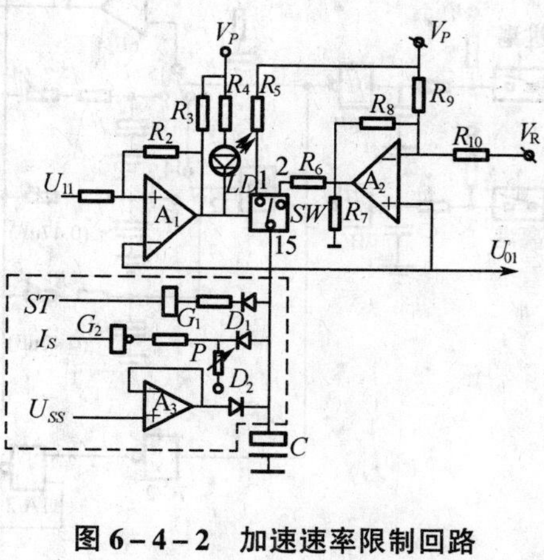

图 6-4-2 加速速率限制回路

在加速时由于 $U_{I1} > U_{01}$，A_1 输出 1 信号，电子开关 SW 闭合于(1-15)，标准电压 V_R 经电阻 R_5 向电容 C 充电，电容上电压 U_{01} 按指数曲线不断增大。由于 A_1 是接成正反馈的电压比较器，A_1 在输出 1 和 0 时，A_1 同相端的电压是不同的，故使 A_1 输出状态发生变化的的输入值就存在一个回差，其上下限值分别用 U_{1H} 和 U_{1L} 表示。所以当输入 $U_{01} > U_{1H}$ 时，输出 0 信号，电子开关 SW 由(1-15)断开而合于(2-15)，切断了电容充电回路。接通放电回路，随着放电的进行，U_{01} 不断降低，当 $U_{01} < U_{1L}$ 时，A_1 再转换输出 1 信号，V_R 经 R_5 向电容 C 充电，由于 U_{1H} 与 U_{1L} 之间的回差不大，故 U_{01} 可在 U_{I1} 附近达到一个动态的平衡。

减速过程与加速过程相同。调整电容 C 充放电的时间常数 T，可调整加、减速的速率，调整电阻 R_5 的电阻值大于 R_6 和 R_7 的电阻值，可实现慢加速、快减速。

图中，I_{ST} 是停车指令。由停车指令时 $I_{ST}=0$，与门输出 0 信号，U_{01} 不经减速速率限制，直接输出接近 0 V，这是停车限制。有倒车指令时 $I_S=1$，非门 G_2 输出 0 信号，由电位器 P 调定一个最大的倒车转速。在倒车运行时，U_{01} 是不能超过最大倒车转速的，这就是倒车最大转速限制，U_{SS} 是启动油量信号，当有开车指令时 $\bar{I}_{ST}=1$ 且主机处于启动状态时，因 $U_{I1} > U_{01}$，开关 SW 合于(1-15)，经电压跟随器 A_3 直接向电容 C 充电，使能迅速达到启动供油量所对应的电压信号。启动成功后撤销信号，将逐渐达到转速设定值。

二、程序负荷

RND 68M 型主机的港内全速是 96 r/min，相当于额定转速的 70%，海上全速为 137 r/min，相当于额定转速的 100%，离港时是执行由港内全速到海上全速的加速程序负荷；进港时是执行由海上全速到港内全速的减速程序过程。这一功能是通过按进港或离港按扭实现的。按进港或离港按钮，可接通不同的脉冲频率电路，输出不同频率的脉冲，程序计数器输出 8 位二进制的数字量转变为电压模拟量 U_{LP} 送至选小器。选小器是对输入的程序负荷设定的转速信号 U_{LP} 及各种转速限制信号，利用钳位原理选择其中最小的信号输出作为转速给定值。程序负荷电路原理如图 6-4-3 所示。

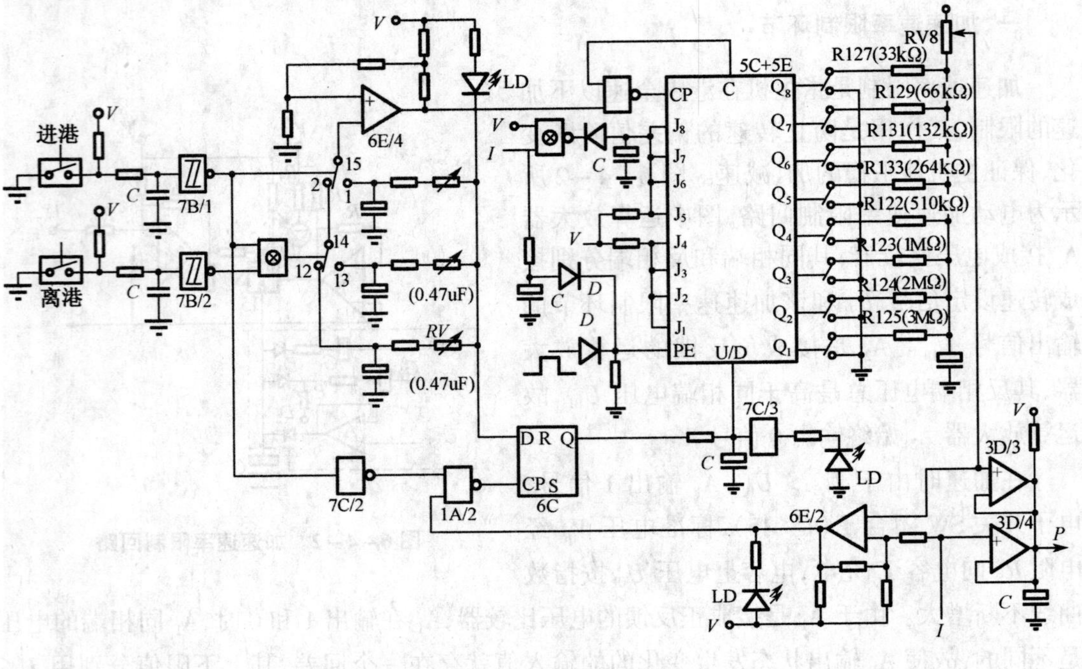

图 6-4-3 程序负荷电路原理

1. 脉冲频率控制电路

脉冲频率控制电路是由进港、离港按钮、非门 7B/1 和 7B/2、电子开关 6D/1 和 6D/4、运算放大器 6E/4 及充放电的电阻电容等组成。如按离港按钮而未按进港按钮，7B/1 输入高电平，输出为 0，电子开关 6D/1 从(1-15)断开，合于(2-15)，7B/2 输入低电平，输出为 1，异或门 7D/2 输出为 1，电子开关 6D/4 合于(13-14)，电容 C_{21} 上的电压就接到了 6E/4 反相端。当 6E/4 输出高电平时，经变阻器 RV_{11} 及电阻向电容 C_{21} 上充电。当充电到 6E/4 反相端电压大于同相端电压时，6E/4 翻转输出低电平。这时电容 C_{21} 沟通了对地的放电回路进行放电。当电容 C_{21} 放电到电压值又低于 6E/4 同相端电压时，6E/4 再翻转输出高电平，这样周而复始的进行下去，就会输出一系列脉冲信号。该脉冲信号一方面送 D 触发器 6C 的时钟脉冲端 *CP*，同时送至与非门 1A/3。1A/3 的输出就是程序计数器的计数脉冲。脉冲频率控制电路输出的脉冲频率取决于电阻电容所组成的惯性环节的时间常数 *T*。*T* 越大，脉冲频率越低，程序计数器计数越慢，主机加速也就比较缓慢，反之亦然。

按进港按钮(不按离港按钮),7B/1 输出高电平,7B/2 输出 0,7D/2 输出 1,6D/1(1－15)闭合,6D/4(13－14)闭合,此时电容 C_{21} 上电压接不到 6E/4 的反相端,只有变阻器 RV_{10} 及电阻和电容 C_{29} 所组成的惯性环节的输出才能接到 6E/4 的反相端,同样 6E/4 也会输出一系列脉冲信号。一般进港时惯性环节的时间常数要比离港时的惯性环节时间常数小,以实现慢加速、快减速,如果进港、离港按钮均不按,7B/1 和 7B/2 均输出 0 信号,7D/2 也输出 0,6D/1(2－15)闭合,6D/4(12－14)闭合,这时由变阻器 RV_{12} 及电阻和电容 C_{20} 所组成的惯性环节的输出接在 6E/4 的反相端,由于该惯性环节的时间常数比前两个惯性环节的时间常数小得多,故 6E/4 将输出很高频率的脉冲,以实现快加速和快减速。例如按离港按钮,从港内全速加速到海上全速需要 40 min,若两个按钮都不按,只用 30 s 就能完成其加速和减速过程。这对船舶在机动操作时是需要的。但是,在正常操作时,进港、离港必须按相应的按钮。

尽管由电阻电容组成的惯性环节的充放电的电压是按指数规律变化的,但由于运算放大器 6E/4 接成正反馈,其翻转速度快,因此,6E/4 的输出可获得较为理想的方波。图中发光二极管 LD_{20} 的闪亮频率与 E/4 的输出脉冲频率相同。

2.程序计数器

程序计数器 5C＋5E 是由两个可逆 4 位二进制计数器构成的 8 位二进制计数器。$J_1 \sim J_8$ 是预置数输入端;PE 是预置数与计数方式控制端。$PE=1$,程序计数器处于预置数状态,$PE=0$,程序计数器为计数状态,即程序计数的输出不受预置数输入的影响,是随计数值而变化的。$J_1 \sim J_8$ 全部接高电平,均为 1。接通电源的瞬间输出一个正脉冲,$PE=1$,对程序计数器进行预置数,即 $Q_1 \sim Q_8$ 全部为1。$U/\bar{D}$ 端是加/减计数控制端,若 $PE=0$,(电源接通后正脉冲消失,$PE=0$,$Q_1 \sim Q_8$ 的状态不受预置数的影响),当 $U/\bar{D}=1$ 时,程序计数器做加数计数,即 CP 端每来一个计数脉冲,程序计数器输出加 1;$PE=0$ 且 $U/\bar{D}=0$ 时,程序计数器做减数计数,即 CP 端每来一个计数脉冲,程序计数器输出减 1。$\bar{C}_0$ 端是进位输出端,当程序计数器做减数计数时,$Q_1 \sim Q_8$ 由全 1 减满 255 个数变为全 0 时,$\bar{C}_0$ 由 1 跳变为 0,封锁与非门 1A/3 不再输出计数脉冲信号,停止计数器减数计数,其输出端 $Q_1 \sim Q_8$ 保持全 0 不变。当程序计数器做加数计数时,$Q_1 \sim Q_8$ 由全 0 加满 255 个数变为全 1 时,$\bar{C}_0$ 也由 1 跳变为 0,封锁 1A/3 停止计数器的加数计数。其输出端保持全 1 状态不变。

当程序计数器输出端 $\bar{C}_0$ 为全 1 状态时,经 D/A 转换器输出的 U_{LP} 就是程序负荷开始转速(额定转速的 70%)所对应的电压值,它接在运算放大器 6E/2 的反相端,同相端接车钟手柄设定的转速值。在港内全速以下加、减速时,因 I_n 始终小于 U_{LP},故 6E/2 保持输出 0 信号,D 触发器 6C 的输入端 D 保持 1,在 6E/4 输出脉冲信号作用下,6C 的输出端 Q,即计数器 $U/\bar{D}$ 端保持 1 信号,这是对计数器做加数计数的指令。但是,接通电源后,已对计数器进行了预置数,使 $Q_1 \sim Q_8$ 全为 1,再有加数指令 $U/\bar{D}=1$ 时,$\bar{C}_0=0$,计数器不再进行计数操作。因此,在港内全速以下加、减速时,程序计数器不起作用,选小器的输出 P_L 为转速设定值 I_n。

船舶离港时,要按离港按钮(不按进港按钮),7C/1 输出 1,现把车钟手柄扳到海上全速时,因转速设定值 I_n 大于程序负荷开始转速所对应的电压值 U_{LP},6E/2 输出 1 信号,1A/2 输出 0,于是程序计数器的 $U/\bar{D}$ 端为 0 信号,这是对计数器做减数计数的指令。即 CP 端每来一个脉冲 $Q_8 \sim Q_1$ 就在原状态基础上减 1,D/A 转换器输出 U_{LP} 就增加一点,当减速计数到 $Q_8 \sim Q_1$ 全为 0 时,$C=0$,停止减数计数,D/A 转换器输出的 U_{LP} 就是对应海上全速电压值。

当车钟手柄设定在港内全速和海上全速之间时，计数器开始做减速计数，U_{LP}不断增大，当 U_{LP}大于 I_n 时，6E/2 输出 0 信号，1A/2 输出 1，计数器 $U/\bar{D}=1$，计数器又做加数计数，U_{LP}又不断减小。当 U_{LP}小于 I_n 时，计数器再做减数计数。这样主机转速就会稳定在设定转速上且达到一个动态平衡。此时发光二极管 LD_{11}，LD_{12}闪亮，船舶进港时，要按进港按钮，7C/1 输出 0 信号，1A/2 输出 1，计数器 $U/\bar{D}$ 端保持 1，做加数计数，直到 $Q_8 \sim Q_1$ 全为 1，$\bar{C}_0=0$ 为止，这时的 U_{LP}就是对应港内全速的电压值。车钟手柄在港内全速以内设定转速时，程序负荷回路将不起作用。

在加速过程中，如果把车钟手柄从港内全速扳到海上全速的同时按应急操纵按钮，则 I_E 为 1，异或门 7D/4 输出为 0，二极管 D_{16}导通，$J_8 \sim J_5$ 为 0，$J_4 \sim J_1$ 仍为 1。$I_E=1$ 使二极管 D_{19}导通，$PE=1$，程序计数器处在预置数状态，即 $Q_8 \sim Q_1=00001111$。U_{LP}电压立即提高，主机将很快加速（只受加速速率限制），即取消了程序负荷的加速功能，但因 $PE=1$，程序计数器不能再进行计数，被抬高的 U_{LP}保持不变。这时，要想进一步提高主机转速，需要撤销应急操纵指令使 $I_E=0$，程序计数器的 $PE=0$。虽然 $J_8 \sim J_1$ 又全为 1，但因 $PE=0$，程序计数器处在计数状态而不受预置数的影响，故 $Q_8 \sim Q_1$ 仍保持 00001111，并在此基础上做减数计数，直到减为全 0 为止，如果在撤销应急指令的同时，把进港、离港按钮都松开，这个减数过程要快得多，即很快就能把主机转速加到海上全速。

3.数/模（D/A）转换器

程序计数器输出的 8 位二进制数送至 D/A 转换器，把这个数字量转变成设定转速的电压模拟量 U_{LP}。D/A 转换器是由电子开关和权电阻所组成的解码网络实现的。当程序计数器输出 $Q_8 \sim Q_1$ 全为 1 时，8 个电子开关全部闭合，8 个权电阻均接地。这时，基准电压 V_R 经变阻器 RV_8 与所有接地并联权电阻的等效电阻值的分压电压 U_{LP}就是对应程序负荷开始的转速。

在加速过程中，程序计数器在输出端 $Q_8 \sim Q_1$ 全为 1 的基础上做减速计数。$Q_8 \sim Q_1$ 中为 0 的那一位对应电子开关断开，相应的权电阻从接地的并联电阻中切除，使并联接地的等效电阻值增大，U_{LP}增大，可增大送至调速器的转速给定值。切除权电阻值越大的电阻，并联接地的等效电阻值增加量越小，则 U_{LP}的增加量也越小。比如，$Q_8 \sim Q_1$ 全为 1 且 $U/\bar{D}$ 为 0，则 1A/3 输出的第一个脉冲使 $Q_1=0$，只切除 3 mΩ 的接地电阻，U_{LP}增加量很小，对主机供油量也增加很小；当 1A/3 输出第二个脉冲时，$Q_2=0$，只切除 2 mΩ 的接地电阻，使 U_{LP}又略有增加；当 1A/3 来第三个脉冲时，$Q_8 \sim Q_1$ 均为 0，3 mΩ 和 2 mΩ 的接地电阻均切除……如此下去，每减 1，U_{LP}都有一定量的增加，当减满 255 个数时，$Q_8 - Q_1$ 全为 0，$\bar{C}_0=0$，停止减数，8 个电子开关全部断开，切断了所有权电阻接地的通路，U_{LP}接近基准电压 V_R，即大于海上全速所对应的电压值。

可见，这 8 个权电阻值是根据在程序负荷区内，主机转速的变化规律设定的，在进港时，程序计数器输出端 $Q_8 \sim Q_1$ 在全 0 的基础上做加数计数，$Q_8 \sim Q_1$ 中为 1 的那一位，其电子开关闭合，对应的权电阻接地，使并联接地的等效电阻值减小，U_{LP}降低，当加满 255 个数时，$Q_8 \sim Q_1$ 全为 1，$\bar{C}_0=0$，停止加数计数，全部电子开关闭合，U_{LP}降至程序负荷开始转速所对应的电压值。电容 C_{38}起滤波和隔直作用；变阻器 RV_8 可调整程序负荷的开始转速。

三、转速限制回路

转速限制回路包括自动回避临界转速，轮机长对主机的最大转速限制，最大倒车转速限制，故障降速转速限制及最小转速限制等，它们与程序负荷回路所输出的信号，一起送至选小器，选小器是利用钳位原理输出它们中最小的信号，送至加速速率限制环节，其输出就作为转速的给定值送至调速器。转速限制回路如图 6－4－4 所示。

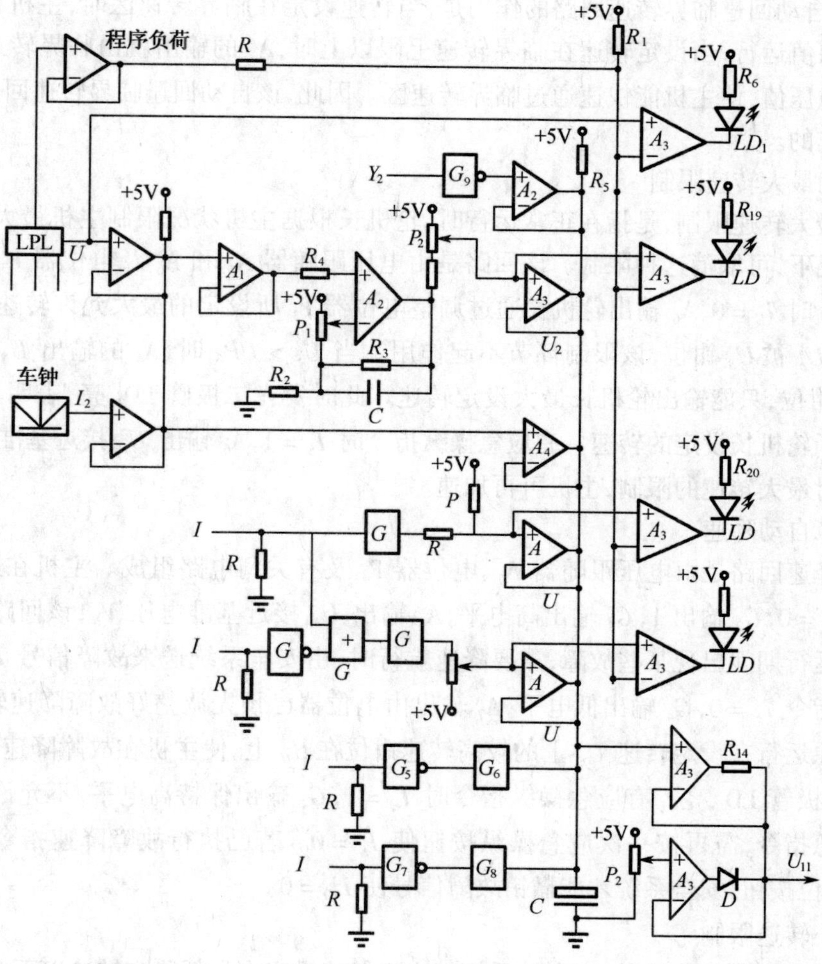

图 6－4－4　转速限制回路

1.临界转速的自动回避

临界转速的自动回避回路是由电压跟随器 A_1、电压比较器 A_2 和 A_5 组成的。调整电位器 P_1 使之接到 A_2 反相端的电压值对应临界转速的上限值。当 A_2 输出负极性电压值时，调整电位器 P_2 使之接在电压跟随器 A_3 同相端的电压值对应临界转速下限值。U_S 是车钟手柄设定转速信号与程序负荷回路输出的信号经选小器后的输出信号，当 U_S 小于临界转速下限值时，A_2 输出负极性电压，A_3 输出 UP_2 是临界转速下限值。该值被选小器(接 A_8，A_3，A_4，A_6，A_7，G_6 和 G_8 输出的总线)所钳位，自动回避临界转速回路不起作用。

当 U_S 设定在临界转速区时，A_2 仍输出负极性电压，A_3 输出 U_{P2} 为临界转速下限值，因 $U_{P2} < U_S$，通过选小器输出 U_{P2} 使主机工作在临界转速的下限值上，不允许在临界转速区内工作。此时电压比较器 A_5 反相端电压大于同相端，输出低电平，发光二极管 LD_1 亮，表明转速已设定在临界转速区。当 U_S 设定在临界转速上限值以上时，A_2 输出高电平，A_3 输出 U_{P2} 接近基准电压 V_R，它被其他信号所钳位。这时 A_5 同相端电压大于反相端，输出高电平，发光二极管 LD_1 熄灭。

可见，自动回避临界转速回路的作用是，当转速设定在临界转速区时，主机稳定在临界转速的下限值运行，当设定转速在临界转速上限以上时，A_3 的输出就由临界转速的下限值跳变到高电压值，使主机能快速通过临界转速区。因此，该自动回避临界转速回路是以避上限方式工作的。

2.手动最大转速限制

手动最大转速限制，是指在正常运行时，轮机长根据主机状况限制主机最大运行转速。在应急情况下，可取消这种限制。该回路是由电压跟随器 A_4 和 A_6 及电位器 P_3 组成，无应急操纵指令时 $I_E = 0$，A_6 输出轮机长通过调整电位器 P_3 所设定的最大允许转速 U_{P3}，当 $U_S < UP_3$ 时，U_n 被 U_S 钳位，该限制环节不起作用。当 $U_S > UP_3$ 时，A_4 的输出 U_S 被 A_6 的输出 UP_3 所钳位，只能输出轮机长最大设定转速。此时发光二极管 LD_3 亮，表明车令设定的转速超过了轮机长设定的转速。有应急操纵指令时 $I_E = 1$，A_6 输出 U_{P3} 接近基准电压 V_R，取消轮机长对最大转速的限制，主机可再加速。

3.故障自动降速

故障降速回路是由电压跟随器 A_7、电位器 P_4 及有关门电路组成。主机在运行中无故障信号，$I_{SD} = 0$，G_2 输出 1，G_4 输出高电平，A_7 输出 U_{P4} 接近基准电压 V_R，该回路不起作用。当主机在运行期间出现某些故障，需要降速航行时，由安全系统送来故障信号 $I_{SD} = 1$，若无应急操纵指令 $I_E = 0$，G_4 输出低电平，A_7 输出由电位器已预先调整好故障降速转速值 U_{P4}，它把主机原运行在设定转速 U_S 上的较高转速钳位在 U_H 上，使主机在故障降速的转速上运行，发光二极管 LD_4 亮。有应急操纵指令时 $I_E = 1$，G_4 输出保持高电平，不允许故障降速。若撤销应急指令，需再按一次应急操纵按钮使 $I_E = 0$。若已执行故障降速指令，故障修复后，需按复位按钮，安全系统才能撤销故障信号使 $I_{SD} = 0$。

4.最小转速限制

最小转速限制的作用是，当车钟手柄把主机转速设定在最低稳定转速以下时，能使主机在最低稳定转速上运行。防止主机运行不稳定以至停车。最小转速限制回路是由运算放大器 A_9 和 A_{10}、电位器 P_5 及二极管 D 等组成的，这是一个选大器电路。当设定转速 U_0（选小器回路的输出）大于预先设定的最低稳定转速 U_{P5} 时，电压跟随器 A_9 输出 U_0，二极管 D 截止。A_{10} 成为电压比较器，输出 0 信号，这时 $U_{I1} = U_0$。当车令设定转速信号 U_0 低于最低稳定转速 U_{P5}，即 $U_0 < U_{P5}$ 时，A_{10} 由电压比较器变为电压跟随器输出 U_{P5}，二极管 D 导通，A_9 由电压跟随器变为电压比较器，输出低电平，经 R_{14} 取压降使 $U_{I1} = U_{P5}$。可见，U_{I1} 始终等于 U_0 和 U_{P5} 中大的那个信号。

I_E 是停车信号，当车钟手柄扳到停车位置时，$I_E = I_{ES}$ 是应急停车信号，按应急停车按钮或主机有故障停车信号时 $I_{ES} = 1$。在此情况下，G_6 和 G_s 分别输出 0 信号，使 U_0 被钳位为

0。因存在选大器,转速限制回路的输出 U_{l1} 只能输出由电位器预先调定的最低稳定转速 U_{P5}。主机的停油操作是由其他环节实现的。关于最大倒车转速限制已在加速速率回路中介绍过,这里不再重述。

四、转速控制回路

该主机遥控系统配有两套调速器,在驾驶台遥控主机时,采用电子调速器来控制主机的转速;在集中控制室操纵主机时,把电子调速器控制转速的回路旁路,采用 PG 调速器控制主机的转速,PG 调速器与 PGA 调速器工作原理相同,只是比 *PGA* 型调速器减少了转矩限制功能和用于变距时对主机负荷的限制功能。电子调速器的组成和工作原理在本章第二节中介绍过,这里不再重述。

五、负荷限制回路

调速器是根据转速的偏差信号,经 PI 运算输出一个控制油门开度信号。转速的偏差越大,在调速器的控制下,油门开度的变化量越大。在加速过程中,当转速的偏差值较大时,可能对主机在短时间内有一个较大的供油增加量,会引起主机的超负荷(热负荷和机械负荷)。为此,在调速器输出的控制信号去改变油门开度以前,要进行负荷限制,限制对主机供油量的增加量。负荷限制回路包括增压空气压力限制、转矩限制及最大油量限制等。

1.增压空气压力限制

增压空气压力限制环节的工作原理如图 6-4-5 所示。图中 U_K 是与扫气箱内空气压力成比例转换成的电压值,并经二极管接在运算放大器 A_1 的同相端,反相端接由电位器 P_1 调定的电压值 U_N。启动时,$U_K \approx 0$,A_1 反相端大于同相端。只要 $U_K < U_N$,A_1 就相当于电压比较器,输出 0 信号。电压跟随器 A_2 的输出是由电位器 P_2 调定的值 U_{KM},它就是对应启动供油量的电压值。

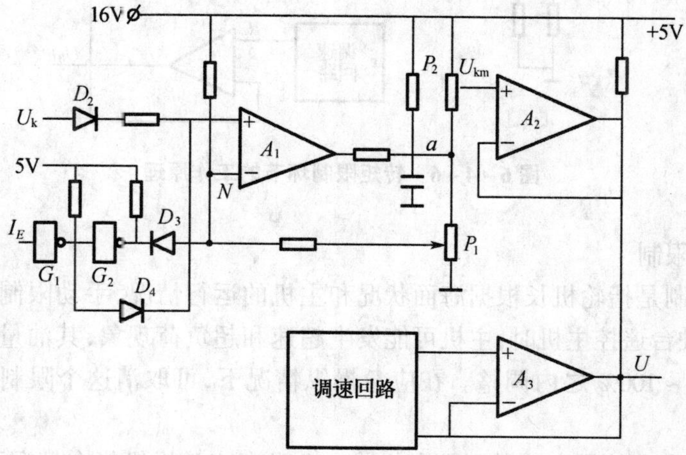

图 6-4-5　增压空气压力限制环节

启动成功后,U_K 会增大,但只要 $U_K < U_N$,A_2 输出的 U_{KM} 就不变。当 $U_K > U_N$ 时,A_1 就是同相输入的比例运算放大器。随着 U_K 的增大,a 点电位升高,U_{KM} 值增大,A_2 的输出随之增大,允许多供油。但对应一个 U_K 值就对应一个 U_{KM} 值,也就确定了在该增压空气压力下,允许的最大供油量。调整 P_1 可调整作为比例运算放大器 A_1 的放大倍数。下移抽头,比例系数增大。在同一增压空气压力下,允许的最大供油量会增加。调速回路输出的控制信号是 U_C 若 $U_C > U_{KM}$,将被 U_{KM} 所钳位。调整 P_2 可调整启动供油量。

在应急情况下,为提高对主机的加速速度,常取消增压空气压力的限制作用。按下应急操纵按钮,$\bar{I}_E = 0$, G_1 输出 1, G_2 输出 0,二极管 D_4 导通,D_2 截止。A_1 同相端电压接近 5 V。D_3 导通,A_1 反相端电压接近 0 V。于是 A_1 又成为电压比较器输出高电平,A_2 输出的 U_{KM} 接近 5 V,从而取消了增压空气压力的限制。

2.转矩限制

转矩限制环节的工作原理如图 6-4-6 所示。它是按设定转速来限制最大转矩的。由电位器 P_1 调定的电压值 U_a 是转矩限制的开始转速值,一般为额定转速的 50% ~60%。设定转速 U_S 低于这个范围时,曲轴承受的扭矩不大,对转速的变化不限制,即 $U_S < U_a$ 时,二极管 D_1 截止,A_1 是电压比较器输出 0 信号,电压跟随器 A_2 输出 U_a 不变。当 $U_S > U_a$ 时,A_1 是同相输入的比例运算放大器,随着 U_S 的增大,A_1 输出按比例增大,a 点电位升高,U_a 增大,A_2 输出也随之升高,允许多供油。对应一个转速设定值 U_S,就对应一个值 U_a,也就对应了最大转矩限制下的允许的最大供油量。当 $U_a < U_C$ 时,调速器输出的控制信号 U_C 将被 U_a 所钳位。调整 PI 可调整转矩限制的开始值;调整 P_2 可调整 A_1 作为比例运算放大器的比例系数。

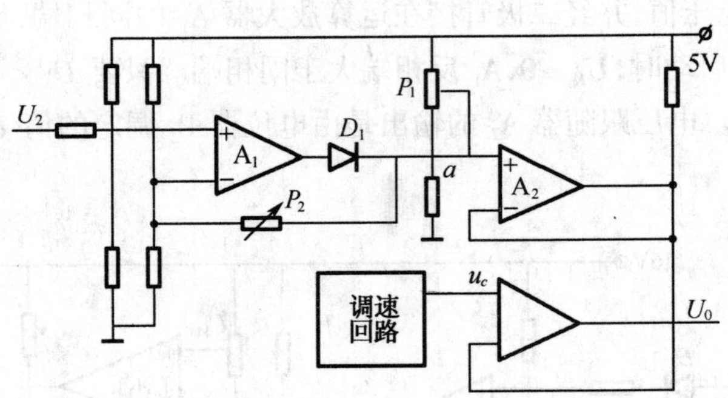

图 6-4-6 转矩限制环节的工作原理

3.最大油量限制

最大油量限制是指轮机长根据海面状况和主机的运行情况,手动限制对主机的最大供油量,防止在驾驶台遥控主机时,主机可能发生超速和超负荷现象,其油量的限制范围可在额定油量的 50% ~100% 之内调整。在应急操纵情况下,可取消这个限制。该限制回路如图 6-4-7 所示。

P_{10} 是轮机长设定的最大油量调整电位器。在没有应急操纵指令情况下,$I_E = 0$, $\bar{I}_E = 1$,二极管 D_6 截止,电压跟随器 A_{10} 输出的电压信号 $U_{P10} = U_m$。若 $U_0 > U_m$, U_0 将被 U_m 钳住,使 $U_0 = U_m$。如果按了应急操纵按钮,$I_E = 1$, $\bar{I}_E = 0$, G_3 输出 1 信号,二极管 D_6 导通,D_5 截止,A_{10} 输出的接近 5 V 的电源电压,撤销最大油量限制。

调速器输出的控制信号、增压空气压力限制信号、转矩限制信号及最大油量限制信号,

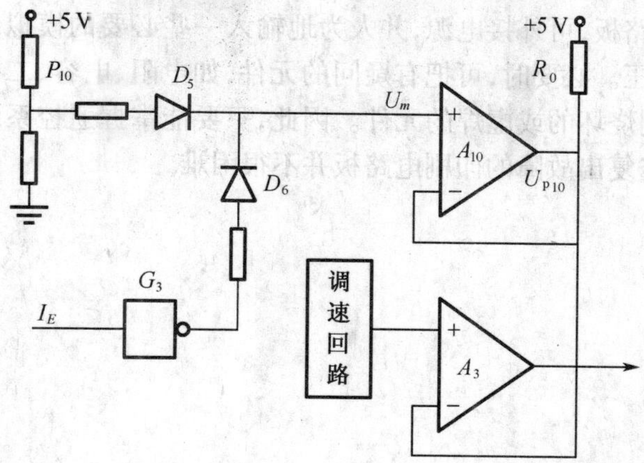

图 6-4-7　最大油量限制

经选小器输出它们之中最小的信号 U_0 送至控制油门杆的执行机构。如果执行机构采用电/液伺服器,则需把控制油量的电压信号 U_0 经 U/I 转换器,成比例地转换成 0 ~ 10 mA 或 4 ~ 20 mA 的电流信号,送至电/液伺服器的线圈,若采用气动执行机构去控制油门杆,则需把 U_0 经 U/I 转换器转变成电流信号,再经 I/P 转换器,最终把 U_0 转换成气压信号。执行机构的这两种方式,在实际中都有应用,前者居多。

第五节　电气混合式主机遥控系统管理要点

AUTOCHIEF - Ⅲ型无触点电 - 气结合主机遥控系统的管理使用方法,与其他类型的主机遥控系统类似。备车完毕后,一般是转到驾驶台遥控主机。当电动逻辑回路出现故障时,可转至集中控制室,利用一套气动逻辑回路来操纵主机。只有这两处遥控部位操纵主机均失灵的应急情况下,可到机旁利用主机原有的操纵机构来操纵主机。操纵部位的转换是方便的。

关于气动遥控系统的管理要点,与前面介绍的类似,关键仍是要管好气源装置,使控制空气清洁。为了能更快地查出和排除故障,也可建立类似前面介绍的故障诊断流程图。根据故障现象,可大大减少所要检查阀件的数量。该遥控系统的气动逻辑回路是由集成气路组成的。所谓集成气路是指,在控制阀箱中,所有的气动阀件都装在一块气路板上,阀件与阀件之间是不用紫铜管,而是靠在气路板上预先钻好的气孔连接起来的。这样,结构紧凑、体积小、密封性好、使用寿命长,但对阀件的拆装带来一定的困难。不过,在气路板的两边设有检查主要阀件的带有单向阀的管接头。用控制阀箱中所配备的压力表,把其管接头插在相应的管路上,就能立即知道某阀件输出压力是否正常,这对检查故障是非常方便的。气动遥控系统使用较长一段时间以后,应从控制阀箱中把气路板连同阀件一起拆下来,清洗气路板的气路,以防止被污物堵塞;清洗各种阀件,更换已老化或有擦伤痕迹的密封圈。

在电动遥控系统中,它是由几块印刷电路板组成的。每一个逻辑回路或几个逻辑回路做成一块印刷电路板,它的自检功能是比较强的。在印刷电路板的端面有绿色和红色发光二极管(这些二极管在图中大多数已画出),根据它们的亮灭情况,就可判断故障出在哪块印刷电路板上。用备件板更换出故障的印刷电路板，驾驶台遥控系统就可继续使用。对更换下来有故障的印刷电路板，可外接电源，并人为地输入一些必要的模拟信号，再用万用表逐个量取各元件的端电压。必要时，可把有疑问的元件，如电阻、电容、二极管、晶体管等焊下来测量检查，总会找到烧坏的或虚焊的元件。因此，只要能掌握遥控系统的功能，熟悉各逻辑回路的电路原理，修复出故障的印刷电路板并不很困难。

第七章　微机式主机遥控系统

前面已经讲过的气动遥控系统和电气混合式遥控系统都属于常规型主机遥控系统。在这种系统中,主机的启动、换向、制动和调速等功能都是由相应的控制回路实现的。一旦控制回路确定以后,遥控系统的功能则随之确定,要增加或改变遥控系统的功能就要增加或改变实现这一功能的控制回路。而用微机控制的主机遥控系统则不同,遥控系统的功能是由预先编制的程序来实现的,要增加或改变功能,只要改变实现这一功能的软件程序,而不需要改变硬件结构。因此微机式主机遥控系统的适应性强,使用灵活,功能齐全,能使用各种类型主机的要求,在船上获得了较为广泛的应用。本章以挪威 NORCONTROL 公司生产的 AUTOCHIEF－Ⅳ型主机遥控系统为例,来说明微机式遥控系统的工作原理和使用方法。

第一节　概　　述

一、AC－4 系统的组成

AUTOCHIEF－Ⅳ型主机自动遥控系统(简称 AC－4 系统)以微机作为主要技术手段,它把 AUTOCHIEF－Ⅱ系统的设计思路和 MAN－B&W 主机的运行特点作为软件设计的基础,AC－4 系统的组成和分布情况如图 7－1－1 所示。AC－4 系统分主机遥控系统、安全保护系统、车钟系统、数字式调速系统四个部分。

1. 主机遥控系统

主机遥控系统主要由驾驶台控制单元、集控室控制单元、启动空气变送器、转速传感器等组成,其主要工作特点有:指令发送采用串行通信技术;启动程序中设有启动闭锁控制、慢转启动、通常的压气启动、重复启动、重启动以及发送启动失败报警信号等组成内容;供油调速中设有速率控制及转速限制。

2. 安全保护系统

安全保护设备可以对重要参数进行监视,并将安保指令引向遥控系统,例如:故障减速运行,可以提供 14 个监视通道;故障停车,可以提供 6 个监视通道;超速保护并提供专用的复位环节;应急停车等。

3. 车钟系统

车钟系统的主要功能是:把车钟指令发送到集控室或机侧,又可以把遥控指令以串行通信方式发送到遥控系统和车钟打印机;通过辅车钟可以实现备车、运行、完车三种状态在驾、集之间的信号联系;可以对错向、电源等故障进行监视。

4. 数字式调速系统

数字调速系统的主要功能是:接受驾驶台、集控室车钟指令,并对转速进行数字式调节控制;实现最高转速限制、减速运行限制以及临界转速的自动避让和快速通过;实现最大供油限制、扫气压力限制和扭矩限制;实现各种工况下调速器放大倍数的控制。

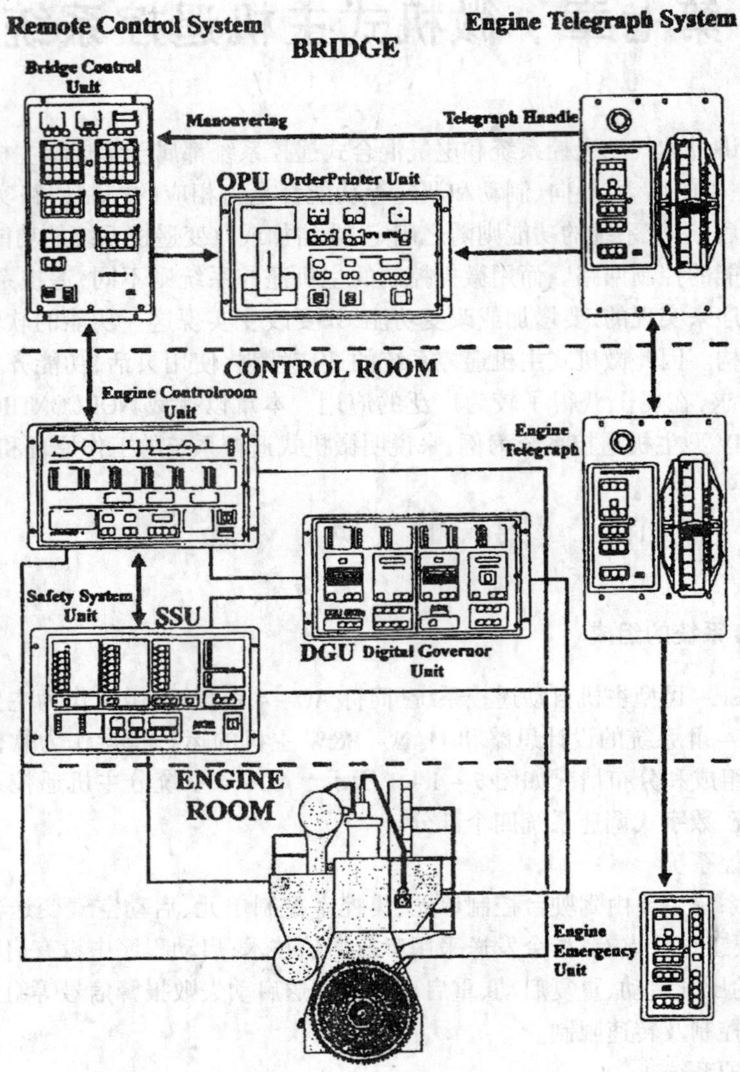

图 7－1－1 AC－4 系统组成和分布框图

二、AC－4 系统的硬件结构

AC－4 系统简化后的硬件结构方框图如图 7－1－2 所示。系统的主要硬件是 Intel 8088 微机控制系统以及两路合用的全双向 RS422(或 20mA 电流回路)通信网络。其中,数字式调速器 DGS 8800e 有两套 Intel 8088 微机控制系统,图中只画出了一套。另外,车钟单元 ETU 和车令记录单元 OPU8810 也是微机控制并带通信功能的,图中并未画出。

Intel 8088 微机控制系统的硬件组成和规模大致相同,它们都由微处理器主板(Processor Card)、扩展 I/O 接口板(Extention Card)和 I/O 适配板(Adapter Card)组成。

1.微处理器主板

微处理器主板上主要有:8088 CPU 芯片一块、32K 的 RAM 芯片一块、2K 的 EEPROM 芯片两块、64K 的 EPROM 芯片两块、1K 的 ROM 芯片 2 块等存储器芯片、可编程并行接口 8255

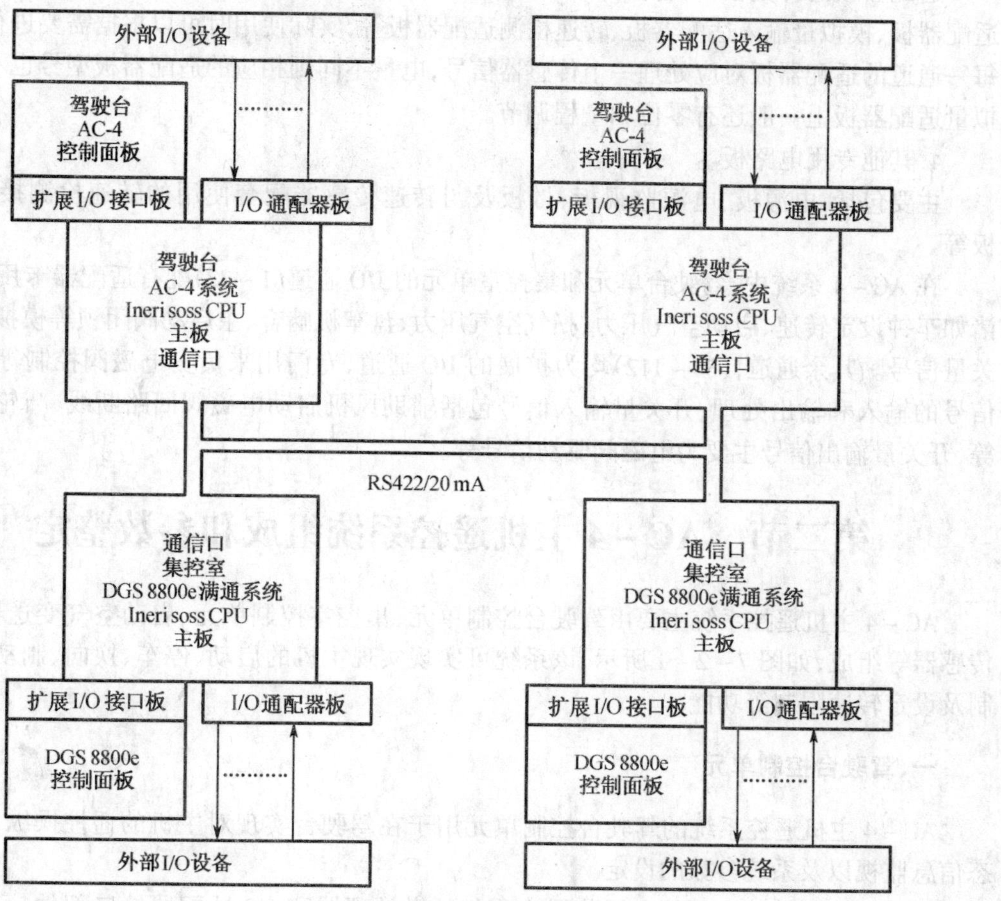

图 7-1-2　AC-4 系统硬件结构框图

芯片3 块、转速检测计数器芯片等 I/O 接口芯片。

微处理器主板具有运算、存储及部分 I/O 控制等多种功能。部分 I/O 控制主要是完成控制面板上指示灯、按钮和 LED 显示器等设备的输入/输出控制亦即控制面板上的 I/O 设备直接与主板上的接口芯片相连。EPROM 中存放系统的基本程序如 AC-4 系统的启动程序、换向程序、停车程序等,EEPROM 中存放系统的重要参数,如 AC-4 系统的启动油量、发火转速、临界转速、加减速速率、最低稳定运行转速等。

2.扩展 I/O 接口板

扩展的 I/O 接口板用来负责部分重要的开关量设备(如报警继电器、电磁阀等)的输入/输出控制。输入/输出信号通道无适配器,但有光电隔离器,具备完善的 I/O 接口功能。

扩展的 I/O 接口板的主体是通用并行接口芯片 8255,扩展的 I/O 接口板的通道编号在 CH 32 之后。

3.适配器板(Adaptor Card)

适配器板插装在母板上,其主要任务是实现外部 I/O 信号与微处理器主板上的 I/O 信号的匹配(即将外部的开关量和模拟量输入信号转换成统一标准信号,送至微处理器主板的 I/O 接口芯片),或将微处理器主板送出的信号经转换处理后驱动外部 I/O 设备。

适配器板的种类很多,包括:开关量输入适配器板、开关量输出适配器板、计数脉冲输入适配器板、模拟量输入适配器板、转速检测适配器板等,实际使用时可以根据需要进行选配。每一通道的适配器板对应处理一个传感器信号,电量不同则相应的适配器板型号也不同,模拟量适配器板上一般还有零位和量程调节。

4.其他专用电路板

主要包括:电源板、电源监视板、母板及与转速传感器配套使用的转速检测接口电路板等。

在 AC－4 系统中,驾驶台单元和集控室单元的 I/O 通道(1～32)配有适配器卡用来处理诸如车钟设定转速、启动空气压力、扫气空气压力、盘车机啮合、主启动阀闭锁等模拟量和开关量信号。其余通道,(33～112)均为扩展的 I/O 通道,专门用来负责电磁阀控制等开关量信号的输入和输出处理,开关量输入信号包括辅助风机启动电磁阀回路断线、凸轮轴位置等,开关量输出信号主要为电磁阀驱动信号等。

第二节 AC－4 主机遥控系统组成和参数整定

AC－4 主机遥控系统主要由驾驶台控制单元、集控室控制单元、启动空气变送器、转速传感器等组成,如图 7－2－1 所示,该系统可实现实现主机的启动、停车、换向、制动逻辑控制及设定转速限制等功能。

一、驾驶台控制单元

AC－4 主机遥控系统的驾驶台控制单元用于在驾驶台实现对主机的遥控操纵、系统状态信息监视以及系统参数的设定。

驾驶台控制单元内部的电子装置主要包括微处理器和 I/O 适配器接口部件,适配器接口部件的任务是采集和转换来自或送往现场的输入/输出信号,微处理器负责对这些输入/输出信号进行处理并与集控室控制单元进行数据通信。

驾驶台控制面板如图 7－2－2 所示,主要由 LED 数字显示器、报警指示灯、取消功能按钮、试灯及参数设定功能按钮、操纵位置请求按钮及报警应答按钮等组成。

1.多用途 LED 显示器

在正常情况下,3 个显示器分别显示“启动空气压力”、“车令设定转速”和“主机实际转速”。在查询和修改参数时,3 个显示器又可显示系统参数或 I/O 通道参数。3 个显示器下方的按钮(DOWN,UP,LOWER,RAISE,ENTER)仅在查询和修改参数时使用,“TEST”按钮可用于系统实验。

2.报警指示灯(ALARM)

报警指示灯分成“主机安全保护报警”和“其他报警”两部分。

主机安全保护报警包括不可取消和可以取消的故障停车和故障减速保护,即:SHD NONCANCEL,与 SHD CANCELLABLE、SLD NONCANCELLABLE 与 SLD CONCELLABLE,显示正在执行的故障停车或故障减速保护(SHD ACTIVATE 和 SLD ACTIVATE)及超速和应急停车报警指示。

其他报警包括启动失败、启动闭锁、主机未准备好(启动)、集控室控制屏故障、安全保护装置故障、车钟系统故障和调速器故障,“SYSTEM FAILURE”则表示遥控系统自身有故障。

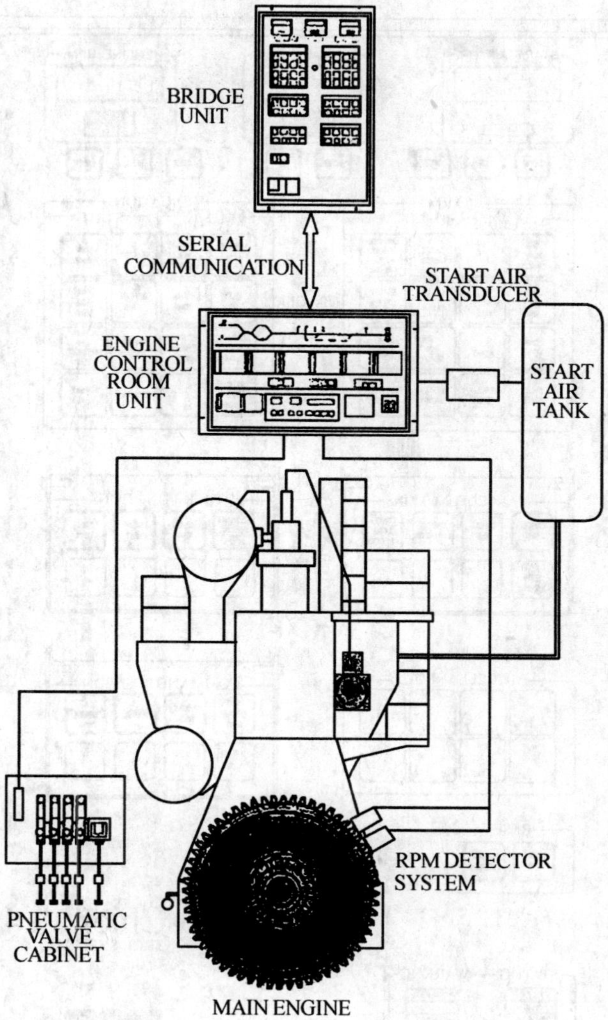

图 7-2-1 AC-4 主机遥控系统组成框图

3.状态指示灯(INDICATION)

状态指示灯分成“设定转速限制”指示和“系统工作状态”指示两部分。

设定转速限制指示有 7 项,包括手动最大转速限制、加速负荷程序、减速负荷程序、加速速率限制、临界转速限制等,例如:

ROUGH SEA LIMIT 恶劣海况方式起作用时灯亮,此时主机转速被限制。

START SETPOINT 主机完成启动、供启动油量时灯亮。

系统工作状态指示包括正常启动、慢转启动、重复启动、启动时间太长、启动空气压力过低、停车等,例如:

CRASH ASTERN 快速倒车。将车钟手柄从正车全速扳至倒车全速或反之时灯亮。

HADLE MATCH 转速匹配。在进行 BC/ECR 转换时,若两处的车令设定转速信号一致,则灯亮。此灯可用来实现在主机运行状态下操纵部位的无扰动切换。

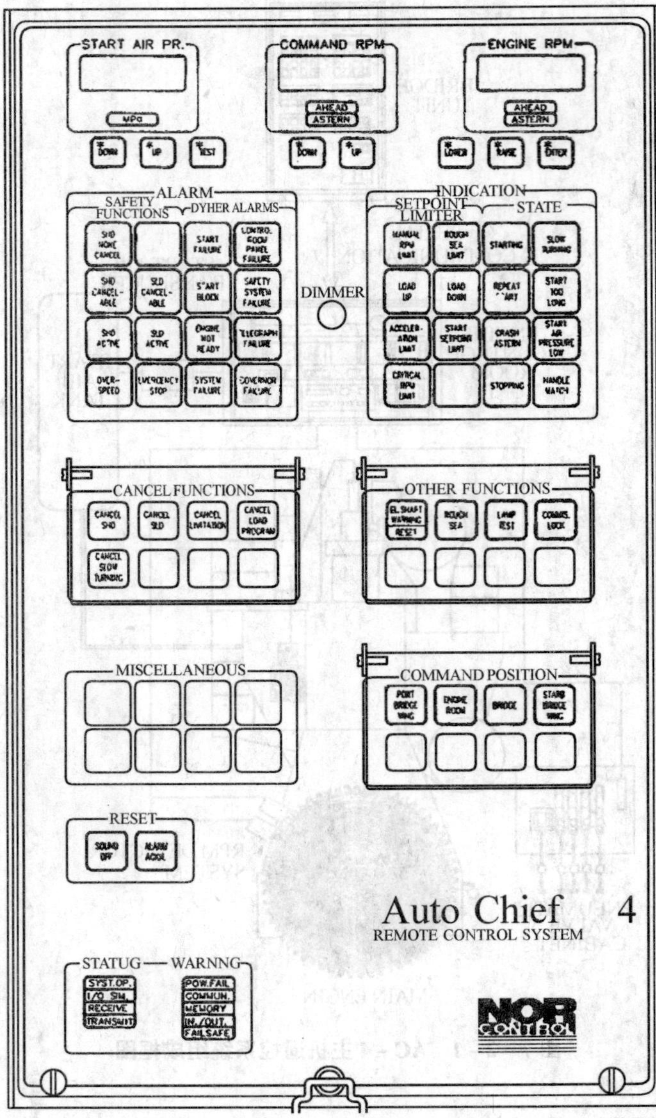

图 7-2-2 驾驶台控制单元面板图

4.功能按钮

控制面板的中间是功能按钮,均带有外罩以避免误操作。

取消限制相当于应急运行,包括:取消 SHUT DOWN 或 SLOW DOWN(越控操纵)、取消转速限制、取消负荷程序、取消慢转启动。其中,按下"CANCEL LIMITATION"按钮后,可以取消轮机长手动转速限制、电子调速器中的限制(包括转速限制、负荷限制等)。

专用功能按钮包括:轴带发电机警告(EL SHAFT WARNING)、恶劣海况(ROUGH SEA)、试灯(LAMP TEST)和调试密码锁(COMMIS LOCK)按钮。

5.主机操纵部位转换请求按钮

分别是驾驶室、驾驶室左右两舷、集控室四个部位的操纵转换请求按钮。

6.微机系统状态指示灯和故障指示灯

位于面板左下角，详见集控室控制单元面板介绍。

二、集控室控制单元

集控室控制单元可以用来实现对主机的遥控操作、系统状态信息监视和系统参数设定，其硬件与驾驶台控制单元基本相同。

集控室控制面板如图 7－2－3 所示。控制面板的上部是由 LED 指示灯组成的过程状态流程图(MIMIC 图)。中部从左往右依次是：工作状态指示灯、设定转速限制状态指示灯、启动故障启动闭锁指示灯、主机不满足启动条件指示灯、系统报警指示灯、系统故障指示灯以及参数设定按钮、消声消闪按钮、启动故障复位按钮、操纵部位转换按钮、钥匙开关。控制面板的下方中央是三个 LED 显示器，分别显示"OP. CODE"、"PARAMETER"和"VALUE"。

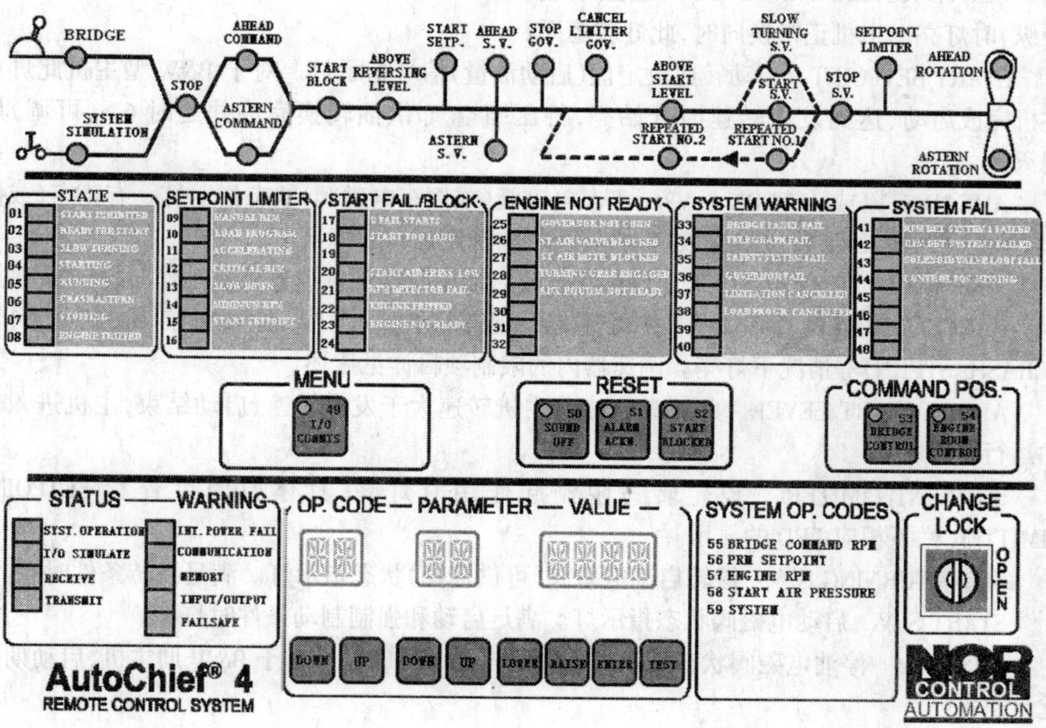

图 7－2－3　集控室控制单元面板图

集控室控制单元的主要功能是：显示遥控系统启动、停车、换向等控制过程的状态流程；显示过程信号值和过程报警状态；输入启动空气变送器和转速检测传感器的信号；输出启动、停车、正车、倒车等气动电磁阀的控制信号；输出转速设定信号到电子调速器或 I/P 转换器（仅对 PGA 调速器）；设定过程信号和报警参数。

(一)MIMIC 状态图

如图 7－2－4 所示，MIMIC 状态图可以用来形象地显示遥控系统启动、停车、换向等控制过程的状态流程及转速限制状态。其中：

BRIDGE　驾控指示灯。

SYSTEM SIMULATION　模拟试验指示灯。按下 DGS8800e 调速器控制面板上的模拟车

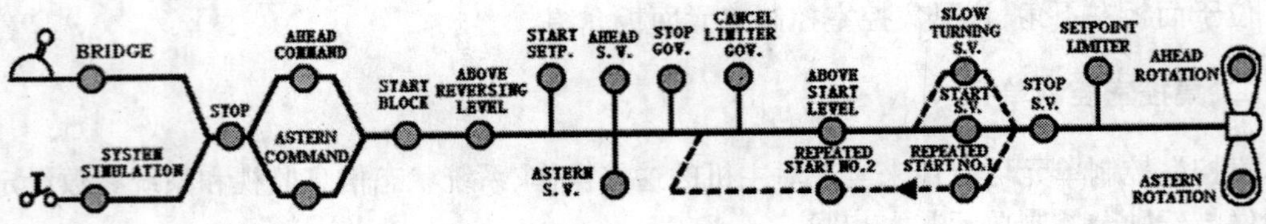

图 7-2-4 集控室面板 MIMIC 状态图

令按钮CMD、系统进行模拟试验时灯亮。

START BLOCK 启动闭锁指示灯。该灯亮时，在“START FAIL/BLOCK”栏下的某个 LED 也将发光，指示导致启动闭锁的具体原因。

ABOVE REVERSING LEVEL 超过换向转速指示灯，应急换向（如进行 CRASH ASTERN 操纵）时灯亮。主机正常换向时，此灯应熄灭。

START SETPOINT 启动转速设定值（启动油量）信号指示灯。对于 B&W 型主机此灯在主机完成启动、达到发火转速时开始亮，待压缩空气/供油转换完成并延时 6 s（可调）后熄灭。

AHEAD S.V（或 ASTERN S.V） 正车电磁阀（或倒车电磁阀）状态指示灯。有正车（或倒车）车令时开始发光，待主机完成启动，转入供油稳定运行后熄灭。

STOP GOV 在 STOP、SHUT DOWN 状态或启动中断期间调速器停止工作时，此时灯亮。

CANCEL LIMITER GOV 取消调速器内限制的指示灯。在重复启动、快速倒车（CRASHASTERN）等情况下灯亮。调速器内的限制项目详见后述。

ABOVE START LEVEL 此灯亮意味着主机转速大于发火转速、启动结束，主机进入供油运行状态。

SETPOINT LIMITER 设定转速限制起作用时灯亮，具体原因可查看 SETPOINT LIMITTER 栏下相应 LED 的显示。

SLOW TURNING S.V 慢转启动电磁阀（可供选择）状态指示灯。满足慢转条件时亮。

START S.V 启动电磁阀状态指示灯。满足启动和强制制动条件时灯亮。

STOP S.V 停油电磁阀状态指示灯。满足停油条件时亮。对于 B&W 刑主机，启动期间此灯也亮。

（二）状态/报警指示灯

1. STATE（状态）

用来显示系统的状态，包括禁止启动、准备启动、慢转启动、正在启动、运行、快速倒车、正在停车和故障停车，其中：

START INHIBITED 主机由于 START FAIL BLOCK 或 ENGINE NOT READY 栏下显示的原因导致启动失败而禁止启动，此时灯亮。

ENGINE TRIPPED 主机因 SHUT DOWN，OVERSPEED 和 EM STOP 而停车的情形下，指示灯发光。

2. SETPOINT LIMITER（设定转速限制）

系统对车令设定转速的限制起作用时灯亮，限制包括手动最大转速限制（轮机长限制主机手动转速限制）、负荷程序、速率限制、临界转速避让、故障减速限制、最小运行转速限制、启动转速限制等，其中：

ACCELERATION　速率限制。加速和减速速率限制各分为两段,转折点可调(一般为75%MCR转速)。

START SETPOINT　启动转速(对应启动油量,包括正常启动和重启动油量)限制。B&W主机在启动成功后进行压缩空气/燃油转换,以启动油量获得一个稳定转速,供启动油量时间通常调整为6 s。

必须注意的是,经过限制处理后的车令设定转速是调速器的转速给定值。

3.START FAILBLOCK(启动失败/闭锁)

此组指示灯反映主机的启动故障情况,前三项属于启动失败,后四项属于启动闭锁(即不满足启动的准备条件,主机不能启动)。其中:

THREE FAIL STARTS　三次重复启动失败。

START TOO LONC　一次性启动失败(在规定的时间内未达到发火转速)。

SLOW TURNING FAIL　慢转启动失败。

START AIR FPESS LOW　启动空气压力低(如低于1.5 MPa)。

RPM DETECTOR FAIL　两套测速装置均出故障,此灯亮。测速装置1或测速装置2有故障,则由"SYSTEM FAIL"栏下的LED41、42显示。

4.ENGINE NOT READY(主机未准备就绪)

此组指示灯反映主机的备车情况,只要有一个LED发光,就禁止主机启动。其中:

GOVERNOR NOT CONN　调速器的执行电机未与燃油调节杆相连时亮,亦即机旁调速连接机构(冲击手轮)未转到遥控位置。

ST AIR VALVE BLOCKED　主启动阀阻塞(关闭),如主启动阀上的止动板不在"启动"位置等。

TURNING GEAR ENGAGED　盘车机啮合

AUX BLOWER FAILURE　辅助风机故障。驾驶台操纵时,辅助风机有故障,主机是无法启动的。辅助风机采用双位控制。

5.SYSTEM WARNING(系统警告)

指示遥控系统设一备故障和某些应急操纵,其中:

BRIDGE PANEL FAIL　驾驶台AC-4制单元有故障(如通信错误)时灯亮,此时应该将操纵场所转换到集控室。

LIMITATION CANCELLED　驾驶台按下"CANCEL LIMITATION"按钮后灯亮。

LOAD PROGRAM CANCELLED　驾驶台按下"CANCEL LOAD PROGRAM"按钮取消负荷程序,此时灯亮。

6.SYSTEM FAIL(系统故障)

RPM DET.SYSTEM 1(RPM DET.SYSTEM 2)测速系统1(2)有故障时灯亮。

SOLENOID VALVE LOOP FAIL　电磁阀(正车、倒车、停车、慢转、启动电磁阀)线圈回路有故障时此灯亮,此时可在集控室AC-4控制面板上选择参数OP.CODE 43,然后将其"PARAMETER(参数)"调为"LF",观察"VALUE"的显示值(0~9),以确定到底是哪个电磁阀有故障。

CONTROL POS MISSING　操纵场所选择失效(包括操作错误和信号故障)。

7.STATUS/WARING(控制单元状态/警告)

驾驶台和集控室控制面板分别有9个相同的LED。

(1)STATUS(系统状态显示,黄色 LED)

SYST.OPERATION　系统正常工作时亮。若不亮,则可采取以下措施:

①检查装置内部电源开关是否在“ON”位置;

②将钥匙开关转至“OPEN”位置,按下试灯按钮;

③检查“WAII”栏下是否有 LSD 发光;

④进行故障查找。

I/O SIMULATE　I/O 信号模拟。如将输入输出通道的参数类型“SI”设置为“TURE”进行模拟试验时灯亮。

RECEIVE 和 TRANSMIT　接受和发送数据指示 LED,系统串行通信正常时两个灯应交替闪烁。

(2)WARNING(系统警告,红色 LED)

INT.POWER FAIL　AC-4 控制单元内部电源有故障。

COMMUNICATION　串行通信有故障。

MEMORY　内部存储器有故障。

INPUT/OUTPUT　I/O 通道设置有问题(通常在调试期间)时亮。

FAIL SAFE　此灯亮表明系统因安全原因已停止程序运行。

(三)按钮和显示器

1.COMMIS(调试)

I/O COMMIS.OP.CODE　正常运行时,“I/O COMMIS.OP.CODE(49)”按钮上的 LED 熄灭显示器显示系统参数(OP.CODE 编号、参数类型和数值大小)。按下按钮,LED 稳定发光,显示器显示 I/O 通道参数(通道号、参数及数值)。

2.RESET(复位)

START BLOCK　“启动闭锁”故障排除后,按下此按钮可进行复位,可代替将驾驶台车钟手柄扳回零位的复位操作。

3.COMMAND POS(车令位置)

亦即操纵场所请求按钮。按下此按钮,请求(或应答)驾驶台控制或集控室控制,扳动集控台上的“BC/ECR”转换开关后请求才生效。

4.TEST 按钮

系统试验和试灯时使用。

5.SYSTEM OP.CODES(系统操作码)

AC-4 系统的参数有两类:系统编码参数和 I/O 通道参数。系统编码参数由操作码(OP.CODE)编号、参数和数值大小三部分组成。在集控室面板上标示出 59 个系统参数,其中:

55　驾驶台车令转速;

56　送往调速器的转速设定值;

57　主机实际转速;

58　启动空气压力;

59 系统参数(包括 8 个参数,具体可查说明书)。

6.LCD 显示器和钥匙开关

“OP.CODE”显示器用来显示操作码编号或 I/O 通道编号,若 I/O 通道编号超过 99,则在末尾加“.”,表示加 100,如 02.=102;“PARAMETER”显示器用来显示参数码;“VALUE”显示器用来显示参数的数值，若参数值超过 4 位，则利用“PARAMETER”显示器交替显示 PARAMETER、VALUE 的高两位或符号。

只有将钥匙开关“CHANGE KEY”放在“OPEN”位置时，才能进行参数的修改，调试结束后应将其转到“LOCK”位置。

集控室控制面板和驾驶台控制面板是相互关联的，使用中需要注意下列问题。

(1)启动闭锁

启动主机时，要注意复位“START BLOCK”和“ENGINE NOT READY”信号。

当备车结束后，将驾驶台车钟手柄置“STOP”位，或在集控室控制面板上按一下“RESET START BLOCK”按钮，即可复位“START BLOCK”和“ENGINE NOT READY”报警指示。在驾驶台控制面板上则相应地设有“START BLOCK”、“ENGINE NOT READY”报警组灯，同时还单独设置有“启动空气压力低”报警灯。

(2)慢转启动

如果主机停机超过 30 min，则在驾驶台起启动主机时，系统将首先自动开启慢转启动电磁阀，供给有限的启动空气到主机，使主机慢转一周，如果在设定的时间内完成慢转，则自动进入正常启动控制。如果在设定时间内没完成慢转，则集控室“SLOW TRNING FAILURE”和驾驶台“START FAILURE”用户报警灯亮。

按下驾驶台控制面板上的：“CANCEL SLOW TURNING”按钮可以取消慢转功能。

(3)正常启动

正常启动时，启动电磁阀动作，向主机供给正常的启动空气。与此同时，系统向调速器提供一个固定的启动转速设定值(对应一个固定的启动油量)。当主机转速达到气/油切换转速时，切断启动空气，开始供启动燃油。启动转速设定值将持续 6 s(可调)，然后按驾驶台车令设定转速送往调速器控制燃油量。

(4)重复启动

如果启动空气被切断后，主机转速又降至发火转速以下，则系统将自动进行第二次或第二、三次试启动，同时驾驶台和集控室控制面板上的“REPEATED STARTS”指示灯亮。第二、三次试启动是启动转速较高的重启动，同时调速器中的增压空气压力限制和转矩限制将被取消。若三次试启动失败，系统将给出三次启动失败(THREE FAIL STARTS)报警。

如果在规定时间内未达到气/油切换转速，则给出启动时间太长(START TOO LONG)报警。

启动故障的复位可通过驾驶台车钟手柄置“STOP”位来实现。

(5)负荷程序

离港时，可以通过将驾驶台车钟手柄置于最大正车转速(MAX AHEAD)位置，获得最大持续转速 MCR，即“LOAD PROGRAM”的最后稳定运行转速。在向最大持续转速 MCR 的加速过程中，驾驶台面板上的“LOAD UP”和集控室面板的“LOAD PROGRAM”指示灯亮，正常的加速过程时间是 30min(可调)，当达到 MCR 转速时，加速程序停止，上述两个指示灯都熄灭。

进港时，将驾驶台车钟手柄从“MAX AHEAD”扳向“FULL AHEAD”，则系统自动开始执行降速负荷程序，在此过程中，驾驶台面板上的“LOAD DOWN”和集控室面板土的“LOAD PROGRAM”指示灯亮。降速过程时间大约需要 15 min(可调)。如果在降速过程中，将驾驶台车钟手柄扳向“FULL AHEAD”以下，则降速负荷程序将被中断。如果在降速负荷程序结束之前，将车钟手柄扳向“MAX AHEAD”位置，则系统将从当时转速开始执行负荷程序加速过程，这时的加速时间显然比正常负荷程序时间缩短。

负荷程序可以通过驾驶台上的“CANCEL LOAD PROGRAM”按钮取消，同时，集控室上的“LOAD PROGRAM CANCELLED”指示灯会亮。

(6)临界转速避让

如果驾驶台车令落在临界转速区内，驾驶台和集控室面板上上的“CRITICAL RPM LIMIT”指示灯亮。在加速过程中，主机转速将维持在临界转速区的下限值上；在减速过程中，将维持在临界转速区的上限值上。

(7)故障减速

“SLOW DOWN”信号由 SSU 8810 安全保护系统检测并发送到 AC－4 主机遥控系统和 DGS 8810e 数字调速器。安全保护系统首先给出 SLOWW DOWN 的预报报警，使得驾驶台上的“SLOW DOWN CANCELLABLE”或“SLOW DOWN NON CANCELLABLE”指示灯亮。对于“SLOW DOWN CANCELLABLE”，经过一个延时，驾驶台“SLD ACTIVATED”指示灯亮，主机转速被限制在“SLOW DOWN”转速上，通常“SLOW DOWN”转速被设置为“SLOW”转速(可调)。对于“SLOW DOWN NON CANCELLABLE”，则故障减速立即起作用。

在“SLOW DOWN CANCELLABLE”指示灯亮的期间，按下驾驶台控制面板上的“CANCEL SLOW DOWN”按钮可以取消 SLOW DOWN 作用。

(8)停车

当车钟手柄扳向“STOP”位置，主机将自动停机。这时停油电磁阀动作，停车信号也被送到调速器，以便将燃油齿条置于零位。若正常停车失效，则可按下应急停车开关(驾驶台、集控室和机旁操纵台均有设置)，直接向安全保护系统发送紧急停车信号，实现紧急停车。

(9)快速倒车“CRASH ASTERN”

在应急运行情况下，将驾驶台车钟手柄从正车全速扳向倒车全速或反之(操作时间小于 6 s，可调)，则“CRASH ASTERN”生效，系统的工作过程如下：

①给出快速换向指令；

②驾驶台和集控室控制单元而板上的“CRASH ASTERN”指示灯亮；

③向主机发出停车(停油)信号；

④主机换向并用压缩空气制动降速；

⑤重启动转速设定值和取消限制信号被送往调速器；

⑥转速下降到倒车油/气切换转速时，切断启动空气并开始供给燃油。

(10)轴带发电机控制模式

如果船舶配备带有定频齿轮(CFC)装置的轴带发电机，AC－4 主机遥控系统必须启用轴带发电机控制模式(按下驾驶台控制面板上的“EL SHIFT WARNING/RESET”带灯按钮)，以避免在主机转速降低或 SLOW DOWN 时造成发电机跳电和全船停电。

当驾驶台车钟手柄扳至轴带发电机最小运行转速值以下时，系统自动地便主机转速保持在轴带发电机最小转速值上(延时约 60 s，可调)，待柴油发电机并入电网后再使主机转速随车令转速下降，此时发声光报警。

三、系统参数整定

AC－4 系统的参数有两类：系统编码参数(System Parameter Codes，Op. Code)和输入输出通道参数(I/O Channel Parameter)。

驾驶台控制面板上“OTHER FUNCTIONS”区域的“COMMIS LOCK”带灯按钮可以用来选

择和指示两类参数，将此按钮按下一次，LED稳定发光，显示器显示系统参数；将此按钮按下两次，LED闪光，则显示器显示I/O通道参数。

集控室控制面板上"COMMIS"区域的"I/O COMMIS OP CODE"带灯按钮也用来选择和指示两类参数：LED熄灭，显示器显示系统参数；LED指示灯平光，显示器显示I/O通道参数。

1.系统编码参数及调试

(1)系统编码参数

系统编码参数主要用于检查和整定系统软件运行过程中各种参数的状态，也用于系统软件适配于不同控制要求的组态（如慢转启动功能就可以通过Op.Code参数进行选择）。

Op.Code参数分成驾驶台单元参数和集控室单元参数、两者分别在驾驶台控制面板和集控室控制面板上进行调整。大多数Op.Code参数是可调参数，少数为只读参数。每个可调系统编码参数的结构为：操作码（Op.Code）、参数（Parameter）和数值（Value）。其中，参数（Parameter）一般还包括若干个"子参数"（如：P1、P2、t1、t2等），数值（Value）可以是数据或字母（如TRUE/FALSE等）。

(2)OP.CODE参数调整实例

如图7-2-5所示，以轮机长手动最大转速限制值（Manual RPM Limiter）的调整为例，该参数是集控室单元参数Op.Code 09，操作步骤如下：

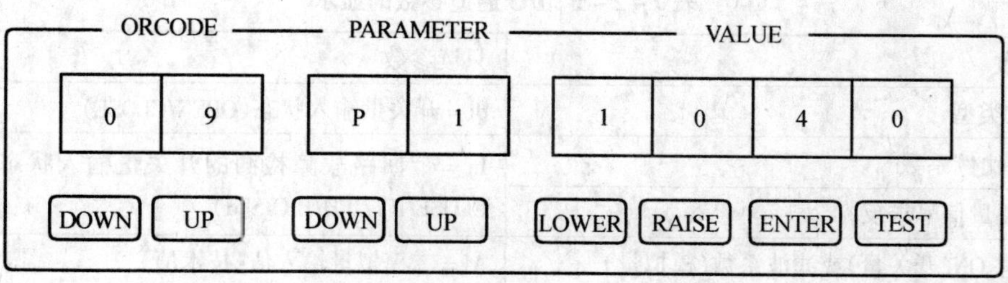

图7-2-5　轮机长手动最大转速的调整

①将集控室控制面板上的钥匙开关放在"OPEN"位置，"I/O COMMIS OP.CODE(49)"带灯按钮处于熄灭状态。

②用"UP"，"DOWN"按钮选择参数的操作码编号09，"OP.CODE"窗口上显示编号。

③用"UP"、"DOWN"按钮选择该代码的子参数（如P1、P2、P3、P4，分别是正车最大转速、倒车最大转速、恶劣海况限制转速、恶劣海况超速后的设定转速），在"PARAMETER"窗口上显示参数名。

④用"RAISE"，"LOWER"按钮调节该代码的数值（如104、70、100、60），在"VALUE"窗口上显示参数的数值，然后按下"ENTER"键。

⑤将钥匙开关转回"LOCK"位置。

2.I/O通道参数及调试

(1)I/O通道参数

在AC-4中，对每个I/O信号都要进行必要的定义，即规定信号的性质（模拟量或开关量，输入量或输出量）、二进制数的数值变化范围、定时（接通或断开时间）或进行检验、状态转换、标度变换、模拟等。如模拟量输入信号，经模拟量输入适配器电路转换成计数值"Counts"，所谓"Counts"是与A/D转换后输出的二进制数所对应的十进制数，如Count = 4095(

12 位全 1 二进制数对应的十进制数)。然后,CPU 再将“Counts”变换为标准的技术值(或称为标度值),如%,bar 等,以进行显示与报警。因此,系统中的每个输入输出信号都有 I/O 通道参数。例如:

I/O 通道 1 ~ 32 是模拟量、开关量输入输出信号的组合,每个通道都带适配器卡,通道类型可以是 dIn, I – LF、Ain、dOUt、O – LF 或 Aout。

I/O 通道 33 ~ 64 是开关量输入扩展模块(采用通用可编程并行接口芯片 8255),通道类型为 dIn。

I/O 通道 65 ~ 112 是开关量输出扩展模块(并行接口芯片 8255),通道类型为 dOUt。

附注:dIn—开关量输入; I – LF—带回路故障检测的开关量输入;

Ain—模拟量输入; AOUt—模拟量输出;

dOUt—开关量输出; O – LF—带回路故障检测的开关量输出;

I/O 通道参数的结构与系统参数相同,查看和调试方法与 OP.CODE 参数相似,不同的仅是参数的选择方法。如在集控室选择 I/O 通道参数,则应按下 COMMIS 栏下的“I/O COMMIS OP.CODE(49)”带灯按钮,使 LED 发光。如表 7 – 2 – 1 所示,可以在 AC – 4 控制而板的显示器上可以查看和修改 I/O 通道参数的设置。

表 7 – 2 – 1 I/O 通道参数的显示

可调参数	只读参数
C = 通道类型	dI = 开关量输入状态(OPEN/CLOSE)
F = 标度比例系数	In = 带回路故障检测的开关量输入状态(OPEN/CLOSE/IFL/IFH/BrO/Shrt)
Or = 开关量信号求反	
F1 = 延时 ON(开关量)或滤波系数(模拟量)	AI = 二模拟量输入值(技术值)
CK = 延时 OFF0	AP = 模拟量输入值的%显示 O
CL = 二计数值低限 O	AC = 用计数值表示的实际模拟量输入输出
CH = 计数值高限	dO = 二开关量输出状态(OPEN/CLOSE)
tL = 技术值低限	OU = 带回路故障检测的开关量输出状态(OPEN/CLOSE/IFL/IFH/brO/Shrt)
tH = 技术值高限	
Dp = 小数点(用于显示)	AO = 模拟量输出(技术值)

说明:

1. VALUE 显示器显示具体数字、通道类型及相关符号,其中,IFL = 通道输入信号低限故障;IFH = 通道输入信号高限故障;BrO = 通道回路断线故障;Shrt = 通道回路短路故障。CLOS 传感器处于闭合状态;OPEN = 传感器处于断开状态。
2. 当“PARAMETER”显示为 dI(对应 dIn),In(对应 I – LF),dO(对应 dOUt)和 OU(对应 O – LF)时,“VALUE”将会显示:OP 或 CLOS;当“PARAMETER”显示为 I – LF 或 O – LF 时,“VALUE”可能会显示 IFH, IFL, BrO, Shrt

如图 7 – 2 – 6 所示,参数的编码为 20;dI 表示该参数属于开关量输入信号;OPEN 表示该通道的传感器未动作,处于断开状态;CLOSE 表示传感器动作,处于闭合状态。

(2)I/O 通道参数调试实例

主机遥控系统中的启动、正车、倒车和停车电磁阀受集控室控制单元的“开关量输出扩

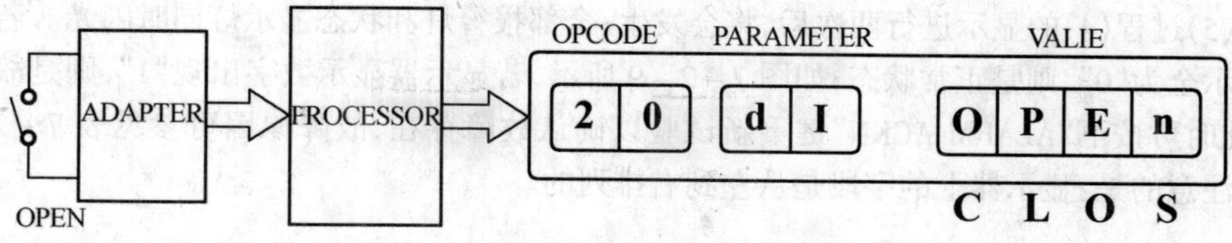

图 7－2－6　开关量输入信号的状态及显示

展接口板”的输出信号控制，4 个电磁阀对应的通道号分别为 CH65，CH66，CH68 和 CH70。可以在集控室 AC－4 控制面板上，利用 I/O 通道参数对 4 个电磁阀的实际状态进行检查。以停车电磁阀（CH70）为例，其检查步骤如下。

①在集控室 AC－4 控制而板上，如图 7－2－7 所示，按下“I/O COMMIS OP. CODE”按钮，使 LED(49)平光，进入 I/O 通道参数显示状态。

②利用 OP. CODE 显示器下方的“UP”和“DOWN”按钮，使显示器显示通道号 70，PARAMETER 显示的参数类型应该为“DO”。如图 7－2－8 所示，若不是，则可能是阀接错或参数性质选错，此时可将钥匙开关转到“OPEN”位置，然后利用 PARAMETER 显示器下方的“UP”和“DOWN”按钮进行修改。

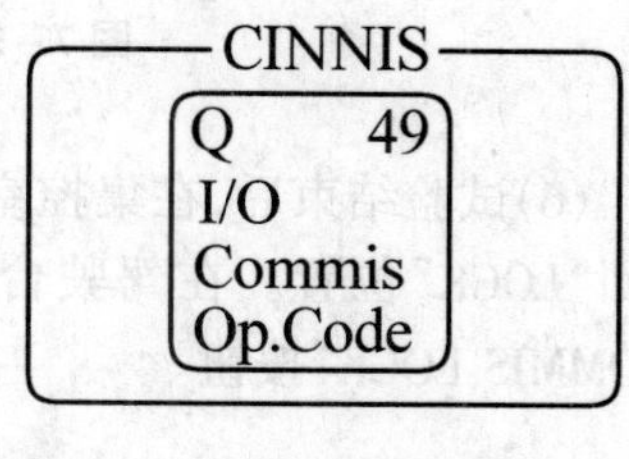

图 7－2－7　I/O 参数调整按钮

③若此时车钟手柄在停车位置，则 VALUE 显示器显示“CLOS”是正确的，否则表明通道回路或电磁阀有故障。若车钟手柄不在停车位置，主机在正常运行，则 VALUE 显示器应显示“OPEN”，如图 7－2－8 所示。

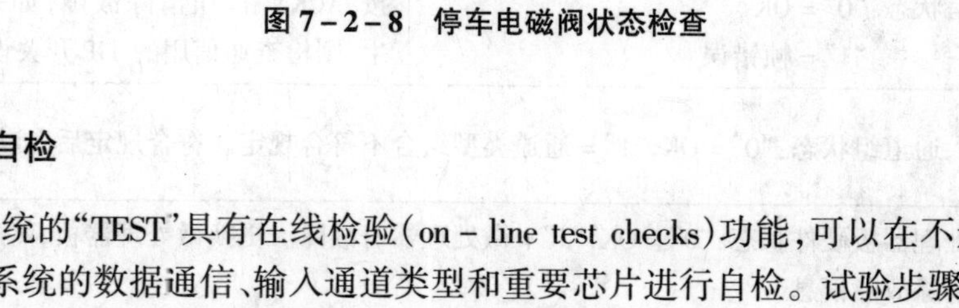

图 7－2－8　停车电磁阀状态检查

四、系统自检

AC－4 系统的“TEST’具有在线检验（on－line test checks）功能，可以在不影响系统运行的情况下，对系统的数据通信、输入通道类型和重要芯片进行自检。试验步骤如下：

(1)将集控室控制面板上的钥匙开关转到“OPEN”位置。

(2)在驾驶台控制面板上按下“COMMIS LOCK”按钮，将 OP. CODE 1 的“VALUE”由“FALSE”改为“TRUE”，按下“TEST”键。

(3)在集控室控制面板上按下“TEST”键，装置的微机程序版本在显示器上显示 5 s；全部报警和状态指示灯同时闪光。

(4)5 s 后，集控室控制面板上所有的显示窗口将同时显示数字从 0 到 9，数字显示变化两次。随后全部报警和状态指示灯将成对交替闪光显示。

(5)过程(4)的显示进行两次后,将会发生:全部报警灯和状态显示灯同时闪光。若显示器显示全为“0”,则是正常状态;如图 7-2-9 所示,若显示器显示数字出现“1”,则是故障状态,此时可按下“ALARM ACKN”键重新试验以确认故障存在,故障原因可参见表 7-2-2。值得注意的是:显示器上的字段是从左到右排列的。

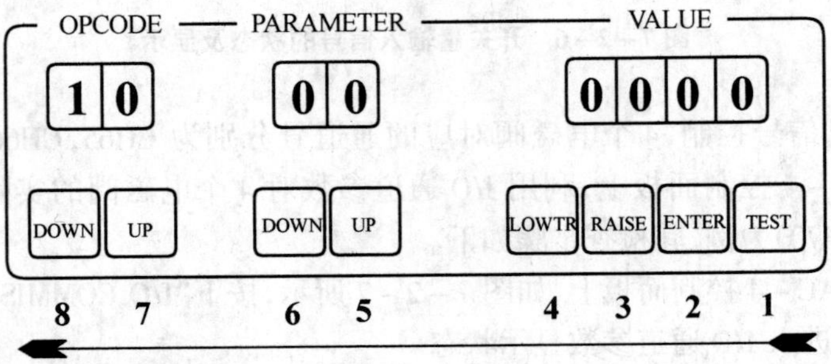

图 7-2-9 实验状态下显示器上的错误代码显示

(6)试验结束后,在集控室控制面板再次按下“TEST”键,恢复正常显示,并将钥匙开关转回“LOCK”位置。在驾驶台控制面板上,将 OP.CODE 1 的“VALUE”改回“FALSE”,按下“COMMIS LOCK”按钮。

表 7-2-2 在线实验显示器错误代码表

窗口编号	状态说明	
1	局部数据修改标记。此标记可通过主计算机的指令或关掉电源予以复位 “0”=装置初始数据不变;“1”=装置初始数据改变	
2	通信状态:“0”=OK “1”=奇偶检验错误	窗口 2、3、4 注释相同
3	通信状态:“0”=OK “1”=数据溢出错误	此故障被视为报警,由于噪声的存在,这种报警不时会发生
4	通信状态:“0”=OK “1”=帧错误	按“ACKN”按钮清除故障,如果故障立即发生,则检查通信用的 TIP 开关设置
5	输入通道组状态:“0”=OK,“1”=通道类型组合不符合规定。符合规定后自动会消除	
6	微处理器板硬件状态:“0”=OK,“1”=微处理器有故障。更换微处理器板,然后按“ACKN”按钮清除故障信息	
7	微处理器板上的 EEPROM 状态:“0”=OK,“1”=EEPROM 损坏。更换 ICU05(2864 芯片)或处理器板。注意:重新安装后,系统的初始数据将会丢失	
8	内部数据状态:“0”=OK,“1”=微处理器微处理器状况指示故障。更换微处理器板,然后按“ACKN”按钮清除故障信息	

第三节 数字调速器

一、系统的组成

DGS 8800e 是微机控制的全数字式调速器,用于低速、长冲程大型柴油机的转速控制,可以作为 AC－4 系统的调速控制单元,也可以直接接受集控室调油手柄给出的转速指令,进行主机供油的控制。DGS 8800e 调速系统的组成如图 7－3－1 所示。

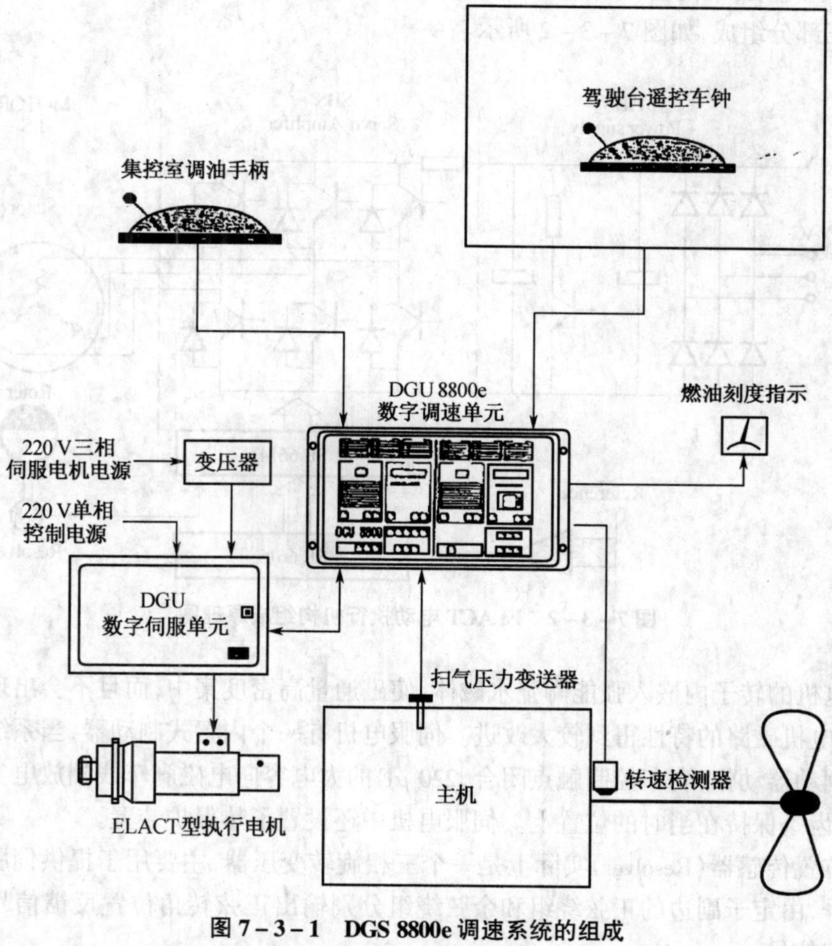

图 7－3－1 DGS 8800e 调速系统的组成

1.数字调速器单元(Digital Governor Unit,DGU)

分成调节和执行两大部分,各自以 8088 CPU 为核心,组成两个独立的微机控制。单元:转速调节单元(Regulator)和伺服执行单元(Actuator),分别完成转速一调节器功能和燃油执行器功能(以下分别称为调节器和执行器)。两个子系统所用硬件模块相同,通过 I/O 接口实现数据传送。

2.数字伺服单元(DSU)

数字伺服单元 DSU 实际上是一个变频控制单元,用于执行器马达的转动方向、转动速度和转角大小的控制。DSU 主要由 ABS 电源单元和 SBS 伺服放大器组成,前者是整流单元,后者是逆变单元。伺服放大器输出频率可变的平滑三相正弦波信号,可以减少谐波干扰,满足高精度和高动态性能的驱动控制要求,输出最大功率可达 7 kW,确保无刷伺服电机低速稳定运行。

3.测速传感器

测速装置采用冗余设计,两个感应式接近开关对飞轮安装,传感器和飞轮之间的间隙为 2.5±0.5 mm。传感器输出方波脉冲信号。装置对两个测速通道的信号进行校验,取出正确通道的值,作为转速调节的反馈信号,并进行转速显示。

4.ELACT 型电子执行器

ELACT 型电动执行机构主要由三相无刷同步伺服电动机、减速齿轮和转角位置传感器(Resolver)三部分组成,如图 7-3-2 所示。

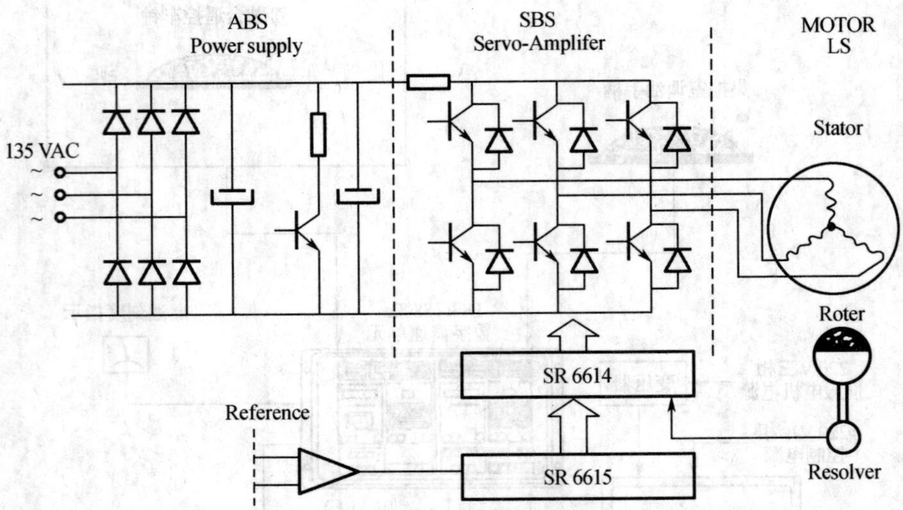

图 7-3-2 ELACT 电动执行机构组成原理图

伺服电机的转子内嵌入强能陶瓷水磁体,使磁通量高密度集中,而且不会出现意外失磁现象,因而电机磁路的特性得到较大改进。伺服电机有一个内置式制动器,当系统故障或电源故障时制动器动作,刹车控制触点闭合,220 μF 的大电容向电磁刹车线圈放电实现强力刹车,将燃油齿条保持在当时的位置上。伺服电机中还设置了热保护装置。

转角位置传感器(Resolver)实际上是一个三相旋转变压器,主要用于提供伺服电机的转角反馈信号,由定子副边的正弦绕组和余弦绕组分别输出正弦转角位置反馈信号和余弦转角位置反馈信号。

执行机构的输出位置还通过一个绝对编码器 ENCODE 进行测量,绝对编码器是一种数字式的传感器,该编码器的测量输出既是电动执行机构的位置反馈信号,又可以作为转速调节器的反馈信号。

二、系统主要功能及基木工作原理

DGS 8800e 不仅具有全制式液压调速器的所有功能,而且能充分利用微机控制的灵活性,实现多种操作方式、精确的限制功能及故障自动显示与报警,其功能的全面、强大和灵活是传统调速器无法比拟的。如图 7-3-3 所示,DGS 8800e 的主要功能包括以下内容。

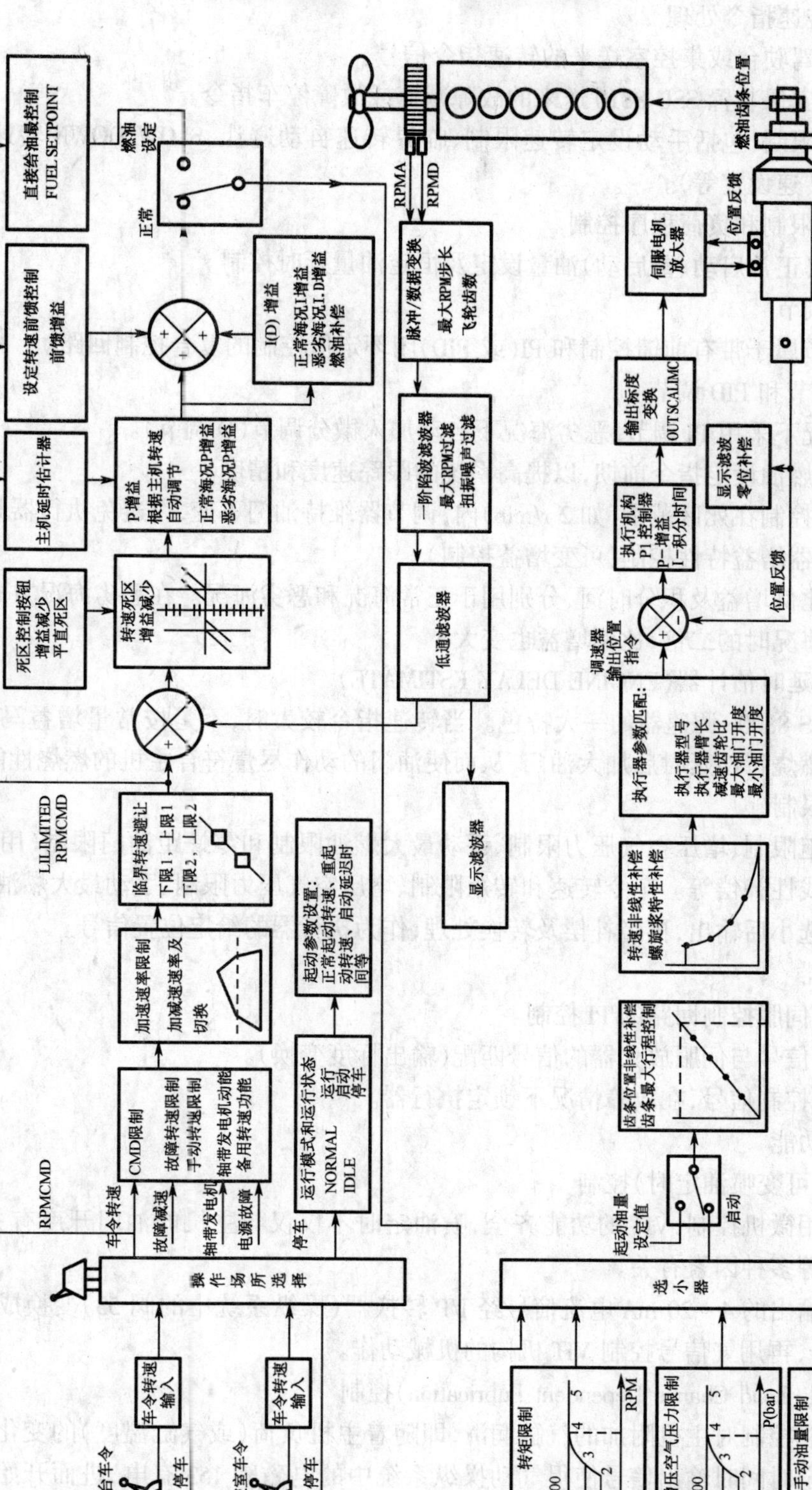

图7-3-3　DGS 8800e调速系统的功能框图

1.给定转速指令处理

(1)接收驾驶台或集控室送来的转速指令信号。

(2)接收安保装置 SSU 8810 送来的故障减速或故障停车指令。

(3)转速限制(包括手动设定转速限制、临界转速自动避让、SLOW DOWN 转速、轴带发电机的最低转速设定等)。

(4)速率限制和负荷程序控制。

(5)启动(正常启动、重启动)油量设定及恒定油量延时控制。

2.转速调节

转速调节属于带有前馈控制和 PI(或 PID)闭环定值控制的复合控制回路。

(1)PI 调节和 PID 调节

正常情况下采用 PI 调节,恶劣海况下自动加入微分调节(D 调节)。

(2)实现燃油设定指令前馈,以提高系统的跟踪速度和精度。

(3)死区控制在死区范围(如 2 r/min)内,调节器维持油门不变,以避免执行器频繁动作。

(4)调节器增益特性控制(可变增益控制)

有两套比例增益及积分时河,分别用于正常海况和恶劣海况。在恶劣海况方式下,积分时间是正常海况时的二倍,比例增益也变大。

(5)主机延时估计器(ENGINE DELAY ESTIMATE)

这是 DGS 8800e 调速器的一大特色。当转速指令较大时,不是按常量增益马上开大而是按主机的燃烧特性延时后加大油门,从而使油门的动作尽量符合主机的燃烧性能要求。

3.燃油限制

包括转矩限制、增压空气压力限制、手动最大燃油限制和零螺距油门限制(用于 CPP 系统)、低速非线性补偿等。车令转速和转矩限制、增压空气压力限制、手动最大燃油限制等信号经选小器选小后输出,再经补偿及转换处理,作为执行器的给定位置信号。

4.执行器

(1)实现伺服控制回路的 PI 控制。

(2)输出信号与伺服放大器的信号匹配(输出标度变换)。

(3)监视控制信号,在故障情况下锁定执行器。

5.其他功能

(1)VIT(可变喷油定时)控制

由于采用微机控制,VIT 的功能齐全,喷油定时不仅仅与主机的油门开度有关,还与平均指示压力等多种因素有关。

调速器输出的 4 ~ 20 mA 电流信号经 I/P 转换器(操纵系统中的阀 53)变换成 0.5 ~ 5.0 Bar 的气信号,再用气信号控制 VIT 机构的机械动作。

(2)LCDL(Load Change Dependent Lubrication)控制

这个功能控制对主机附加的气缸润滑,即随着主机负荷(或气缸温度)的变化且当负荷变化超过预定时间时输出信号使得气动操纵系统中的电磁阀 153 有电,进而开始增加气缸润滑油量。

调节器对转速输入指令进行各种必要的处理后形成转速给定值,对转速测量信号进行滤波处理后形成实际转速位,然后将两者进行比较形成转速偏差。调节器对转速偏差进行包括死区控制、可变增益控制等在内的全面处理后,综合转速指令前馈控制信号,形成输出信号。

调节器输出信号和燃油限制信号(转矩限制、增压空气压力限制、手动最大油量限制等)经选小器选小输出,再经执行器位置非线性补偿、转速非线性补偿等后形成执行器位置设定信号(油门设定信号)。

执行器的位置偏差信号经过 PI 运算处理后,进行信号的标度处理,形成伺服马达的转速指令信号,该信号经伺服放大器 DSU 处理后,输出调速控制脉冲驱动信号送至电子执行器,控制三相伺服马达转动,带动油门调节杆动作;调节油门至所需的位置,使主机转速保持在设定的转速上。

三、调速器面板

DGS8800e 有 6 种工作方式,此外还有若干个功能按钮用来实现特殊功能。工作方式选择、参数调整和系统试验等操作主要在调速器面板上进行,面板分成 Regulator 和 Actuator(调节器和执行器)两大部分,如图 7-3-4 所示。

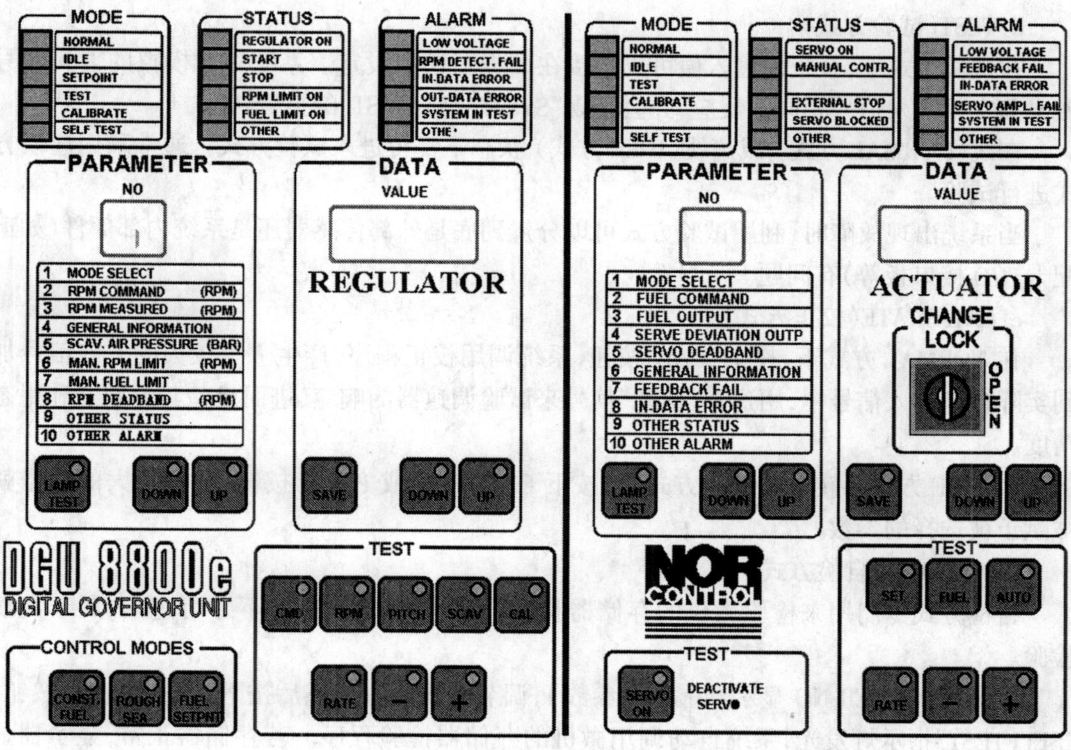

图 7-3-4 DGS 8800e 数字调速器控制面板

1. 调节器部分

(1)指示灯

①工作方式指示灯

a. NORMAL(正常方式)

车钟手柄离开"STOP"位置,系统就自动进入 NORMAL 方式。在这种方式下,系统处于正常控制(包括驾驶台遥控和集控室控制)状态。可以根据参数编号,检查所有参数的数值并进行调整和保存。

b.IDLE(空闲方式)

又称“准备方式”。接通装置的电源、车钟手柄处于“STOP”位置时,便自动处于 IDLE 方式。在这种方式下,可以进行参数的监视、修改、试验和自检。

c.SETPOINT(直接供油方式)。

又称“设定值方式”。将钥匙开关转至“OPEN”位置,按下“FUEL SETPOINT”按钮,可进入此方式。此时,调节部分的工作方式显示为“SETPOINT”和“NORMAL”,报警指示灯“SYSTEM IN TEST”发光。

在这种方式下,用车钟手柄可以直接控制油门开度(调节器被旁通,车钟信号直接发送到 DSU)。通常使“DEAD SLOW”挡转速对应 0%油门,“FULL”挡转速对应 100%油门。

在这种下作方式下,燃油限制仍然起作用,主机将不会因油门过大而过载,但容易出现超速。所以在这种模式下的加/减速操车速度不能太快。

这种方式实际上是在较机旁舒适的地方,方便、快捷地进行应急操纵,实现的是转速的开环控制。这种方式通常用于测试执行器的特性或在调节器出故障后使用。

d.TEST(试验方式)

在试验方式下,系统的输入值可以直接在面板上模拟设定。系统将对模拟的输入信号做出和实际输入信号相同的反应,并会出现“SYSTEM IN TEST”的报警。

在线(NORMAL 方式)或离线(IDLE 方式)状态下都可进入试验方式。通常采用离线方式进行试验。

当系统出现故障时,利用试验方式可以分辨到底是外部传感器还是系统内部部件(如适配卡、I/O 接口板等)有问题。

e.CALIBRATE(校正方式)

在 NORMAL 方式下,按下“CAL”按钮,系统调用校正程序,产生一个较大的方波信号加到实际转速输入信号中,用这个“扰动”信号来试验调速器的响应,进而检验其灵敏度和稳态精度。

在 IDLE 方式下转换到校正方式后,按下 CMD、RPM 或 PITCH 按钮,一个较大的信号就被赋予被选择的参数。

f.SELFTEST(自检方式)

自检方式专门用来检验微机的存储器状况。只有在 IDLE 方式下才可进入,属于离线检验。

在 PARAMETER NO 显示器上选择参数 1,调节其数值为 5,然后按下“LAMP TEST”按钮,“SELFTEST”指示灯发光,系统自动调用微机的存储器检验程序。若存储器正常,显示器显示“REG - UP”,反之显示“ERROR”。

②状态指示灯

REGULATOR ON 系统处于运行状态,主机燃油受调速器控制。

START 主机在启动过程中,油门开度处于启动供油位置。

STOP 注意处于停车状态,调速器输出的油门量为零。

RPM LIMIT ON 转速设定值收到限制,如手动转速限制、临界转速避让。

FUEL LIMIT ON 燃油调节输出受到限制,诸如手动燃油限制、转矩限制、增压空气压力限制,不能向主机供更多的油。

OTHER 显示参数 PARAMETER 9 所选择的参数的状态。

③报警指示灯

LOW VOLTAGE 指示 +5、+15V、-15V、+24V 等4组电源中的任意一组电压偏低，详细信息可由适配器板上的 LED 予以指示。

RPM DETECT FAIL 转速传感器(测速系统)硬件故障。详细信息可以由适配器板上的 LED 予以指示，或通过参数查找。

IN-DATA ERROR 来自于集控室调速手柄、驾驶台车钟或扫气压力传感器的模拟量输入信号有故障。

OUT-DATA ERROR 调节器和执行器之间的数据通信有故障。

SYSTEM IN TEST 系统处于 TEST 或 CALIBRATE 方式。

(2)参数和数据区

在 DCS 8800e 系统中，参数主要由操作码、参数编码、数值或状态三部分组成。

①PARAMETER NO 区

在参数区，用 UP/DOWN 按钮可以选择调节器所有参数的编码，并在 LED 显示器上显示。在 PARAMETER NO 显示器的下方，列出了常用的 OP.CODE 0 下的 1~10 号参数的编号及名称。

②DATA VALUE 区

若选择的参数可调(如转速限制值、燃油限制值、死区等)，则其数据或状态可以通过按下数据区的“UP”或“DOWN”按钮予以调整和显示。

③CHANGE LOCK 区

除了 OP.CODE 0 下的 01~10 参数外，其余参数的查询受到“CHANGE LOCK”钥匙开关的保护，即需要将钥匙开关转至“OPEN”位置。只有在钥匙开关处在“OPEN”位置时，所有参数才能被修改。

④SAVE 区将钥匙开关处于“OPEN”位置，按下“SAVE”按钮，便可存储调整后的数据。若在数据调整后未按“SAVE”按钮，则当断电后又恢复供电时，显示器仍显示调整前的数值。

(3)控制按钮

三个控制按钮用来选择特殊工况下的控制功能，每个按钮都带 LED 指示。

注意：DEAD BAND 和 ROUGH SEA 按钮使用时无限制，FUEL SETPOINT 按钮则要在钥匙开关处于“OPEN”位置时才起作用。

①CONST FUEL(恒定燃油控制)

该方式有两个功能(死区控制和恒定燃油控制)可供选择(通过参数 1.A4 选择)，两个功能都是为了节约燃油且主机转速都会在一定范围内波动，但两者略有区别。

若参数 1.A4 设置为“false”，则在风平浪静的情况下按下“CONST FUEL”按钮，按钮上的 LED 平光，死区控制起作用。死区范围可以调整，增加其值可以提高执行器的稳定性，但转速的控制精度会降低。

若参数 1.A4 设置为“true”，则在恶劣海况且转速指令手柄在 100% 设定值以下时按下“CONST FUEL”按钮，待 LED 由闪光转为平光后，恒定燃油控制将在一定的范围(转速变化及定时)内起作用。

②ROUGH SEA(恶劣海况控制)

在海况较差的情况下，按下按钮，LED 发光，实行“恶劣海况控制”。此时，调速器将有两大变化：①选定“恶劣海况增益”，自动调整比例增益和积分时间，以提高调速器对转速偏差的调节能力;②引入微分控制功能,使调速器由 PI 凋节自动转为 PID 调节,借助于微分的超前调节作用尽快进行转速调节并提高调节精度。

如果主机仍然超速,调速器将实行“预断油”,即当转速接近“OVER SPEED”时,系统会自动切断燃油,使主机转速下降,待主机转速降至恢复值时,再恢复燃油供给,主机转速又会上升。

③FUEL SETPOINT(直接供油控制)

此按钮的功能前面已述及。对于主机需要减缸运行的船舶,此按钮往往改为“CYL CUTOUT”。

④试验按钮

“TEST”区域的 5 个按钮用来模拟 5 种输入信号,调节器将对模拟的输入信号作出和实际输入信号相同的反应。按下上排 5 个按钮中的任何一个,就可直接从面板上模拟输入一个信号。

信号的大小用“+”、“-”按钮进行增减,信号变化的快慢则用“RATE”按钮进行选择。被模拟的参数包括:CMD(转速指令输入)、RPM(转速测量值,在 NORMAL 方式下不能使用)、PITCH(螺距,用于 CPP 系统)、SCAV(扫气压力)和 CAL(校正信号)。

2.执行器部分

(1)指示灯

①方式指示灯

与调节器部分的指示灯含义基本相同。

②状态指示灯

SERVO ON　伺服电机处于正常执行状态时亮。

MANUAL CONTR　通过“+”、“-”按钮对执行器进行手动控制。

EXTERNAL STOP　外部停车。由外部的应急停车或 SHUT DOWN/OVER SPEED 等信号作用下产生的输入指令,强制油门为零。

SERVO BLOCKED　由于严重的系统错误导致伺服执行机构阻塞。

OTHER　其他的系统状态标志,选择相应的参数可以显示进一步的附加信息。

③报警指示灯

LOW VOLTAGE　电源电压偏低。含义与调节器相同。

FEEDBACK FAIL　由执行器位置侧量装置故障导致的反馈故障。

IN-DATA ERROR　通过对输入数据的定时启检发现的故障,选择相应的参数可以显示故障的代码。

SERVO AMPL FAIL　伺服放大器(DSU、SBS、ABS 或执行器)有故障。

SYSTEM IN TEST　系统处于试验或校正方式。

OTHER　其他的系统报警或警告指示,选择相应的参数可以显示进一步的信息。

(2)参数和数据区

与调节部分相似,按下 PARAMETER NO 区的 UP/DOWN 按钮,显示器显示执行器参数的编号,同时 DATA VALUE 区的显示器将显示该参数的数值或状态。

(3)操作按钮

①“SERVO ON”按钮

“SERVO ON”按钮上的 LED 发光,表示伺服机构投入工作。LED 熄灭,表示执行器处于停车状态。

②试验按钮

TEST 区内的功能按钮在不同的方式(TEST、CALIBRATE 和 LOCAL CAL)下使用。

a.SET

在 CALIBRATE 方式和 LACAL CAL 方式下,按下"SET"按钮可以形成模拟的步进信号作为执行器的输入指令。此时,必须按下"SERVO ON"按钮(LED 发光),使执行机构能够动作。

b.FUEL

在执行器的 PARAMETER NO 显示器上选择参数 3(FUEL OUTPUT),按下"FUEL"按钮,将产生一个执行机构的模拟输出信号,并在"DATE VALUE"下显示。这一功能可以用来试验执行机构的好坏或在故障情况下分辨是执行器还是油门齿条机构有问题。

c.AUTO

在 CALIBRATE 方式下按下"AUTO"按钮就开始启用执行器的自动校正(包括零点和量程)程序。在 LOCAL CAL 方式下按下"AUTO"按钮,就开始进行执行器的零位自动调整。

下排的三个辅助按钮中"RATE"按钮用来选择模拟信号数值的变化快慢,"-"按钮用来减小模拟信号的数值,"+"按钮用来增大模拟信号的数值。

四、参数调整

调速器各种功能的实现有赖于参数的正确设置,DGS 8800e 的参数分为调节器参数和执行器参数,其中大多为可调参数,部分为只读参数。

1.调节器参数

调节器参数主要有三种类型,分别是用户参数、基本参数和专家参数。

用户参数 USER Parameters 又分为用户参数 1 和用户参数 2。用户参数 1(USER Parameters)为开放性参数,直接在面板的 PARAMETER 区域标注显示,不设钥匙保护。Op.Code0 下的 01~10 参数是用户参数 1。用户参数 2(USER2 Parameters)为受保护参数,即受到钥匙开关的保护,一般情况下不得随意更改。

基本参数(Basic Parameter)主要包括主机数据(型号、气缸数目、转速及负荷等)、启动油量、转速设定参数(发火转速、最小运行转速等)、电子执行器(型号及性能指标等)。基本参数是受保护参数,一般情况下不得更改。

专家参数(Expert Parameter)主要包括车令转速限制、车令转速速率限制、临界转速区设置、测量转速滤波、D 增益、P/I 增益、最大燃油限制、转矩限制、扫气压力限制、恒定燃油控制、低速非线性补偿、报警值调整等。专家参数属于受保护参数,用户只能根据主机的运行工况,对某些参数作针对性的调整。

由于调节器的参数过多,而显示器的位数有限,故将参数按 Op Code(操作码)分类。对于调节器的参数而言,只有在确定 Op Code 后,才能正确选择参数,进而查看或修改参数的值;要变换 Op Code,必须输入 SERVICE CODE(密码)。

调节器参数共有七种不同的 Op Code,其中常用的是 Op Code 0~Op Code 2。在 Op Code 0 下,可以获得正常运行参数及可读参数,包括用户参数、基本参数和专家参数。Op Code1 用于功能调节,包括基本参数和专家参数。Op Code 2 参数用于 I/O 通道信号的确定和调整。Op Code 3~Op Code 6 均为专家参数。

(1)Op Code 0 参数

Op Code 0 参数是“PARAMETER NO”和“DATA VALUE”显示器默认的初始显示参数。系统开机或正常运行时,“PARAMETER NO”显示的是 Op Code 0 参数的编号,“DATA VALUE”显示的是相应参数的数值。

①用户参数 1

参数 01 - 10 是最基本、最常用的参数,控制面板上有它们的编号,如表 7 - 3 - 1 所示。

表 7 - 3 - 1 国产参数的性质和内容

Par No	性质	内容	备注
01	可读参数	工作方式选择	
02	可读参数	设定转速	
03	可读参数	主机测量转速	
04	可读参数	一般信息	内容由参数 14 选择
05	可读参数	扫气压力	
06	运行参数	调速器最大转速限制,亦即手动转速限制	根据主机的 MCR 确定
07	运行参数	调速器的最大供油量限制,亦即手动燃油限制	
08	运行参数	调速器死区	缺省值为 2 RPM
09	信息参数	其他状态	一般不使用
10	信息参数	其他报警(显示调节器的报警信息)	用参数 16 或 17 复位 “old alarm”

②用户参数 2

参数的编号大于 10,查找参数时需将钥匙开关放在“OPEN”位置。其中,参数 11,12,16,17,19 是报警信息(只读参数);参数 13 是 VIT 机构零点调整参数;参数 20、21 用于测取示功图时用来设定恒定给油量;比较重要和实用的是参数 14。

参数 14 替参数 4 选择如下表所示的数据(操作时,先根据要查看的内容,将参数 14 的数值调为 0 ~ 8 中的某个数字,随后再选择参数 4,观察其数值进而判断状态)。可用来实现操纵场所的无扰动切换和查看燃油限制信息,如表 7 - 3 - 2 所示。

(2)Op Code 1 参数

Op Code 1 参数(编码 1 ~ FF)包括基本参数和专家参数。其中,基本参数的编码为:1 ~ 11,12 ~ 16,17,53,61,77 ~ 79;其余均为专家参数。

基本参数包括:主机数据、主机启动参数(如正常启动油量和重启动油量)、系统参数、电动执行器参数。

专家参数包括:转速指令限制(如故障减速限制、加速速率限制、临界转速限制、取消限制后的最大转速等)、测量转速滤波和报警延迟转速调节器的增益(即 PID 增益)、死区方式或恒定燃油方式、气缸润滑油 LDG 参数设定;CPP 可变螺距系统参数设定、执行器类型、VIT 功能报警继电器、轴带发电机功能、低速非线性补偿等。

其中,参数 63 - 69 为转矩限制,如图 7 - 3 - 5 所示。DGS 8800e 根据测量转速限制主机的最大充许供油量,实现转矩限制。限制起作用后,主机转速往往无法达到设定值。若要放宽限制,可以适当抬高曲线 1 - 2 段。参数 70 ~ 85 为增压空气压力限制,如图 7 - 3 - 6 所示,若要放宽限制,可以适当抬高曲线 1 - 2 段。

表 7-3-2　参数 14 内容

Op Code 0 Parameter 14	选择下列数据给调节器参数 4 一般信息(General Information)	
	0	螺距
	1	转速指令差(BC 和 ECR 间)
	2	转速指令变化
	3	转速指令来自于集控室
	4	转速指令来自于驾驶台
	5	送至执行器的燃油指令(燃油量的百分比%)
	6	最小油量限制(燃油量的百分比%)
	7	和最小油量限制值的差数(燃油量的百分比%)
	8	燃油限制最小值的辨识 0.0=无燃油限制 1.0=转矩限制 2.0=扫气压力限制 3.0=手动燃油限制 4.0=零螺距限制(CPP) 5.0=启动燃油限制 99.0=最大燃油输出

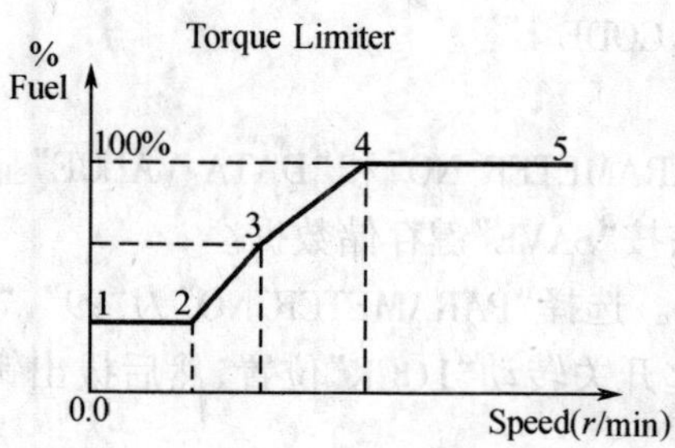

图 7-3-5　转矩限制

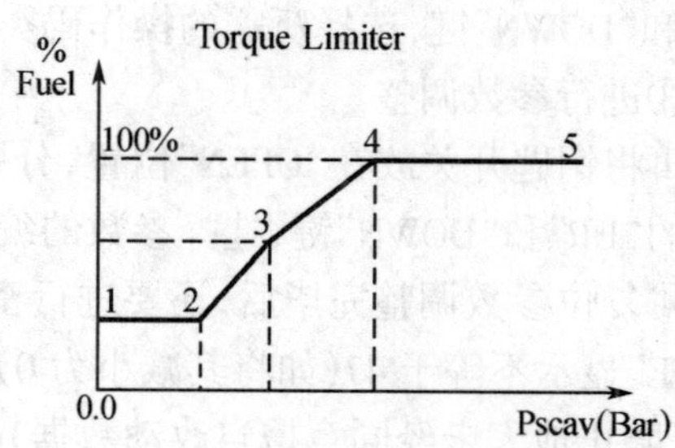

图 7-3-6　增压空气压力限制

实际使用中,转矩限制和扫气压力限制往往会交替出现。需要注意的是:转矩限制和增压空气压力限制是常用的燃油限制,可以根据主机运行情况和控制效果对限制曲线作适当调节,应急情况下可以取消限制。

(3)Op Code 2 参数

全部为 I/O 通道调整参数,调速器共有 32 个输入输出信号通道(CH1~CH32)。

2.执行器参数

与调节器参数不同,执行器参数无操作码(Op.Codes)。电动执行器的参数可分为基本参数(01~19)和专家参数(20~ 68) 其中参数(01~10)不受钥匙开关保护即可显示。

(1)方式选择

参数 01　随工作方式而定(不可调)

(2)可读信息

参数 02　来自于调节器的燃油指令值

参数 03　根据位置反馈信号测出的执行器位置

参数 04　参数 2 和参数 3 间的差值(燃油偏差)

参数 05　执行器死区

参数 06　显示调节器参数 1.76 所选择的执行器信息

(3)报警信息和复位

参数 07　显示反馈故障(可用 UP 按钮复位)

参数 08　输入数据故障(可用 UP 按钮复位)

参数 09　其他状态

参数 10　报警信息和报警 LED 的复位(可用试灯按钮来复位报警 LED)

3.参数调整方法

前述各类参数,有的要根据实际工况进行必要的修改和调整,有的是在系统发生故障后要查询或调整的,在更换存储器芯片、重新装入程序后也需要适当调整参数。必须注意:未经轮机长同意,不得随意修改参数。

(1)参数调整的一般方法

①输入密码

首先将钥匙开关放在“OPEN”位置,然后通过“UP”和“DOWN”键,使“PARAMETER NO”区显示“99”,“DATA VALUE”区显示“47”(假设密码是 9947)。

②选择参数的操作码 OP.CODE 的类型将钥匙开关转回“LOCK”位置,“PARAMETER NO”显示器显示“OP”,“VALUE”显示“Code 0”,即当前的操作码类型为“OP.CODE 0”,通过“UP”和“DOWN”键,选择所需的操作码类型,如“OP CODE 1”。

③进行参数调整

再将钥匙开关放在“OPEN”位置,分别按动“PARAMETER NO”和“DATA VALUE”显示器下方的“UP”和“DOWN”键,选择参数的编号和数值;按“SAVE”键存储数据。

④复位参数调整完毕后,还要进行密码的复位。选择“PARAMETER NO”为“99”,“DATA VALUE”显示不等于 47(如将其减小为 0),再将钥匙开关转动“LOCK”位置,然后拔出钥匙并带走(防止他人未经同意擅自改动数据)。

(2)参数调整实例

①修改轮机长手动转速限制值

方法:在 Op Code 0 下,调整参数 6 的数值。主要步骤如下:

a.在调节器的显示区、检查并确认 Op Code 0 方式;

b.将钥匙开关转到“OPEN”位置;

c.按动“PARAMETER NO”区的“UP”和“DOWN”键,使 PARAMETER NO 显示器显示“06”,显示器就会显示当前的限制值(如 104 r/min);

d.按动 DATA VALUE 区的“UP”和“DOWN”键,使 DATA VALUE 显示器显示所需要的值(如 100r/min);

e.按下“SAVE”键,将钥匙开关转到“LOCK”位置,然后拔出带走。

②燃油限制信息的查看

方法:在 Op Code 0 下,调节参数 14 和参数 4。主要步骤如下:

a.在调节器的显示区,检查和选择 Op Code 0 方式;

b.将钥匙开关转到“OPEN”位置;

c.按动“UP”和“DOWN”键,使“PARAMETER NO”显示器显示“14”,DATA VALUE 显示器显示“8”(表示要查看系统参数－燃油限制);

d.按动“DOWN”键,使“PARAMETER NO”显示“4”,DATA VALUE 下会显示相应的值,从而获知状态(如 0.0－无燃油限制;1.0－转矩限制;2.0－扫气压力限制;3.0－手动燃油限制等);

e.将钥匙开关转到“LOCK”位置,然后拔出带走。

第四节　主机安全保护装置

SSU 8810 型主机安全保护装置用于主机的安全运行,它集报警和控制功能于一身,监测并根据主机运行过程中出现的故障控制主机自动减速或自动停机。其中,故障停车信号送至气动操纵系统中的应急停车电磁阀(127),通过停油装置实现断油停机;故障减速信号送给调速器和 AC－4 系统。SSU8810 装置的控制面板如图 7－4－1 所示。

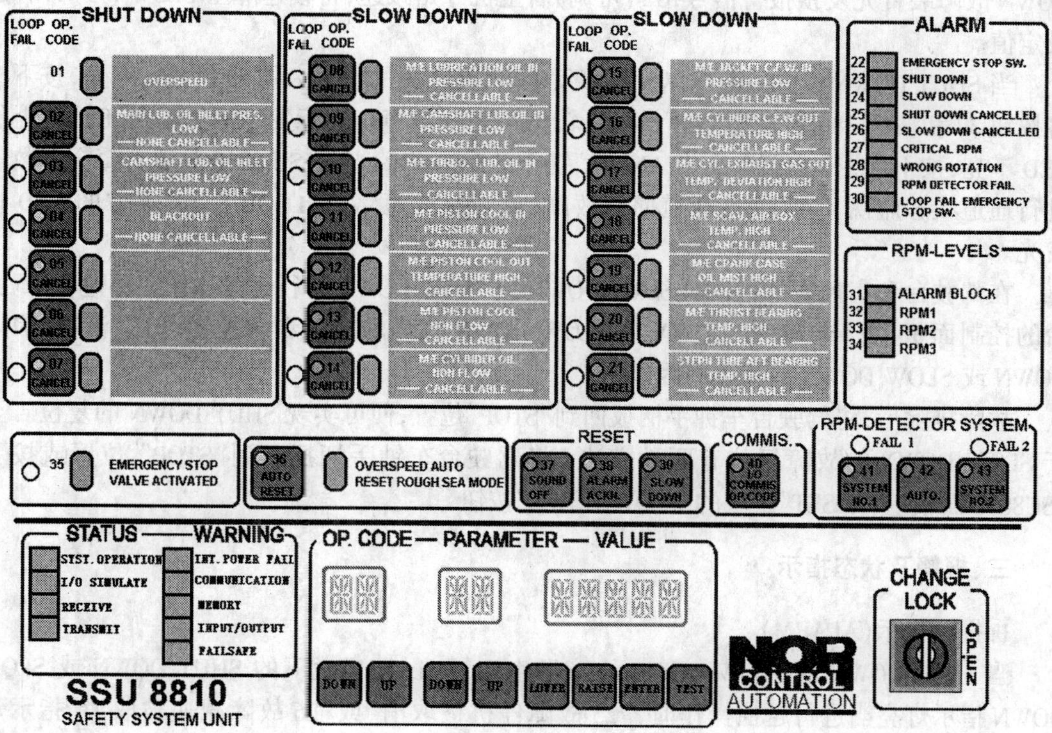

图 7－4－1　SSU 8810 型主机安全保护装置控制面板

一、故障停车(SHUT DOWN)

SHUT DOWN 故障(01～05)主要包括:主机超速;主轴承、推力轴承滑油低压;凸轮轴滑油低压;推力块高温;冷却水压力低等。故障发生后,SSU 8810 送出电信号使操纵系统中的阀 127 受控,控制主机停油。

故障分成不可越控和可以越控两种类型。如果发生的是不可越控的 SHUT DOWN 故障，主机立即停车，无延时作用。对于可以越控的 SHUT DOWN 故障，装置先发预报警信号，6 s(可调)后主机开始自动停车。若在 6 s 内或主机转速高于发火转速的情况下，驾驶员在驾驶台控制面板上按下了“CANCEL SHD”键或轮机员在集控室按下了 SSU 8810 控制面板上相关的“SHOW DOWN”栏旁边的“CANCEL”键，则越控操作有效，主机不停车。

如果主机因 SHUT DOWN 已经停车，但又必须强制运行，则可以将车钟手柄扳到“STOP”位置后按下“CANCEL SHDN”按钮，再将车钟手柄推离停车位置，便可再次启动主机。

二、故障减速(SLOW DOWN)

SLOW DOWN 的故障(06 ~ 19)主要包括：装置滑油高温、活塞冷却油出口高温、活塞冷却油出口断流、活塞冷却油进口低压、主轴承和推力轴承滑油低压、推力轴承高温、凸轮轴入口滑油高温、气缸油断流、冷却水入口低压、缸套水出口高温、扫气箱高温(着火)、排气高温(偏差过大)、曲轴箱油雾浓度高、透平滑油进口压力低等。

对于不可越控的 SLOW DOWN 故障主机立即减速，无延时作用。对于可以越控的 SLOW DOWN 故障装置先发预报警信号，6 s(可调)后主机开始减速，将转速降至 SLOW DOWN 转速设定值。

当 SHUT DOWN 或 SLOW DOWN 故障发生后，在相关的参数旁的 LED 开始闪光，按下应答按钮 37 和按钮 38 后，报警 LED 由闪光转为平光并消声。故障发生后，“CANCEL”键上的 LED 不亮，按下“CANCEL”键后，“CANCEL”键上的 LED 将闪光。SSU 8810 装置对每个参数都进行通道状态监视，一旦发生通道回路故障(如断路或短路)，“LOOP FAIL”下方的 LED 将发光。

在驾驶台和集控室都可以对 SHUT DOWN 或 SLOW DOWN 进行越拧操作。不过，在驾驶台的控制面板上只有 SHUT DOWN 或 SLOW DOWN 故障的指示和越控键，但是没有 SHUT DOWN 或 SLOW DOWN 的具体原因显示。

故障排除后，将驾驶台车钟手柄扳回到“STOP”位置，便可实现 SHUT DOWN 的复位。至于 SLOW DOWN 的故障复位有两种方法：将驾驶台车钟手柄扳回到“STOP” 位置或按下 SSU8810 面板上“RESET”区域的“SLOW DOWN”按钮。

三、报警及状态指示

1.报警指示(ALARM)

当 SHUT DOWN 或 SLOW DOWN 故障发生后，“ALARM”栏下的 SHUT DOWN 或 SLOW DOWN 指示灯亮当进行越控操作时，“25 故障停机被取消”或“26 故障减速被取消”指示灯亮。当车钟设定转速处于临界转速区且超过预定时间时，指示灯 27 亮；车令与转向不一致，指示灯 28 亮；当按下应急停车按钮后，应急停车指示灯 22 会亮；转速检测装置有故障，指示灯 29 亮；指示灯 30 亮表示应急停车电磁阀线圈回路有故障。

2.转速设定值(RPM LEVELS)

主机达到事先设定的 RPM1，RPM2，RPM3 转速时灯亮，因而可以对这些转速进行监视。指示灯 31 是报警闭锁，在一定的转速(如 10 r/min)不报警。

3.应急停车阀起作用

当按下应急停车“EM STOP”按钮或执行 SHUT DOWN 时，应急停车电磁阀有电，“EMERGENCY STOP VALVE ACTIVATED”灯亮，应急停车电磁阀动作后，安全空气被接通，控制燃油泵泄油阀打开(MANB&W MC 主机),使主机停车。

4.恶劣海况超速自动复位

按下"OVERSPEED AUTO RESET ROUGH SEA MODE"带灯按钮,可以选择恶劣海况超速自动复位模式。这种模式可以在超速情况下避免主机出现停车。当主机发生超速后,装置将使应急停车电磁阀动作,一旦主机转速降至一个预先调整好的特定转速值时(一般在50%MCR转速左右),停车电磁阀断电,主机可以恢复到原来转速运转。

5.转速检测装置(RPM – DETECTOR SYSTEM)

RPM – DETECTOR SYSTEM 1 是转速测量的主装置,RPM – DETECTOR SYSTEM 2 是备用装置。按下"SYST NO 1"或"SYST NO 2"按钮,可以手动选择测速装置 1 或测速装置 2。按下"AUTO"按钮,便选择了自动方式。在自动方式下,SSU 8810 将首先选择测速装置 1,测速装置 1 出故障后会自动转至测速装置 2。

SSU 8810 型主机安全保护装置的传感器、控制单元独立于系统中的其他单元,其硬件配置、参数查询或修改方法等与 AC – 4 系统的驾驶台控制单元、集控室单元等基本相同。

第五节 系统故障的诊断

1.故障查找的一般思路

当主机遥控系统出现问题时,值班轮机员应着重从下列几个方面进行故障查找:

(1)观察控制面板和控制台上的状态指示和报警指示,了解故障的大致内容和范围。

(2)进行必要的操作,区别故障到底是发生在遥控部分还是气动操纵系统。

(3)参照各种报警信息,有目的地利用系统的 TEST 功能和"参数检查与修改"方法及说明书中提供的故障检查流程图,进一步确定故障的具体部位。显然,熟悉系统的功能和信号的传递途径,才能进行有效的故障分析。

(4)在确定了故障的具体部位后,就应仔细检查、分析、判断"I/O 设备、连接导线、接线端子、适配器卡、扩展的 I/O 接口"等每个环节。

(5)检修后进行运行试验。

2.常见故障分析

(1)关键部件的故障

关键部件的故障可能会引起装置部分或全部失效。如果装置仅是部分出问题,则可将钥匙开关转到"OPEN"位置、按下"TEST"按钮,显示器应有故障代码显示,一般为输入处理器板或 5V 电源有故障。

(2)操作面板输入/输出故障

此种情形下,操作面板上的 LED、显示器和功能按钮会出现功能性故障。按下"TEST"按钮进行在线试验,可以检测出 LED 和显示器的故障。故障原因:LED 或显示器有故障; 接线故障;LED 或显示器的驱动电路有故障;开关矩阵扫描电路有故障。

(3)过程输入输出信号故障

往往是一个输入或输出通道有故障。借助于报警信号或显示器出现的错误的过程值,可以判断故障的存在。

(4)I/O 扩展模块驱动器故障

扩展模块继电器有功能性故障,可能是一个也有可能是全部继电器有问题。

故障原因:连接有问题;继电器驱动电路有故障。

(5)转速传感器故障

就整个系统而言,有 3 个转速检测装置。第一、二个装置连接 AC－4 系统和 SSU 8810 安保系统,第三个装置的信号送往 DGS 8810e 数字调速器。转速检测装置的输出是脉冲信号,经固定在控制面板背面的 CPU 主板/扩展 I/O 接口板与箱内底层适配器板之间夹层右座上的专用转速检测板(NA－1120.0 RPM Detector Card)送入 CPU 主板。

转速传感器的探头表面有油污或松动,会造成测速信号的波动,甚至导致遥控系统误动作。应及时检查传感器探头的表面、探头与飞轮的间隙及连接情况。若测速探头无问题,则可检查专用转速检测板或转速适配器板,观察电路板上的故障 LED 指示,检查电源连接和跳线。

第八章 PLC 式主机遥控系统

起源于20世纪60年代末期美国汽车工业的可编程控制器(简称PLC),随着微电子技术的发展而得到迅猛发展,从非计算机结构、准计算机结构到今日以微电脑为控制核心的结构。基于PLC的种种优点以及在工业自动化领域中的应用,国际海运界纷纷开始了PLC在船舶自动化中的应用研究,例如德国西门子公司。该公司在20世纪90年代首先在机舱自动化系统中采用通用性的PLC作为控制器核心器件,淘汰了其20世纪80年代著名的微机控制系统。例如,原来的主机遥控系统DIFA 31和DIFA 41被以PLC为控制核心的SIMOS RCS 51所取代。

本章将以该SIMOS RCS 51主机遥控系统为例,说明PLC控制的主机遥控系统的工作原理和特点。

第一节 可编程控制器概述

世界上第一台可编程控制器(简称PLC)是由美国数字设备公司于1969年研制成功的。当时的研制目的是取代通用汽车公司生产线上的继电器控制系统。短短的几年时间,可编程控制器就渗透到各个工业领域之中,被誉为20世纪70年代的一场工业革命。

1987年国际电工委员会颁布的PLC标准草案中对PLC作了如下定义。

“PLC是一种专门为在工业环境下应用而设计的数字运算操作的电子装置。它采用可以编制程序的存储器,用来在其内部存储执行逻辑运算、顺序运算、计时、计数和算术运算等操作的指令,并能通过数字式或模拟式的输入和输出,控制各种类型的机械或生产过程。PLC及其有关的外围设备都应该按易于与工业控制系统形成一个整体,易于扩展其功能的原则而设计。”

一、可编程控制器的基本结构

从结构上分,PLC分为固定式和组合式(模块式)两种。固定式PLC包括CPU板、I/O板、显示面板、内存块、电源等,这些元素组合成一个不可拆卸的整体。模块式PLC包括CPU模块、I/O模块、内存、电源模块、底板或机架,这些模块可以按照一定规则组合配置,如图8-1-1所示。

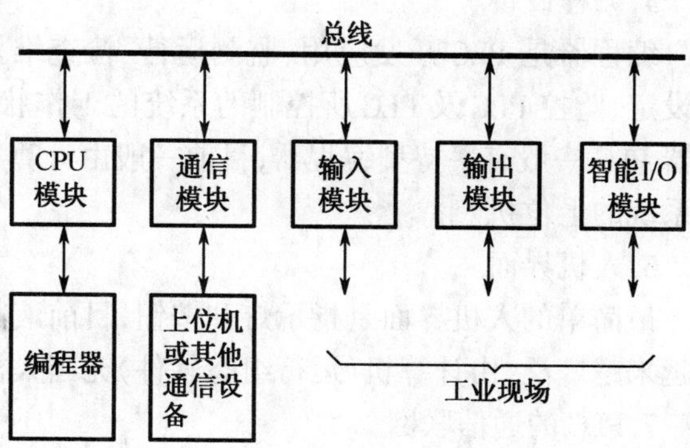

图8-1-1 模块式PLC组成框图

1.CPU的构成

CPU是PLC的核心,起神经中枢的作用,每套PLC至少有一个CPU,它按PLC的系统程序赋予的功能接收并存储用户程序和数据,用扫描的方式采集由现场输入装置送来的状态或数据,并存入规定的寄存器中,同时,诊断电源和 PLC 内部电路的工作状态和编程过程中的语法错误等。进入运行后,从用户程序存储器中逐条读取指令,经分析后再按指令规定的任务产生相应的控制信号,去指挥有关的控制电路。

CPU 主要由运算器、控制器、寄存器及实现它们之间联系的数据、控制及状态总线构成,CPU 单元还包括外围芯片、总线接口及有关电路。内存主要用于存储程序及数据,是 PLC 不可缺少的组成单元。

在使用者看来,不必要详细分析 CPU 的内部电路,但对各部分的工作机制还是应有足够的理解。CPU 的控制器控制 CPU 工作,由它读取指令、解释指令及执行指令。但工作节奏由振荡信号控制。运算器用于进行数字或逻辑运算,在控制器指挥下工作。寄存器参与运算,并存储运算的中间结果,它也是在控制器指挥下工作。

CPU 速度和内存容量是 PLC 的重要参数,它们决定着 PLC 的工作速度,I/O 数量及软件容量等,因此限制着控制规模。

2.I/O 模块

PLC 与电气回路的接口,是通过输入输出部分(I/O)完成的。I/O 模块集成了 PLC 的 I/O 电路,其输入暂存器反映输入信号状态,输出点反映输出锁存器状态。输入模块将电信号变换成数字信号进入 PLC 系统,输出模块相反。I/O 分为开关量输入(DI),开关量输出(DO),模拟量输入(AI),模拟量输出(AO)等模块。

除了上述通用 I/O 外,还有特殊 I/O 模块,如热电阻、热电偶、脉冲等模块。

按 I/O 点数确定模块规格及数量,I/O 模块可多可少,但其最大数受 CPU 所能管理的基本配置的能力,即受最大的底板或机架槽数限制。

3.电源模块

PLC 电源用于为 PLC 各模块的集成电路提供工作电源。同时,有的还为输入电路提供 24 V 的工作电源。电源输入类型有:交流电源(220VAC 或 110VAC),直流电源(常用的为 24VDC)。

4.底板或机架

大多数模块式 PLC 使用底板或机架,其作用是:电气上,实现各模块间的联系,使 CPU 能访问底板上的所有模块,机械上,实现各模块间的连接,使各模块构成一个整体。

5.编程设备

编程器是 PLC 开发应用、监测运行、检查维护不可缺少的器件,用于编程、对系统作一些设定、监控 PLC 及 PLC 所控制的系统的工作状况,但它不直接参与现场控制运行。小编程器 PLC 一般有手持型编程器,目前一般由计算机(运行编程软件)充当编程器。也就是我们系统的上位机。

6.人机界面

最简单的人机界面是指示灯和按钮,目前液晶屏(或触摸屏)式的一体式操作员终端应用越来越广泛,由计算机(运行组态软件)充当人机界面非常普及。

7.PLC 的通信联网

PLC 具有通信联网的功能,它使 PLC 与 PLC 之间、PLC 与上位计算机以及其他智能设备之间能够交换信息,形成一个统一的整体,实现分散集中控制。多数 PLC 具有 RS-232 或 RS-485 接口,还有一些内置有支持各自通信协议的接口。PLC 的通信现在主要采用通过多点接口(MPI)的数据通信、PROFIBUS 或工业以太网进行联网。

二、可编程控制器的软件系统

PLC 的软件由系统程序和用户程序组成。

系统程序由 PLC 制造厂商设计编写的，并存入 PLC 的系统存储器中，用户不能直接读写与更改。系统程序一般包括系统诊断程序、输入处理程序、编译程序、信息传送程序、监控程序等。

PLC 的用户程序是用户利用 PLC 的编程语言，根据控制要求编制的程序。在 PLC 的应用中，最重要的是用 PLC 的编程语言来编写用户程序，以实现控制目的。由于 PLC 是专门为工业控制而开发的装置，其主要使用者是广大电气技术人员，为了满足他们的传统习惯和掌握能力，PLC 的主要编程语言采用比计算机语言相对简单、易懂、形象的专用语言。

PLC 编程语言是多种多样的，对于不同生产厂家、不同系列的 PLC 产品采用的编程语言的表达方式也不相同，但基本上可归纳两种类型：一是采用字符表达方式的编程语言，如语句表等；二是采用图形符号表达方式编程语言，如梯形图等。

以下简要介绍几种常见的 PLC 编程语言。

1.梯形图语言

梯形图语言是由传统电器控制系统中常用的接触器、继电器等图形表达符号的基础上演变而来的。它与电器控制线路图相似，继承了传统电器控制逻辑中使用的框架结构、逻辑运算方式和输入输出形式，具有形象、直观、实用的特点。因此，这种编程语言为广大电气技术人员所熟知，是应用最广泛的 PLC 的编程语言，是 PLC 的第一编程语言。

如图 8-1-2 所示是传统的电器控制线路图和 PLC 梯形图。

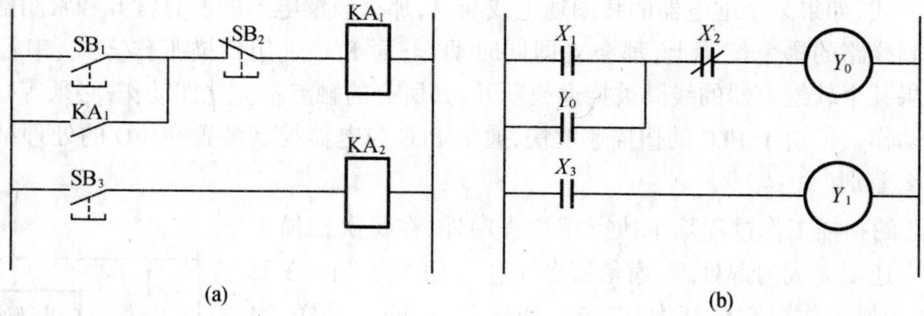

图 8-1-2　电器控制线路图与梯形图

(a)电器控制线路图；(b)PLC 梯形图

从图中可看出，两种图基本表示思想是一致的，具体表达方式有一定区别。PLC 的梯形图使用的是内部继电器，定时/计数器等，都是由软件来实现的，使用方便，修改灵活，是原电器控制线路硬接线无法比拟的。

2.语句表语言

这种编程语言是一种与汇编语言类似的助记符编程表达方式。在 PLC 应用中，经常采用简易编程器，而这种编程器中没有 CRT 屏幕显示，或没有较大的液晶屏幕显示。因此，就用一系列 PLC 操作命令组成的语句表将梯形图描述出来，再通过简易编程器输入到 PLC 中。虽然各个 PLC 生产厂家的语句表形式不尽相同，但基本功能相差无几。以下是与图

8-1-2 中梯形图对应的(FX 系列 PLC)语句表程序。

步序号	指令	数据
0	LD	X1
1	OR	Y0
2	ANI	X2
3	OUT	Y0
4	LD	X3
5	OUT	Y1

可以看出,语句是语句表程序的基本单元,每个语句和微机一样也由地址(步序号)、操作码(指令)和操作数(数据)三部分组成。

3.高级语言

随着 PLC 技术的发展,为了增强 PLC 的运算、数据处理及通信等功能,以上编程语言无法很好地满足要求。近年来推出的 PLC,尤其是大型 PLC,都可用高级语言,如 BASIC 语言、C 语言、PASCAL 语言等进行编程。采用高级语言后,用户可以像使用普通微型计算机一样操作 PLC,使 PLC 的各种功能得到更好的发挥。

三、可编程控制器的工作原理

PLC 程序运行的基本方式是采用扫描工作方式。执行用户程序时,扫描是从第一条程序开始,在无中断或跳转控制的情况下,按程序存储顺序的先后,逐条执行用户程序,直到程序结束。然后再从头开始扫描执行,周而复始重复运行。

PLC 的扫描工作方式与电器控制的工作原理明显不同。电器控制装置采用硬逻辑的并行工作方式,如果某个继电器的线圈通电或断电,那么该继电器的所有常开和常闭触点不论处在控制线路的哪个位置上,都会立即同时动作;而 PLC 采用扫描工作方式(串行工作方式),如果某个软继电器的线圈被接通或断开,其所有的触点不会立即动作,必须等扫描到它时才会动作。但由于 PLC 的扫描速度快,通常 PLC 与电器控制装置在 I/O 的处理结果上并没有什么差别。

PLC 的扫描工作过程除了执行用户程序外,在每次扫描工作过程中还要完成内部处理、通信服务工作。如图 8-1-3 所示,整个扫描工作过程包括内部处理、通信服务、输入采样、程序执行、输出刷新五个阶段。整个过程扫描执行一遍所需的时间称为扫描周期。扫描周期与 CPU 运行速度、PLC 硬件配置及用户程序长短有关,典型值为 1~100 ms。

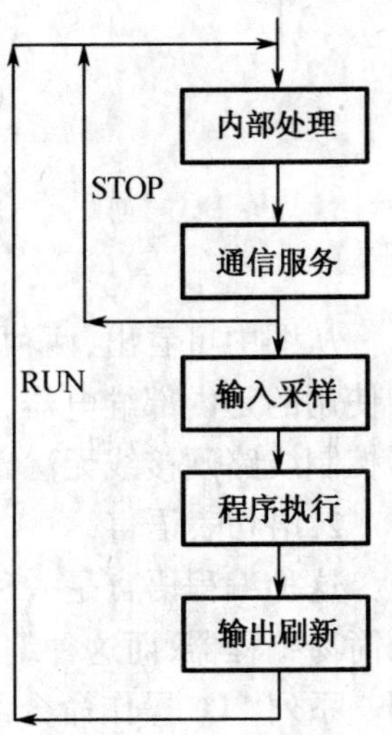

图 8-1-3 扫描过程示意图

在内部处理阶段,进行 PLC 自检,检查内部硬件是否正常,对监视定时器(WDT)复位以及完成其他一些内部处理工作。

在通信服务阶段,PLC 与其他智能装置实现通信,响应编程器键入的命令,更新编程器的显示内容等。

当 PLC 处于停止(STOP)状态时,只完成内部处理和通信服务工作。当 PLC 处于运行(RUN)状态时,除完成内部处理和通信服务工作外,还要完成输入采样、程序执行、输出刷新工作。

PLC 的扫描工作方式简单直观,便于程序的设计,并为可靠运行提供了保障。当 PLC 扫描到的指令被执行后,其结果马上就被后面将要扫描到的指令所利用,而且还可通过 CPU 内部设置的监视定时器来监视每次扫描是否超过规定时间,避免由于 CPU 内部故障使程序执行进入死循环。

由于 PLC 具有体积小、功能强、可靠性高、控制方便灵活等特点,目前在船舶上正日益广泛地应用,特别是在主机遥控、自动化电站等较复杂的控制系统中扮演着越来越重要的角色。本章将介绍 PLC 控制主机遥控系统的组成和工作原理。

第二节 PLC 控制的主机遥控系统

本章以西门子公司生产的 SIMOS - RCS - 51 型主机遥控系统为例,简单介绍 PLC 控制的主机遥控系统的组成及工作原理。

一、遥控系统概述

图 8 - 2 - 1 是 SIMOS - RCS - 51 型主机遥控系统示意图。整个遥控系统由主控系统、安全保护系统、车钟通信系统三个相对独立的控制子系统组成。系统主要具有以下特点:

(1)它以 SIMATIC S5 - 115U 可编程控制器作为系统设计的基础,工作精确、可靠,根据主机机型及用户要求编制的程序可以使主机处于最佳运行状态。

(2)分布在各处设备之间的通信采用串行传输技术,由一根二芯专用电缆相联系,使线路设计、安装、检测大为简化。

(3)对输入/输出信息设有线路监视环节,对外部设备也有相应的监视,并以 LED 给出正常/故障显示。

(4)该系统设有 OP - 396 操作器,该操作器可以用于过程监视,了解主机运行的工况变化,同时方便地对遥控系统的某些设定值、限制条件以及时间定时等内容进行查询或作出修改,也可以方便地进行故障查找,并给出故障复位操作。

主控系统由 S5 - 115U 型 PLC 担任的主控制站和与它相连的机旁分站组成。它包含了所有的控制功能,而且具有很强的显示功能。在驾驶室和机舱集控室各有一个操纵指示板,用来进行操纵转换、转速限制(此功能只有集控室具有)等操作。同时显示遥控系统的工作状态。在集控室还设置了操作器 OP - 396,它有一个 20 × 8 字符的液晶显示器。它的功能十分丰富,利用它可以进行四种模拟试验、显示各种遥控信息、进行参数修改等相关操作。

安全保护系统的核心部件是 S5 - 100U(或 95U)型 PLC。它的主要功能是当主机某些参数超过极限位时,进行减速或停车保护。另外,在驾驶室和机舱集控室发出停车指令时,该系统能立即进行停油装置动作,保证主机立即断油。

车钟通信系统的主要作用是把驾驶室发出的车钟命令或辅车钟命令传送给集控室或机舱,以便于轮机员在集控室或机舱进行正确无误地操作。车钟通信系统的核心部件是 S5 - 100U 可编程控制器。与它相连的设备有车钟、按钮部件、车钟记录仪等。按钮部件包括备车、完车两个辅车钟按钮和其他按钮,及各种指示灯。现以备车为例说明本例遥控系统中辅车钟的使用方法。驾驶员按备车按钮,驾驶室和集控室两处备车指示灯闪光,蜂鸣器响,轮机员按备车按钮、消声,闪光由原来的快闪变为慢闪。这时轮机人员进行备车工作。备车完成后,轮机员按备车按钮。这时指示灯由原来的慢闪变为平光。轮机员再按备车按钮,两处备车指示灯再次闪光且蜂鸣器响。驾驶员按备车按钮,两处的声光信号全部消失。

主机的操纵部位总的来看有三处即驾驶室、集控室和机舱。但每一处都有不同位置的

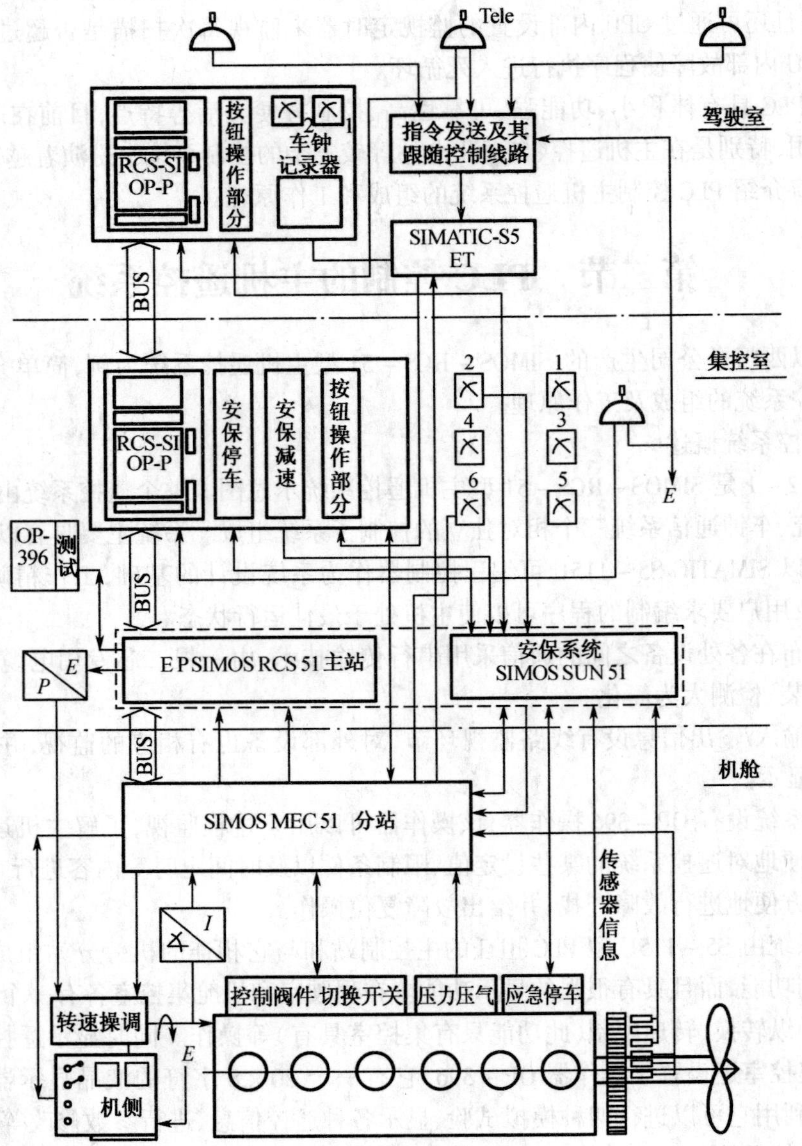

图 8-2-1 SIMOS-RCS-51 型主机遥控系统示意图

操纵方式。在驾驶室不但室内设有车钟手柄。在两侧船舷旁分别设置了控制台。在靠离码头等机动操作时,利用船舷旁控制台上的车钟手柄和侧推器控制手柄来操纵主机无疑是更安全、方便、有效的。集控室可利用车钟手柄进行全自动遥控,也可利用手动操纵板进行手动遥控。集控室全自动遥控和驾驶室全自动遥控共用一套 PLC 控制系统。集控室手动遥控是利用一套气动控制系统,主要组成部分是机旁操作系统。在机舱启动换向等操作用一根操纵手柄完成。调速可用表盘式旋钮实现,并通过空气压力表指示出给定转速的大小。此给定转速压力信号送至调速器,由调速器驱动油门杆。若调速器不能正常工作可利用机旁油门手柄进行加速。

机旁操作系统采用 SULZER 公司生产的 DENIS-Ⅰ系统,它既是机旁操作时的控制系统又是自动遥控时的接口装置。它有多种连锁功能,如盘车机连锁、换向连锁、辅助鼓风机连锁等七种连锁功能。主机气缸油供给装置不是采用传统的注油器,而是采用供油泵-油马达-供油泵装置,使气缸油的供给量不仅与主机转速有关,而且还随主机燃油供给量的增大而增大。另外,主机采用了可变喷油定时VIT装置,使主机的热效率有明显地提高。

二、遥控系统控制逻辑

1.启动控制

(1)启动逻辑鉴别程序

由前面的知识我们知道启动逻辑鉴别的基本逻辑关系是车令与凸轮轴位置一致时,给出主机启动的允许信号。在本例遥控系统中,启动逻辑鉴别环节除满足基本逻辑关系外,还要附加了一些其他条件。启动逻辑鉴别的流程图如图8-2-2所示,图中M是标志器,M后面的数字表示标志器内容的内存地址。

下面分析一下本系统的启动逻辑鉴别条件。当车令为正车(M41.1)时,凸轮轴也处于正车位置(M201.2),主机转速小于启动空气切断转速。转向与车令一致或主机转速为零时,A1的输出(M206.6)为1。当车令为倒车(M41.2)、凸轮轴也处于倒车位置(M201.6),主机转速小于启动空气切断转速且转向与车令一致或主机转速为零时,A2的输出(M206.7)为1。两个与门分别经过T54、T55延时输出1后送至与门A3,当A3的另外两个输入端无启动闭锁信号时,A3的输出M422为1。即满足启动逻辑鉴别条件时,使M42.2=1。

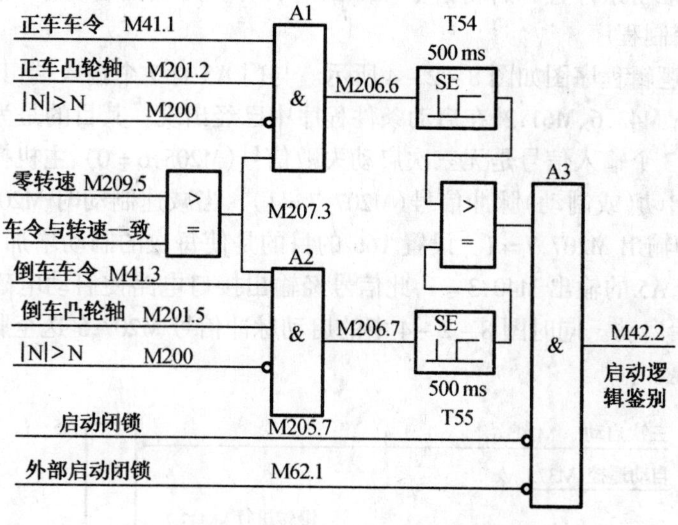

图8-2-2 启动逻辑鉴别的流程图

(2)启动准备条件程序

主机在满足图8-2-3所示的各种条件后,才能进行启动。

①满足启动逻辑鉴别M42.2=1。

②无启动失败信号M206.0=0。

③无空气分配器阻塞信号M60.7=0。

④无慢转启动指令M43.6=0。

⑤无慢转启动正在进行的反馈信号M42.7=0。

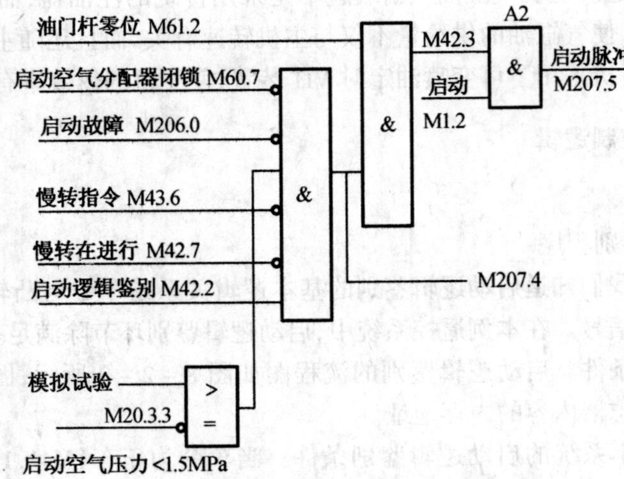

图 8-2-3　启动准备条件逻辑流程图

⑥启动空气压力大于 1.5MPa 时，M203.3 = 0。当进行模拟试验 M37.3 = 0 时，可取消此信号。

⑦油门杠处于停车位，M61.2 = 1。

当满足上述准备条件且有启动指令(M1.2)时，与门 A4 输出启动脉冲信号，M207.5 = 1。

(3)主启动控制程序

主启动控制逻辑程序图如图 8-2-4 所示。与门 A5 有 7 个输入端，其中有 4 个输入信号(M60.7、M42.7、M43.6、M61.2)在启动条件程序中已经出现。其目的是为了增加启动的安全可靠性。另外 3 个输入信号是无三次启动失败信号(M205.6 = 0)、主机操纵是全自动遥控(M37.1 = 1)，及启动(或制动)脉冲信号(M207.7 = 1)。当减速制动时 M205.5 = 1，经定时器 T66 使或门 O2 的输出 M207.7 = 1。设置 T66 的目的是使每次的制动增加 1s 的时间。当上述条件都满足时，A5 的输出 M40.3 = 1，此信号经输出接口电路使启动电磁阀受控。打开主启动阀，主机开始启动。同时图 8-2-4 中的启动脉冲信号 M207.5 送至脉冲计数器。对启动次数进行记忆。

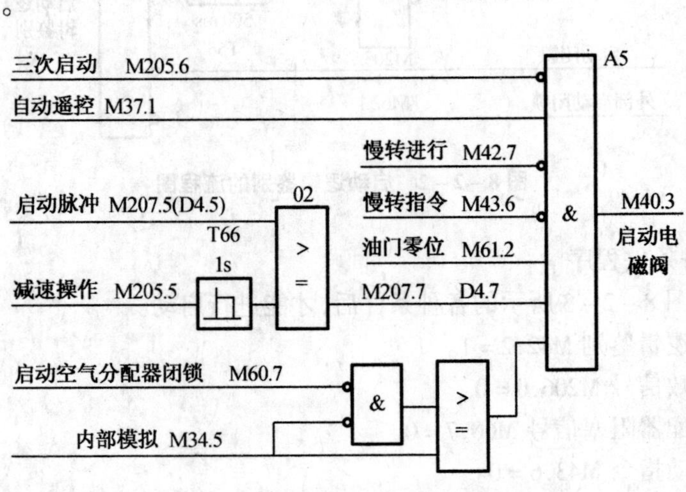

图 8-2-4　主启动控制逻辑程序图

这种遥控系统的电－气转换逻辑部件主要由 7 个电磁阀组成。它们是启动电磁阀(START VALVE)、启动正车电磁阀(STARTAHEAD VALVE),启动倒车电磁阀(STARTASTERN VALVE)、正车电磁阀(AHEAD VALVE)、倒车电磁阀(ASTERN VALVE)、切断启动空气电磁阀(CUT OFF VALVE)和停油电磁阀(STOP VALVE)。启动电磁阀控制主启动阀接通和断开,而启动正(倒)车电磁阀控制空气分配器的通气和断气。这两个电磁阀是同时通电的。当主机转速达到切断启动空气转速时,切断启动空气电磁阀断电,空气分配器停止工作。气缸启动阀关闭,停止启动。经过一定的延时,启动电磁阀断电,主启动阀关闭。

2.换向控制

以 SULZER RTA 84C 型柴油机为例,该换向装置是由两部分组成的。一部分是燃油凸轮换向装置;另一部分是空气分配器换向装置。燃油凸轮机的换向是由正倒车电磁阀控制的,而正倒车电磁阀主要是由车令控制的。车钟手柄从停车到正车(或倒车),或主机在运转中(主机转速低于 80r/min)变换车令,正(倒)车电磁阀会立即通电,伺服滑阀的正(倒)车油口输出高压油至换向执行机构。若凸轮轴此时在倒(正)车位置,在高压油的作用下,凸轮轴被推到正(倒)车位置,然后输出高压油信号表示换向完成。若车令与凸轮轴位置一致,则直接输出换向完成信号。

当主机转速高于 80 r/min 进行运转中换向时,需等到主机转速降至 80 r/min 时,正(倒)车电磁阀才通电。进行燃油凸轮的换向操作。空气分配器的换向是由启动正(倒)车电磁阀控制的。且在启动过程中进行的。启动电磁阀和启动正(倒)车电磁阀是同时通电的。当正(倒)车电磁阀通电时,可将空气分配器的启动空气定时装置变换到正(倒)车位置。使空气分配器能按车令要求正确地控制气缸启动阀。与正(倒)车电磁阀不同,启动正(倒)车电磁阀的通电需要通过控制程序进行一些逻辑判断。如图 8－2－5 所示(图中省略了标志器符号)。

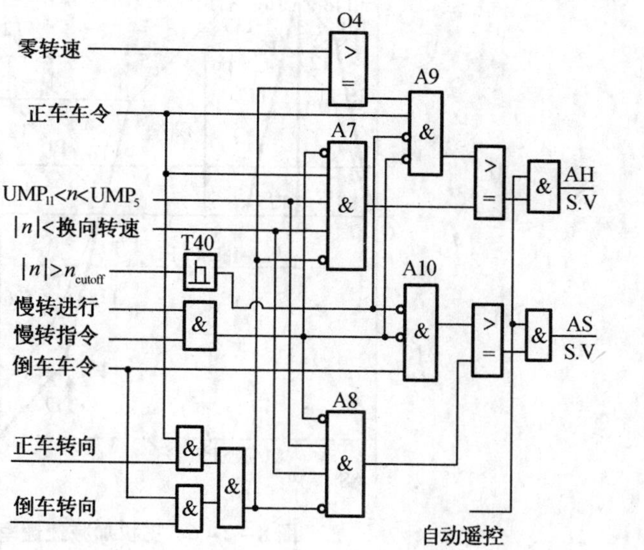

图 8－2－5　空气分配器换向程序

图中的与门 A7 和 A9 是控制启动正车电磁阀通断电。A8 和 A10 控制启动倒车电磁阀通断电。或门 O4 的输出是车令与转向是否一致的信号。当主机转速为零或车令与转向一致时,若有正车车令,且满足下列各个条件即主机转速小于切断空气转速,无慢转启动指令或慢转启动在进行的反馈信号,则 A9 的输出为 1,通过输出模块使启动正车电磁阀通电。另一方面当车令与转向不一致时,若有正车车令,除了满足无慢转启动指令或慢转启动在进行的反馈信号外,还要满足主机转速小于换向转速和 $UMP_{11} < n < UMP_5$,才能使 A7 的输出为 1,使启动正车电磁阀有电。UMP_5 为应急正车加速的切换点。此点的设定转速值为正车额定转速的 75%,UMP_{11} 为正常倒车加速的切换点。此点的设定转速值约为倒车额定转速

的 50%。当空气分配器换向完成以后,开始进行启动(先制动后启动)过程。此时因车令与转向一致 A7 的输出为 0,当主机转速大于启动空气切断转速且 T40 延时时间达到后,A9 的输出为 0。使启动正车电磁阀断电。启动倒车电磁阀的通断电是由 A8 和 A10 的状态决定的,其动作过程与启动正车电磁阀基本相同。

3.转速与负荷控制

本系统的调速器多数采用 WOODWARD PGA200,有少数一些船上采用电子调速器。当采用液压调速器时,需设置电－气转换器。PLC 的任务是对车令设定信号进行各种处理,如加减速速率控制、转速与负荷限制等。处理的结果送至电一气转换器。这些功能是由 IP252 模块完成的。主机加减速速率控制如图 8－2－6 所示。图中,细线图代表正常加、减速过程,粗线图代表 应急加减速过程。在正常操纵时,不论是正车还是倒车都有三种不同的加速速率。T7,T8,T9 是倒车加速时三种不同的加速速率。P1,P2 以及 P5,P6 是正车和倒车速率转换点。减速时,若车钟手柄从正车(倒车)全速转到微速位置。其减速速率为 T4,T5 和 T6(倒车为 T10,T11 和 T12)这时的减速过程与加速过程相似。若车钟手柄从正车(或倒车)全速拉到停车位置,其减速速率为 T13 和 T23(倒车为 T14 和 T24)。

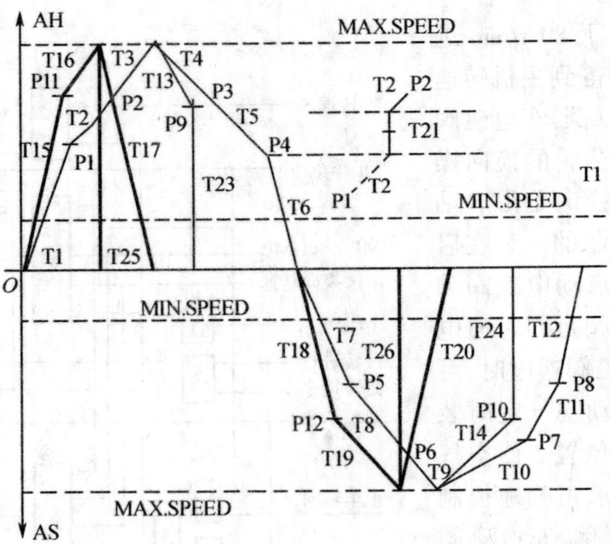

图 8－2－6 主机加减速速率控制示意图

在应急操作时,加速速率只有两种。正车速率是 T15 和 T16,倒车速率是 T18 和 T19。减速速率只有一种 T17(正车)和 T20(倒车)。若在全速运行时按下应急停车按钮,则主机立即停止供油。在正常操作时,按下应急停车按钮,主机同样会立即停油。

此外调速系统还设有各种限制环节。如最低稳定转速限制、倒车最高转速限制、临界转速自动回避、轮机长最大转速限制、转矩限制及螺旋桨特性限制等。这些限制功能 PLC 都能通过软件的逻辑判断和数据处理予以实现。

三、主控制箱

主控制箱是 SIMOS－RCS－51 型主机遥控系统的重要组成部件之一,其组成分布图如图 8－2－7 所示。箱内安排了 SIMATIC－S5－115U 可编程控制器,它由电源模板(PS－

951)、中央处理单元(CPU-943)、数据处理通信智能模板(IP252)、开关量输入/输出模板以及通信接口模板(ET-100)等组成的。同时通过二芯串行 BUS 可以保证主站、分站、驾/集操纵台以及 OP-396 操作器之间实现通信联系,从而形成一个可编程控制器的控制系统。

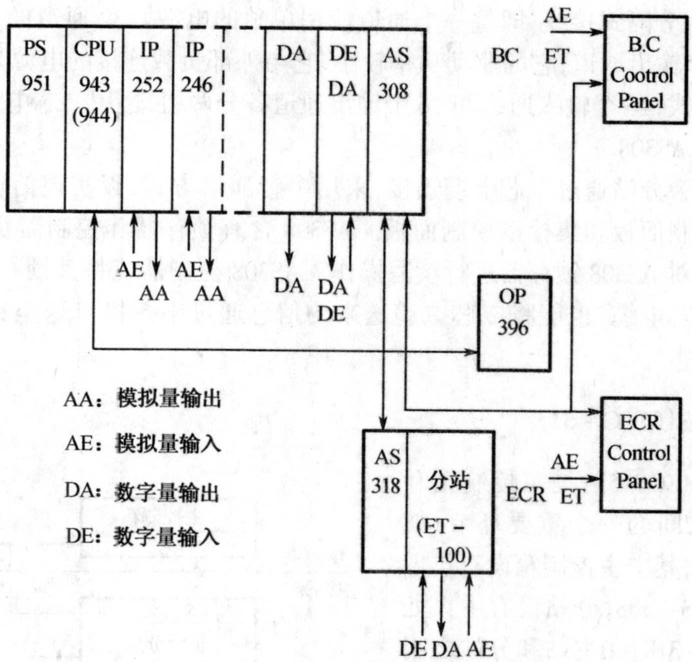

图 8-2-7 SIMOS-RCS-51 型主机遥控系统结构分布图

1.电源模块

电源模块 PS951 通过接线端输入 24 V 直流电压,其输出电压有三种不同的数值,即 +5 V,+5.2 V 和 +24 V。+5 V 电压用于各个模块,+5.2 V 用于编程器,+24 V 用于打印机接口。有三个绿色 LED 指示灯分别指示三种电压是否正常,正常时指示灯亮。

2.CPU 模块

CPU493 模块是 S5-115U 的核心部件,它不断地采集输入信号,执行用户程序,并不断地刷新系统的输出信号。同时,它也不断地监测系统自身的工作状况,一旦发生故障,立即发出故障报警信号,并让系统处于安全状态。CPU493 模块主要有微处理器和存储器组成。微处理器除了含有控制器和运算器外,还含有大量的定时器、计数器和标志器。它能完成算术运算、逻辑运算和数据处理等。它能实现开关量 I/O 控制,也能实现模拟量 I/O 控制。另外,微处理器还含有串行接口电路,以便于连接编程器和操作器。在存储器中,用 EPROM 存放用户程序。这里的 EPROM 是一个小模块,存储容量为 8K~40K,通过插口把 EPROM 插入 CPU 模块。

3.智能模块 IP252

智能模块 IP252 具有高速控制功能,本系统使用它主要用于处理各种转速信号,独立地完成有关控制任务,以及与 CPU493 模块进行信息交换。IP252 中含有一个 16 位的 CPU 芯片,以及多种接口电路,如 S5-115U 总线接口电路、编程器接口电路、存储器接口电路以及 I/O 接口电路等。

4.I/O 接口模块

I/O 接口模块是 CPU 模块与外部控制设备之间联系的桥梁。S5－115U 可配多个接口模块,本系统中只使用了一个 8 通道的开关量输出(DA)接口模块,一个 32 通道的开关量 I/O 模块(DA 和 DE)。8 输出开关量接口具有很大的驱动功率,与外部负载连接的电源是 220V 的交流电压,采用分隔式接线,即每一个通道使用单独的电源。32 通道的 I/O 模块有 16 个输入通道和 16 个输出通道,它的驱动功率较小,它与外部负载连接的电源是 24V 直流电压,采用分组接线方式,16 个输入通道和 16 个输出通道各分两组,也用二芯电缆连接。

5.扩展模块 AS308

该模块与机旁分站通过二芯电缆连接,采用串行通信方式,以实现信息交换。同时,它还连接驾驶室控制面板和集控室控制面板。AS308 含有锁存器和控制器及串行接口。CPU 模块通过总线可对 AS308 锁存器进行读写操作。AS308 控制器能将其锁存器中的信息通过串行接口送至二芯电缆,也能将二芯电缆送来的信息通过串行接口送至锁存器,以供 CPU 读取。

四、机侧分站(MEC－51)

机侧分站(MEC－51)是主控制箱和主机操纵设备之间的一个重要环节,如图 8－2－8 所示,其中主控制箱设有扩展单元接口模板 AS－308,分站设有中央处理接口模板 AS－318,在主站和分站之间即 AS－308 和 AS－318 之间是用二芯电缆连接的。分站的主要任务是接受与主机工况有关的各种传感器信息;将遥控系统的输出指令由分站通过执行部件给定主机的停车、启动(慢转启动)和换向操纵;对重要传感器和执行部件的传输线路进行断线监视。机侧分站包括前、后两个分箱,后分箱供线路连接,前分箱主要设有 AS－318 接口模板、总线模板、输入/输出模板以及控制继电器等部件。此外还可以为电动转速调节器提供工作条件。在切换为手动操纵时,也可以通过接触器、继电器来操纵主机。

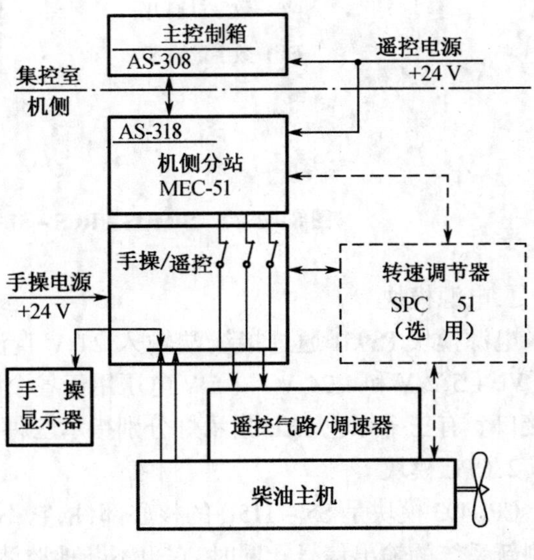

图 8－2－8 机侧分站(MEC－51)结构示意图

1.AS－318 接口模板

AS－318 接口模板通过 2 芯电缆串行接口接受主控制箱送来的数据,这些数据就被缓冲寄存器所存储,然后把它通过外设总线发送到输出模板。输入数据由外设总线送到 AS－318 接口模板,同样要经过寄存器并经串行接口传送到主控制箱去。串行接口以及设总线之间输入/输出数据的变换是由地址和扫描周期来协调进行的。AS－318 接口模板可以对信息传输工作进行监视,并把监视的情况以诊断字节发送到主控制箱的 AS－308,以存储这个诊断字节。在接口模板的面板上通常设有用以识别的 ET－100 或传输线上某些反常或发生故障的 LED 显示环节。

2.输入/输出模板

在机侧分站,除了 AS-318 接口模板以外,还有总线模板、数字量输入/输出模板以及模拟量输入/输出模板等重要环节。总线模板是与输入/输出模板一起使用的相关单元,在使用过程中,总线模板顺着接口模板依次向右卡到标准导轨上,每块总线模板可安装两个输入/输出模板,在总线模板之间有专用(扁平电缆)内部总线相连接。但输入/输出模板并不直接与引线相连接,相关引线只是固定连接到总线模板的下端接线板上,所以输入/输出模板可以随时从总线模板上插拔。卡装时因为有对号的锁扣可以保证不至于错装。

开关量输入模板可以拥有 8 个输入通道,并受到外设总线的扫描。如果输入端出现 1 信号,则相应通道上的绿色 LED 即给出常亮显示。该模板有两个特点,一个是开关量输入端 P,即电源正端;另一个是不设电源故障和短路监视。机侧分站(MEC-51)通常接受的开关量信号有:主机进入遥控工况;油门开度处于零位;主启动阀处于关闭状态;动力压气已低于 1.5 MPa;遥控压气已被排放;手操电源监视;空气分配器正车到位;空气分配器倒车到位;集控室已有遥控压气;空气分配器被闭锁等。

开关量输出模板设有 4 个/8 个信息通道,它可以把开关量信号从外设总线变换成具有一定输出功率的指令信号,以便直接驱动电磁阀等外设设备,绿色 LED 可反映输出端的信号状态,模板上设有用于输出线路的保险丝,如果遇到低压故障或输出有问题,该模板会给出红色 LED 的故障诊断。机侧分站(MEC-51)通常输出的开关量信号有电磁阀通断电状态、故障自动停车信号、发送输出监视信号等。

机侧分站还设有 4×30 V 直流/220 V 交流继电器输出模板,它是由接口模板通过光电耦合、继电器控制接点,使直流或交流继电器得以投入运行。

五、OP-396 操作器

OP-396 操作器是遥控系统的重要组成部分,其作用比通常模拟测试设备的功能要丰富的多,可利用它对遥控过程进行监视、故障检查和故障复位,并直接显示遥控系统的故障内容,对设定的工况参数可随时进行核对,必要时可进行修改。OP-396 操作器的外形如图 8-2-9 所示。该操作器由两部分组成,其中上部为液晶显示,下部为操作键盘。

液晶显示屏可以提供 20×8=160 个字符显示,其全部显示可划为 8 个区,主要包括编码、内容、数据、存取码工况、故障等显示区。在显示屏的右下角有光亮对比度调节钮。

操作键盘主要用于人机对话,它包括 30 个按键,可分为四个部分。

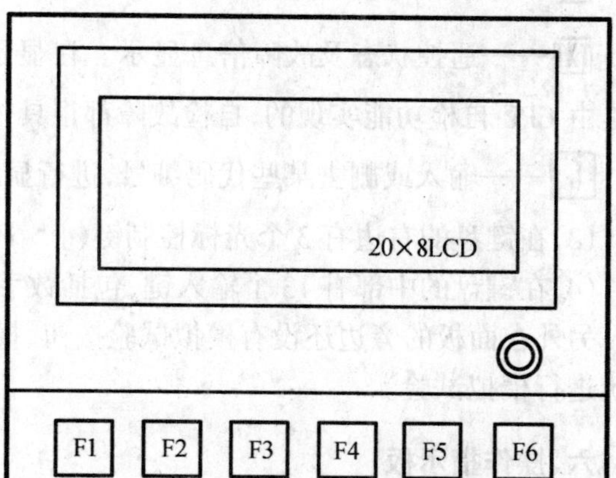

图 8-2-9 OP-396 操作器面板

(1)最上排 6 个功能键。

不同系统功能键采用的设计方法不尽相同,这里主要介绍用于主机遥控的一种安排。各键的功能如下。

F1——主机停车时进行内部模拟试验。

F2——进行外部模拟试验。

F3——主机运行时进行内部模拟试验。

F4——模拟总试验。此试验一般在外部模拟试验后紧接着进行。

F5——测量点选择。测量点可分为数字量和模拟量两种。

F6——可显示用户程序中数据库的编号,以便于对某些数据、时间和限制等进行修改。

(2)在操作键盘的左方有 8 个专用键,它们的功能如下。

——遥控信息显示,显示内容共有 25 项。包括车钟转速范围设定,主机实际参数值显示,各种转速设定值显示、四种模拟试验等。选用时可以用"项目号码 + ENT"键入,选用项目的有关内容就可以从显示屏屏幕上显示出来。

——时间显示与设定,包括年、月、日和时、分、秒;

TMR——各种时间参数(如启动时间、换向时间等)显示;

——打印机输出显示(选用);

CTR——计数显示(选用);

——数据保护(选用);

TXT——遥控状态及故障信息显示。在显示屏的最后一行还有显示 PLC 本身的故障,这是由 CPU 自检功能实现的,自检故障都很具体,这给维护管理提供了方便;

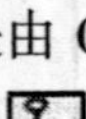——输入或删去某些代码编号,进行显示试验、键盘试验等功能;

(3)在键盘的右边有 3 个光标控制键(]↑↓)用于翻页等操作。

(4)在键盘的中部有 13 个输入键,包括数字键、取消键"CE"和输入确认键"ENT"。

另外在面板的旁边还设有模拟试验按钮、模拟转速旋钮、模拟油量旋钮、以便于对遥控系统进行模拟试验。

六、操作指示板

在驾驶室和集控室两处除了车钟设备外,还各有一块操作指示板,这是轮机员或驾驶员经常使用的部件。两处的操作板基本相似。集控室操作指示板的示意图如图 8-2-10 所示。图中,S 表示按钮开关、A 表示指示灯、D 表示数码显示器、B 表示发光二极管。

下面介绍一些主要按钮和显示器的功能和使用方法。各按钮和显示器的功能如下表 8-2-1 所述。

表 8-2-1 按钮和显示器的功能

指示灯和按钮代号	功 能
D1	两位数码的故障编号显示器
D2	四位数字显示器,所显示的项目下面将涉及到
A1	非危急故障指示灯,当出现非危急故障时,A1 闪光,同时发出声响报警,并在 D1 显示器上显示故障编号。值班人员通过应答按钮 S31 进行应答操作,故障不止一个时,则通过按 S1 来翻页查找故障编号
A2	转速指示灯。按下 S2,A2 发亮,D2 显示主机实际转速
A3	油门刻度指示灯。按下 S3,A3 发亮,D2 显示主机油门开度
A4	增压空气压力指示灯。按下 S4,A4 发亮,D2 显示增压空气压力
A5	调速器转速设定指示灯。按下 S5,A5 发亮,D2 显示调速器的设定转速值
A7	模拟试验指示灯。当主机遥控系统正在进行模拟试验时,A7 亮
A10	转速限制指示灯。若车钟设定转速超过转速限制值时,A10 发亮,D2 显示转速限制
A11	车钟转速设定指示灯。若按下 S10,A11 发亮,D2 显示车钟指令的设定值
A13	驾驶室遥控指示灯。若 A13 闪光,表示驾驶室请求自动遥控,A13 变为常亮,表示驾驶室自动遥控有效
A16	危急故障指示灯。若有危急故障发生,A16 闪光,同时蜂鸣器响,D1 显示出故障编号,若按下 S31,声响停止,A16 变为平光
A18	集控室遥控指示灯。通过按钮 S18 选择集控室遥控,并且由 S31 确认。当操纵部位处于集控室遥控时,A18 常亮
A22	集控室手动控制指示灯。当自动遥控程序停止运行时,若集控室手动—自动转换开关处于手动位置,A22 变为平光
A24	慢转启动指示灯。当慢转电磁阀受控时,A24 常亮,若慢转启动超过规定时间,A14 闪光
A26	轴带发电机运行指示灯。当轴带发电机处于正常供电状态,A26 常亮
A27	机旁控制指示灯。当主机操纵部位处于机旁控制时,A27 常亮
A29	港内操纵指示灯。当驾驶室按下 S29 时,A29 闪光,若再按下 S31,A29 变为常亮,表示港内操纵.这时遥控程序自动设定港内各速度挡(微速、慢速、半速、全速)的设定值。当再按一次 S29,港内操纵就被取消,此时 A29 闪光,若再次按下 S31,A29 熄灭
A30	车钟回零提示指示灯。若 A30 亮,操作者应把车钟拉到零位,车钟回零后,A30 熄灭
A31	超负荷指示灯。当主机的供油量超过规定的最大值时,A31 发亮,若主机超负荷的时间超过 20 秒,机舱警报系统将发出声光报警
A32	车钟转速设定值小于轴带发电机所需要的最小转速值指示灯。在轴带发电机运行中出现车钟转速设定值小于轴带发电机所需要的最小转速值时,A32 闪光,经过一定的延时,备用发电机会自动启动并电,然后断开轴带发电机,转速设定值由轴带发电机所需要的最小转速值变为车钟设定值

表 8－2－1(续)

指示灯和按钮代号	功　能
A33	启动闭锁指示灯。当出现三次启动失效、应急停车等原因使主机启动被禁止时 A33 发亮，当车钟回零后，A33 熄灭
A34	启动故障指示灯。若第一次启动主机不成功，A34 发亮，若第二次或第三次启动主机成功或车钟回零，A34 自动熄灭
A35	启动空气压力低指示灯。若空气瓶内启动空气压力太低，A35 发亮
A42	启动准备不充分指示灯。当主机的启动条件不满足时，A42 亮
A43	调速器停指示灯。当停车电磁阀受控或电一气转换器的输出为 0 时，A43 亮
A44	增压空气压力限制取消指示灯。当增压空气压力限制被取消后，A44 亮
A45	自动减速指示灯。当主机安全保护系统动作使主机自动减速时，A45 亮
A46	限制起作用指示灯。当车钟设定转速大于轮机长最大转速限制值或负荷限制环节起作用时，A46 亮
A47	热负荷程序指示灯。当主机加速过程进入高负荷区 A47 亮，表示热负荷程序起作用，主机进行慢加速
S16	灯光试验按钮。按下 S16，所有的指示灯都发亮。七段数码显示器 D1 和 Eb 内的数字不断变化，再按 S16，指示灯和显示器恢复到原来的状态
S31	复位确认键。当需要应答报警信号或某项操作需要最后确认时，都要通过按下 S31 按钮来实现
S25、S30	S25 是＋1 键，S30 为－1 键，在集控室主要用来设定轮机长转速限制值。在驾驶室可用 S25 和 S30 对车钟指令进行微调

下面以设定轮机长转速限制值为例说明上述按钮的使用和操作方法。首先按下 S9，指示灯 A10 亮，分别位于 S25 和 S30 上的发光二极管 S25＋B 和 S30＋B 发光，显示器 D2 显示出转速限制值的大小，若此时按下 S25，D2 显示的转速限制值不断增加，若按下 S30，D2 显示的转速限制值不断减小，此时 S31 上的发光二极管 S30＋B 发光。当 D2 所显示的转速限制值达到要求时，按下 S31，则轮机长最大转速限制值随之确定，发光二极管 S25＋B、S30＋B、S31＋B 和指示灯 A10 随之熄灭，此时 D2 所显示的转速值就是轮机长最大转速限制值。

七、SUN－51 安全保护系统

SUN－51 安全保护系统安装在主控制箱的下方，其上方设置中央总站。该系统是一个以 SIMATIC－S5－100U 可编程控制器为核心的监控线路，它有以下三方面的功能，即(1)可接受 14 个开关量输入信息，以便为系统提供减速运行的安全保护(2)可接受 10 个开关量输入信息，以便为系统提供故障停车的安全保护；(3)可接受驾/集两处发出的应急停车指令。在集控室操纵台上还可以设有安保系统的显示板，以显示减速运行(红色)、应急停车(红色)、应急停车系统故障(黄色)、减速运行系统故障(黄色)、报警闭锁(黄色)等故障和运行状态显示。同时还带有应答、复位、越控操纵、测试等功能按钮。

如果在遥控操纵过程中出现意外情况，例如曲轴箱油雾浓度过高、扫气箱有火警、主轴

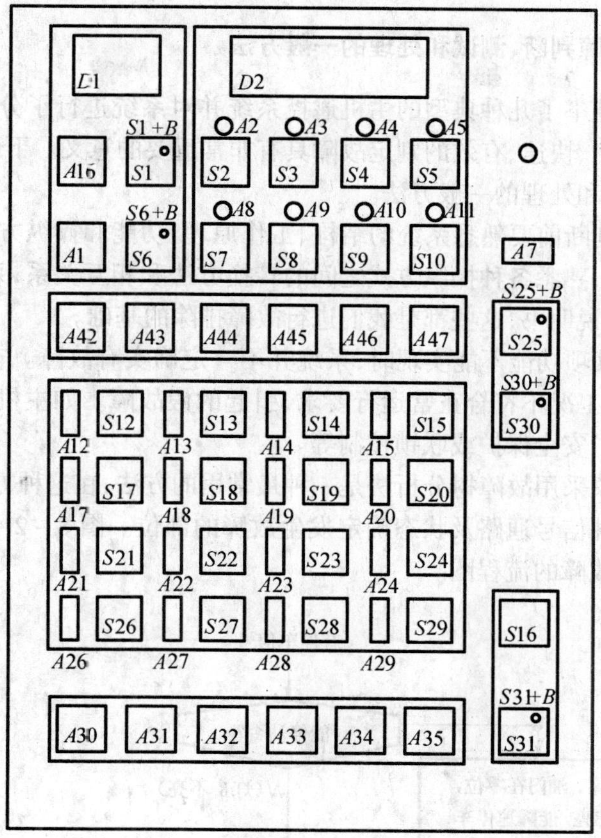

图 8-2-10　集控室操作指示板的示意图

承滑油低压、凸轮滑油低压、气缸冷却水入口处低压等故障现象时，安保系统首先给出声、光报警信号，经 30 s 延时以后即通过遥控系统执行减速运行指令。减速运行安保控制允许进行越控操纵。

如果在通常遥控操纵情况下出现某些危急故障，例如主轴承滑油严重失压、凸轮滑油压力过低、主机超速等情况下安保系统立即通过断油停车电磁阀给出故障停车指令，同时给出报警信号。

如果出现推力轴承高温故障时，则首先给出声、光报警，经 30s 延时以后才会执行解保护。对这类故障，只要在报警以后还没有执行停车，或者虽已执行停车但转速还比较高，这时允许按下越控按钮下达越控指令。换句话说如果主机已执行停车，转速已低于发火转速，那么越控按钮将不再起作用。此外在执行越控操纵。如果松释越控按钮，那么越控操作即自动取消。

故障停车以后，必须在故障排除并把车钟拉回到“STOP”，才允许重新动车。应急操纵指令可以在驾/集/机侧分别发出，以适应应急操纵的需要。

SUN-51 安保系统的功能程序全都存储于 EPROM 中，工作安全可靠。

除以上各个环节外，SIMOS-RCS-51 型主机遥控系统还设置了用以实现通信联系及发送应急操纵指令的按钮系统 PBC 和若干用于断线监视的模块，便于管理人员及时排除故障。

八、遥控系统故障判断、测试和处理的一般方法

前面四节分别列举了几种典型的主机遥控系统并对系统进行了分析和说明，熟悉其结构和工作原理对准确、快速、有效的判定故障具有非常重要的意义。下面介绍一下主机遥控系统故障判断、测试和处理的一般方法。

1. 在进行故障判断前要熟悉系统的结构、工作原理、功能和操纵方法，熟悉操纵手柄的用途，显示灯的含义，熟悉各种操纵方式之间的转换方法和相互关系，系统运行的条件和结果，同时要仔细阅读说明书，这些都是我们进行故障排除的基础。

2. 当遥控系统某项功能不能实现时，系统并不一定确实有故障。首先可能是操作者对系统不太熟悉，系统工况不符合正常运行要求，引起的假故障。如主机在不满足启动、换向或供油条件时受到了安全保护或联锁控制等。

3. 查找故障现象采用故障树分析法是一种最常用的方法，在这种方法中，通过追踪和检查与故障有关的各种信号通路及状态确定发生故障的部位。图 8－2－11 列出了气动遥控系统查找主机停油故障的流程图。

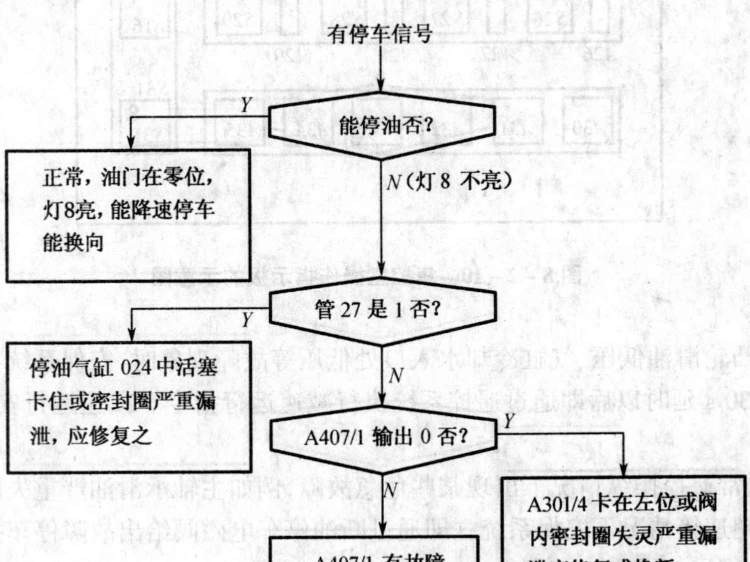

图 8－2－11　气动遥控系统查找主机停油故障的流程图

4. 当前新造船舶主机的遥控系统，大多以微机遥控系统为主，气动遥控作为辅助或备用。下面就分别介绍微机(电气)控制和气动控制方面一些常用的排除技巧和注意事项：

(1)充分利用显示灯、LED 的信息，尤其是自检显示的信息。例如一台柴油机从静止状态到运行状态，操作不灵或运行中突然自动减速或停车，首先应检查的是故障报警，分清是参数不正常还是传感器不正常，并分别进行处理。

(2)根据系统的结构和工作原理，各部件在系统中的作用，在不同位置(驾驶台、集控室和机旁)操纵进行交叉对比，区分故障是属于气动还是电气部分。

(3)如果断定微机控制系统的故障,微机遥控系统都有一个模拟板,通过此模拟板,可以通过检查微机输入/输出信号之间的逻辑关系来检查微机的控制功能是否正确。有关的工作状态、参数数值都可指示灯、数码管或液晶显示屏出来。如果属微机硬件故障,可通过更换微机印刷电路板或PLC模块备件的方式进行解决。在进行更换印刷电路板时,拔插电路板要关闭电源,同时记住其型号和在插槽的原始位置。如硬件无故障,而微机控制功能不符,则应考虑参数的设置问题。如启动油量、发火转速、一次启动时间等。应根据故障的具体现象及机器的使用状态作适当修改。将全部参数按照技术资料对照一遍,也是较为快捷的方法。在使用键盘修改系统工作参数或通过印刷电路板上的微调电位器修改参数之前,最好先纪录其原始数据或位置,以便修改无效时恢复初始值。

(4)当经过测试,微机控制部分正常时,而执行机构未随其动作时,应根据电气原理图和接线图检查外部电磁阀或者外部电气连接,是否接触不良,检查电气接口。

(5)由于气动部件的检查较为复杂,往往是系统检查过程中的最后环节。这里介绍一些常用的测试方法。测试时,至少需要两个人的默契配合,一个人操作,一个人进行观察和测试。测试的一般方法有以下几种:

①测试前,首先关闭空气瓶的出口阀和主启动阀、空气分配器的控制空气截止阀等,防止柴油机进压气启动。

②测试安全系统是否正常,确认安全系统正常后,必须将安全系统的控制空气关闭,使之不再起作用,否则将直接影响主机停油控制部分的测试。

③根据测试方案,反复进行启动或换向操作,并注意观察换向阀、空气分配器换向气缸、启动控制阀、慢转启动控制阀和高压油泵拉杆等动作是否正常(必要时松开空气连接管,看是否有控制空气)。如果发现异常,应拆检相应的阀件或与之相连的其他控制阀件,通过这种方法可以检查出大部分阀件的故障。

④如果上述阀件无异常,应进一步检查具有泄放功能的阀件(如换向阀、换向连锁阀、启动连锁阀、启动阀、停车阀等),在反复启动或换向操作时,观察是否泄放,如果有泄放应检测延迟泄放的时间。延迟时间的检查非常重要,它间接测试了与之相连的单向节流阀的节流时间。系统中所有的单向节流阀的节流时间都是严格限定的,过长或过短都会对整个系统造成影响。很多操纵系统的故障就是这些单向节流阀的节流时间过长(节流通道堵塞)或过短(密封件破损)造成的,这类故障不容易被察觉,判断起来困难,因此应当引起轮机管理人员高度重视。

⑤根据故障类别对相关的速度设定调压阀进行检查和测试,必要时应进行调整或拆检。主机操纵系统的复杂性决定了故障判断和处理的难度,系统出现故障后,首先应当在不同的操纵部位进行操作以准确确定故障现象。根据故障现象和系统的结构特点确定合理可行的测试方案。测试时,必须按照合理的步骤循序渐进地进行。

此外,在日常维护和管理中还应注意以下几点:(1)加强对空气滤器、传动装置的润滑点和干燥装置的管理;(2)定期测试各种具有节流延时功能的阀件,如果发现延时时间变长,必须进行清洗;(3)拆检阀件时,必须小心谨慎、注意拆装的顺序,不要将标号牌搞乱或弄丢,没有标号牌的阀件要用油性笔标出标号,以方便以后查找和拆检。

第九章　轮机模拟器中的主机遥控系统

轮机模拟器作为培养轮机人员的重要训练设备,在国际航海界得到广泛应用。运用轮机模拟器的仿真培训系统来代替船员的一部分海上经历,从而有效地培养现代高级轮机管理人员已经成为国际国内航海教育界的共识。国际海事组织(IMO)在1995年新修订的《船员培训、发证与值班标准国际公约》(STCW95公约)中明确提出了对轮机员培训要求功能中的轮机工程、保养维护和电气电子与控制工程等三个功能块的若干项目可以从认可的轮机模拟器中获得适任证书。国家海事局明确规定有关水上类专业的教学与船员培训必须按照公约的要求进行,这些都推动了轮机模拟器的发展。轮机模拟器是充分利用计算机仿真技术将轮机设备的运行情况编制成数学模型,通过调用模型,模拟出实际船舶在运行过程中可能出现的情况,用来对船员进行操作,值班,故障产生、判断及排除等项目的培训。

本章将主要介绍轮机模拟器的发展历程,并以南通航运职业技术学院与上海宏皓科技有限公司共同研制的2H-4000型轮机模拟器为例,介绍其中的主机遥控系统的功能特点。

第一节　轮机模拟器概述

一、轮机模拟器的优点

轮机模拟器具有全面而有效的各种功能,包括系统运行管理功能、学员操作训练功能、机舱运行工况计算机集中监控功能与故障设置处理功能等。在计算机仿真环境下,实时的展现母型船舶机舱各系统的运行状态,从而有利于学员系统地运行原理的掌握和应变能力的培训。已有的教学经验表明,采用仿真模拟器对学员进行操作、监控、养护等技能培训具有如下优点。

1.经济实用。与真实的系统相比,其运行维护和购置安装费用可大幅度降低,它的能耗低,使用周期长,易于维护和扩充,并可一机多用。

2.安全可靠。学员的误操作不会引起设备损坏或影响系统安全的严重后果。

3.强有力的教学功能。在计算机仿真的环境下,通过人机交互方式,可以对各种工作,海况模拟,向学员提供课堂上无法提供的动态和实时的运行状态,学员可全面了解故障的发生及传播途径,从而培养较强的综合判断分析能力和应变能力,从而大大缩短学员的培训周期。学员可以在较短的时间内完成培训任务,并提高培训质量。

随着全球航运业的发展壮大、船舶自动化程度的提高和对船员要求的提高,轮机模拟器的重要性越来越明显。同时,模拟器中主机遥控系统的仿真模拟也体现了当前主机遥控技术的最新技术发展,这对于实船系统中的主机遥控原理、功能的理解与掌握将起着重要的技术支持作用。

一次性启动失败，也要作启动闭锁。

主机停车超过设定时间，启动前先开启慢车阀，用压气慢车转动，达到一定转速后，进入压气压动，这是一个连续过程。

软件按启动逻辑关系及启动设定值激活压气转矩与燃油转矩。

(3)正/倒车换向

按车钟手柄位置控制正倒车换向阀，并且按先停油后换向的顺序控制，当转速降到设定水平执行换向。如果在已停车时换向，则直接进入换向程序，换向时凸轮轴到位要一定的时间。

(4)设定点限制

按不同的运行状态限制车钟给调速器的转速指令值。它们包括手动限制、负荷控制、加速度限制、临界转速避让，故障减速、最低转速和启动设定。

(5)停车

当车钟手柄在停车位置时，或者由于运转中需要换向，或者因发生故障要停车，则不仅使转速指令为0，并且要求把油门置0位。后者有更快的停车效果。

(6)转速控制

启动成功，转速用调速器控制。软件中调速器和船机桨动力学模型构成闭环连续系统，用连续系统离散仿真实现。

(7)急倒车(刹车)与主机在正转情况下正常换向的过程有点类似，区别在于起先主机转速(正车)尚高于应急换向转速，此时先关断油门，当转速降到应急换向转速时，执行换向程序，使凸轮机换到倒车位置，在凸轮轴到位后，开启动阀，实现刹车；当转速过零后实行重启动(反向)程序，直到启动成功。应急换向转速设定值高于正常换向转速。

(8)发现遥控实现过程中不正常情况，发布警报及采取适当安全措施。

(9)发现遥控系统本身的故障并发布警报。

(10)接受安全系统的信息，及集控台操作信息，并作出响应。

(11)试验及设置控制参数。

(12)显示运行状态和运行特征。

为了实现以上以上功能，遥控系统软件、调速器模型以及启动换向逻辑控制模型之间的关系，如图9-2-3所示。

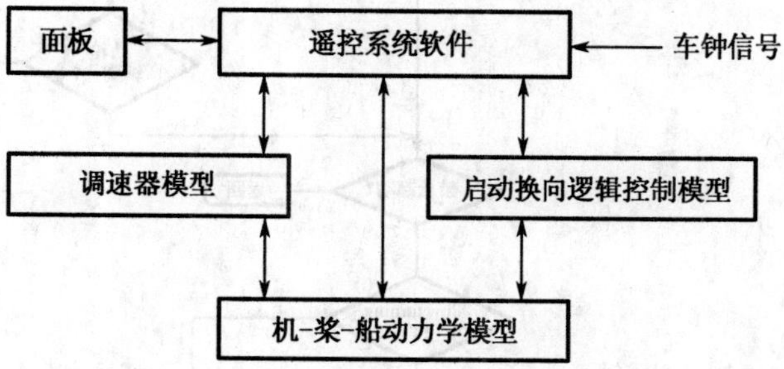

图9-2-3　主机遥控系统各模块结构图

2.遥控系统逻辑控制功能实现

2H-4000轮机仿真训练器的主机遥控模块的逻辑实现主要包括三个方面：停车和换向、慢转动和气刹车、启动和正常运行的逻辑实现。其逻辑控制模块开发以MS Visual Studio为开发环境，以IEAS仿真系统作为仿真平台。下面以启动逻辑为例，介绍其逻辑实现过程。

在编制程序时，首先应确定控制流程，图9-2-4为主机启动控制逻辑图。从逻辑图上可以看出，在有动车指令时，主机是否启动还取决于以下一些条件。

(1)车令与凸轮轴位置是否相符。

(2)启动条件是否满足。

(3)启动次数是否超过3次。

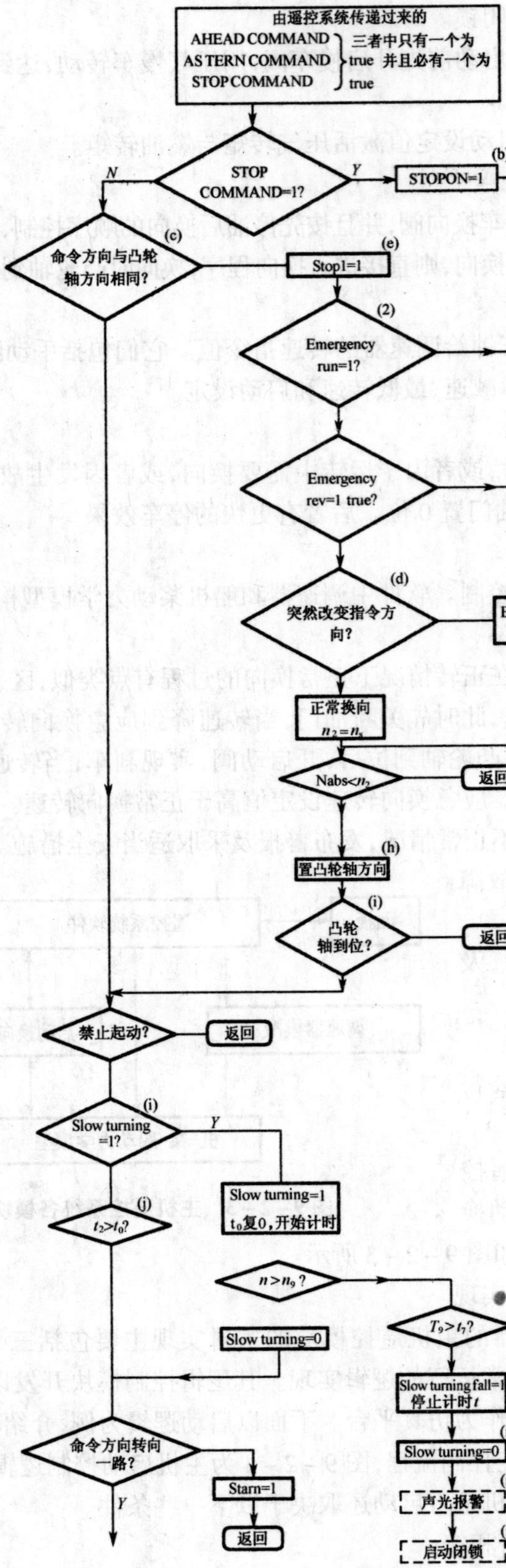

图 9-2-4 主机启动控制逻辑程序流程图

(4)启动时间是否超过规定时间。

所以,在软件编制条件下,主机启动的逻辑条件在轮机模拟器中体现为具体的逻辑控制条件语言,这也体现了轮机自动化技术的发展趋势,即"以软代硬"。在这种条件下,我们可以尽可能的完善主机启动的控制逻辑条件,也可以设置主机不能启动的故障对学员进行针对性训练。

3.主机遥控系统监控面板

遥控面板装在遥控台上,板上有按钮、灯和显示数码管,作为人机通信的界面。2H-4000逻辑模拟器是以AUTOCHIEFⅣ作为仿真对象,所以其控制面板与第七章图7-2-3相同,其指示灯与控制功能也一样,这里不再赘述。

二、调速器系统

1.调速器组成

在实际主机系统中,调速器与启动换向逻辑控制系统接受遥控系统来的车令信号,控制主机按正确的转速变化规律安全运行。在实际系统中,调速器包括调速器本体与其监控系统两部分,它们都是实际器件。在轮机模拟器中以软件模拟其功能,只有监控面板才是实体,其结构图如图9-2-5所示。

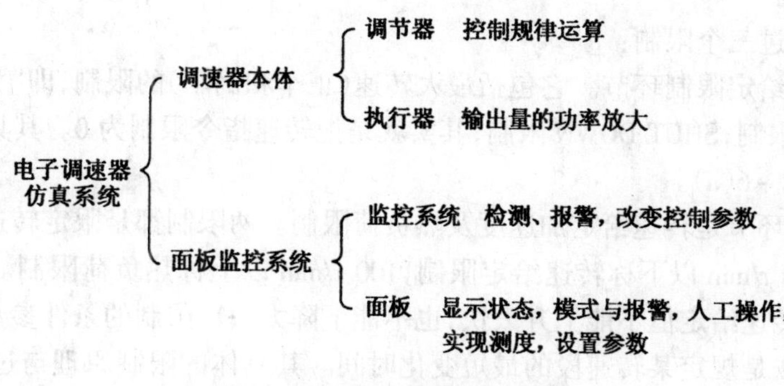

图9-2-5　调速器组成原理图

(1)调节器

调节器实际上是按照PI规律进行调节的,其偏差为给定值与实际值之差。给定值进入调节器之前,需要经过限制环节。转速指令先进入调节器的输入级进行运算。它可以对调速器在柴油机不同工作状态时输入不同的转速指令给定值。

调节器按PI(比例+积分)设计,这样有利于根本消除偏差。因为只要有偏差,就会因积分而再引起油门的变化,使转速与给定值一样,所以PI调节器可以消除偏差,称为恒值调速器。有些电子调速器尚有微分,转速死区控制,前向增益等功能,但这些都在风浪下,或调节器故障时才有用的。一方面由于训练器目前暂不作海况仿真;训练器也不需作调速器PI整定的高级训练,故不设这些功能。

PI调节器的输出h(t)即为油门的INDEX值,但它需经限制环节,限制后的油门信号$g_e(t)$经Setpnt开关输出,正常运行时开关放在位置1。当调速器作试验或轮机员选择直接控制油门时,开关位置在2,此时车钟来的并已译成的转速RPM信号,经转换器直接转换成油门信号g_m。

(2)执行器

Setpnt 开关输出信号 g_i 进入执行器前，先经过 INPUT 开关，以选择来自调节器还是面板监控的油门信号。

通常柴油机调速器的执行需要很大的输出力，并且动作十分迅速，也就是要求很大的功率及通频带，而又不能有很大尺寸，所以不是一般电动伺服器能胜任。现假定它由前置放大级及气动伺服系统串联而成。伺服系统必是一个闭环，从动态结构看会有振荡的可能性，以及为防其发生而加入的措施，这些都会增大调试困难，故干脆把它看成一个简单的输出追随输入的无惯性系统，它只存在输出与输入是否保持 1:1，即其静态增益可能不是 1 的输出有限的放大器。其增益的误差靠前级放大补偿，于是伺服器模型简化成可调增益 K 和增益近似为 1 有上下饱和的比例放大器。其输出范围是 10 ~ 100Index。

(3)面板监控系统

电子调速器面板分成调节器与执行器两部分。面板布置及功能仿真以 Norcontrol DGS8800e 为母型，监控面板图参见第七章图 7-3-4，这里不再赘述。

2. 调速器功能实现

调速器在工作时为了完全仿真实际主机遥控系统中的转速调节功能，开发的功能很多。以下只介绍转速与负荷限制功能，转速限制与负荷限制的控制原理图如图 9-2-6 所示。

(1)转速限制

转速指令经过三个限制：

第一个转速给定限制环节。它包括最大转速(正车和倒车)的限制，即“手动转速限制”；SLOW DOWN 的限制；SHUT DOWN 限制，其实就是把转速指令限制为 0。其具体的限制原理与过程如图 9-2-6(a)。

第二个限制环节是转速给定加速度及热负荷限制。两限制都是限定转速给定值的变化速度，只是在 100 r/min 以下称转速给定限制，100 r/min 以上称热负荷限制。限制的是变化速度绝对值，即转速给定值不能上升太快，也不能下降太快。限制的条件参数是先行设置好的，但采取的办法是规定某转速段的最短变化时间。其具体的限制原理与过程如图 9-2-6(a)。

当安保系统发出 Shut down 时，此时为应急操纵，第一与第二限制环节就绕过。当这些指令取消时，又要恢复这二个限制，但是第三个环节不能绕过。

第三个限制环节是临界转速避让。临界转速避让范围在调节器面板上设置，号码是 09 和 10。假定临界转速避让范围是 50 ~ 70 r/min。当上一环节输入的转速指令 $W(t)$ 从 50 以下上升，输出 $V(t)$ 跟着一起变化，但是 $W(t)$ 一超过 50，$V(t)$ 却仍停留在 50，直到 $W(t)$ 超过 70 时，$W(t)$ 才突然从 50 跃变到 70，随后继续跟了 $W(t)$ 变化，完成此功能可采取查表法，即在图上查与 $W(t)$ 对应的 $V(t)$。其具体的限制原理与过程如图 9-2-6(b)。

经三重限制的转速给定值 $V(t)$ 就可与柴油机转速比较，而得出偏差，然而按偏差进行 PI 运算。由于转速调节器是不管正、倒转的，故运算中转速依绝对值计算，R_{pm} 开关的 0 位是空挡，1 引入柴油机转速(绝对)值，偏差是 $d(t)$。在作调速器试验时，可用试验信号代替柴油机转速，此时开关放在 2 位。

(2)负荷(油门)限制

第一限制是由转速给定值确定的限制，不同转速指令 V 与油门限制值关系如图 9-2-6(c)，此图形中的有关参数已预先设置。

第二限制是扫气压力的限制，函数关系已在监控面板上设置。正常运行时，扫气压力由柴油机测得，通过 Scav 开关 1 触点进入。其具体的限制原理与过程如图 9－2－6(c)。

第三限制是手动油门限制，它给出了允许的最大油门。其具体的限制原理与过程如图 9－2－6(c)。

应急操纵下这三种限制将被绕过。

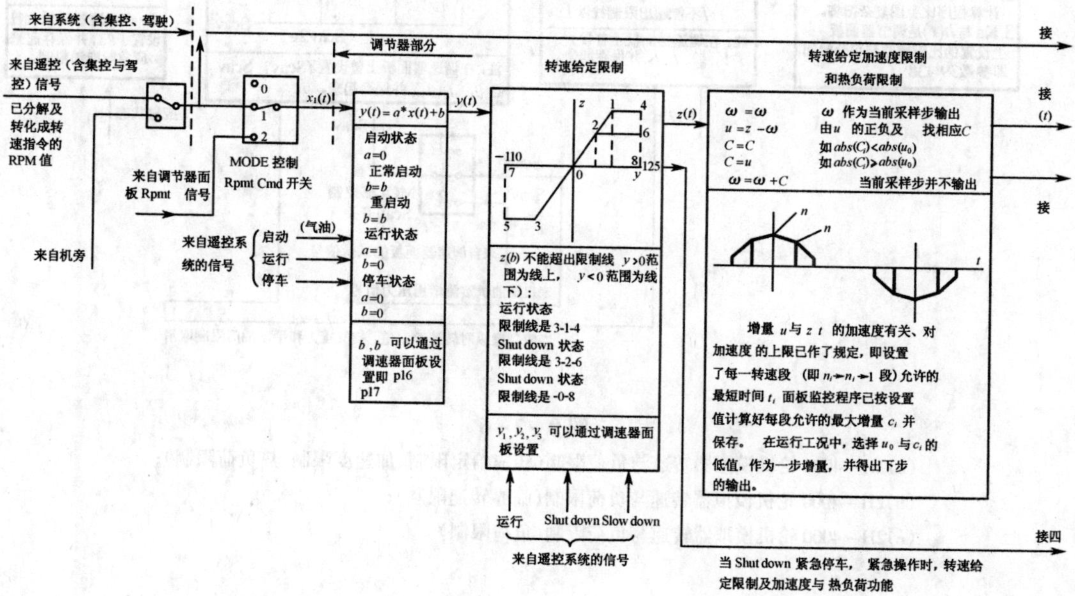

(a)

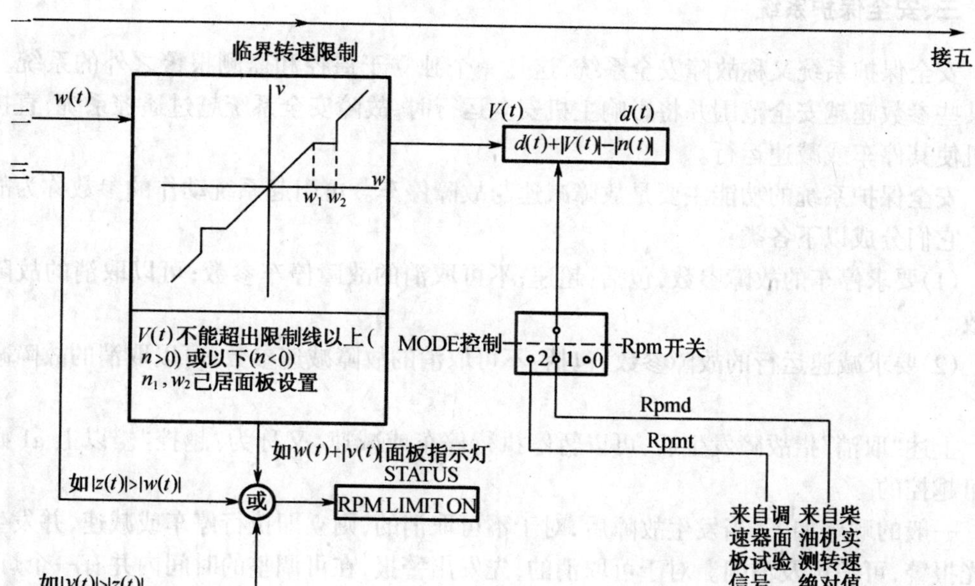

(b)

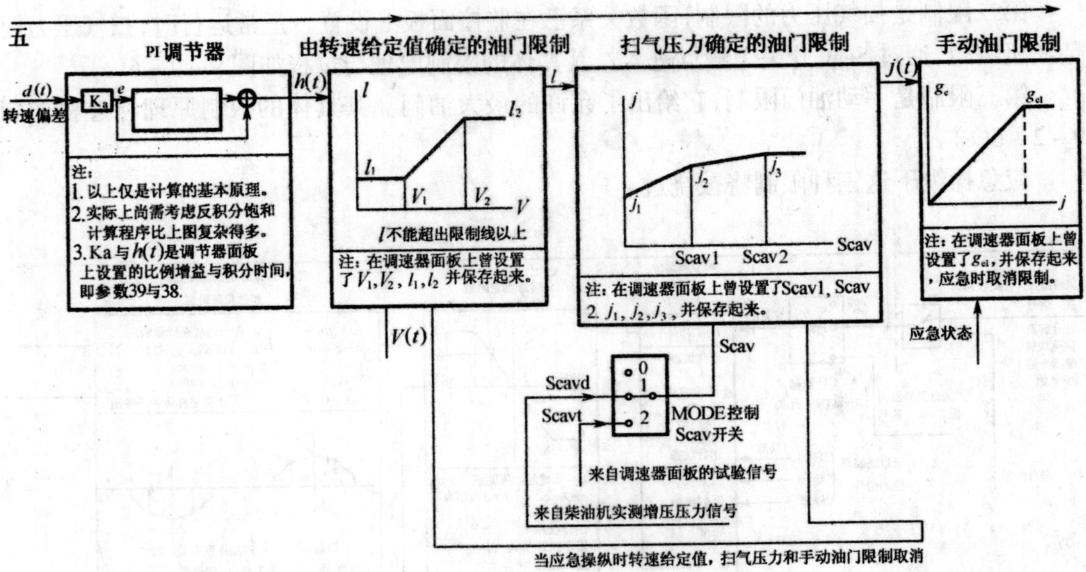

(c)

图 9-2-6

(a)2H-4000 轮机模拟器转速与负荷限制(转速给定限制、加速度限制、热负荷限制);
(b)2H-4000 轮机模拟器转速与负荷限制(临界转速限制);
(c)2H-4000 轮机模拟器转速与负荷限制(负荷限制)

三、安全保护系统

安全保护系统又称故障安全系统,这是一个独立于遥控和监测报警之外的系统。当发生某些参数超越安全范围并将影响主机安全运行时,故障安全系统越过遥控系统,直接控制主机使其停车或减速运行。

安全保护系统的功能主要是故障减速与故障停车。可引起系统动作的参数称为故障参数。它们分成以下各类:

(1)要求停车的故障参数,包括:超速;不可取消的故障停车参数;可以取消的故障停车参数。

(2)要求减速运行的故障参数,包括:不可取消的故障减速参数;可以取消的故障减速参数。

上述“取消”指故障发生后,可以暂停执行停车或减速,又称为“越控“。以上 a1 必然是不可越控的。

一般的顺序如下:当发生故障后,对于不可取消的,则立即执行停车或减速,并发生相应声光报警,可消声及消闪。对于可取消的,先发出警报,在可调整的时间内并有一个灯闪光,表示正等待着“取消“。如果按下取消 cancel 按钮,则暂停执行停车或减速,而这个灯由闪变平,表示已处”取消“状态。另外当已执行停车或减速,或正在执行的过程中也可按 cancel 按钮(按下 can 灯亮),并使主机恢复原来运行的状态。主机故障参数表如下表 9-2-1 所示。

表 9-2-1　主机故障参数表

NO.	参数名	属性	可否取消
1	超速	SHUT DOWN	否
2	主机滑油进口低压	SHUT DOWN	否
3	推力轴承高温	SHUT DOWN	否
4	增压器轴承滑油低压	SHUT DOWN	否
5	凸轮轴滑油低压	SHUT DOWN	否
8	主轴承滑油进口低压	SLOW DOWN	可
9	主轴承滑油进口高温	SLOW DOWN	可
10	凸轮轴滑油进口高温	SLOW DOWN	可
11	活塞冷却油进口低压	SLOW DOWN	可
12	活塞冷却油进口高温	SLOW DOWN	可
13	气缸冷却淡水出口高温	SLOW DOWN	可

参考文献

[1] 初忠.轮机自动化[M].大连:大连海事大学出版社,2006.

[2] 呰宪生.轮机自动化[M].大连:大连海事大学出版社,2007.

[3] 王新全.船舶动力及机械设备控制与监测[M].上海:上海交通大学出版社,2001.

[4] 刘道俊,陈宏祥.船舶柴油机主机自动遥控系统[M].北京:人民交通出版社,1988.

[5] 孙正顺,曹京生.PLC 技术[M].北京:高等教育出版社,2005.

[6] 方金和.轮机自动化[M].大连:大连海事大学出版社,2003.

[7] 郑凤阁,李凯.轮机自动化[M].大连:大连海事大学出版社,2003.

[8] 陈鸿璆.主机遥控[M].北京:人民交通出版社,1996.